약산 김원봉 평전

약산 김원봉 평전

ⓒ 시대의창, 2008

초 판 1쇄 2008년 2월 11일 발행
초 판 7쇄 2017년 11월 20일 발행
개정판 1쇄 2019년 3월 1일 발행
개정판 3쇄 2021년 6월 1일 발행

지은이 김삼웅
펴낸이 김성실
제작처 한영문화사

펴낸곳 시대의창   **등록** 제10-1756호(1999. 5. 11)
주소 03985 서울시 마포구 연희로 19-1 4층
전화 02) 335-6121   **팩스** 02) 325-5607
전자우편 sidaebooks@hanmail.net
페이스북 www.facebook.com/sidaebooks
트위터 @sidaebooks

ISBN 978-89-5940-690-6 (03990)

잘못된 책은 구입하신 곳에서 바꾸어드립니다.

이 도서의 국립중앙도서관 출판예정도서목록(CIP)은
서지정보유통지원시스템 홈페이지(http://seoji.nl.go.kr)와
국가자료공동목록시스템(http:www.nl.go.kr/kolisnet)에서 이용하실 수 있습니다.
(CIP제어번호 : CIP2019005480)

약산 김원봉 평전

김삼웅 지음

시대의창

일러두기

1. 책표지, 본문에 배치한 사진은 저자와 유족의 소장 및 이미 발표된 자료를 모은 것이다.
2. 책·잡지·관보·신문은 겹꺾쇠표《 》로, 작품·논문·성명서·선언문·통신문·포고문·강령 등은 홑꺾쇠표〈 〉로 표시했다.
3. 중국 인명이나 지명은 신해혁명을 기준으로 표기를 달리한다는 외래어표기법이 있지만, 이 책의 특성상 그에 따르지 않고 한자의 한국어 독음 그대로 표기한 부분도 있다.

약산若山 김원봉金元鳳(1898년~1958년(?))

약산 김원봉 회견기(가상)

한국에서 태어나 중국으로 망명하여 일제와 가장 치열하게 싸운 약산 김원봉 선생. 그는 해방과 함께 환국하여 통일정부 수립을 위해 온 힘을 다했다. 그러나 친일파들에게 갖은 수모를 당한 뒤 월북했고 그곳에서 의문사했다. 일제강점기와 해방·분단·전쟁 등 격동의 시기에 온몸을 조국에 바친 20세기 한국사의 대표적인 독립운동가이자 혁명가인 김원봉 선생을 잠시 만났다. 올해(2008)는 약산 김원봉 선생의 사망 50주년이 되는 해다.

기 자 호칭을 두고 여러 날 고심했습니다. 의열단 단장, 혁명간부학교 교장, 민족혁명당 당수, 조선의용대 총대장, 한국광복군 부사령관 겸 제1지대장, 임시정부의정원 의원, 임시정부군무부장, 인민공화당 대표, 국가검열상, 노동상, 최고인민회의 상임위원회 부위원장 등 굵직한 직위만도 10여

개가 넘는데, 뭐라고 불러야 할까요?

김원봉 글쎄……. 아무래도 약산 하면 의열단이 떠오르잖아요. 그냥 단장이라고 불러주세요.

기 자 의열단은 일제가 가장 두려워한 독립운동단체이고 일제강점기에 한국인들이 가장 통쾌하게 여겼던 의열투쟁이었지요. 일제군경은 의열단 소리만 들어도 오줌을 저렸다는데요. 심지어 사기꾼이 경찰서에 잡혀 와서 "나는 의열단원이다" 하니까 일본 순사들이 혼비백산해 도망치기도 했다더군요.

김원봉 무기가 신통치 않아서 효과가 저조했던 것이 한스럽습니다. 여러 차례의 의열투쟁에서 폭탄만 제대로 터졌더라면 우리 독립운동사가 더욱 빛났을 것이고 의열단의 평가도 달랐을 텐데 말입니다.

기 자 〈의열단선언문〉을 단재 신채호 선생께 의뢰한 특별한 이유가 있었나요?

김원봉 문文은 인人이라고 하지요. 단재 선생의 치열한 삶과 무장투쟁론은 바로 의열단의 정신입니다. 내 삶에서 가장 성공한 선택 중 하나라고 생각합니다. 최근 연구가들이 일제강점기에 나온 수많은 선언문 가운데 〈의열단선언문〉이 가장 우수하다고 평가했다는 얘기를 들었습니다.

기 자 1930~40년대 중국 관내에서 한국독립운동의 대표적인 지도자로 우파의 백범 김구 선생과 좌파의 단장님을

들곤 합니다. 항일투쟁 업적에서 단장님은 누구에게도 뒤
지지 않는데 평가에서는 차이가 많은 것 같습니다.

김원봉   백범은 훌륭한 지도자입니다. 큰 어른이지요. 그분
의 노력으로 임시정부에서 좌우합작이 이루어졌고 통일전
선을 만들 수 있었어요. 해방 뒤 좌우대립과 분단, 나의 월
북, 6.25전쟁 그리고 지금까지 남아 있는 냉전의식 등을 고
려하면 나에 대한 정당한 평가가 나오기는 쉽지 않았을 것
입니다.

기　자   흔히 혁명가는 가정도 사랑도 모르는 비정한 인물
로 그려지는데요, 동지이자 부인이었던 박차정 선생과 나
누었던 사랑에 대해 말씀해주시지요.

김원봉   그녀는 독립정신이 투철한 문학여성이었습니다. 헝
가리 시인 페퇴피(Petofi, Sandor)의 시구가 우리가 나눈 혁명
과 사랑이 무엇이었는지를 말해줍니다.
　"사랑이여 / 그대를 위해서라면 / 내 목숨마저 바치리 / 그
러나 사랑이여 / 조국의 자유를 위해서라면 / 내 그대마저
바치리."

기　자   단장님께서 조선의용대를 창설한 것은 중일전쟁을
계기로 국내진공작전 등에 대비한 것이었지요. 그런데 중
국공산당 세력이 주력부대를 연안으로 끌어가서 잔류대원
으로 중경의 임시정부에 합류하다보니 세가 크게 약화되
었는데요. 안타깝습니다.

김원봉 권력의 세계는 비정합니다. 이념을 내세우면서도 이해가 앞서는 곳이지요. 그것은 공산주의자들이라고 다르지 않더군요. 그때 제가 조선의용대를 전부 이끌고 연안으로 갔거나 중경으로 갔더라면 저의 위상은 물론 해방정국 또는 북한에서의 활동도 크게 달라졌을 겁니다. 군사를 잃은 장수의 처지지요.

기 자 해방정국에서 정세에 제대로 대응하지 못했다는 평가도 있습니다.

김원봉 그런 측면도 있지요. 하지만 통일정부 수립이라는 기본원칙을 끝까지 지키려 했고 그러다보니 미군정과 우파세력의 협공을 받게 된 것입니다. (중국에서) 나를 따르던 동지들 대부분이 연안으로 가게 됐고 광복 뒤에는 북한에서 자리를 잡게 되었지요. 게다가 해방정국에서는 항일투쟁에 대한 제대로 된 평가가 이루어지지 못했습니다. 그보다는 찬·반탁, 사대와 반외세 같은 논란이 계속 일었죠. 또 항일과 친일세력이 뒤범벅되어 버렸고요. 그래서 저와 같이 권모술수에 능하지 못한 사람은 설 자리가 없었던 거지요.

기 자 단장님의 평전을 쓰다보니 노덕술 같은 친일파들에게 갖은 수모와 고초를 당하셨더군요.

김원봉 일본놈들에게도 그런 수모는 안 당했는데 해방된 조국에서 친일세력에게 그렇게 당하니까 분하고 억울하더군요. 개인적인 감정보다는 민족정신이 이 지경이 된 것이 하도 분하고 억울해서 3일 동안 대성통곡을 했지요.

기 자 북한에 가서도 크게 대접받지 못하셨던데요.

김원봉 우리가 대접받자고 독립운동을 한 것은 아니지요. 김일성 세력이 직접 총 들고 일제와 싸운 사람들이라 남쪽의 상황과는 다를 줄 알았지요. 한때는 입각하여 활동하면서 재북독립운동가들과 힘을 모아 좌우이념을 뛰어넘는 중립화 통일운동을 추진했습니다. 하지만 김일성 중심의 절대권력체제가 굳어지면서 역시 제가 설 땅이 없어져버렸지요.

기 자 단장님의 죽음은 여전히 의문으로 남아 있습니다. 김일성 정권에 숙청되어 살해됐다는 설도 있고 감옥에서 자살했다는 설도 있습니다. 또 권력에서 물러나 지내시다가 자연사했다는 설도 있는데요. 어떤 게 진실입니까?

김원봉 그 부분에 관해서는 좀더 시간이 필요할 듯합니다.

기 자 억울하지 않으세요?

김원봉 동지이자 아내인 박차정은 왜놈의 총에 맞아죽고, 6.25전쟁 와중에 형제들 대부분은 남한에서 총살당했습니다. 게다가 부친은 굶어 죽다시피 했죠. 여동생은 간신히 목숨은 부지했지만 수년 동안 옥살이를 했습니다. 온가족이 참혹한 희생을 치렀지요.

기 자 저는 지난해(2007) 7월 4일 평양 신미리의 애국열사

능을 방문했습니다. 그런데 단장님의 묘소는 찾지 못했습니다. 해방 뒤 《김원봉과 의열단》을 쓴 박태원 선생의 묘소는 있었는데 말입니다. 홍명희, 최동호, 조소앙, 조완구, 윤기섭, 손원태, 양세봉, 김규식, 오동진, 류동열 선생 등 많은 독립운동가들의 묘소도 있었고요. 그래서 안내원에게 단장님의 묘소는 없냐고 물어봤더니 잘 모른다고 하더군요.

김원봉　사뮈엘 베게트가 말했지요. "끊임없이 시도했다. 그때마다 실패했다. 늘 다시 시도했다. 또 실패했다. 이번에는 세련되게." 혁명가는 '시도'하는 사람입니다. 성패는 그 뒤의 문제고요. 시도하는 과정에서 역사는 진보하는 겁니다.

기　자　한국에서는 남미의 게릴라 대장 체 게바라의 사망 30주기다 40주기다 해서 난리법석입니다. 저는 단장님의 투쟁과 철학 그리고 생애도 체 게바라에 못지않다고 생각하는데요. 어떤 측면에서는 훨씬 장렬하고 드라마틱하기도 하고요. 그런데 우리나라에서는 거의 외면받고 있습니다. 무엇이 잘못된 걸까요?

김원봉　먹물들의 사대근성입니다. 이 못된 습성은 세월이 가고 시대가 바뀌어도 변하지 않는 것 같군요.

기　자　본문에서는 실례를 무릅쓰고 단장님을 '김원봉'으로 표기했습니다. 오랜 '금기'에서 이름 석자라도 복권시키고 싶었습니다.

김원봉　그런 뜻이 있었군요.

평전시리즈 여섯 번째로《약산 김원봉 평전》을 집필했다. 선학들의 연구 성과를 많이 참고하고 일본 정보기관의 자료도 상당량 입수하여 인용하였다. 국내에서 처음 공개되는 자료도 많이 있다. 북한에서의 활동과 사인死因 등을 찾고자 노력했지만 구하기가 쉽지 않았다. 그런 의미에서 김원봉 선생은 아직도 어둠 속에서 '해방'되지 못한 것 같다.

출판계의 어려움 속에서도 출판을 맡아주신 김성실 사장님과 김이수 주간 그리고 직원 여러분께 고마운 마음을 전한다. 아울러 여러 가지로 부족한 평전을 꾸준히 읽어주시는 독자 여러분께 감사의 말씀을 드린다. 별다른 광고를 하지 않았는데도《백범 김구 평전》과《단재 신채호 평전》등을 최근 4쇄까지 찍을 수 있었다. 이에 큰 보람을 느끼고 있다. 그리고 그 보람 때문에 밤잠을 줄여가며 글을 쓰고 자료를 찾고 있다. 내년 안중근 의사 의거 100주년을 앞두고《안중근 평전》을 준비하고 있음을 독자 여러분께 보고드린다.

2008년 1월 김삼웅

약 산 김 원 봉 평 전

▌차 례▌

약산 김원봉 평전

약 산 김 원 봉 평 전

제 **1** 장

'떡잎' 부터 남다른 어린 시절

당신들은 7월 혁명 때 무기를 모두 압수했습니다.
좋습니다. 하지만 총알은 이미 총구를 떠났고
파리의 프롤레타리아가 쏜 그 총알들은 지금 전 세계로
날아가고 있습니다. 그 총알은 현재도 끊임없이 목표물을
명중시키고 있으며 민중의 자유와 행복의 적이
단 한 놈도 처들 수 없는 그날까지
계속해서 날아가 꽂힐 것입니다.

– 오귀스트 블랑키, 〈최후진술〉

체 게바라와 호세 리잘

약산 김원봉 평전 집필을 앞두고 여러 날을 망설였다. 첫 장을 어떻게 시작할 것인가 하는 망설임이었다. 글을 쓰는 사람은 다 비슷하겠지만 서두를 어떻게 시작하는가는 대단히 중요하다. 그래서 세계혁명사에서 김원봉과 비슷한 사람을 찾게 되었다. 결과는 볼리비아에서 처형당한, '전사戰士 그리스도' '베레모를 쓴 제임스 딘' '혁명의 순교자' 등으로 불리는 체 게바라와, 필리핀 독립운동의 상징적 인물로 스페인 점령군과 싸우다 처형된 호세 리잘이 떠올랐다.

체 게바라Ernesto Guevara de la Serna(1928~1967)는 한국에서 잘 알려진 게릴라 지도자다. 의학도였던 그는 남미 여행길에서 인간의 질병보다 세계의 모순을 치료하는 일이 더 본질적인 문제라고 인식하고 혁명가로 변신했다. 카스트로와 함께 쿠바혁명을 주도했고 성공 뒤에는 중앙은행장과 산업부장관을 지냈다. 그럼에도 불구하고 그는 모든 기득권을 버리고 콩

고와 볼리비아해방전선에 나섰고, 1967년 10월 9일 볼리비아의 차코라는 마을의 조그마한 학교에서 39세의 나이로 총살되었다. 그의 조국 쿠바에서는 게바라가 숨진 날을 국경일로 정해 기리고 있다.

호세 리잘Jose Rizal(1861~1896)은 스페인에서 의학을 전공하고 유럽의 여러 나라에서 계속 공부하면서 조국 필리핀이 어떻게 스페인에게 억압당하고 있는지를 알게 되었다. 당시 필리핀은 스페인의 식민지였다. 리잘은 필리핀의 참상을 소설로 써서 알리고 반스페인 독립운동 단체를 조직해 싸우다가 스페인 군경에 체포되어 산티아고 요새 감옥에 수감되었다. 그리고 1896년 12월 30일 스페인 군대에 의해 총살됨으로써 35세의 짧은 생을 마감했다. 필리핀 역시 그의 순국일을 국경일로 정해 기리고 있다.

한국에서는 리잘보다는 게바라가 더 알려져 있다. 그런데 게바라는 걸핏하면 총을 뽑아드는 다혈질적인 사람인데다 직접 정부군 병사의 사형을 집행하기도 하는 등 잔인한 처단자라는 비판도 받고 있다. 하지만 이러한 것들은 거의 조명되지 않고 그의 비극적 최후와 예수상과 같은 그의 외모 그리고 20세기 후반의 게릴라 지도자라는 대중적 상징성만이 부각되고 있다. 이러한 것들로 인한 그의 폭넓은 인기는 미국 군사고문이 그의 체포를 지휘했다는 사실도 일정부분 작용했을 것이다.

리잘은 11개 국어를 구사했을 정도로 출중한 엘리트였다.

그럼에도 그는 모든 기득권을 버리고 조국의 해방전선에 뛰어들었다가 반역죄로 참담한 최후를 맞이했다. 하지만 외부 세계에는 체 게바라보다 잘 알려지지 않았다. 그의 죽음으로 필리핀은 본격적인 독립운동을 시작했다.

〈서사시〉
가자
새벽을 여는 뜨거운 가슴의 선지자들이여
감춰지고 버려진 오솔길 따라
그대가 그토록 사랑해 마지않는 인민을 해방시키러.

가자
우리는 치욕에 떨게 했던 자들을 정복하러
분연히 봉기하여 마르티의 별들이 되어
승리를 다짐하며 죽음을 두려워 말고.

체 게바라가 게릴라 부대 바요 장군을 주인공으로 삼아 지은 〈서사시〉 앞부분이다.

〈마지막 작별〉
잘 있거라 내 사랑하는 조국이여
태양이 감싸주는 동방의 진주여

잃어버린 에덴이여!
나의 슬프고 눈물진 이 생명을
너를 위해 바치리니
이제 내 생명이 더 밝아지고 새로워지리니
나의 생명 마지막 순간까지
너 위해 즐겁게 바치리.

형제들이여, 그대는 한 올의 괴로움도
망설임도 없이 자유를 위한 투쟁에서
아낌없이 생명을 바쳤구나
월계수 백화꽃 덮인 전나무관이나
교수대거나 황량한 들판인들
조국과 고향을 위해 생명을 던졌다면
그게 무슨 상관이랴.

어두운 밤 지나고
동녘에서 붉은 해 떠오를 때
그 여명 속에 나는 이 생명 바치리라
그 새벽 희미한 어둠 속
작은 불빛이라도 있어야 한다면
나의 피를 흩뿌려
어둔 새벽 더욱 밝히리라.

호세 리잘이 쓴 〈마지막 작별〉 앞부분이다. 리잘은 처형을 앞두고 감옥에서 이 시를 지어 비밀리에 밖으로 내보냈다. 그리고 처형될 때 집행하는 군인들이 두 눈을 안대로 가리려 하자 "나는 너희 침략자들을 바라보지 않고 우리 국민을 바라보고 죽겠다"면서 뒤로 돌아서서 총탄을 맞았다고 한다. 유언으로 "우리는 밝은 날을 보지 못하지만 우리 국민은 반드시 밝은 새날을 맞이하게 될 것이다. 그날이 오면 먼저 죽어간 이들을 잊지 말라"는 말을 남겼다.

'그림자' 같은 사나이

김원봉은 일제강점기 수많은 독립운동가 중에서 샛별처럼 우뚝한 존재였다. 일본인들에게는 간담을 서늘하게 하는 공포의 대상이었고, 식민지 백성으로 전락한 조선인들에게는 신출귀몰하는 독립운동가로서 선망과 흠모의 대상이었다. 또 그의 활동무대였던 대륙의 중국인들에게는 반일투쟁의 동지로 인식되었다.

일제강점기 조선에서 김원봉은 그림자조차 남기지 않는 그저 이름만 떠도는 존재였고 일본에서는 길면서 때로는 짧은 그림자 같은 존재로 각인되었다. 그리고 중국에서는 본체本體와 이름과 그림자가 때로는 함께, 때로는 제 각각 분리되어 나타났다가 사라지곤 하는 존재였다. 이처럼 동양 3국에서 본체와 이름과 그림자가 따로 존재하고 사라지기를 반복했던 인물이 김원봉이다.

본체가 없으면 그림자는 없다. "그림자는 몸에 속한 것일 뿐 그 자체로는 존재할 수도 없고 살아 있는 것은 더구나 아니다. …… 그러나 분석심리학에서 그림자 이미지란 살아 있는 것이다. 살아 있기에 무시할 수 없고 의식화해야 하는 것이다. '살아 있는 그림자'로서 그것은 원시종족의 그림자관과 맥을 같이 한다."[1]

동양에는 "귀신은 신체가 없으므로 오직 그림자만 볼 수 있다"는 말이 있고, 서양에는 "아무도 그의 그림자로부터 도망갈 수 없다"는 말이 있다. 김원봉은 본체 없이 그림자만 신출귀몰해 일제와 싸웠고 일제는 그 그림자를 잡기 위해 막강한 병력을 동원했다. 역사상 '그림자'를 쫓아 그처럼 많은 인력과 예산을 투입한 경우도 흔치 않을 것이다.

〈그림자〉

김소원

목마른 가슴에
봄비로 내려
아픔으로 견뎌 낸
한 방울 눈물 같은
해일海溢의 무無인

■■■ 1 이부영, 《그림자 제1부작》, 한길사, 2004, 57쪽.

그대는.

맞바람 창을 열고
눈에서 눈으로 건너는
깊게 취한 가슴으로
그대는
살아서 오는
그림자.

그림자 같은 혁명가 김원봉. 그는 일제침략자들과 치열하게 싸웠고 항일투쟁사에서 가장 빛나는 의열투쟁의 전과를 올렸다. 그리고 조선의용대를 창립한 데 이어 대한민국임시정부의 광복군 부사령관을 역임했다. 그러나 해방 뒤 돌아온 조국에서 일제 때 고등계 형사로 가장 악질적이었던 노덕술에게 붙잡혀 심한 고문을 당하고 만다. 그후 월북하여 북한 노동상과 최고인민회의 상임위원회 부위원장까지 승진했으나 어느 날 갑자기 숙청되어 무대에서 그림자와 같이 사라져버렸다.

우리 조국 강토에서 일본침략자를 몰아내는 것이 우리의 목적이며 사명입니다. 일본침략자를 몰아내는 가장 유효한 방법은 무장투쟁입니다. 상대방이 말로 해서 듣지 않을 때는 두드리는 수밖에 없습니다. 두드리자면 힘이 있어야 합니다. 그러니 우리는 우선 힘부터 길러야 합니다. 대학에서 학업을 닦는 것도 물론 중요합니다. 그러나 무장투쟁에 필요한 지식을 배우는 것이 지금은 더 중요합니다. 전쟁의 과학을 모르면 발톱까지 무장한 강대한 적과 맞설 수 없습니다. …… 우리 민족의 미래를 양 어깨에 짊어졌다는 자각 아래 조국광복에 필요한 군사과학을 열심히 배우고 익히기 바랍니다.[2]

김원봉이 1937년 8월 어느 날 조선청년 수십 명에게 성자군관학교 입교 사실을 통보하면서 한 연설 내용이다. 그는 무장투쟁을 위한 지식을 배우자고 역설했다.

몇 장 남아 있지 않은 사진 속의 김원봉은 대단히 준수한 모습이다. 그토록 심한 고난과 고통을 겪었으면서도 마치 학교 교장선생님 같은 온화한 모습을 하고 있다. 1923년 중국 북경北京에서 의열단 활동에 참여했던 김성숙金星淑은 당시 김원봉의 모습을 다음과 같이 회상한다.

김원봉은 굉장한 정열의 소유자였습니다. 동지들에 대해서도 굉장히 뜨거운 사람이었지요. 그는 자기가 만난 사람을 설복시키고 설득시켜 자기 동지로 만들겠다고 결심

━━ 2 김학철, 《격정시대》 2, 풀빛, 1988, 260~261쪽.

하면 며칠을 두고 싸워서라도 뜻을 이뤘지요. 그렇기 때문에 동지들이 죽는 곳에 뛰어들기를 겁내지 않았던 것 아닙니까? 그만큼 남으로 하여금 의욕을 내게 하는 사람이었지요. 그것이 김원봉의 가장 큰 능력이었습니다.[3]

해방 뒤 조국으로 돌아온 김원봉은 좌우를 망라한 민족해방세력을 동원해 민족통일전선을 구축, 통일된 자주독립국가를 세우고자 했지만 허사가 되고 말았다. 오히려 해방된 조국에서 그는 꽃다발 대신에 핍박을 받았다. 1947년 4월 2일 미군정이 설치한 군사법정에 서게 된 것이다. 그를 체포한 사람은 악명 높은 일제 고등계 형사 출신으로 현직 수도경찰청 수사과장인 노덕술이었고, 체포를 지시한 사람은 수도경찰청장 장택상이었다.[4]

해방된 조국은 남과 북 할 것 없이 그의 그림자조차 용납하지 않았다. 북한에서는 임시정부에 참여했다는 '전과'가 숙청의 이유가 되었고 남한에서는 통일정부 수립과 반이승만 노선, 월북과 북한 고위직 역임 그리고 일제강점기 때의 '과격사상'으로 인해 그의 이름을 언급하는 것조차 허용되지 않았다.

이승만 시대와 군사독재 시대에는 일제와 치열하게 싸운

■■■ 3 이정식 면담, 《혁명가들의 항일회상 : 장건상·김성숙·정화암·이강훈의 독립투쟁》, 민음사, 1988, 83쪽.
■■■ 4 송남헌, 《해방 3년사》 1권, 까치, 1985, 202쪽.

독립운동가들을 '과격분자'란 이유로 배척하는 경우가 많았
는데 이는 친일세력이 집권하거나 사회의 중심세력이 되었기
때문에 나타난 웃지 못할 현상이었다.

일본 제국주의 그리고 친일파에 맞서 치열하게 싸운 인물
이 가장 값진 훈장을 받고 존경받는 것이 상식인데 한국사회
에서는 이것이 뒤바뀐 것이다. 가치전도의 현상이다.

밀양에서 열 남매 중 장남으로 태어나

김원봉은 본명 외에도 김약산·최림崔林·진국빈陳國斌·
이충李沖·김세량金世樑·왕세덕王世德·암일巖一·왕석王石·
운봉雲峰·김국빈金國斌·진충陣沖·김약삼金若三 등의 이름
을, 이명 또는 변성명·통신 암호명으로 사용했다. 이를 보면
김원봉이 얼마나 치밀하고 다양한 방법으로 일제와 싸웠는지
를 알 수 있다.

김해 김씨 73세世 참판공파 42세손인 김원봉은 1898년
8월 13일(음) 경남 밀양시 내이동 901번지에서 태어났다. 아
버지는 김주익金周益, 어머니는 이경념李京念이다. 어머니는
차남 경봉을 낳고 병사했다. 그러자 아버지는 천연이千蓮伊와
재혼했고 장녀 복잠과 6남 봉철, 7남 봉기, 8남 덕봉, 9남 구
봉, 차녀 학봉을 낳았다. 또 아버지는 박순남朴順南이라는 여
자를 별도로 두어 3남 춘봉, 4남 용봉, 5남 익봉을 낳았다. 넷
째아들 익봉만 어렸을 때 죽었다. 해방 후 김원봉이 월북하자

보도연맹사건 등으로 봉철, 봉기, 덕봉, 구봉 등 친동생 4형제가 처형되었고 아버지는 굶어죽었다.

할아버지 철화哲和는 역관 출신으로 비교적 일찍 개명한 분이었고 할머니는 천씨千氏였다. 아버지 김주익은 30여 마지기의 농사를 지으며 중농 정도의 생활을 유지했다.

김원봉의 어린 시절에 관한 자료는 거의 남아 있지 않다. 평범한 시골 농사꾼의 자녀인 그에게 특별한 기록이 있었을 리가 없다.

김원봉이 태어날 무렵에는 국내에 큰 변화가 일고 있었다. 한 해 전인 1897년 조정은 국호를 대한제국으로 정하고 임금 고종을 황제로, 연호를 광무光武로 바꾸는 등 대대적인 체제개혁을 단행했다. 이른바 '칭제건원稱帝建元'이 이루어진 것이다. 조선시대의 학자 백호白湖 임제林悌가 임종을 맞아 "북방 오랑캐들까지 모두 황제라 칭하고 중원을 다스렸는데 우리만 그러지 못한 처지에 내 한 몸 죽은들 슬퍼할 일이 무엇이냐"고 통곡하는 제자들을 말렸다는 고사가 전해질 만큼 그토록 염원했던 '칭제건원'이었다. 고려시대 묘청 일파가 서경으로 천도하고 '칭제건원'을 내세우며 쿠데타를 감행했다가 좌절된 사력史歷도 있다.

그런 '칭제건원'이 김원봉이 태어나기 바로 한 해 전에 조선에서 시행되었다. 그러나 내적으로는 쇠약할 대로 쇠약해 있었고 외적으로는 주변 열강들이 이미 침략의 마수를 뻗치고 있는 상황이었기 때문에 '칭제건원'은 때늦은 허장성세적인 성격이 강했다.

1898년에는 연초부터 독립협회가 종로 네거리에서 만민공동회를 개최하여 러시아의 내정간섭을 규탄하고 절영도(부산 영도)의 조차를 반대하는 내용의 상소를 올렸다. 그해 흥선대원군 이하응이 죽었고 고종황제는 만민공동회가 상주한 헌의육조獻議六條를 받아들여 공포했다. 조선왕조 500년의 낡은 틀을 바꾸려는 재조 재야의 몸부림이었다. 하지만 주변은 물론 역외城外의 외세들까지 사나운 발톱을 갈고 있었다.

이처럼 조선은 청국, 러시아, 일본, 미국, 영국 등 열강의 틈바구니에서 살아남기 위해 사투를 벌이는 중이었다.

망국소년이 된 김원봉

김원봉이 8세 때인 1905년, 일본은 미국과 조선의 지배를 묵인하는 가쓰라·테프트 밀약을 맺었고 이를 토대로 을사늑약을 체결했다. 11세 때는 일제가 한국농민의 농지를 수탈하기 위해 동양척식주식회사를 설치했고, 12세 때는 안중근 의사가 하얼빈에서 한국침략의 괴수 이토 히로부미를 처단했다. 안중근 의사의 이토 처단은 조선 청년들의 의협심을 일깨워주는 일대 쾌거였다. 이 소식을 들은 김원봉도 아마 의분을 감추지 못하고 덩실덩실 춤을 추었을 것이다. 그러나 이듬해 일제는 조선을 병탄하고 국권을 탈취했다. 13세였던 김원봉은 이때부터 나라 잃은 망국노亡國奴의 신세가 되었다. 이는 500년 조선왕조가 무너진 것이 아니라 4000년 조선의 역사와 나라를 빼앗긴 것이었다.

김원봉이 중국을 무대로 의열단을 조직하고 조선의용대를 창설하여 일제타도에 혈전을 벌였던 것은 어릴 적부터 보고 들은 국권상실과 침략자들의 만행, 수탈이 골수에 사무쳤기 때문이다.

김원봉은 고향의 명소인 영남루 앞을 유유히 흐르는 남천강과 유서 깊은 표충사, 마을 뒷산인 재약산을 놀이터 삼아 석전石戰 놀이를 하면서 성장했다. 어린 나이였지만 을사늑약에 대해 어른들로부터 들었을 것이고, 조상 대대로 가꿔온 논밭을 동양척식주식회사에 빼앗기는 아픔을 겪었을 것이다. 1910년 8월 29일 나라가 일본에 넘어갔다는 소식을 듣고는 뒷날 큰 뜻을 함께 펼친 윤세주尹世胄 등 마을 친구들과 눈물을 흘리며 복수를 맹세했다고 마을 주민들은 전한다.

김원봉은 8세 때 서당에 들어갔다. 그리고 여느 아이들처럼 《통감》 등을 읽으면서 한학을 공부했다. 11세 때는 밀양공립보통학교에 편입해 한학 대신 '신식' 교육을 받게 되었다. 그러나 이때는 이미 조선총독부 지침에 따라 보통학교에서도 일본어와 일본역사 교육이 강요되었다. 잠시 동안의 서당 교육을 제외하면 성장하면서부터 일본식 학교에서 일본식 교육을 받게 된 것이다. 그러나 김원봉은 일본어 수업시간에는 교실에 들어가지 않는 등 어린 나이에도 불구하고 항일의식이 강했다. 그러던 중에 학교에서 큰 사건이 벌어졌다. 1911년 4월 29일 일왕의 생일을 축하하는 이른바 천장절 행사가 밀양공립보통학교에서도 거행되었는데 김원봉은 행사를 위해 준비한 일장기를 학교 화장실에 처박아버렸다.

학교는 온통 난리가 났고 결국 김원봉과 윤세주는 학교를 자퇴해야 했다. "될성부른 나무는 떡잎부터 알아본다"는 속담처럼 김원봉과 윤세주는 이미 어렸을 때부터 항일의식에 눈을 뜨고 행동하는 당찬 모습을 보여주었다. 그후 김원봉은 밀양 읍내에 있는 동화同和중학 2학년에 편입했다. 두 소년은 보통학교를 졸업하지 못해 중학교 입학자격이 없었으나 이들의 애국적인 행동이 널리 알려지면서 동화중학 편입이 특별히 허용된 것이다. 일제시대였지만 식민지 초기여서 그들의 지배력이 시골구석까지 미치지 못한 상태였고 국민들의 항일의식이 여전히 남아 있어서 두 소년의 행위가 높이 평가받은 것이다.

전홍표 교장과 평생동지 윤세주 만나

　사람은 어느 때 누구를 만나느냐가 굉장히 중요하다. 고기 잡던 어부 베드로는 예수를 만남으로써 기독교를 세계에 전파하는 인류의 교사가 될 수 있었고, 1919년 3.1 독립운동의 정신적·물질적 토대를 마련한 남강 이승훈은 어느 날 도산 안창호를 만나 광산업자에서 독립운동가로 변신했다. 이런 사례는 일일이 열거할 수 없을 정도로 많다.

　김원봉 역시 동화중학교에서 일생의 지침이 되는 훌륭한 스승과 동지를 만나게 된다. 그중 한 명이 전홍표全鴻杓 교장이다. 애국정신이 남달리 강한 민족주의자였던 그는 늘 서릿발 같은 기개로 김원봉과 윤세주에게 민족혼을 일깨워주었다.

　"우리가 목숨이 붙어 있는 한 강도 일본과의 투쟁을 단 하루도 게을리해서는 안 된다. 빼앗긴 국토를 다시 찾고 잃어버린 주권을 회복하기 전에는 우리는 언제나 부끄럽고, 언제나 슬프고, 또 언제나 비참하다."

김원봉은 두고두고 전홍표 교장 선생의 말씀을 기억하면서 항일투쟁의 일선에 나서게 된다.

교장 선생의 훈도를 받으며 김원봉과 윤세주는 친구들과 연무단이라는 모임을 만들어 체력단련에 힘썼다. 앞으로 어려운 일을 하기 위해서는 무엇보다 체력이 튼튼해야 한다는 생각이 들었던 것이다. 한겨울 새벽에도 마을 뒷산을 오르내리며 산행을 하고 냉수욕을 즐겼다. 새끼줄을 꼬아 만든 공을 가지고 모래밭을 뛰어다녔으며 친구들과 씨름도 하면서 체력을 단련했다. 김원봉이 험난한 군사훈련과 망명생활, 항일투쟁을 할 수 있었던 것은 어릴 적부터 단련한 체력이 큰 바탕이 되었다.

김원봉은 체력단련에 힘쓰는 한편 세계 위인전이나 한국 역사·지리 그리고 중국의 병법을 공부했다. 모두 교장 선생이 구해다 준 책이었다. 개천절이면 친구들을 불러모아 개천가를 부르며 교정을 행진하고 마을 사람들에게도 그 뜻을 알려주었다. 그러나 김원봉을 중심으로 한 학생들의 유별난 행동이 일제 경찰 정보망에 포착되었고 결국 일제는 전홍표 교장을 위험인물로 지목해 학교 폐쇄령을 내렸다. 이 학교의 재단이 부실하다는 이유였다. 김원봉은 부모님과 친지들에게 도움을 요청해 80원이라는 적지 않은 돈을 모아 교장 선생에게 전달하며 학교를 살리고자 노력했다. 그러나 학교가 폐쇄된 이유는 따로 있었기 때문에 회생은 불가능했다.

학교가 폐쇄되자 김원봉은 새로운 꿈을 그리며 서울로 올라갔다. 서울에는 할머니의 언니 되는 분이 여승으로 대단히 풍족한 생활을 하고 있었는데 남들은 하루 세끼 식사도 제대로 하기 어려운 처지인데도 그 할머니와 주위 사람들은 마치 딴 세상 사람들처럼 살고 있었다. 김원봉은 이러한 모습을 보고 크게 반감을 느꼈고 지체 없이 고향으로 내려왔다.

서울에서 잠시 머물다 다시 고향으로 내려온 김원봉은 1년여 동안 집 근처의 표충사에 머물면서 다양한 책을 읽었다. 특히 각종 병서를 접하면서 조국광복에 필요한 무장투쟁 이론을 공부했다. 표충사는 임진왜란 때 큰 공을 세운 사명대사四溟大師의 충혼을 기리기 위해 국가에서 명명한 사찰이다. 《삼국유사》를 쓴 일연一然 국사가 1000여 명의 승려를 모아 불법을 일으키기도 한 유서 깊은 곳이다. 김원봉이 머물 무렵에는 조선총독부가 공포한 '사찰령'에 따라 표충사는 31본산 중 통도사의 말사末寺로 편입되어 있었다.

뒷날 3.1운동이 일어났을 때 본사의 승려 이찰수, 오학성, 손영식, 김성흡, 이장옥 등이 〈3.1 독립선언서〉를 낭독하고 독립만세를 외치다 투옥되었다.

●독립운동가의 묘판, 밀양

　삼천리 강산 어느 곳인들 일제 침략자들과 싸우지 않은 곳
이 없지만 경남 밀양은 그중에서도 손꼽히는 지역이었다. 독
립운동사에 고딕체로 기록되는 역사적인 사건과 인물이 많았
기 때문이다.

　1920년 12월 밀양경찰서 투탄사건, 1921년 9월 조선총독
부 투탄사건, 1926년 1월 동양척식주식회사 폭탄투척사건 등
일제의 간담을 서늘하게 한 사건의 주역들 그리고 의열단·
민족혁명당·조선의용대로 이어지는 의열투쟁의 주역 대부
분이 밀양 출신이다. 조금 번거롭지만 대표적인 이곳 출신 독
립운동가를 열거하면 윤세복, 윤세용, 강인수, 김대지, 김명
규, 박지원, 배중세, 김원봉, 황상규, 윤세주, 고인덕, 김병환,
윤치형, 김상윤, 한봉근, 손경헌, 손기욱, 손일민, 손중헌, 손
호, 이언권, 이장수, 최수봉 등이다.

　1919년 3월 13일 밀양에서는 장날을 맞이해 창녕의 영산

만세운동과 함께 영남 최초로 대규모의 만세운동이 전개되었다. 지역 유지들은 부북면사무소와 밀양면사무소에서 등사기를 훔쳐 수천 장의 독립선언서를 등사했고, 여성들은 태극기를 만들어 수천 명의 주민과 함께 조선독립만세를 외쳤다.

'산천이 인물을 낳는가, 인물이 산천을 유명하게 하는가'의 문제는 예부터 풍수지리의 담론이었다. 밀양은 "남천강 굽이굽이 우뚝 솟은 영남루 / 억만 년 대대손손 자랑스런 밀양시"라는 시가詩歌의 구절처럼 남천강이 시내 중심으로 도도히 흐르고 종남산 줄기인 아동산이 그림처럼 자리한다. 여기에 진주 촉석루, 평양 부벽루와 함께 조선 3대 명루인 영남루가 밀양의 정신적·지리적 정기를 담고 있다. 이런 연유로 밀양에서는 여말선초의 문인 변계량卞季良, 조선 세조시대의 학자 김종직金宗直 등 다수의 문인학자를 배출했다.

김원봉은 15세 때인 1913년 서울로 유학을 떠났다. 당시 밀양에서 서울까지 유학할 정도면 집안이 어느 정도 여유가 있어야 했다. 역관 출신인 할아버지가 서울 출입을 자주 했고 아버지가 먹고 살 만큼 농사를 지었기 때문에 김원봉의 서울 유학은 가능했다. 아버지는 김원봉의 어딘가 남다른 모습을 알게 되면서 서울로 보내 인재로 키우고 싶었을 것이다.

김원봉에게는 아버지의 손아래 동생의 남편인 황상규黃尙奎라는 고모부가 있었다. 황상규는 밀양의 대표적인 유지이면서 독립운동가였다. 그는 김원봉의 일생에 가장 많은 도움과 영향을 끼친 사람인데 김원봉의 서울행도 황상규의 조언이 큰 역할을 했다.

황상규는 대한제국시기 집성학교集成學校를 졸업한 뒤 창신학교昌新學校와 밀양 고명학교高明學校를 설립했다. 또 대한광복회를 창설하고 의군부 중앙위원이 되었다. 1919년에는 〈대한독립선언서〉에 서명했고 의열단이 결성될 때는 주도적인 역할을 했다. 1920년 총독부 수괴 암살과 관청폭파를 목적으로 무기를 휴대하고 국내에 들어왔다가 체포되어 7년형을 선고받았고 1926년 출옥했다. 그후 밀양으로 가서 1927년 밀양청년회 집행위원장을 역임했다. 신간회 밀양지회장, 1928년 밀양협동조합 위원, 1929년 신간회 중앙집행위원을 맡는 등 일생동안 항일운동을 하다가 1931년 사망했다. 김원봉이 젊은 나이에 의열단 단장이 될 수 있었던 것도 황상규의 도움이 있었기 때문이다.

김원봉은 서울로 상경하여 중앙학교 2학년에 편입했다. 당시 교장은 유근柳瑾 선생이었다. 유근은 《황성신문》 발행에 참여한 사람으로 1905년 을사늑약 때 그 유명한 장지연의 〈시일야방성대곡是日也放聲大哭〉을 실었다. 이로 인해 신문이 정간되었다가 1906년 속간될 때 사장에 취임했다. 그러나 일제의 조선병탄으로 신문이 폐간되자 유근은 중앙학교 교장으로서 교육사업에 헌신했다.

김원봉은 중앙학교에서 유명한 학생이었다. 교내 웅변대

회에서 발군의 기량을 발휘한 것이다. 〈사회발전은 종교에 있느냐, 교육에 있느냐〉라는 연제의 웅변대회에서 김원봉은 교육에 있다고 당당하고 조리 있게 열변을 토해 학생들에게 깊은 감명을 주었다. 그리고 '유명한 학생'이 되었다.

평생 동지들 만나 의기투합하다

　김원봉이 중앙학교에서 이명건과 김두전을 만나게 된 것은 행운이었다. 이들은 김원봉과 생각하는 방향이 같았고 서로 의기가 통해 쉽게 친해졌다. 세 사람은 목숨을 바쳐 조국 독립을 쟁취하자고 다짐했다. 그리고 김원봉은 '산처럼若山', 김두전은 '물처럼若水', 이명건은 '별처럼如星' 크고 넓고 빛나는 생을 살기로 맹세했다. 이후 세 사람은 굴곡 많은 현대사를 온몸으로 부딪히면서 각기 신념대로 살았다. 김원봉은 이후 항일투쟁 과정에서 여러 가지 이명과 별호를 사용했지만 공식적으로는 '김약산'을 사용했고 그렇게 불렸다.

　김원봉의 중앙학교 시절은 오래 가지 못했다. 당시 조선에서 일어나고 있는 상황이 의협심 강한 소년을 학교에서 차분하게 공부만 하도록 놔두지 않았던 것이다.

　일제는 조선병탄과 더불어 항일세력을 뿌리뽑고자 1911년 신민회 사건을 날조해 700여 명의 민족운동가를 구속했다.

평안도와 황해도를 비롯한 서북지역 기독교계 인사들이 주로 검거되었고 그중 105명이 징역 5~10년의 유죄판결을 받았다. 양기탁, 이동휘, 이승훈 등 신민회 간부들은 사상전향을 강요받으며 혹독한 고문을 당해 2명이 목숨을 잃었고 다수가 불구가 되었다. 이 무렵 러시아령 블라디보스토크 신한촌에서는 권업회가 조직되었고 만주에서는 서일徐一을 단장으로 하는 중광단重光團이 결성되었다. 1915년 초에는 경북 달성군에서 조선국권회복단이 조직된 데 이어 풍기의 광복단과 대구의 조선국권회복단의 일부 인사들이 전투적인 독립운동단체로 대한광복회를 조직해 일제와 격렬하게 싸웠다.

김원봉이 이와 같은 국내외 항일투쟁들을 모두 알고 있었다고 말하기는 어렵다. 그러나 항일의식과 정의감이 강했던 데다가 유근柳瑾이 교장으로 있었기 때문에 어느 정도는 알고 있었을 가능성도 있다. 김원봉은 뒷날 작가 박태원과의 인터뷰에서 비밀결사인 대한광복회에 대해 술회한 바 있다.

박태원은 "1914년 봄, 동저고릿바람에 바랑을 등에 지고 명산 승지를 찾아 무전여행을 떠났다. 그가 짊어진 바랑 속에 들어 있는 것은 몇 권의 서책이었다. 오직 그뿐이다. 그 속에는 갈아입을 홑적삼 한 가지도 들어 있지 않다"[5]고 썼는데 이 기록대로 당시 김원봉은 전국으로 무전여행을 떠났다. 그

---

5 박태원, 《약산과 의열단》, 깊은 샘, 2000, 17쪽.

가 다닌 곳은 지리산, 계룡산, 경주, 부여 등지였다. 여행 일
정에 경주와 부여가 포함된 것을 보면 나라 잃은 소년으로서
옛 왕조의 도읍지를 찾아 역사의식을 고취하고자 하는 속내
가 배어 있었던 것도 같다. 소년 방랑객에게 논산을 제외하
고는 가는 곳마다 친절과 환대가 따랐다. 지방에는 아직까지
조선의 고유한 인정이 남아 있었다. 김원봉은 사람들을 만나
면 나라 망한 사정을 밝히고 자신의 포부를 도로했다. 더러
는 감동하기도 하고 격려도 하면서 씨암탉을 잡아 대접하는
노인도 있었다.

여행 중에 가장 값진 성과는 부산의 김철성金鐵城과 영주의
강택진姜宅鎭과의 만남이었다. 박태원이 "강씨는 사회주의자
로서 운동을 위해 사재를 내어놓은 사람이다. 일야담소一夜談笑
로 주객이 지기상합志氣相合하였고, 김철성과는 장래 국사를
위해 서로 목숨을 아끼지 않을 것을 굳이 맹세했다"[6]고 술회
할 만큼 좋은 동지들을 만난 것이다. 또 김원봉은 여행 도중
대한광복회와 여타 여러 항일단체 회원들이 운동자금을 모집
하면서 친일배와 탐관오리들을 척결한다는 소식을 들었다. 대
한광복회 총사령관 박상진이 독립운동자금 요청을 거절한 경
상도 제일의 부호 장승원을 처단한 사실도 알았다. 김원봉은
이를 적극 지지하면서도 적지 않은 회의감을 품게 되었다.

━━ **6** 앞의 책, 18쪽.

'강력한 무력으로서만 비로소 조선은 강도 일본의 기반羈絆(얽매임)을 벗어나 자주독립국가가 될 수 있다.' 이것이 그의 굳은 신념이었다. 그는 하루바삐 군대를 조직해 훈련하고 싶었다. 그러나 군대를 양성하기 위해서는 우선 자기 자신이 군사학을 알아야 했다. 그는 당시 세계에서 가장 강력한 군대를 가지고 있는 독일에서 공부하고 싶었다. 그러나 일에는 순서가 있다. 그러기에 앞서 독일어를 배워야 했다……[7]

김원봉의 무장투쟁론의 씨앗은 이렇게 싹트기 시작했다. '씨앗'은 무럭무럭 자라났다. 김원봉은 전국을 돌아다니면서 군대를 양성해야겠다는 결론을 내린다. 그리고 그러기 위해서는 군사학을 배워야 한다고 생각한다. 김원봉은 당시 세계에서 가장 강력한 군대를 가지고 있다는 독일에서 군사학을 공부하고 싶었다. 하지만 먼저 독일어를 배워야 했다. 그는 중국 천진天津에 독일인이 경영하는 덕화학당이라는 중학이 있다는 사실을 알아냈다. 그래서 김원봉은 천진으로 가기로 했다. 일이 잘 풀릴 것이라고 항상 그를 격려해온 한봉인韓鳳仁이란 친구가 친척이 경영하는 상점에서 일하고 받은 급료를 여비로 쓰라며 아낌없이 내주었다.

---

7 앞의 책, 19쪽.

1916년 10월, 김원봉은 고국을 떠나 천진의 덕화학당에 입학했다. 피끓는 19세 때다. 덕화학당에서는 우선 독일어보다 중국어를 배우는 데 열중했다. 낯선 이국 땅에서 살려면 그 나라 언어를 배우는 일이 시급했기 때문이다.

이듬해 여름방학을 이용해 잠시 귀국하는 길에 안동현(현 단동)에서 손일민, 김좌진 등 독립운동가들을 만났다. 이들은 광복회 회원으로서 만주로 망명해 독립운동을 진개하고 있었다. 김원봉은 이들로부터 많은 영향을 받는다.

그러나 김원봉이 고국에 돌아와 있는 동안 국제정세는 급속히 변했다. 중국이 독일에 선전포고를 하면서 중국에 있는 독일인들을 모두 국외로 추방했다. 이 때문에 덕화학당도 폐쇄되었다. 1914년 7월에 일어난 제1차 세계대전의 여파로 중국과 독일 사이에 적대관계가 형성되어 김원봉의 신상에까지 중대한 변화가 일어난 것이다. 독일에서 본격적으로 군사학을 공부하겠다던 꿈은 이로써 사라지게 되었다.

김원봉은 새로운 계획을 세웠다. 제1차 세계대전이 끝나고 새로운 국제질서가 형성되던 시기였다. 러시아에서는 1917년 10월 혁명이 일어나 프롤레타리아 해방론이 거세게 전파되고 있었다. 김원봉의 꿈은 중국으로 건너가서 실력을 갖추고 무장세력을 형성해 일제와 싸우겠다는 데로 모아졌다.

제 **2** 장

조국독립의 꿈을 그리며

자기 자신을 혁명할 수 있는
사람만이 혁명적이 아니겠는가.
– L.비트겐슈타인, 《반철학적 단상》

무장투쟁의 꿈을 안고 중국으로 망명

　　제1차 세계대전의 여파로 덕화학당이 폐쇄되어 고향에서 1년간 머물렀던 김원봉은 1918년 9월 본격적인 독립운동을 위해 중국으로 떠났다. 독립운동을 위해서는 중국이 더 유리하겠다는 결심을 하고 김약수, 이여성과 함께 출국한 것이다.

　　김원봉에게는 이것이 실질적인 망명의 길이 되었다. 해방 뒤 환국하기까지 중원 천지를 돌며 일제와 싸운 망명 기간이 무려 27년인데 이 기간 동안 한 번도 고국을 찾지 못했다.

　　이들은 우선 남경南京에 있는 금릉대학에 입학하여 그곳에서 영어를 열심히 공부했다. 앞으로 국제질서가 미국·영국 등 영어권 나라를 중심으로 움직일 것이라 내다봤기 때문이다.

　　김원봉보다 몇 해 전 같은 노정을 택해 중국으로 망명한 백암 박은식은 망명 때의 심회를 《한국통사》에서 다음과 같이 밝혔다.

모월 모일 아침에 한양을 하직하고 석양에 압록강을 건너 다시 북으로 올라가서 백제왕(고구려 왕인 듯─지은이)의 옛 도성을 바라보고 머리를 숙여 고금흥망을 묵묵히 생각했다. 일보에 주저하고 삼보에 배회하여 앞으로 가고자 하였으나 차마 가지 못하여 지팡이를 땅에 꽂고 행인 과객을 바라보니 사람마다 망국노를 멸시하는 것 같아 부끄러운 마음이 치솟아 올랐다. 천지가 비록 넓으나 나는 장차 어디로 돌아가리오.

8월 29일 국치國恥소식을 듣고 나서 쓴 다음의 구절에서는 망명객 백암의 절절한 심회가 묻어난다.

때는 9, 10월이라 초목은 마르고 추풍秋風이 소슬한데, 원숭이와 부엉이가 슬피 울어 고국산천을 떠나 그 여한이 연연하여 눈물도 마르지 않는 나에게 이 같은 처참한 소리 (망국─지은이)가 들리니 설상雪上에 가상加霜이라.[1]

박은식이 1910년 중국으로 망명할 때 나이는 51세였다. 그는 당시 《황성신문》과 《대한매일신보》 주필 등을 지낸 원로급 항일언론인이었다. 그래서 유려한 필치로 망명길의 심

1 박은식, 〈한국통사〉, 《백암 박은식 전집》 제1권, 대한매일신보, 2002.

회를 적었던 것이다. 그러나 김원봉은 20세의 피끓는 청년이었다. 이들뿐 아니라 전후로 수많은 애국지사들이 독립운동의 꿈과 사명을 안고 대륙으로 떠났다.

김원봉이 금릉대학에 입학한 직후인 11월 11일에는 제1차 세계대전이 종료되었고, 그에 앞서 윌슨의 14개조 평화원칙이 발표되었다. 이듬해 1월 18일에는 파리에서 강화회의가 개최되었다. 또 1917년 러시아혁명에 이어 1918년에는 독일에서도 혁명이 일어났다. 국제정세가 크게 바뀌고 있었다. 김원봉은 변화하는 정세에 맞춰 다시 계획을 세우지 않을 수 없었다. 김약수, 이여성과 세운 계획은 다음과 같다.

첫째는, 서간도로 가서 군대를 조직하는 일이었다. 둘째는, 상해에서 잡지를 발간하는 일이었다. 그들은 잡지 이름을 《적기赤旗》라 하자고 이미 제호까지 내정했다. 아무도 '과격파'가 아니었음에도 불구하고 그들은 그 제호를 채택했다. 이름이 마음에 들었기 때문이다. 그리고 그들이 결정한 셋째는, 파리강화회의에 대표를 파견하는 일이었다.[2]

세 사람은 일단 서간도로 가서 군대를 조직하고 상해에서

<hr>

2 박태원, 앞의 책, 23쪽.

잡지를 발행할 것을 결정했다. 그리고 파리강화회의에 대표를 파견하기로 했다. 그들의 역량으로는 아직 힘에 부치고 감당하기 어려운 과제들이었다. 마침 그 무렵 상해에서 금릉대학생 서병호徐丙浩가 돌아왔다. 서병호는 상해에 있는 독립운동가들의 많은 정보를 가져왔다. 신한청년당이 결성되어 김규식金奎植을 파리강화회의에 파견키로 했다는 소식도 들었다.

신한청년당은 1919년 상해에서 여운형, 김구, 선우혁, 이광수, 한진교, 한창원, 김순애, 안정근, 조동우 등을 중심으로 조직된 독립운동단체다. 서병호도 그 일원이었다. 신한청년당은 해외 독립운동단체 중 가장 오래된 단체로《신한청년보》를 발간하여 해외 동포들의 독립정신을 고취했고 김규식을 파리강화회의와 미국 대통령에게 보내 독립청원서를 전달케 하는 등의 외교활동을 전개했다.

파리강화회의에 자객 보내

김원봉의 생각은 달랐다. 그는 파리강화회의에 대표를 보내 각국의 대표들에게 피압박민족의 설움을 호소하고, 열국의 동정을 얻어 독립을 얻자는 것이 얼마나 비현실적인가 하는 의문이 들었다.

국가의 존망과 민족의 사활이 걸린 큰 문제를 외국인에게 호소하여 그들의 결정을 기다린다는 것은 결코 할 일도 아니거니와 해서 될 일도 아니다. 더구나 지금 파리회의에 모인 무리들은 모두 다 자본주의 사회와 제국주의 국가를 대표해 나선 자들이다. 그들은 전승국의 권위와 오만을 가지고 회의에 나와 배상금을 결정하고 영토를 분할하려는 것이다.

일본이 혹 패전국이기라도 하다면 또 모를 일이다. 그러나 일본은 당당한 연합국의 일원이다. 열국이 대체 무엇

때문에 저희 우호국과 원수를 맺으면서까지 약소 민족을 위해 싸워줄 것이냐? 그것은 도저히 있을 수 없는 일이다.[3]

김원봉의 이와 같은 인식은 대단히 현실적인 분석이었다. 그는 국제정치의 본질을 꿰뚫고 있었다. 더욱이 일본이 패전국이 아닌 상태에서 조선독립은 기대하기 어려운 일로 보았다. 윌슨의 민족자결주의도 제국주의 국가들이 차지한 식민지 국가의 해방과는 거리가 먼 주장이었다. 윌슨의 민족자결주의 원칙은 독일·오스트리아 등 패전국의 식민지와 신생 사회주의국가인 러시아 식민지에만 적용되었고 전승국의 식민지에는 적용되지 않았다.

그럼에도 상해에 거주하고 있던 독립운동가들은 파리강화회의에 적잖은 희망을 걸었다. 파리강화회의 대표위원 자격으로 파견된 김규식은 미국에 유학하여 철학박사 학위를 받고 귀국했다가 1910년 일제의 한국 병탄과 함께 중국으로 망명해 신한청년당에 참여하고 있었다. 당시 보기 드문 외교 전문가였다. 독립운동가들은 그를 통해 조선의 억울한 사정을 만국에 호소하면 혹시 국제열강의 마음을 움직일 수 있지 않을까 하는 기대를 걸고 있었다.

김원봉과 그의 동지들이 파리강화회의에 대표를 보내려

▬▬ 3 박태원, 앞의 책, 23~24쪽.

고 한 것은 신한청년당의 계획과는 목적이 전혀 달랐다. 외교 사절이 아니라 자객을 보내 일본대표를 암살하여 조선민족의 혁명정신을 세계만방에 선양하겠다는 의도였다.

김원봉은 4년 전 국내 무전여행 중 부산에서 만난 김철성에게 그 소임을 맡겼다. 김철성은 그동안 일본에서 중학을 마치고 중국으로 건너와 오송동제대학吳淞同濟大學에 다니고 있었고 김일金一이라는 가명으로 활동 중이었다.

김철성은 권총과 여권을 구해 파리로 건너갔다. 그리고 며칠 동안 일본대표의 동정을 살피며 기회를 노렸다. 그러나 막상 기회를 포착해 거사를 하려고 행장을 풀어보니 있어야 할 권총과 실탄이 사라졌다. 누군가가 뒤를 밟아 숙소에서 무기를 훔쳐간 것이다. 김철성은 천추의 한을 품고 파리를 떠나야만 했다. "나중에 밝혀진 일이지만 그때 권총을 처리한 사람은 다른 사람이 아니고 파리에 와 있던 동료였다"[4]고 김원봉은 회고했다.

1918년 11월 13일 우리나라 최초의 독립선언서로 알려진 〈무오독립선언서〉가 만주 길림吉林에서 선포되었다. 여준, 김동삼, 유동설, 김좌진, 신팔균, 서일, 김규식, 이동녕 등 중광단重光團 인사들을 중심으로 만주, 러시아, 미국을 비롯해 해외에 있던 망명 독립운동가 39명의 이름으로 발표된 것이

---

4 박태원, 같은 책, 25쪽.

다. 정식 이름은 〈대한독립선언서〉이며 조소앙 선생이 집필했다. 외교론에 입각해 세계에 독립을 호소한 다른 독립선언서와는 달리 해외 독립운동기지 건설의 성과를 바탕으로 독립전쟁을 통한 독립운동 노선을 주창했다.

김원봉의 생각과 일치한 내용이었다. 〈대한독립선언서〉는 "일본의 합방 수단은 사기·강박·불법·무력을 통한 것이며 일본의 합방결과는 정치·경제적 압박으로 민족을 말살하고, 종교를 협박하고, 교육을 제한하여 세계문화를 저해하는 것으로 인류의 적"이라고 규정했다. 또 합방은 무효라고 선언하고 "정의의 칼로 나라를 훔친 적을 도결屠決하여 운명을 개척하자"고 절규했다.

비폭력 3.1운동 소식 듣고 실망

〈대한독립선언서〉의 선포 사실을 듣고 의기충천한 김원봉은 1919년 김약수로부터 봉천으로 와달라는 전보를 받고 이여성과 함께 남경을 떠나 봉천奉天으로 갔다. 김원봉은 파리강화회의 거사가 좌절된 뒤 숙원이던 군대를 조직하기 위해 우선 농토를 매입하기로 했다. 김약수가 가져온 거액의 자금이 남아 있었다. 군대 양성의 목적으로 둔전을 경영하려는 것이었다. 그래서 김약수를 봉천으로 보내 농토를 구입토록 했던 것이다.

김원봉은 제남濟南에 머물고 있을 때 고국에서 전개된 3.1운동 소식을 들었다. 중국의 각 신문은 이를 대대적으로 보도했다. 김원봉과 김약수는 국내 동포들이 일제에 반항하여 봉기한 것을 알고 주체하기 어려운 벅찬 감격을 느꼈다. 실제로 3.1운동은 한민족의 거대한 항쟁이었다. 일제가 거미줄처럼 펼쳐 놓은 정보망을 피해 33인의 민족대표가 선정되고 이를 중심으로 거족적인 만세운동이 벌어진 것은 2000만 조선민중의 뜻이 일치했기 때문에 가능한 일이었다.

3.1운동은 해외동포사회에도 파급되어 만주와 연해주, 미주 지역의 동포들도 시위를 벌이거나 독립선언식을 거행했다. 또 3.1운동은 중국의 5.4운동을 비롯해 인도, 터키, 이집트 등 여러 나라의 반식민지 해방투쟁에도 영향을 주었다. 그러나 김원봉은 3.1운동 소식을 자세히 듣고, 특히 〈독립선언서〉를 구해 세밀하게 읽고는 무척 실망했다. 동포들이 궐기한 '운동'이 무력항쟁이 아니었기 때문이다. 알려진 대로 3.1운동은 비폭력 정신으로 전개되었다. 3월 1일 재경 민족대표 28인은 많은 군중이 모여들어 시위가 폭력화될 것을 우려해 모임 장소를 탑골공원이 아닌 음식점 태화관으로 바꿨다. 그리고 그곳에서 간단한 독립선언식을 치른 뒤 일본 경찰에 통고해 자진 피체되었다. 그러나 서울 탑공공원에서는 경신학교 출신 정재용鄭在鎔이 팔각정에 올라가 〈독립선언서〉를 낭독하고 군중과 함께 시위에 나섰다.

3.1운동은 지방으로 전파되면서 노동자들의 파업투쟁, 상인들의 철시투쟁으로 이어졌고 일제의 탄압이 극심해지자 민중들도 관공서를 공격하거나 일본 경찰과 헌병을 살해하는 등 폭력적으로 대항했다. 그렇지만 민족대표들은 비폭력운동을 원칙으로 제시하면서 감옥에 수감되었다.

이러한 3.1운동은 김원봉과 그의 동지들의 행로를 바꾸게 만들었다. 그러던 차에 김약수는 중학교 은사인 박중화朴重華로부터 귀국 요청을 받는다. 국내에서 독립운동을 하자는 것이었다. 김원봉과 동지들은 논의를 거듭했다. 김약수와 이여송은 조선으로 돌아가 대중들과 함께 독립운동을 하자는 주장을 폈다. 이들은 농토 구입도 쉽지 않으니 차라리 귀국해 뜻을 살리자고 오히려 김원봉을 설득했다. 김원봉은 그럴 수가 없었다. 국내에서는 한계가 있을 수밖에 없다고 두 사람을 설득했지만 의견 차이를 좁히지 못했다. 마침내 김약수는 가지고 있던 돈의 절반인 1만 원이란 거금을 의군부의 발기인이 될 인사들에게 기부하고는 둔전경영 계획을 포기하고 1920년 2월 26일 귀국길에 올랐다.[5] 며칠 뒤 이여송도 그 뒤를 따랐다. 김원봉은 막막한 만주벌에 혼자 남게 되었다. 뒷날 이들은 해방정국에서 재회한다.

이후 세 사람은 각기 다른 길을 택해 독립운동을 전개했다. 김약수는 귀국한 후 조선 최초의 노동단체인 조선노동공제회를 조직하고 일본으로 건너가 박열朴烈 등과 함께 흑도회를 조직했다. 그러나 2년 후 흑도회 내의 무정부주의자들과 결별하고 북성회를 조직했으며 귀국해서는 북풍회를 결성, 국내에 사회주의사상을 보급하는 데 힘썼다. 또 1924년 김사국 등과 조선노동총동맹을 창립하고 1925년 조선공산당을 결성

***

5 김영범, 《한국근대민족운동과 의열단》, 창작과비평사, 1997, 41~42쪽.

했다. 1926년 신의주사건으로 검거되어 6년 4개월 동안 투옥된 것을 비롯해 모두 세 차례 검거되어 9년 7개월 동안 감옥생활을 했다. 그의 항일투쟁 행적은 일본 경찰관 채용시험에 출제될 만큼 명성을 날렸다. 해방 뒤에는 건국준비위원회 간부로 뽑혔으나 이에 불응, 좌익운동과 결별하고 남한 단독정부 수립에 참여하여 한국민주당 조직부장을 맡았다. 후에 제헌의원으로 당선되어 국회부의장에 피선되었지만 이른바 국회프락치사건으로 체포·구금되었다. 6.25전쟁 때 서울을 점령한 인민군에 의해 서대문형무소에서 풀려나 월북했고 북한에서 활동하다 사망했다. 김원봉과는 해방 뒤 서울에서 만났으나 각자의 이념과 노선이 달라 크게 협력하지는 않았다.

이여성은 귀국한 후 대구에서 비밀조직인 혜성단을 조직해 활동하다가 1919년 7월 피체되어 10개월간 복역하고, 출감 뒤 도쿄 입교대학立敎大學으로 유학했다. 이후 북성회와 일월회 등에 참여했고 1930년 상해를 거쳐 귀국했다. 국내에서는 한때 언론에 종사하기도 했다. 해방 뒤에는 조선인민당 정치국장, 민주주의민족전선 부의장 등을 맡아 활동했고 6.25전쟁 때 월북했다. 역시 해방정국에서 김원봉과 만났으나 정치노선을 같이하지는 않았다.

●무장부대 대신 폭렬투쟁론 정립

중국에 혼자 남은 김원봉은 앞으로의 활동계획을 세웠다. 그는 길림에서 김좌진, 손일민, 황상규 등을 만나 향후 계획을 논의하고 신흥무관학교를 방문했다. 신흥무관학교는 1920년 만주 유하현에 이시영李始榮 형제가 세운 무관학교다. 이시영은 일제의 병탄 뒤 일가족 50여 명을 이끌고 만주로 망명하여 신흥무관학교를 세우고 독립군 양성에 힘쓰고 있었다. 당시 교장은 이시영, 교성대장敎成隊長은 지청천, 교관은 오광선, 이범석, 윤경천 등이었고 1920년 8월까지 졸업생 2000여 명을 배출했다. 신흥무관학교에서 애국지사들을 두루 만난 김원봉은 무장투쟁의 한계를 절감했다. 남의 나라에서 독립전쟁의 기반을 마련한다는 것 자체가 쉽지 않았고 군대를 양성한다는 것도 어려운 일이었다. 뒷날 김원봉은 혁명간부학교를 세우고 중경重慶의 임시정부가 조직한 한국광복군에 조선의용대를 이끌고 참여해 부사령관이 된다.

김원봉의 폭렬투쟁론은 이런 상황 속에서 싹텄다. 마침 봉천奉天에서 고모부 황상규가 활동하고 있었다. 김원봉은 고모부와 함께 의군부義軍府와 부민단을 방문했다. 의군부는 1919년 4월 동부 만주에 흩어져 있던 의병들로 조직된 독립군사단체였다. 총재는 이범윤李範允, 총사령관은 김현구金鉉圭, 참모장은 진학신秦學新 등이었다. 1920년 청산리 전투가 있은 뒤 일본군 대부대가 만주 전역에 걸쳐 대규모 보복작전을 전개하자 의군부도 다른 독립부대와 같이 흑룡강 연안의 북만국경지대로 집결했다. 그리고 북로군정서 등 군사단체를 통합해 서일, 김좌진, 홍범도 등을 총재단으로 하는 대한독립군단으로 재편했다.

3.1운동 이후 김원봉이 만주에 머물 무렵 만주, 간도, 연해주 지역에서는 수많은 무장독립단체들이 조직되었다. 이들은 1920년대에 들어 정의부·참의부·신민부 등 3부로 나뉘어 일제와 싸웠는데 독립운동전선의 통일을 위해 3부 합작을 시도했으나 완전한 통일을 이루지는 못하고 한족총연합회와 혁신의회, 국민부로 개편되었다.

1920년 6월에는 홍범도의 대한독립군, 안무安武의 국민군, 최진동崔振東의 군무도독부군 등 약 700명이 봉오동으로 진격해온 일본군을 맞아 대승을 거두었다. 같은 해 10월에는 김좌진이 이끄는 북로군정서, 홍범도의 대한독립군, 안무의 국민군 등 독립군 연합부대 2000여 명이 두만강 상류 화룡현 일대에서 5000여 명의 일본군에 맞서 대승을 올렸다.

일제는 독립군에게 잇따라 패하자, 1920년 혼춘琿春의 마적토벌을 구실삼아 대규모 군대를 출동시켜 이 지역의 조선인들을 무차별 학살하는 만행을 저질렀다.

김원봉은 만주지역에서 일어나고 있는 무장투쟁과 이에 따른 우리 동포들의 희생을 지켜보면서 새로운 항일투쟁 방법론을 모색하게 되었고 그 결과가 의열투쟁론이었다. 길림에서 이와 같은 결심을 한 그는 의군부를 찾았다. 당시 의군부의 주석은 여준呂準이었고 군무부장은 김좌진, 중앙위원은 손일민과 황상규였다.

이들은 김원봉의 내방을 반기면서 자기들과 함께 일하자고 제의했다. 고모부의 소개가 큰 역할을 하긴 했지만 여준, 손일민은 고향 선배였고 김좌진과는 일전에 만난 적이 있어 금세 가까워질 수 있었다.

김원봉은 며칠 동안 머무르면서 그들에게 총을 대량으로 구할 수 있는지를 물었다. 그들은 연줄을 통해 마적들과 교섭하면 구할 수 있을지도 모른다고 답했다. 이 대답은 김원봉에게 큰 실망을 주었다. 설사 교섭이 된다 하더라도 막상 교환장소에서 돈만 가져가고 총을 건네주지 않을지도 모른다는 의구심이 들었기 때문이다.

신흥무관학교 입교, 폭탄제조법 배워

김원봉은 며칠 동안 생각을 거듭하고 고모부와 상의한 결과 앞에서 말한 폭렬투쟁론에 기반하는 의열투쟁을 벌이기로 결정했다.

조국과 동포를 위해 참으로 목숨을 아끼지 않는 열혈 지사를 규합하여 적의 군주 이하 각 대관과 일체의 관공리를 암살하자.

적의 일체의 시설을 파괴하자.

동포들의 애국심을 환기하고 배일사상을 고취하여 일대 민중적 폭력을 일으키도록 하자.

끊임없는 폭력만이 강도 일본의 통치를 타도하고 마침내는 조국광복의 대업을 성취할 수 있는 길이다.[6]

---

6 박태원, 앞의 글, 31쪽.

김원봉의 신념은 확고하게 굳어졌다. 오랜 방황과 번민 끝에 얻은 결론이었다. 결정하면 즉시 실행에 옮기는 성격이었던 김원봉은 여러 달이 지난 뒤 몇몇 동지들과 서간도로 떠났다. 그 사이에 뜻이 맞는 동지들을 새로 얻은 것은 큰 수확이었다. 새 동지는 이종암李鍾岩, 이성우李成宇, 서상락徐相洛, 강세우姜世宇, 김옥金玉, 한봉인韓鳳仁, 한봉근韓鳳根, 신철휴申喆休 등 8명이었다.[7]

일행 중에는 손문의 휘하에 있던 호남성 출신의 주황周況이라는 폭탄제조 기술교관도 있었다. 적을 섬멸하기 위해서는 동지들과 폭탄을 제조하는 방법을 배우는 것이 시급한 과제였다. 40세 가량의 주황은 단순히 폭탄제조 기술자가 아니라 중국의 장래를 걱정하는 의열투사였다. 신규식申奎植과 김동삼金東三의 노력으로 참여하게 되었다. 김원봉이 굳이 폭탄제조기술자를 찾아 대동한 것은 일제기관에 폭탄을 던져 파괴하려는 계획 때문이었다.

김동삼은 서로군정서 참모장을 지내고 만주에서 부민단을 조직해 여준 등과 함께 활동했고, 대한민국임시정부 노동국 총판을 맡기도 한 애국지사다. 김동삼은 만주사변 뒤 일제에 피체되어 1937년 마포형무소에서 옥사했다.

김원봉은 서간도 유하현 삼원보에 있는 신흥무관학교에

━━ 7 《독립운동사 자료집》 제11집, 한국독립운동사 편찬위원회, 1975, 662쪽.

입학했고 새로운 동지들을 만나 폭탄 제조법과 총기류 취급 방법을 열심히 배웠다. 신흥무관학교에는 고국으로부터 온 뜻 있는 청년들이 조국해방을 위한 군사교육을 받고 있었다. 나중에 의열단에 참여하는 동지 중에는 이때 만난 신흥무관학교 출신이 많다. 김원봉의 신흥무관학교 재학기간은 1~2개월 정도였다.

김원봉과 이종암은 상해로 가서 임시정부의 별동대로 불린 구국모험단 단원들과 약 3개월간 합숙했다. 그 기간 동안 폭탄제조법과 조작법을 배우고 10월에 길림으로 돌아왔다.[8]

김원봉의 신흥무관학교행은 군사지식을 습득하거나 독립군의 사관士官이 되기 위해서라기보다는 결사조직에 참여할 동지의 규합과 거사에 필요한 폭탄제조법을 배우기 위해서였다. 실제로 그는 주황周況으로부터 폭탄제조 기술을 배웠을 뿐 아니라 뜻을 같이할 수 있는 열혈 생도들을 만나 교분을 맺게 된다.[9]

20대 초반 의혈 남아 김원봉은 대륙에서 항일독립투쟁의 꿈을 키우며 독립투사로 영글어가고 있었다.

■■ **8** 《고등결찰요사》, 경상북도경찰부, 1934, 97쪽.
■ **9** 김영범, 앞의 글, 165쪽.

제 3 장

폭렬투쟁의 의열단 창단

（五）韓國臨時政府의韓國獨立을支持全右
　　此品을美希加、車年團會의魯時的
　　援連海員勞歟歟壮左各海中華來時時的
　　提,路連維草、心建窓推停以弄章人
　　（韓國独立之之朝韓自先等革以三）將歟
　　事章内付以党該.告果臨時會術團品
　　突海。
（四）韓國光復軍區月く為青天、（韓國於
　　亡笹）削日く金若山、（朝鮮民注革命党）
（丙）韓國支重國臨危作らか橋志珠（長淹
（三）韓国光復軍區月く為青天、（韓国於
　　歟渓北党く章氷晩（臨時政が从善
（乙）金若山善送遂悟朝鮮民读革歟党く補
丙、常復以特政建賢重侍清者長印
　　有闗先生对窓二以歟此努観辜章人
　　恒水港生力力召又世兄母

　　자유는 우리의 힘과 피로 쟁취하는 것이지 결코
　　남의 힘으로 얻어지는 것이 아니다. 조선민중은 능히
　　적과 싸워 이길 힘이 있다. 그러므로 우리가
　　선구자가 되어 민중을 각성시켜야 한다.

– 김원봉, 의열단원에게

'의열단'이라는 고유명사

우리 독립운동사에서 의열義烈투쟁은 수많은 독립운동 방법 중에서 가장 돋보이는 투쟁노선이었다. 가장 적은 희생으로 가장 많은 효과를 올린 것이 바로 의열투쟁이다. 또 수단과 방법, 시간과 장소, 인물과 기관을 가리지 않고 활용할 수 있는 방법이기도 하다.

외침과 내우가 유난히 심한 우리나라는 오래전부터 '의열'의 전통이 이어져왔다. '의열'이란 흔히 의사義士와 열사烈士를 가리키거나 그들의 특징적인 행동을 의미하는 용어로 쓰인다. 국난기에 관군이 일패도지一敗塗地하거나 적군에 투항할 때 민간인(백성)들이 궐기하여 침략자들을 물리치거나 전세를 바꾼 경우가 적지 않았다. 물론 여기에는 장렬한 자기희생이 따랐다.

임진·정유왜란 때도 의열투쟁이 강력한 저항의 모습으로 나타났고, 한말 일제침략기에도 수많은 의열사들이 의병전쟁

義兵戰爭에 참여했다. 또 여의치 않을 때는 일신을 던지는 단독 의열전을 전개하기도 했다. 1970~80년대 반독재 민주항쟁 과정에서도 수많은 재야인사, 학생, 노동자가 투신, 분신, 할복, 고문사, 의문사 하는 등 희생을 감내하면서 민주주의를 쟁취했다.

의열투쟁은 정규전이 불가능한 상황에서 전개되는 경우가 대부분이다. 한국사의 의열투쟁이 최근 세계 각처에서 나타나고 있는 테러와 다른 점은 국권회복과 민주화를 요구하는 정의의 실현 방법으로 자신을 희생한 데 있다. 즉 지극히 도덕적 수단이었다는 점이다. 한말 일제침략세력과 싸운 민간병民間兵을 의병이라 한 것이나, "천하의 정의로운 일을 맹렬히 실행한다"는 의열단의 공약 제1조에서 제시한 '정의'의 가치에서도 이는 잘 설명되고 있다.

일제에게 의열단의 존재는 끔찍한 공포의 대상이었다. 일본 외무대신은 "김원봉을 체포하면 즉각 나가사키長崎 형무소로 이송할 것이며, 소요경비는 외무성에서 직접 지출할 것"이라는 요지의 훈령을 상해 총영사관에 하달하기도 했다.[1] 또 1920년대 전반기 의열단의 투쟁역량에 대해 조선공산당은 1926년 3월 코민테른에 제출한 보고서에서 "민족혁명전선에서 직접 투쟁하는 단체는 의열단, 신민부, 통의부 밖에

---

1 김광주, 〈상해시절 회상기 上〉, 《세대》, 1965년 12월호, 257쪽.

없다"[2]고 평가했다. 의열단과 관련해 한 연구자가 밝힌 다음 과 같은 사례도 주목할 만하다.

의열단의 활동으로 인해 조선에는 웃지 못할 사건까지 발생하곤 했다고 합니다. 강도들이 재물을 빼앗으면서 "나는 의열단원인데 군자금으로 가져가니 그리 알아라" 고 했던 사건이 있는가 하면, 충청도 어디에서는 경찰이 좀도둑을 잡아 경찰서에 앉혀놨더니 이놈이 글쎄 "나는 의열단이다" 하고 말하지 않았겠습니까. 그러자 순경들이 놀라 도망을 갔다는 얘기가 당시 신문에 보도되었을 정도 입니다.[3]

일제 군경과 관리들에게 의열단원은 염라대왕과 같은 존 재로 인식되었다. 언제 어디서 의열단원이 나타나 폭탄을 던 지고 권총을 들이댈지 모르기 때문이다. 두려워하기는 친일 파와 악질 지주들도 마찬가지였다.

의열단에서 감행한 주요 의열투쟁은 다음과 같다.

2 스칼라피노·이정식 지음, 한홍구 옮김, 《한국 공산주의 운동사 1》, 돌베개, 1986, 146~147쪽.
3 염인호, 〈김원봉과 무정〉, 《인물로 보는 항일무장 투쟁사》, 역사비평사, 1995, 136쪽.

의열단의 주요 활동

1920년 3~6월   곽재기, 이성우 등이 국내활동에 사용할 폭
              탄을 밀양으로 반입하려 한 의거.

1920년 9월   밀양 폭탄 반입사건에 대한 응징으로 박재
              혁이 부산 경찰서장을 폭사시킨 의거.

1920년 11월   최수봉(최경학)이 밀양경찰서를 폭파한 의거.

1921년 9월   김익상이 조선총독부에 투탄한 의거.

1922년 3월   김익상, 이종암, 오성륜이 상해 황포탄 부두
              에서 일본 육군대장 다나카 기이치를 저격
              한 의거.

1923년 3월   김시현, 남정각, 유석현 등이 경기도 경찰부
              황옥 경부를 동원해 무기와 폭탄을 국내로
              반입하려 한 의거.

1924년 1월   관동대지진 때 한인 학살에 대한 응징으로 구
              여순, 오세덕 등이 국내폭동을 시도한 의거.

1925년 3월   이인홍과 이기환이 북경에서 일제밀정 김달
              하를 처단한 의거.

1925년 11월   이종암, 배중세, 고인덕 등이 국외로부터 무
              기를 반입해 거사를 준비했던 '경북 의열단
              사건'.

1926년 12월   나석주가 동양척식주식회사와 조선식산은
              행을 습격한 의거.

의열단은 1920~30년대의 수많은 민족운동 단체들 가운데 임시정부를 제외하고는 그 활동기간이 가장 길었던 단체이기도 하다. 그 기간 동안 의열단은 일제 식민지배를 전면거부하는 투쟁을 통해 시기별로 독특한 운동노선과 행동모델을 추구했다. 흔히 '의열투쟁'으로 일컬어진 소집단 폭렬투쟁爆裂鬪爭(테러투쟁)을 비롯해 정규 군사조직에 의한 무력항쟁, 노동대중 조직화에 기초한 민중 총봉기 및 유격전 등을 시의적절하게 기획하고 시도했던 것이다. 이와 같은 의열단의 운동행로는 기본적으로 민중혁명 방식의 민족혁명을 지향한 것으로, 전체 민족운동의 발전 경로에도 뚜렷한 행적을 남겼다.[4]

---

4 김영범, 앞의 책, 29쪽.

혈연적 운명공동체 '의열단'

1919년 11월 9일(음력 10월 27일) 일단의 조선청년들이 중국 길림성 파호문把虎門 밖 중국인 농민 반潘씨 집에 모였다. 이 집은 자금의 여유가 있었던 이종암이 반씨로부터 세낸 곳으로 거처 겸 연락처로 사용되고 있었다. 여기서는 가끔 폭탄제조실험도 했다. 일종의 비밀아지트인 셈이다.

반씨 집에 모인 10대 후반에서 20대 중반의 조선청년 10여 명은 밤이 새도록 토론을 거듭했다. 길림 지방은 11월 초순이면 눈이 내리고 강추위가 몰아치는 곳이다. 청년들은 추위 따위는 아랑곳없이 이날 밤 의열단의 활동지침으로 공약 10조를 결정하고, 구축왜노驅逐倭奴, 광복조국, 타파계급, 평균지권平均地權의 4개 항목을 최고의 이상으로 정했다.

의열단이란 명칭은 김원봉의 작품이다. "'정의'의 '의義'와 '맹렬'의 '열烈'을 취해 '의열단'이라 명명한 것이다." [5]

이날 창단식에 참석한 사람은 김원봉을 포함해 13명이었

77

다. 그런데 기록에 따라 몇 사람의 차이가 있다. 다음은 김원봉이 제시한 명단이다.

윤세주尹世冑, 이성우李成宇, 곽경郭敬(일명 곽재기), 강세우姜世宇, 이종암李鍾岩, 한봉근韓鳳根, 한봉인韓鳳仁, 김상윤金相潤, 신철휴申喆休, 배동선裵東宣, 서상락徐相洛 외 1명[6]

김원봉의 항일투쟁을 연구한 한상도 교수(건국대)는 '외 1명'을 권준權晙으로 기록한다.[7] 이들 중 "이종암, 신철휴, 배동선, 한봉인, 이성우, 강세우, 한봉근은 신흥무관학교 출신이고 곽경은 상해에서 왔으며 윤세주, 김상윤은 밀양 출신으로 밀양에서 3.1만세 시위를 주동하다 만주로 망명해와 합세했다."[8]

밀양 출신의 윤치형과 황상규도 뜻을 같이 했으나 사정으로 이날 창단식에는 불참한 것으로 알려진다.[9] 또 이수택李壽澤, 이낙준李洛俊도 창립단원으로 거명되며 김태희金台熙, 이병철李炳喆은 창립 직후 가입한 것으로 판명된다.[10]

창립단원들은 형제의 의를 맺고 '공약 10조'로써 조직기

5 박태원, 앞의 책, 35~36쪽.
6 앞의 책, 33쪽.
7 한상도, 《대륙에 남긴 꿈》, 역사공간, 2006, 24쪽.
8 염인호, 《김원봉 연구》, 창작과비평사, 1993, 38~39쪽.
9 이종범, 《의열단부단장 이종암전》, 1970.
10 김영범, 〈의열단〉, 《한국 독립운동사 사전 6》, 독립기념관, 2004, 27쪽.

율을 정했다. 김원봉은 맏형격인 '의백義伯'으로 선출되어 단장의 임무를 맡았다. "대표자의 명칭을 '의백'이라 한 것은 단원 상호 간의 관계를 반半 혈연적 운명공동체 의식으로 묶인 일종의 형제 결연적 관계로 상정하였음을 말해준다."[11]

초겨울 대륙의 긴 밤이 어느새 밝았다. 새날은 11월 10일, 의열단이 정식 창단되던 날이다. "회의는 밤새도록 계속되었고 그 이튿날인 1919년 11월 10일 새벽에 이르러, 후일 왜적들이 그 이름만 들어도 공포를 느끼고 전율하던 의열단은, 이에 완전한 결성을 이룬 것이다."[12]

이날 채택된 '공약10조'는 다음과 같다.

공약 10조

1. 천하의 정의의 사事를 맹렬히 실행하기로 함.
2. 조선의 독립과 세계의 평등을 위하여 신명身命을 희생하기로 함.
3. 충의의 기백과 희생의 정신이 확고한 자라야 단원이 됨.
4. 단의團義에 선先히 하고, 단원의 의義에 급히 함.
5. 의백義伯 일인을 선출하여 단체를 대표함.
6. 하시하지何時何地(어느 때 어느 곳)에서나 매월 일차씩 사정

11 김영범, 〈의열단 창립과 초기 노선에 대하여〉, 《한국학보》 제69집, 일지사, 1992, 168쪽.
12 박태원, 앞의 책, 33쪽.

을 보고함.

7. 하시하지에서나 초회招會에 필응·必應함.

8. 피사被死치 아니하여 단의에 진盡함.

9. 일一이 구九를 위하여, 구가 일을 위하여 헌신함.

10. 단의에 반배返背한 자를 처살處殺함.

그런데 의열단 창단 '주역'을 김원봉이 아닌 황상규라고 주장하는 견해도 있다. 의열단원 이종암의 동생 이종범은 "창단 혈맹을 굳힌 그날 군정서 일 때문에 자리를 같이 하지 못했을 뿐 이미 동지들은 황상규를 의백으로 모셨다. ······ 그리고 부단장으로는 이종암이 정해졌다"[13]고 황상규의 초대 의백설을 주장한다. 이종범은 이어서 황상규 대신 김원봉이 의백이 된 사유를 다음과 같이 기술한다.

첫 번째 총공격 때 단장 황상규 이하 모든 동지들이 국내로 입국해 활동하다가 검속을 당했다(김원봉만 해외에 남아 있었음). 때문에 검속을 당한 그분들이 왜경이나 왜법정에서 한결같이 김원봉을 단장이라고 해버렸다. 김원봉은 그 후에도 계속 해외에서 활동했기 때문에 부지불식간에 자타가 공인한 의백(단장)이 된 것이다.[14]

━━ **13** 이종범, 앞의 책, 73쪽.
━━ **14** 앞의 책, 73쪽.

이종범은 황상규가 의백이 될 수밖에 없었다는 '배경'에
대해서도 설명한다.

　이종암을 중심으로 한 신흥무관학교 출신들이 재학 당
시부터 함께 움직였는데 이때 은근히 격려도 해주고 의견
도 제공해주던 분이 북로군정서의 총재정권을 장악하고
활약하던 황상규였다. 나이가 거의 10년 위였지만 그동안
의 경험이나 열의, 학식으로 봤을 때 의례히 의백으로 모
시게끔 되어 있었다. 모든 동지들이 형사지兄事之 했을 뿐
아니라 황상규 자신도 그렇게 알고 있었다. 황상규는 김원
봉에게 고모부였고 사실상 그때 김원봉은 너무 어렸다.[15]

황상규가 의열단 창단에 참석하지 않는 것은 '군정서 일'
때문이라고는 하지만 여전히 석연치 않은 부분이 있다. 전문
연구자들은 이종범의 주장과 다르다.

　의열단 창단은 김원봉이 '발의'하고 '주도'해 이루어진
것으로 믿어 의심치 않는다. 명시적으로 그랬다고 기술된
곳은 없으나 《약산과 의열단》의 전반적인 서술 기조나 정
황 묘사가 마치 그랬던 것처럼 보이게끔 되어 있고, 그래

━━ **15** 앞의 책, 72쪽.

서 논자들도 으레 그랬으려니 하고 믿는 소치이겠다.[16]

물론 이 연구자도 "김원봉이 창단(준비) 과정의 '주역'이었음은 부인할 수 없는 사실로 보인다. 그러나 그가 창단의 최초 '발의자'였다는 명백한 증거는 별달리 찾을 수 없다"고 했다. 바꿔 얘기하면 창단의 최초 발의자나 추진자는 다른 인물(들)이었을 가능성도 얼마든지 있다는 것이다.[17] 그러면서 황상규를 주목했지만 결론은 김원봉 쪽에 무게를 두고 있다.

김원봉이 창단의 '주역'이었음은 일본경찰의 각종 자료에도 나타난다. 물론 황상규가 유능한 처조카에게 의열단의 책임을 맡기고 자신은 다른 역할을 하고자 했을 수도 있다.

의열단이 창단될 때 성문화된 단의 강령 같은 것은 달리 없었다. 1923년 단재 신채호가 〈조선혁명선언〉(의열단선언)을 쓸 때까지 '일제와 친일파를 몰아내고, 조국을 광복하여, 계급을 타파하며, 토지소유를 평등하게 한다'는 4대 목표를 최대의 이상으로 삼고 있었다. 여기서 '평균지권'은 의열단의 진보적인 성향을 보여주는 대목이다. 이 조항은 "지주·소작 관계가 더욱 강화되고 있던 조선의 상황을 봤을 때 대단히 진보적인 것이었다. 요컨대 의열단은 단순한 독립만이 아니라 사회개혁을 지향했으며 대한광복회의 진보적 노선을 한층 더

━━ **16** 김영범, 앞의 글, 157쪽.
━━ **17** 앞의 글, 157쪽.

발전시켰다고 할 수 있다"[18]는 평가를 받고 있다.

다음은 의열단이 채택해 일본인의 간담을 서늘하게 만들었던 "마땅히 죽여야 할 대상" 곧 '7가살七可殺'이다.

7가살

1. 조선총독 이하 고관
2. 군부 수뇌
3. 대만 총독
4. 매국적賣國賊
5. 친일파 거두
6. 적의 밀정
7. 반민족적 토호열신土豪劣紳(악덕 지방유지)

의열단은 '7가살'과 함께 5가지의 '파괴 대상'도 선정했다.

파괴 대상

1. 조선총독부
2. 동양척식회사
3. 매일신보사

━━ **18** 염인호, 앞의 책, 41쪽.

4. 각 경찰서

5. 기타 외적 중요 기관

　의열단은 '7가살'과 '5파괴'를 명시적으로 규정했고 처단 대상을 명확히 함으로써 활동목표를 적시했다. 총독정치의 우두머리와 하수인 그리고 민족반역자 모두를 세분화해서 '마땅히 죽여야 할 대상'으로 지목한 것이다. 또 파괴해야 할 핵심 기관으로 통치기관인 조선총독부, 수탈기관인 동양척식회사, 선전 기관인 매일신보사, 폭압기구인 각 경찰서와 기타 중요 기관을 지목했다. 이는 의열단이 어느 독립운동단체보다 격렬하게 일제와 싸우고자 하는 결의와 치열함 그리고 조선민중의 소망을 담아낸 것이라 하겠다.

　암살 대상에 대만(타이완) 총독이 포함된 것은 대만이 청일전쟁에서 패해 우리나라처럼 일본의 식민지로 전락했기 때문이다. 동병상련의 처지에서 대만 총독을 처단해 중국과 항일 연대를 이루고자 했던 것이다.

　의열단의 목표와 행동지침은 여러 차례 수정을 거쳐 다듬어졌다. 이것이 천하에 공포되어 일제와 매국노·친일파들을 두려움에 떨게 했다. 다음은 1926년의 의열단 20개조 강령이다.

의열단 20개조 강령

1. 조선민족의 생존 적敵인 일본 제국주의의 통치를 근본적으로 타도하고 조선민족의 자유독립을 완성할 것.

2. 봉건제도 및 일체 반혁명세력을 잔제剗除하고 진정한 민주국을 건립할 것.

3. 소수인이 다수인을 박삭剝削하는 경제제도를 소멸시키고 조선인 각개의 생활상 평등의 경제조직을 건립할 것.

4. 세계상 반제국주의 민족과 연합하여 일체 침략주의를 타도할 것.

5. 민중경찰을 조직하고 민중의 무장을 실시할 것.

6. 인민은 언론·출판·집회·결사·주거에 절대 자유권이 있을 것.

7. 인민은 무제한의 선거 및 피선거권이 있을 것.

8. 일군一郡을 단위로 하여 지방자치를 실시할 것.

9. 여자의 권리를 정치·경제·교육·사회상에서 남자와 동등으로 할 것.

10. 의무교육, 직업교육을 국가의 경비로 실시할 것.

11. 조선 내 일본인의 각종 단체(동척東拓), 흥업興業(조선은행 등)과 개인(이주민 등)이 소유한 일체 재산을 몰수할 것.

12. 매국적, 정탐노 등 반도叛徒의 일체 재산을 몰수할 것.

13. 대지주의 토지를 몰수할 것.

14. 농민운동의 자유를 보장하고 빈고貧苦 농민에게 토지, 가옥, 기구器具 등을 공급할 것.

15. 공인工人 운동의 자유를 보장하고 노동평민에게 가옥을 공급할 것.

16. 양로, 육영育嬰 구제 등 공공기관을 건설할 것.

17. 대규모의 생산기관급 독점 성질의 기업(철도·광산·수선輪船·전기·수리水利·은행 등)은 국가에서 경영할 것.

18. 소득세는 누진율로 징수할 것.

19. 일체 가연苛捐(백성들에게 부담시키는 것) 잡세를 폐제廢除할 것.

20. 해외 거류 동포의 생명, 재산을 안전하게 보장하고 귀국동포에게 생활상 안전 지위를 부여할 것.

"놀라울 정도로 멋진 친구들"

의열단 창단 이후 단원들은 맹렬한 훈련과 활동을 개시했다. 단원들은 모두 일당백一當百의 능력 있는 청년들이었다. 조국해방에 신명을 바치기로 다짐한 그들이었기에 고된 훈련에도 성실히 임했고, 목숨을 내놓은 단원들이라고는 할 수 없을 정도로 의연하고 당당한 모습을 보여주었다.

의열단 단원들은 마치 특별한 신도들처럼 생활했으며 운동을 통해 항상 최상의 컨디션을 유지했다. 특별한 임무를 수행할 수 있는 심리상태를 위해 오락도 즐겼다.
명랑함과 심각함이 기묘하게 혼합된 그들은 언제나 죽음을 눈앞에 두고 살아가는 인생이기에 생명이 지속되는 한 마음껏 생활하려는 것이었다.[19]

---

19 한상도, 앞의 책, 27~28쪽.

의열단 단원들은 일종의 결사대원들이었다. 적진에 들어가 적을 죽이거나 기관을 파괴하고 장렬하게 전사하는 것이 맡은 소임이다. 천우신조로 살아돌아올 수 있으면 다행이지만 그렇지 못한 경우가 대부분이다. 그래서 활동이나 행동거지 하나하나가 무척 조심스러웠고 어떤 측면에서는 청교도적인 순결함을 보여주었다.

그들은 놀라울 정도로 멋진 친구들이었다. 의열단원들은 언제나 멋진 스포츠형의 양복을 입었고 머리를 잘 손질했다. 어떤 경우에도 결벽할 정도로 아주 깨끗하게 차려입었다.[20]

그들은 거의 종교적인 열광으로 테러 활동을 숭상했다. 죽음을 두려워하지 않는 정예 용사들로서 오직 모험적인 행동만이 능히 일제의 식민통치를 뒤엎을 수 있다고 굳게 믿었고, 망국의 치욕을 자기들의 피로써 능히 씻을 수 있다고 믿었다. 하여, 그들은 일제의 요인을 암살하고 특무와 반역자들을 처단하는 것을 주요한 행동강령으로 삼았으며 가슴속에서 불타던 적개심은 그들에게 환락과 아울러 비극을 가져다주었다.[21]

20 님 웨일스 지음, 조우화 옮김, 《아리랑》, 동녘, 1983, 97쪽.
21 이정식·한홍구, 《항전별곡》, 거름, 1986, 164쪽.

김원봉의 활동은 더욱 바빠졌고 활동영역도 훨씬 넓어졌다. 길림에 임시 본부를 두고 북경, 천진, 남경, 홍콩을 왕래하면서 단원 모집과 폭탄 입수에 주력했다. 뜨거운 정열의 소유자인 김원봉은 젊은이들을 감화시키는 비상한 능력을 갖고 있었다. 그와 대화를 나눈 청년은 조국을 위해 몸을 던지는 의열단원이 되는 경우가 많았다.

김원봉은 만나는 조선청년들에게 "자유는 우리의 힘과 피로 얻어지는 것이지, 결코 남의 힘으로 얻어지는 것이 아니다. 조선민중은 능히 적과 싸워 이길 힘이 있다. 그러므로 우리가 선구자가 되어 민중을 각성시켜야 한다"고 설득했다. 그의 온몸에서 우러나오는 충정에 감화된 청년들은 죽음도 마다하지 않았다. 다음은 의열단원 김익상에 관한 기록이다.

김원봉의 말(시국담)에 감복되어 의열투쟁을 벌이게 된 김익상金益相 의사와 관련한 자료가 있다. "오랫동안 불안해하며 초조하게 기다리다가 내탐內探하고 있던 총독부에 폭탄을 던진 범인이 곧 그 사람이었다는 것을 알게 됐다. 그는 경성 부근 공덕리 소생으로 어려서 삼호보성학교에 다니다가 빈궁으로 뜻을 이루지 못하고 교북동 송광순 씨가 경영하는 연초회사 광성상회에 고용되었다. 그뒤 봉천지점 기관수로 전근을 갔는데 이것이 해외 웅비雄飛의 제1보였다고 한다. 비행학교에 입학하려고 광동으로 달려갔으나 남북전쟁으로 비행학교가 폐쇄되어 상해를 거쳐 북경으로 갔다. 그곳에서 의열단장 김원봉의 시국담을 듣고 그 부하가 되어 조선ㅇㅇ운동에 전력할 뜻을 품었다. 그는 폭탄 두 개를 몸에 숨겨 일본 목수의 행색으로 국경을 넘었다. 그리고 경성에서 그와 같은 일을 저질렀다."[22]

일제 경찰과 정보기관은 김원봉에 대해서 다음과 같이 기록했다.

"보기에는 우유부단한 것 같으나, 성질이 극히 사납고 또 치밀하여 오안부적傲岸不適(어떤 상황에서도 굴하지 않음)의 기백을 가졌고, 행동도 극히 경묘하여 신출귀몰한 특기를 가졌다"는 것이 일본 정보기관의 분석이었다. 이에 반해 김산金山은 "김약산은 확실히 구별되는 두 개의 개성을 지니고 있었다. 그는 자기 친구들에게는 지극히 점잖고 친절했지만, (적에게는) 지독히 잔인하기도 했다"고 평했다.[23]

일제 경찰과 정보기관이 김원봉에 대해 좋은 시각으로 볼 수 없었을 텐데도 '오안부적의 기백' '신출귀몰한 특기' 등으로 표현한 걸 보면 그의 면모가 어땠는지를 짐작할 수 있다.

■■ **22** 김정실, 《신동아》, 1933년 12월호.
■■ **23** 한상도, 앞의 책, 33~34쪽.

부하를 위해 재산을 능히 바치고도 아까워하지 않으며, 때로 부하의 궁핍을 들으면 자기가 입은 옷마저 저당 잡히는 의백의 도량이야말로 냉정하고 두려움을 모르는 개인적인 면모와 더불어 카리스마로 의열단을 이끈 그의 모습이다.[24]

---

24 앞의 책, 34쪽.

제 4 장

식민통치 기관을 파괴하라

자유라는 단어만이 여전히 나를 흥분시킨다.
나는 자유가 오래전부터 그랬던 것처럼
앞으로도 영원히 인간에게
열광의 대상일 것이라고 생각한다.

– 앙드레 브르통

● 폭렬투쟁에 생명 걸어

거대한 중국대륙이 요동치고 있었다. 청일전쟁에서 패배한 청 왕조는 서서히 붕괴되어 갔다. 1911년 10월 무한武漢의 군대봉기를 시작으로 신해혁명이 일어났고, 이듬해 청조淸朝가 멸망했다. 1912년에는 원세개袁世凱의 황제 등극 야심으로 공화정이 흔들리게 되었고, 1917년에는 각 지역의 군벌들이 독립을 선언했다. 그 사이에 일본군은 산동에 상륙해 고주만에 이어 청도靑島를 점령했다.

1919년 조선의 3.1운동의 영향을 받은 북경 대학생들이 반제국주의, 반봉건주의를 내세우며 5.4운동을 일으켰다. 1921년 상해에서는 중국공산당이 결성되어 제1차 전국대표자대회가 열렸고, 1923년 손문孫文이 광동에서 대원수에 취임했다. 1924년 초에는 국민당 제1차 전국대표대회가 열렸다. 각 지역의 군벌끼리 서로 싸우고 있던 1926년 국민당의 장개석 사령관은 대대적인 북벌을 단행했다. 군벌타도는 곧 신해혁명의 뜻을 잇는 국민혁명의 연속이어서 군벌들에게 고통받고 있던 민중들은 북벌군을 크게 환영했다.

중국대륙의 변화 과정을 지켜보던 김원봉은 1920년 초에 의열단 본부를 북경으로 옮겼다. 당시 북경은 중국 정치의 중심지로 각 정치세력으로부터 지원을 받기가 용이했을 뿐 아니라 대한민국임시정부의 외교노선에 반대하는 인사들이 많이 모여 있어 활동이 편리한 지역이었다.

김원봉은 민활하게 움직였다. 일제를 몰아내기 위해서는 폭렬투쟁만이 유일한 방법이라고 믿었고 3.1운동의 열기가 남아 있는 지금이 적기라고 생각했다. 창단 이래 몇 해 동안 김원봉과 의열단의 활동은 치열하게 전개되었다. 내부적으로는 조직 확대와 무기 구입, 훈련에 열중하는 한편 국내에 단원을 파견해 조선총독부를 비롯해 조선인의 원망 대상이 된 기관의 폭파에 나섰다. 의열단의 활동이 활발해지면서 일제 관헌은 첩보 수집과 이들의 검거에 광분했다. 하지만 '신출귀몰'하게 움직이는 김원봉과 단원들의 활동은 쉽게 포착되지 않았다. 김원봉은 단원들과 함께 은밀하게 북경과 상해를 옮겨다니면서 '거사'를 준비했다.

김약산은 사무소를 상해 영창리 190호에 두었으나 이곳은 야간에 극비로 또 드물게 왕래할 뿐이었다. 평상시 거소가 일정하지 않아 단원에게조차 현주소를 말하지 않았다. 또 일본 관헌으로부터 수배되는 것을 매우 두려워하여 체포를 면하기 위해 약 5개소(대개는 단원들의 처소)를 전전하며 매일 잠자는 장소를 달리했다.

그는 때때로 일요일 오후 상해 교외 서가회에 있는 사격장에 강세우 또는 황영순(여) 등을 동반하고 권총 사격 연습을 했다고 한다. 또 체포를 피하기 위해 일본 관헌이 프랑스 조계 당국에 단속을 요구한다는 풍문이 돌면 곧 북경으로 도피했고, 북경에서도 그런 상황이 닥치면 상해로 오는 것을 상례로 했다.[1]

의열단이 국내에서 가장 먼저 시도한 의거는 조선총독부 폭파작전이었다. 이 작전은 곽재기, 이성우, 신철휴, 김수득, 한봉근, 윤세주 등이 맡았다. 그러나 불행하게도 이들은 1920년 6월 16일 서울 종로 인사동 모 중국인 음식집에서 악질 경부 김태석과 그의 부하들에게 붙잡히고 말았다. 여러 사람이 움직이다보니 정보가 새나간 것이다.

국내의 한 신문은 이 사건을 〈조선총독부를 파괴하려는 폭발탄대爆發彈隊의 대 검거〉 〈밀양·안동현의 대연락〉 〈암살 파괴의 대음모사건〉 등의 제목으로 대대적으로 보도했다.

━━ 1 1923년 8월 30일자 일본 상해 총영사보고문, 대한민국국회도서관 편, 《한국 민족운동사료 : 중국편》, 443쪽.

이일몽李一夢(의열단원) 등에게 군자금으로 1000원의 원조를 받아 동년 11월 상해에 가서 폭발탄과 총기를 구한 결과 폭발탄 3개를 만들기 위해 철로 만든 것과 주석으로 만든 탄피 3개 그리고 기타 약품을 장건상張建相에게 의뢰해 안동현 세관에 있는 영국인 뽀-인에게 우편소포로 보냈다. 이미 이것을 받기 위해 조선으로 돌아온 곽재기는 병철炳喆이 경영하는 천보상회의 손을 거쳐 운송점으로 부치는 하물을 만들어 교묘히 조선 내에 수입할 뿐 아니라 그와 동일한 수단으로 폭탄 13개(7개는 도화선으로 사용하는 것이고 6개는 척탄擲彈을 만들 만한 탄피)와 약품, 부속품과 미제 육혈포 2정, 탄환 900발을 비밀히 입수하여 밀양의 김병환의 집에 감추어두었다. 기회를 보아 사용하려 하였으나 그 목적을 이루지 못하고 발각·체포된 것이다.[2]

피검된 의열단원들은 혹독한 취조와 고문을 당하고 경성지방법원에서 무거운 판결을 받았다. 이들의 형량은 다음과 같다.

곽재기, 이성우 — 각 8년
김수득, 이낙준, 황상규, 윤세주, 신철휴 — 각 7년

▬ 2 《동아일보》, 1921년 3월 5일자.

윤치영－5년

김병환－3년

배중세－2년

이주현, 김재수－각 1년

강상진, 최성규, 곽영조－증거 불충분으로 무죄[3]

의열단의 제1차 총독부 폭파 의거는 비록 성공하지는 못했지만 한민족에게 주는 영향은 대단히 컸다. 일제의 잔학한 탄압으로 3.1운동이 좌절되면서 절망에 빠져 있던 조선 민중들에게 의열단의 이러한 시도는 성패와 상관없이 새로운 희망과 기대를 불러일으켰다. 그러나 의열단은 황상규, 이성우 등 선배 단원들이 다수 구속되면서 전력에 큰 타격을 입었다. 이에 김원봉은 보복을 결심했다. 유능한 동지들과 선배 단원들을 사지에 보내놓고 마음이 편할 리 없었던 차에 이들의 구속 소식을 듣고 철저하게 보복하기로 다짐한 것이다. 그것이 의열단의 의리였고 책무였다. 이번에는 부산 출신 박재혁朴載赫이 책임을 맡아 부산경찰서를 폭파하기로 계획을 세웠다.

---

3 박태원, 앞의 책, 37쪽.

부산경찰서 폭파 작전

박재혁은 부산 범일동에서 태어났다. 일찍부터 상해와 싱가포르 등지를 왕래하면서 무역업에 종사하는 한편 망명한 애국지사들과 사귀었다. 1920년 7월 의열단에 입단했고 활동 목표가 부산경찰서 폭파로 결정되자 여기에 참여했다. 부산 경찰서가 선정된 이유는 제1차 암살파괴계획의 실패로 많은 동지들이 검거되어 투옥된 곳이기 때문이다.

1920년 8월 하순 어느 날 김원봉은 싱가포르로 전보를 쳐 박재혁을 상해로 불렀고 부산경찰서 폭파와 서장 암살 임무를 맡겼다. 박재혁은 그해 9월 초 상해를 떠나기 앞서 부산경찰서 장 하시모토橋本秀平가 고서古書 수집에 남다른 취미가 있다는 정보를 입수하고 고서적상으로 가장해 거사를 치르기로 했다.

박재혁은 일본 나가사키와 쓰시마를 거쳐 9월 13일 부산에 도착했고 9월 14일 아침 중국인 고서적상으로 변장하고 부산경찰서로 찾아가 서장의 면회를 요청했다. 탁자 하나를 사이에 두고 서장과 마주앉은 박재혁은 고서적 보따리를 풀어놓았다. 고서적을 뒤적이며 구경하는 서장에게 박재혁은 의열단의 전단傳單을 보인 다음 "나는 상해에서 온 의열단원이다. 네가 우리 동지를 잡아 우리 계획을 깨뜨린 까닭에 우리는 너를 죽이려는 것"이라고 선언하고 그의 면전에 폭탄을 던졌다. 폭음과 함께 두 사람은 쓰러졌는데 서장은 병원으로 옮기는 도중 사망했고 박재혁은 중상을 입고 체포되었다. 이 폭파 의거로 부산경찰서가 크게 파손되었고 일경 2명도 중상을 입었다.

모진 고문 끝에 재판에서 사형이 확정된 박재혁은 스스로 죽음의 길을 택하는 것이 의열단원의 길이라는 신념 아래 고문과 심문으로 쇠약해진 몸으로 단식을 시작했고 단식 9일 만에 순국했다. 1921년 5월 27일 대구감옥에서 27세의 짧은 생애를 조국에 바친 것이다.

의열단의 제1차 의거가 좌절되었다면 제2차 박재혁 의거는 대단한 성공이었다. 그러나 소중한 단원 한 사람이 희생되었다.[4]

---

4 박태원, 앞의 책, 48쪽, 김창수, 〈박재혁 의거〉, 《한국독립운동사 사전 4》, 독립기념관, 2004, 530~531쪽.

밀양경찰서 폭파 작전

박재혁의 뒤를 최수봉崔壽鳳이 이었다. 최수봉은 1920년 12월 27일 밀양경찰서에 폭탄을 던졌다. 밀양은 의열단의 본거지였기 때문에 의열단이 항상 노리던 곳이었다. 최수봉은 1894년 밀양군 상남면에서 출생해 한학을 공부하고 20세 되던 해 평양 숭실학교에서 3년간 수학했다. 이후 만주로 망명해 선양·안동 등지를 다니며 독립운동에 투신할 기회를 엿보다가 3·1운동 직후 고향 밀양으로 돌아왔다. 노동과 우편배달원 등으로 생계를 연명하다가 1920년 3월 밀양에 파견된 이 지역 출신 의열단원들을 만나 단원이 되었다.

동지 고인덕高仁德으로부터 폭약과 폭탄제작 기술을 배운 최수봉은 12월 27일 밀양경찰서장이 서원들을 모아놓고 훈시하는 기회를 잡아 폭탄을 던졌다. 밀양경찰서는 아수라장이 되었다. 두 번째 폭탄을 던진 최수봉은 자살을 결심하고 부근의 민가로 뛰어들어 준비한 칼로 목을 찔렀으나 뜻을 이루지 못하고 일경에 피체되었다.

재판에 회부된 최수봉은 "나의 목적을 달성하였으면 내 손으로 자결하려 했는데 너희들에게 잡혀 이런 욕을 당하니 통분할 뿐"이라면서 끝까지 기개를 꺾지 않았다. 그는 대구 복심법원에서 사형을 선고받았고 1921년 7월 8일 28세의 나이로 대구형무소에서 순국했다.[5]

■■■ 5 채연국, 〈최수봉 의거〉,《한국독립운동사 사전 7》, 2004, 128쪽, 박태원, 앞의 책, 54쪽.

● 조선총독부 폭파 작전

의열단의 다음 목표는 조선총독부였다. 총독부는 사실상 조선민족의 원부였다. 의열단원 김익상이 책임을 맡았다. 김익상은 북경에 왔다가 심산 김창숙의 소개로 김원봉을 만났다. 김원봉은 김익상에게 "조선의 독립은 2000만 민족의 십분지 팔 이상이 피를 흘리지 아니하면 아니 된다. 우리는 이때 선두에 나가 희생이 됨이 마땅하다"고 열변을 토했다. 이말을 듣고 몹시 감격한 김익상은 조선에 잠입해 거사하기로했다. 김익상은 김원봉에게서 폭탄 두 개와 권총 두 자루를 받아 국내로 잠입하는 데 성공했다. 그는 열차 안에서 일본 여자와 얘기도 나누고 여자의 아기를 안아주는 등 부부처럼 행세해 경관의 눈을 피했다.

1921년 9월 12일 오전 10시경, 전기수리공으로 가장한 김익상은 대담하게 총독부 청사에 들어가 폭탄을 던졌고 폭탄이 터지면서 청사 일부가 부서졌다. 김익상은 소란한 틈을 이용해 청사 밖으로 빠져나와 다시 기차를 타고 신의주로 갔다. 일본인으로 위장해 국경을 넘은 그는 북경에서 김원봉을 만나 의거 전말을 보고했다. 사건 5일 만인 9월 17일이었다.[6]

김익상의 총독부 투탄 의거로 서울은 발칵 뒤집혔다. 일제는 헌병·경찰을 총동원해 '범인'을 붙잡고자 혈안이 되어 있었다. 그러나 이미 김익상은 중국으로 빠져나간 뒤였다. 총독부 투탄 의거는 이듬해 중국 상해 항포탄에서 김익상이 일본 육군대장 다나카 기이치田中義一를 암살하려다 실패해 피체될 때까지 오리무중으로 남아 있었다. 이때 김익상이 총독부 투탄 의거의 주역이라는 것이 알려진 것이다.

다나카 암살사건으로 피체된 김익상은 사형이 선고되었다가 무기형으로 그리고 다시 20년 형으로 감형되었고 긴 옥고를 치른 뒤 일본 구마모토雄本 형무소에서 출옥했다. 그런데 출옥한 지 얼마 지나지 않아 한 형사가 찾아왔고 물어볼 말이 있다며 그를 데리고 갔다. 그러나 이날 형사를 따라간 김익상은 다시 돌아오지 못했다. 친지들이 백방으로 찾아봤으나 그의 거취를 알 수 없었다. 뒷날 김원봉은 김익상에 대해 이렇게 회고했다.

"20년이나 고역을 치르고 나왔건만 왜놈들은 그를 그

---
6 염인호, 앞의 책, 45쪽.

대로 버려둘 수 없었던가 보오. 아무래도 김익상 동지는
저 악독한 놈들 손에 참혹한 최후를 맞이한 것만 같구료."

　말을 맺고 고즈넉이 눈을 감은 약산의 표정은 비참해
보였다……[7]

━━ **7** 박태원, 앞의 책, 92쪽.

자금 조달과 폭탄 반입의 어려움

의열투쟁이 계속되면서 국내외에서 의열단에 대한 관심
이 높아졌다. 특히 단장 김원봉을 붙잡고자 하는 일제 관헌은
수단과 방법을 가리지 않았다. 그럴수록 김원봉과 의열단원
들의 행동은 더욱 신중하고 대담해졌다. 다음은 이 무렵 일제
정보기관의 기록이다.

오는 자를 막지 않고 가는 자를 쫓지 않는다는 식의 태
도를 가지고 있으므로 단원의 한계가 심히 명료하지 않다.
…… 보기에 따라서는 재중국 한인 독립운동자들은 거의
전부가 의열단원인 것 같이 고찰되나 또 일면으로 보면 김
원봉 1인의 의열단이라고 말할 수 있다. 요컨대 의열단이
란 김원봉이라는 인물을 중심으로 기약하지 않고 모인 죽
음을 무릅쓰는 불평배의 집합단체로서, 그 주의를 따라다
니는 분자는 이합집산이 무상하여 한결같이 중심의 인력

에 의해 모이는 것이라 말할 수 있다. 따라서 동단의 진상을 아는 자는 단장 김원봉 1인뿐이다.[8]

의열단원들이 사용한 폭탄과 권총은 대부분 김원봉이 제조하거나 구입한 것들이었다. 이미 의열단 창립 이전부터 스스로 폭탄제조 기술을 습득하고 있던 김원봉은 1921년 6월경부터 영국인 코브릴로부터 폭탄제조 방법을 배우고 있었다. 또 1922년 봄에는 외몽골의 이태준李泰俊을 통해 헝가리인 마쟐을 초빙, 상해 프랑스 조계 내에 폭탄제조소를 설치했는데,[9] 당시 의열단은 상해에 12군데의 비밀 폭탄제조소를 가지고 있었다 한다.[10]

이렇게 제조한 폭탄은 안동현安東縣에 소재한 이륭양행怡隆洋行의 기선편을 이용하거나 몽골지역에서 장가구張家口를 거쳐 북경으로 반입하는 경로, 상해에서 블라디보스토크를 경유해 해상운송으로 국내에 반입하는 경로로 운반했다. 당시 대단히 불편한 교통 상황을 감안하면 의열투쟁 자체도 생명을 내건 어려운 일이었지만 배후에서 폭탄을 제조하고 국내에까지 반입하는 일도 이에 못지않게 힘든 과정이었다.

안동현 홍륭가에 위치한 아일랜드인 조지 쇼(George L,

■■■ **8** 한상도, 앞의 책, 38쪽, 재인용.
■■■ **9** 박태원, 앞의 책, 96∼103쪽 참조.
■■■ **10** 님 웨일즈, 앞의 책, 94쪽, 한상도, 앞의 글, 166쪽, 재인용.

Show)가 경영하는 무역상사 이륭양행은 대한민국임시정부 교통부 안동지부로써, 국내와 중국 각지의 독립운동가들의 연락거점이었다. 한국의 운명과 비슷한 역사를 갖고 있는 아일랜드인 쇼는 치열한 배일사상을 가지고 있으면서 우리 독립운동가들에게 많은 편의를 제공했다. 이륭양행 소유 기선 궤이린호를 통해 독립운동가들의 상해와 안동 간 왕래는 물론 무기, 탄약, 문서 등을 운반해 주기도 했다. 그런 과정에서 몇 차례 위기도 있었지만 쇼는 두려워하지 않고 오랫동안 한국독립운동가들을 도와주었다.

의열단의 재정문제는 해결하기 힘든 과제 중 하나였다. 의열투쟁을 전개하기 위해서는 적지 않은 자금이 필요했다. 자금은 대부분 김원봉이 조달했지만 쉬운 일이 아니었다.

의열단 운영자금과 의열투쟁의 재정기반은 김원봉이 관장하고 있었는데 주된 재원은 국내 모금이었을 것으로 추정된다. 구체적인 모금조직이나 실태에 관한 기록은 발견되지 않지만 의열단의 재정기반 확보와 관련한 주목할 만한 한 증언이 남아 있다. 1920년 말 상해를 중심으로 한국독립운동 진영을 일시 떠들썩하게 했던 '코민테른 자금 사건'과의 관련이 그것이다. 당시 자금지출을 담당했던 고려공산당 재무담당 중앙위원 김철수金錣洙의 회고에 따르면 레닌의 지원자금 40만 원 중 "김원봉의 의열단에 가장 많은 액수가 지급되었다"[11]고 한다. 이 사실은 의열단과 상해파 고려공산당의 연계를 시사한다. 코민테른 자금과 의열단과의 관련은 1923년 1월 상해에서 개최된 국민대표회의를 전후해 유포되었던, 창조파의 의열단에 대한 자금 제공 사실로 이어지면서 널리 알려지게 되었다.[12]

의열단이 코민테른으로부터 자금을 지원받아 의열투쟁에 사용한 것은 일본측 자료에도 나타난다. 1923년 4월 7일 조선총독부 경무국장이 일본 외무성 차관에게 보고한 자료에는 "의열단이 소련 공산당으로부터 자금을 공급받아 의열투쟁 자금으로 충당하고 있다"[13]고 기록되어 있다. 이 기록은 이 무렵 김원봉이 고려공산당 계열과 연계되었을 것으로 추정되는 부문이다. 김원봉은 중국공산당 계열뿐 아니라 광동廣東의 중국국민당과도 교류했고 한때는 광동 중국국민당 통보소에 머물며 소련대표와 접촉을 시도하기도 했다. 의열투쟁의 자금을 마련하기 위해서였다. 또 김원봉은 의열투쟁을 전개하면서 임시정부 개혁노선인 창조파 계열로부터도 자금을 지원받았다. 신숙申肅, 윤해尹海 등 임시정부의 창조파는 의열단의 지지를 전제로 김원봉에게 4만여 원의 자금을 제공했다.[14]

11 이균영, 〈김철수 연구〉, 《역사비평》 계간 3호, 253~254쪽.
12 한상도, 앞의 글, 166쪽.
13 국회도서관, 앞의 책, 422쪽.
14 앞의 책, 486쪽.

아나키즘에 매료되기도

　김원봉은 일제를 타도하기 위해서라면 이념과 노선을 따지지 않았던 것 같다. 이 무렵 중국은 물론 조선·일본에서는 공산주의와 아나키즘이 풍미하고 있었다. 두 사조는 피압박 인민의 해방과 자유를 전제로 선전되어 수많은 지식인들과 젊은이들의 가슴을 설레게 만들었다. 김원봉은 공산주의 이념체계보다 아나키즘에 더욱 매료되었다. 러시아의 작가 톨스토이와 투르게네프의 문학작품을 읽고 눈 뜨게 된 것이다.

　이 때문에 김원봉의 마음 한쪽에는 낭만주의, 허무주의와 같은 아나키즘적인 요소가 자리하고 있었다. 그것은 '과격한' 폭렬투쟁의 대칭 지점이었다고 할 수 있을 것이다. 대부분의 혁명가들이 생명을 건 투쟁을 전개하면서도 내적으로는 휴머니즘과 낭만주의를 품고 있었듯이 김원봉 역시 그랬다. 김원봉은 톨스토이의 문학작품 주인공들이 언제나 현실적인 모순과 충돌하면서 아나키즘적 성향을 지니고 있었음을 주목하고 이를 수용한 듯하다. 그러나 "어쩌면 김원봉은 모든 인간의 평등과 역사 변혁의 주체로서의 민중의 힘을 믿었던 톨스토이와 투르게네프의 신념 속에서 자신이 나아가야 할 길을 발견했는지도 모른다. 하지만 그는 고전적인 아나키스트가 될 수 없었다. 아나키즘은 독립운동의 상황변화에 따라 언제든지 버릴 수 있는 사상일 뿐이었다"[15]는 기록이 김원봉의 심중을 정확히 꿰뚫는 분석일 듯하다.

김원봉은 북경과 상해에 머물 때면 비밀리에 도서관을 찾아 다양한 책을 읽었다. 격렬한 행동가이면서 지적인 혁명가의 면모를 보인 김원봉은 이런 과정 가운데 형성되었다. 이 무렵(1922년) 상해에서 김원봉을 만났던 김산은 뒷날 소중한 기억을 다음과 같이 남겼다.

김약산은 고전적인 유형의 테러리스트로 냉정하고 두려움을 모르는 개인주의적인 사람이었다. 그는 내가 상해에서 만난 다른 사람들과는 아주 달랐다. 김약산은 언제나 조용했고 육체운동에 참여하지 않았다. 그는 거의 말이 없었고 웃는 법이 없었으며 도서관에서 독서로 시간을 보냈다. 그는 투르게네프의 소설 《아버지와 아들》을 좋아했으며 톨스토이의 글을 모조리 읽었다.

---

15 한상도, 앞의 책, 42쪽.

또 아가씨를 좋아하지 않았다. 하지만 아가씨들은 모두 그를 멀리서 동경했다. 그가 대단한 미남이었고 로맨틱한 용모를 갖고 있기 때문이었다. 한국의 톨스토이주의자 중 다수가 테러리스트가 되었다. 이것은 톨스토이 철학이 결코 해결될 수 없는 모순들로 가득 차 있고, 그럼으로 해결책을 구하려는 맹목적 노력 속에서 직접적인 행동과 투쟁으로 나아갈 필연성을 가지고 있었기 때문이다.[16]

냉정하고 두려움을 모르는 사람, 말이 없고 웃지도 않고 도서관에서 러시아 아나키스트의 작품에 심취한 청년, 여성들이 연모하는 로맨틱한 용모의 미남 테러리스트, 아마도 체 게바라가 김원봉을 많이 닮았던 게 아닐까. 만약 김산이 체 게바라를 만나봤다면 앞의 인용문에 그를 넣었을지도 모른다.

아나키즘은 어떠한 강권이나 지배에도 반대하고, 민중의 직접적인 행동에 의한 사회혁명을 통해 개인의 절대자유가 보장되는 자유연합에 의한 평등사회를 지향한다는 이념체계다. 아나키즘은 1880년대부터 동양에 전파되었다. 1885년 일본인 니시키와西川通徹가 아나키즘을 '무정부주의'로 번역한 이후 동양에서는 계속 그렇게 사용해왔다. 그러나 이는 제대로 된 번역이 아니다. 아나키즘은 한국에서 개인적 차원에서

---

16 님 웨일즈, 조우화 옮김, 《아리랑》, 동녘, 98쪽.

수용되다가 1910년 국치를 계기로 민족해방운동의 이념으로 수용되기 시작했다. 제국주의의 식민지배를 정당화하는 기능을 하던 사회진화론이 극복의 대상이 되면서 한국인 아나키스트들은 일제를 최고의 강권으로 규정하고 일제로부터 해방을 추구하는 반제 아나키즘적 성격을 띠게 되었다.

한국인 아나키스트들은 정치운동과 정치혁명을 부정하고 사회혁명을 강조했다. 대의정치는 부르주아지의 속임수일 뿐이며 정치혁명은 지배권력의 교체에 불과하다는 것이다. 그들은 사회혁명을 달성해 개인의 절대적 자유가 보장되는 아나키스트사회를 건설하고자 했는데, 그들의 아나키즘에는 아나코코뮤니즘, 아나코생디칼리슴, 개인적 아나키즘, 허무주의적 아나키즘, 인도주의적 아나키즘 등 여러 종류가 있었다. 그러나 아나코코뮤니즘과 아나코생디칼리슴이 주류였다. 아나코코뮤니즘은 국내 아나키스트와 재일본, 재중국 한국인 아나키스트들이 모두 수용했지만 아나코생디칼리슴은 국내 아나키스트와 재일본 한국인 아나키스트들만 수용했다. 재중국 한국인 아나키스트들은 아나코생디칼리슴을 수용하지 않았는데 그것은 중국에는 한국인 노동자들이 없었기 때문인 것으로 보인다.[17]

━━ **17** 이호룡, 〈아나키즘〉, 《한국독립운동사 사전 5》, 독립기념관, 2004, 400쪽.

아나키스트 유자명과의 만남

　김원봉은 허무주의적 아나키즘의 성향을 보였다. 특히 톨스토이와 투르게네프의 문학작품을 읽으면서 이와 같은 의식을 갖게 되었다. 1922년 천진에서 만난 유자명柳子明의 영향도 적지 않았다. 중국에서 한국 아나키즘운동은 1920년대 초 북경을 중심으로, 대한민국임시정부의 외교론에 회의적 입장을 갖고 또 공산주의에 대해서도 반감을 가진 일부 민족주의 운동자들에 의해 시작되었다. 이들은 아나키즘을 독립투쟁이론의 하나로 인식했다.

　아나키즘을 독립운동 이론으로 수용한 이회영, 이을규, 이정규, 정현섭, 백정기, 유자명 등 6인은 1924년 4월 말 북경에서 재중 조선무정부주의자연맹을 조직했다. 중국 내 최초의 한인 아나키스트 조직이었다. 여기에는 신채호와 유림柳林도 참여했지만 참석하지는 못했다. 이들은 기관지로《정의공보正義公報》라는 순간지를 9호까지 발간했다. 또 1924년 10월경에는 역시 북경에서 유기석, 심용해 등이 중국학생들과 연합해 흑기연맹黑旗聯盟을 조직하고 아나키즘사상을 연구·선전했고 1926년 9월에는 심용해, 유기석, 정래동, 오기남 등이 크로포토킨연구회를 조직했다. 이처럼 크고 작은 아나키즘 관계 서클이 조직되고 활동했다.

김원봉은 1922년 천진에서 유자명을 만나 아나키즘 이론을 배웠고, 유자명은 김원봉에게서 의열단의 목적에 대한 설명을 들었다. 그리고 유자명은 의열단에 가입했다. 이후 두 사람은 평생 동지가 되었고 김원봉은 실천가로서 유자명은 이론가로서 상호보완적 관계를 형성해 의열단을 이끌었다.

김원봉이 유자명을 만난 것은 행운이었다. 김원봉은 유자명을 통해 신채호를 소개받았고 그의 저서를 구해 읽으면서 새롭게 역사를 인식하게 되었다. 무엇보다 〈의열단선언〉(조선혁명선언)을 신채호가 쓰게 된 것은 김원봉과 의열단으로서는 대단한 수확이고 행운이 아닐 수 없었다.

유자명은 1894년 충북 충주에서 태어나 3.1운동에 참여했다가 1919년 6월 청년외교단의 후원금과 국내의 독립운동 소식을 임시정부에 전달할 임무를 띠고 상해로 파견되었다. 중국 안동을 거쳐 상해에 도착한 뒤 임시의정원 의원으로 선임되었고 신한청년당에서도 활동했다. 그는 상해에 머물면서 신채호 등의 영향으로 자주적이며 투쟁적인 민족주의노선을 추구했고 김한金翰의 영향으로 공산주의를 수용하는 한편 새롭게 풍미하고 있던 아나키즘의 영향을 받아 진보적인 아나키스트가 되었다. 1921년 북경으로 이주해 신채호, 이회영, 김창숙 등과 아나키즘운동을 벌였다. 1927년에는 동방피압박민족연합회를 조직해 중국·인도 등 각국의 아나키스트들과 국제연대활동을 했고 조선혁명자연맹의 간부로 활약하면서 독립운동을 전개했다. 또 1930년에는 남화한인청년연맹을 결성하고 1933년에는 6.3정 의거를 배후에서 지휘했다. 1938년 조선의용대 지도위원, 1942년 임시정부 임시의정원 의원을 역임하는 등 평생을 일제와 싸웠고 김원봉과는 항상 밀접한 동지관계를 유지했다.

유자명은 "일제가 한국을 식민지화하고 인민을 탄압, 학살한 것에 있어서 국가권력에 대한 반대는 일제에 대한 반대를 의미하며 일제 침략원흉의 암살과 일제 통치기관의 폭파는 곧 반일애국행동"이라는 아나키즘적 논리를 제시해 의열단 투쟁노선을 정당화했다.[18]

---

18 유자명, 《나의 회억》, 료녕인민출판사, 1984, 47~53쪽.

의열단, 임시정부와는 거리를 두다

김원봉은 임시정부와는 일정한 거리를 두고 있었다. 임시
정부가 무장투쟁노선을 버리고 외교론을 추진하면서부터 사
이가 벌어진 것이다.

임시정부는 파리강화회의에서 기대를 걸었던 민족자결주
의 원칙이 무산되자 무척 실망했다. 이때 이승만은 일정기간
조선을 열강의 위임통치로 두자는 안을 미국에 제안해 임시
정부 요인들을 격분케 했다. 이승만을 성토하는 선언문이 작
성되고(김원봉도 서명) 얼마 뒤 초대 대통령 이승만은 임시정
부에서 탄핵되었다. 이런 상황에서 임시정부는 지방색과 이
념에 따른 파벌투쟁으로 편안한 날이 없었다.

북경에 본부를 두고 있던 의열단과 김원봉은 이회영, 박용
만, 신채호 등 반임시정부계열 인사들과 밀접한 연대를 갖고
의열투쟁을 전개했다. 김원봉이 임시정부와 거리를 두게 된
배경에는 안창호와의 갈등도 한 요인이었다. 안창호는 1920년

5월 김원봉에게 "폭탄을 기율 없이 단독적으로 사용하지 말고 (임시정부)군사당국에 예속하여 실력을 점축漸蓄한 뒤 상당한 때에 대거大擧할 것"과 "부분적인 모험행동을 피하고 적응適應 시기에 대대적으로 행동할 것"[19]을 요구했다. 김원봉으로서는 받아들이기 어려운 제안이었다.

안창호의 요구는 합리적인 부문도 있었다. 그렇지만 김원봉은 당시 임시정부의 활동을 지극히 미온적인 것으로 보았고 여기에 이승만의 신탁통치 제안이나 요인들의 파벌싸움 등으로 무척 실망한 상태였다. 자신들의 의열투쟁을 '모험행동'으로 보는 것도 용납하기 어려운 발언이었다.

그러나 김원봉과 안창호의 관계가 반드시 적대적이었던 것은 아니다. 안창호는 어려움에 처한 김원봉에게 도움을 줬고 김원봉은 그 은혜를 두고두고 잊지 못했다고 한다.

일본 영사관은 한때 약산이 북경에 있다는 것을 알아내고 약산 체포에 전력을 기울였는데, 이때 약산은 탈출할 여비가 없어 상해에 있는 단원에게 100원을 급히 변통해 달라고 기별했다. 단원들은 여러 날 돈을 구하려다가 이루지 못하고 마지막으로 도산 안창호에게 가서 의논하니, 안창호는 그날 밤으로 50원을 내어주고 이튿날 아침에 50원

━━ **19** 한상도, 〈1920년대 의열단의 노선재정비 과정〉, 《독립운동사의 제문제》, 범우사. 1992, 168쪽.

을 손수 가져와서 약산의 탈출을 도왔다. 약산은 도산의 은혜를 잊지 못했는데 1937년 도산이 오랜 옥살이의 후유증으로 국내에서 사망하자 중일전쟁 발발로 인해 경망이 없었을 때임에도 불구하고 약산이 당수로 있던 민족혁명당은 안창호 추도회를 열었다.[20]

김원봉과 의열단은 임시정부보다는 오히려 북경 거주 인사들의 군사통일촉성회에 더 기대를 걸었다. '북경파' 요인들이 상해에 와서 이승만 타도 시위를 할 때 김원봉도 여기에 참여해 연설을 했다는 기록도 있다.

이 무렵 임시정부 일각에서는 러시아와 선을 대고 있었다. 이동휘와 김립 등은 1920년 5월 상해에서 고려공산당을 창당하고 사회주의를 통한 독립운동 방안을 모색했다. 러시아의 레닌정부는 조선의 독립운동에 200만 루블을 지원하겠다고 약속하고 제1차분으로 60만 루블을 이동휘의 측근을 통해 보내왔는데 60만 루블 중 20만 루블은 모스크바은행에 예치되었고 40만 루블만 전달되었다. 그러나 이동휘 일파는 소련에서 받아온 돈을 임시정부 자금으로 사용하지 않고 고려공산당의 운영자금으로 이용해 물의를 일으켰다. 이 사건 뒤 이동휘는 임시정부의 개혁을 요구하다가 자신의 주장이 받

---

20 주요한, 《도산 안창호전》, 마당문고, 276쪽. 추헌수 편, 《자료한국독립운동 2》, 연세대출판부, 94쪽,

아들여지지 않자 1921년 1월 국무총리직을 사임하고 임시정부를 떠났다. 40만 루블 중 일부가 의열단에 들어온 것은 앞에서 밝힌 대로다.

김원봉은 공산당 계열로부터 여러 차례 합류하라는 권유를 받았지만 여기에 응하지 않았다. 오랜 동지인 오성륜과 님웨일즈 그리고 《아리랑》의 주인공 김산 등이 전투적인 공산주의자로 변모해갔지만 그는 오로지 의열투쟁노선을 견지했다. 그렇다고 공산주의 세력과 관계를 단절한 것은 아니었다. 뒷날 공산주의 세력과 상당한 수준의 협력을 했음이 여러 자료에서 나타난다. 김원봉의 주지主旨는 항일투쟁을 위해서는 어떤 단체나 국가와도 연대한다는 지극히 유연한 인식이었다. 다만 자신의 이념체계만은 분명하게 가지고 있었는데 허무주의적 아나키즘 성향의 민족주의 노선을 견지했다.

당시 신생국 소련은 피압박민족에 대해 대단히 우호적인 입장을 보였다. 미국 중심의 자본주의 체제에 대항하기 위한 전략적인 의도가 있었다 하더라도 피압박 식민지국가들에게는 여간 고마운 일이 아닐 수 없었다. 한국대표가 파리강화회의에 참석하는 것을 막았던 미국에 비해 소련은 독립운동 자금을 지원했으며 1922년 1월 모스크바에서 극동피압박민족대회를 열고 조선인 각 단체 대표 52명을 참석토록 하는 등 우호적인 입장을 견지했다.

모스크바 회의에서 소련 측은 열강의 워싱턴 회의를 비난하고 식민지 민족의 해방은 소련과의 연대를 통해서만 가능하다고 주장했다. 이들은 조선의 혁명운동은 초기에는 불가피하게 민족혁명의 성격을 띠지 않을 수 없으며, 이 민족혁명운동은 프롤레타리아 계급의 국제적 투쟁과 결합해야 하고 공업이 미발달한 관계로 농민의 역할을 중시해야 한다고 했다.[21]

---

21 염인호, 앞의 책, 50~51쪽, 재인용.

소련으로부터 독립운동자금 지원받아

의열단은 한때 상해파 고려공산당과 연대했다는 기록이 있다. 소련정부와 직접 관계를 맺은 것이 아니고 상해파 고려공산당을 통해 소련의 지원을 간접적으로 받았던 것으로[22] 보인다.

이 시기 국내의 한 신문은 의열단과 소련의 관계를 다음과 같이 보도했다. 추측성 기사인 듯하다.

(의열단은) 계속하야 각종 음모를 계획하여 왔으나 재정의 궁핍으로 인하야 자금을 변통하기에 고심하던 차에 마침 로국공산당(소련공산당—지은이)이 일부 조선인을 이용하야 적화선전을 하려하고, 단장 김원봉도 자금을 얻어서 목적한 계획을 달함에는 공산당과 악수하는 것이 가장 유리

■■■ 22 《동아일보》, 1923년 4월 12일자.

하다 하여 대정 10년 말 경에 드디어 공산당과 결탁……[23]

의열단은 '공산당과 결탁' 여부와 상관없이 소련 영토에 조직의 일부를 두었다. 다음은 상해 일본 총영사가 일본 외무대신에게(1922년 4월 5일자) 보낸 의열단의 조직과 소재지 관련 기사다.[24]

1. 암살부 ┐
2. 재무부 ├── 재在 하얼빈
3. 교육부 ┘
4. 비행부 ┐
5. 폭탄부 ├── 재在 블라디보스토크
6. 총기제조부 ┘
7. 선전부 ──── 재在 북경

김원봉은 필요에 따라 소련을 이용하면서 새로운 의열투쟁을 준비하고 있었다.

━━ **23** 《동아일보》, 1923년 4월 12일자.
━━ **24** 국회도서관, 앞의 책, 383쪽, 염인호, 앞의 책, 52쪽.

일본 육군대장 처단 시도

의열단의 의열투쟁은 멈추지 않았다. 김원봉은 1922년 3월 하순 일본 육군대장 다나카 기이치가 상해에 온다는 첩보를 입수하고 김익상, 오성륜, 이종암 세 단원에게 그를 처단하도록 지시했다. 3월 28일 오후 다나카가 상해 황포탄 부두에 도착해 환영인파에 둘러싸여 있을 때 일본헌병들의 삼엄한 경계망을 뚫고 오성륜이 다나카를 쏘았다. 그러나 총알은 빗나가 다나카 대신 미국인 여자가 맞았다. 김익상과 이종암도 폭탄을 던졌으나 다나카는 마차를 타고 도망쳤다. 이종암은 피신에 성공했으나 김익상과 오성륜은 일제 군경에 피체되었다.

두 사람은 상해 일본 영사 경찰서 유치장에 감금되었는데 오성륜은 5월 2일 탈옥했다. 일제 경찰은 막대한 현상금을 걸고 오성륜을 추적했지만 변장한 오성륜은 천진을 거쳐 지전으로 탈출하는 데 성공했다. 김익상은 앞에서 이야기한 대로 20년

동안 수감생활을 하다가 출옥 뒤 일경에 의해 살해되었다.

다나카 저격은 비록 실패로 끝났지만 저격사건과 오성
륜의 과감한 탈출은 일제의 간담을 서늘하게 만들었을 뿐
아니라 독립과 자유를 위한 조선인민의 투쟁을 세계에 선
전하는 계기가 되었다.[25]

다나카 저격사건은 독립운동 진영에도 큰 파장을 불러왔
다. 국제 열강들로부터 연루의혹을 받은 임시정부는 이 사건
에 개입하지 않았음을 밝히면서 조선독립은 과격주의로는
달성하기 어렵다는 엉뚱한 해명을 해 독립운동가들의 빈축
을 샀다.

의열단의 거사로 임시정부의 무능은 더욱 더 확산되었
고 그에 따라 국민대표회의 개최의 필요성은 한층 높아졌
다. 이 거사로 의열단은 독립운동 진영 내에서 확고한 지
위를 점하게 되었고 약산에 대한 신뢰도 한층 더 강화되
었다.[26]

김원봉은 새로운 계획 수립에 골몰했다. 더욱 치밀한 계획

---

25 유자명, 앞의 책, 72쪽.
26 염인호, 앞의 책, 55쪽.

과 준비로 대규모 파괴와 요인 암살을 실행할 뜻을 세웠다.

파괴 대상으로 조선총독부, 조선총독 사이토 미노루, 정무총감 미즈노 렌타로우, 경무총감 마루야마 가메키치 그리고 탐정(밀정 – 지은이) 가운데 유력한 자들을 마음에 두었다.[27]

김원봉은 총독부 수뇌들과 일제 침략자들을 처단하기 위해서는 무엇보다 위력 있는 폭탄의 구입이 선결과제라고 생각했고 성능 좋은 폭탄만 있었다면 지금까지의 의열투쟁만으로도 큰 성과를 낼 수 있었을 것이라고 믿었다. 그래서 폭탄 제조에 모든 노력을 기울였다. 다행히 소련으로부터 지원받은 자금 일부가 남아 있었다. 그리고 의열단의 활동이 알려지면서 국내외에서 의식 있는 청년들이 속속 의열단으로 모여들었다.

김원봉은 활동공간을 다시 북경으로 옮겨 새로운 거사를 준비했다. 북경에는 많은 외국인이 살고 있었는데 특수한 기술을 가지고 있는 사람들도 많았다. 그들 가운데 폭탄제조에 경험이 있는 몇 사람을 찾아내 일을 시켜보았지만 신통한 기술자를 찾지는 못했다.

---

27 박태원, 앞의 책, 94쪽.

그러던 차에 이태준李泰俊이란 한인 의사를 만나게 되었다. 그는 김규식, 유동열 등과 해외로 나와 외몽골 고륜庫倫에서 병원을 개업한 사람이다. 미신적인 요법에만 빠져 있던 그곳 사람들에게 이태준의 양의 처방은 좋은 효과를 거뒀고 왕족들을 치료하면서 집권자들과도 가까워졌다. 이런 이태준의 도움으로 소련에서 지원한 40만 루블을 몽골을 거쳐 상해까지 가져올 수 있었다.

이태준은 조국독립의 의지를 한시도 접지 않고 임시정부를 비롯해 독립운동단체를 꾸준히 지원했다. 그런 이태준이 동지들과 연락을 위해 북경에 왔다. 김원봉은 이태준을 만나 의열단의 목표와 자신의 활동을 설명하고 즉석에서 의열단 가입을 약속받았다. 그리고 조국독립운동을 함께 하기로 다짐했다.

김원봉이 폭탄제조자를 찾는다는 소식을 들은 이태준은 헝가리인 마쟐을 추천했다. 그리고 얼마 뒤 그를 데리고 몽골에서 북경을 향해 떠났다. 그러나 이태준은 도중에 소련 혁명군 속에 끼어 있던 일본인에 의해 아깝게 희생되었다. 이태준과 함께 김원봉을 만나러 오던 마쟐은 어렵게 북경까지 김원봉을 찾아와 폭탄제조에 일역을 맡아주었다.

단재 신채호의 〈의열단선언〉

　김원봉과 신채호는 닮은 데가 별로 없어 보인다. 전자는 치열한 행동가고 후자는 치열한 연구가이기 때문이다. 그러나 이것은 대단히 피상적인 관찰이다. 김원봉의 행동주의나 신채호의 학구열은 두 사람을 충분히 '동류항'으로 묶을 수 있는 부분이다.

　김원봉은 의열투쟁을 전개하면서 끊임없이 학문 연구에 정진했다. 의열단에서 나온 각종 성명서나 문건은 유자명이 기초한 것들이 많았지만 결국 김원봉의 손을 거쳐서 공표되었다. 민족주의, 공화주의, 아나키즘 같은 이념을 수용하거나 실천하면서 공부한 흔적도 많이 남아 있다. 신채호 역시 망명 초기부터 무장투쟁론을 제기하면서 임시정부와 맞섰고 틈틈이 행동에 나서기도 한 인물이다.

　김원봉은 "암살과 파괴만이 능사가 아니다. 선전이 뒤를 따르지 않을 때 일반 민중은 행동에 나타난 폭력만을 보고 그

폭력 속에 들어 있는 정신을 이해하지 못할 것"[28]이라는 이유에서 의열단의 '정신'을 문서화할 필요성을 인식했다. 그래서 찾게 된 사람이 신채호였다. 신채호에 대해서는 국내에서부터 익히 알고 있었고 최근에는 북경에서 활동소식을 듣고 있었다. "진작부터 의열단이 주장하는 바를 문서로 작성해 이를 널리 공표할 뜻을 가지고 있었던"[29] 김원봉은 1923년 북경으로 신채호를 만나러 갔다. 그때 김원봉은 상해에 머물고 있었다. 김원봉은 후에 신채호를 만나게 된 과정을 밝히는 인터뷰에서 "이번 북경 길에서 가장 큰 기쁨은 단재 신채호 선생과의 회견이다. 단재는 세상이 다 아는 사학계의 태두泰斗로 왜적의 통치 아래 사는 것을 떳떳치 않게 생각해 해외로 망명한 지사"[30]라고 했다.

김원봉은 신채호를 만나기 전에 유자명 등으로부터 그에 대한 이야기를 듣고 "그렇다. 이 분이다! 단재 선생에게 글을 청하기로 하자!"며 무릎을 쳤다고 한다.[31] 당시 중국에는 많은 수의 조선의 학자, 언론인, 문필가들이 독립운동을 하고 있었다. 그 가운데서 신채호에게 〈의열단선언문〉을 쓰도록 한 것은 역시 두 사람의 노선과 투쟁방식이 상통했기 때문이었을 것이다.

━━ **28** 앞의 책, 103쪽.
━━ **29** 앞의 책, 103쪽.
━━ **30** 앞의 책, 103쪽.
━━ **31** 앞의 책, 104쪽.

어느 날, (김원봉이) 단재를 보고 말했다.

"저희는 지금 상해에서 왜적을 무찌를 폭탄을 만들고 있습니다. 한번 같이 가서서 구경하지 않으시겠습니까? 겸하여 우리 의열단의 혁명선언도 선생님이 초하여 주셨으면 좋겠습니다."

그 말에 단재는 대답했다.

"좋은 말씀일세. 그럼 같이 기보세."

이렇게 해서 며칠 후 단재는 약산을 따라 상해로 향했다.[32]

상해에 온 신채호는 폭탄 만드는 시설을 살펴보고 약 한 달 동안 여관방에 앉아 한국독립운동사의 불후의 명작인 〈의열단선언〉(조선혁명선언)을 집필했다(여기서는 〈의열단선언〉으로 표기한다).

신채호의 〈의열단선언〉 집필 과정에 시종 참여했던 유자명은 "의열단이 성립된 뒤로 5년 동안 투쟁을 계속했으나 의열단 본체의 혁명적 목표와 정치적 주장을 발표한 적이 없어서 의열단의 이름이 세상에 드러나지 못했다"[33]고 〈의열단선언〉을 쓰게 된 또 다른 배경을 밝혔다.

■■■ **32** 앞의 책, 104쪽.
■■■ **33** 유자명,《한 혁명자의 회억록》, 독립기념관. 1999, 130쪽.

의열단은 선언서로써 자기의 주장을 내세우게 되었다. 북경에 있는 단재 선생을 상해로 청해 와서 〈의열단선언〉을 써서 발표했다. 단재의 글은 그가 《황성신문》 편집주임을 할 때부터 조선에서 유명했다. 그래서 애국문인으로 유명한 최남선은 "단재의 글은 장강대해長江大海와 같은 힘을 가진 것" 이라고 찬양했다.[34]

신채호의 민족혼과 의열정신이 펄펄 뛰는 대문장을 접하고 의열단원들은 감격했다. 그러나 누구보다 감격하고 흡족해한 사람은 역시 김원봉이었다. 그는 자신의 선택이 옳았음을 자신하고 이후 모든 의열투쟁에는 반드시 이 〈의열단선언〉을 살포하도록 조치했다. 그뿐 아니라 이를 필독서로 지정해 단원들이 지행합일知行合一의 정신을 갖도록 했다. 김원봉은 인쇄소에 〈의열단선언〉 인쇄를 부탁하고 별도로 〈조선총독부 관공리에게〉라는 문서를 작성했다. 이 두 문건은 국내로 밀송되어 동지들에게 전달되었다.

조선총독부 소속 관공리에게
조선총독부 소속 관리 제군, 강도 일본의 총독부 정치하에 기생하는 관공리 제군, 제군은 제군의 선조로부터 자

34 앞의 책, 130~131쪽.

손에 이르기까지 움직일 수 없는 한국 민족의 일 분자가 아닌가. 만약 한국 민족의 일 분자라고 하면 설령 구복口腹과 처자를 위해 강도 일본에 노예적 관공리 생애를 한다고 할지라도 강도 일본의 총독정치가 아민족我民族의 구적仇敵임을 알지라. 따라서 아我들의 혁명운동은 곧 강도 일본의 총독정치를 파괴하고, 한국 민족을 구제하려고 하는 운동임을 알지라. 이를 안다면 우리의 혁명운동을 방해하지 않을 것을 믿는다. 그런데도 방해하는 자가 있다고 하면 우리는 이러한 도배의 생명을 용서하지 않을 것이다.

4256년(1923년) 1월
의열단[35]

---

35 국회도서관, 앞의 책, 435쪽.

〈의열단선언〉은 어떤 내용인가

제1장 : 일제는 한민족 생존의 적이다

〈의열단선언〉은 5개 부문으로 되어 있다. 제1장은 일본을 조선의 국호와 정권과 생존을 박탈해간 강도로 규정하고 이를 타도하기 위한 혁명이 정당한 수단임을 천명했다.

서두에서는 "강도 일본이 우리의 국토를 없이하여 우리의 정권을 빼앗으며 우리의 생존적 필요조건을 다 박탈했다. 경제의 생명인 산림·천택川澤·철도·광산·어장 …… 내지 소공업 원료까지 다 빼앗아 일체의 생산기능을 칼로 베이며 도끼로 끊고 토지세·가옥세·인구세·가축세·백일세百一稅·지방세·주초세酒草稅·비료세·종자세·영업세·청결세·소득세 …… 기타 각종 잡세가 축일 증가하여 혈액은 있는 대로 다 빨아가고 ……"라며 격렬하게 일제의 식민통치를 '강도' 행위로 규정했다. 서두부터가 〈3.1독립선언〉에 비해 투쟁적이며 일제에 대한 적대 의식을 분명하게 명시했다. 또 일제의 한국침략의 경제적 수탈측면에 초점을 두고, 국문·국사 등 민족말살정책을 고발하면서 일제를 한민족 생존의 적으로 가차 없이 선언했다.

그리고 이어서 "'딸깍발이' 등살에 우리 민족은 발 디딜 땅이 없어 산으로 물로 서간도로 북간도로 시베리아의 황야로 몰리어 아귀餓鬼부터 유귀流鬼가 될 뿐이며 강도 일본이 헌병정치, 경찰정치를 여행하야 우리 민족이 촌보의 행동도 임의로 못하고 언론·출판·결사·집회의 일체 자유가 없어 고통과 분한이 있으면 벙어리의 가슴이나 만질 뿐이요, 행복이나 자유의 세계에는 눈뜬 소경이 되고 자녀가 나면 '일어를 국어라 일문을 국문이라' 하는 노예양성소(학교)로 보내고 조선 사람으로 혹 조선 역사를 읽게 된다 하면 '단군을 무誣하야 소잔명존素盞鳴尊의 형제라' 하여 '삼한시대 한강 이남을 일본영지'라 한 일본 놈들이 적은 대로 읽게 되며 신문이나 잡지를 본다 하면 강도정치를 찬미하는 반半일본 문화한 노예적 문자뿐이며 똑똑한 자제가 난다 하면 환경의 압박에서 염세절망의 타락자가 되거나 그렇지 않다면, '음모사건'의 명칭 하에 감옥에 구류되야 주뢰周牢(주리)를 틀고, 가쇄枷鎖(목과 발에 씌우는 쇠사슬)·단금질·채찍질·전기질·바늘로 손톱 밑 발톱 밑을 쑤시고, 수족을 달아매고, 콧구멍에 물 붙고, 생식기에 심지를 박는 모든 악형, 곧 야만 전제국의 형률사전에도 없는 갖은 악형을 다 당하고 죽거나 요행히 살아서 옥문을 나온대야 종신불구의 폐질자가 될 뿐" 이라며 일제의 잔학상을 성토했다. 총독정치의 야만성은 계속 이어진다.

발명 창작의 본능은 생활의 곤란에서 단절하여 진취 활발의 기상은 경우의 압박에서 소멸되야, '찍도 쩩도' 못하게 각 방면의 속박·편태鞭笞(채찍과 곤봉)·구박·압제를 받아 환해環海(이 세상) 삼천리가 일개 대감옥이 되야 우리 민족은 아조 인류의 자각을 잃을 뿐 아니라 곧 자동적 본능까지 잃어 노예부터 기계가 되야 강도 수중의 사용품이 되고 말 뿐이며, 강도 일본이 우리의 생명을 초개로 보아 을사 이후 13도道의 의병 나던 각 지방에서 일본군대의 행한 폭행도 이루 다 적을 수 없거니와 즉 최근 3.1운동 이후 수원·선천 …… 등의 국내 각지부터 북간도·서간도·노령·연해주 각초까지 약탈한다, 부녀를 오욕한다, 목을 끊는다, 산채로 묻는다, 불에 사른다, 혹 일신을 두 동가리에 내여 죽인다, 아동을 악형한다, 부녀의 생식기를 파괴한다, 하야 할 수 있는 데까지 참혹한 수단을 씌어도 공포와 전율로 우리 민족을 압박하여 인간의 '산송장'을 만들랴 하는도다.

총독정치의 야만성을 이보다 더 적나라하게 질타한 글을 찾기란 쉽지 않다. 의열단원들은 이 선언문을 읽으면서 일제

타도에 온 몸을 아낌없이 던졌고, 일제 당국은 의열 현장에 살포된 이 선언문을 수거하기에 급급했다. 선언문 제1장의 말미는 다음과 같은 대문장으로 끝난다.

이상의 사실에 거據하야 우리는 일본 강도 정치, 곧 이족異族 통치가 우리 조선민족 생존의 적임을 선언하는 동시에 우리 혁명수단으로 우리 생존의 적인 강도 일본을 살벌殺伐함이 곧 우리의 정당한 수단임을 선언하노라.

제2장 : 강도정치에 타협·기생자는 우리의 적이다

제2장은 3.1운동 이후 국내에 대두된 자치론, 내정독립론, 참정권론, 문화운동론을 일제와 협력하려는 '적'으로 규정하고 이를 매섭게 규탄했다.

내정독립이나 참정권이나 자치를 운동하는 자—누구이냐? 너희들이 '동양평화' '한국독립보전' 등을 담보한 맹약이 먹도 마르지 아니하여 삼천리 강토를 집어먹던 역사를 잊었느냐? '조선인민 생명재산보호' '조선 인민 행복증진' 신명申明(되풀이해서 말함)한 선언이 땅에 떨어지지 아니하야 2000만의 생명이 지옥에 빠지던 실체를 못 보느냐? 3.1운동 이후에도 강도 일본이 또 우리의 독립운동을 완화시키랴고 송병준, 민원식 등 12매국노를 시키어 이따위 광론狂論을 부름이니 이에 부화하는 자, 맹인이 아니면 어찌 간적이 아니냐?

3.1운동 이후 국내외에서 대두된 대일 유화론자들에 대한 단재의 질타는 매섭다. 일찍이 신라의 최치원이 반란군 두목 황소黃巢를 질책하는 글을 써서 말에서 거꾸러뜨리고, 한말 매천 황현이 친일매국노들을 규탄해 반역도배들이 몸을 부르르 떨었다는 사필史筆의 맥을 잇는 글이다.

설혹 강도 일본이 과연 관대한 도량이 있어 개연히 차등의 요구를 허락한다 하자. 소위 내정독립을 찾고 이권을 찾지 못하면 조선민족은 일반의 아귀가 될 뿐이 아니냐? 참정권을 획득한다 하자. 자국의 무단계급의 혈액까지 착취하는 자본주의 강도국의 식민지 인민이 되야 기개幾個(한 사람 한 사람 모두) 노예대의사奴隷代議士(남의 집 노예처럼 말을 듣는 대의원)의 선출로 어찌 아사의 화를 구하겠느냐? 자치를 얻는다 하자. 그 하종何種의 자치임은 물문하고 일본이 그 강도적 침략주의의 초패인 '제국'이란 명칭이 어찌 구구한 자치의 허명으로써 민족의 생존을 유지하겠느냐?

설혹 강도 일본이 돌연히 불보살이 되야 일조에 총독부를 철폐하고 각종 이권을 다 우리에게 환부하며 내정외교를 다 우리의 자유에 맡기고 일본의 군대와 경찰을 일시에 철환하여 일본의 이주민을 일시에 소환하고 다만 허명의 종주권만 가진다 할지라도 우리가 만일 과거의 기억이 전멸하지 아니하였다 하면 일본을 종주국으로 봉대한다 함이 '치욕'이란 명사名詞를 아는 인류로는 못할지니라.

독립운동가 이정규는 자신의 회고담에서 단재를 "그의 성격은 한 마디로 '무사기無邪氣하다'고 표현할 수 있다"고 했다. 정말 그의 글은 '무사기'(조금도 간사한 기가 없다)라는 말 그대로다. 소절에 얽매이지 않고 대의, 정론에 거침이 없다.

일본 강도 정치 하에서 문화운동을 부르는 자, 누구이냐? 문화는 산업과 문물의 발달한 총적總積을 가르치는 명사니 경제약탈의 제도 하에서 생존권이 박탈된 민족은 그 종족의 보존도 의문이거늘 하물며 문화발전의 가능성이 있으랴? 쇠망한 인도족, 유태족도 문화가 있다 하지만 1은 금전의 힘으로 그 조선祖先의 종교적 유업을 계속함이며, 1은 그 토지의 광廣과 인구의 중衆으로 상고上古의 자유 발달한 여택을 보수함이니, 어데 문맹蚊蝱(모기와 등에) 같이 시랑豺狼(승냥이와 이리) 같이 인혈을 빨다가 골수까지 깨무는 강도 일본의 입에 물린 조선 같은 데서 문화를 발전, 혹 보수한 전례가 있더냐?

검열·압수 모든 압박 중에 기개 신문·잡지를 가지고

'문화운동'의 목탁으로 자명自鳴(자부함)하며 강도의 비위에 거슬리지 아니할 만한 언론이나 주창하야 이것을 문화발전의 과정으로 본다 하면 그 문화발전이 도리어 조선의 불행인가 하노라.

이상의 이유에 거하야 우리는 우리의 생존의 적인 강도 일본과 타협하랴는 자(내정독립·자치·참정권론자)나 강도 정치 하에서 기생하랴는 주의를 가진 자(문화운동론자)나 다 우리의 적임을 선언하노라.

3.1운동 이후 국내에서는 이른바 '문화운동론'이 제기되었다. 일제는 3.1항쟁의 거센 민족적 저항을 겪으면서 더 이상 무단통치로는 한국인을 다스리기 어렵다는 것을 깨닫고 전술적인 변화, 이른바 '문화정치'를 내세웠다. 그리고 몇몇 일간신문의 발행을 허가하고 문화단체, 문화운동을 허용했다.

민족주의 우파 인사 상당수가 내정독립론, 자치론, 참정권론, 문화운동론 따위를 내세우며 총독정치 외곽에 참여하게 되면서 무장투쟁론은 급속히 쇠락해져 갔다. 단재의 선언문 제2장은 바로 이에 대한 허구성을 이로정연理路整然하면서도 날카롭게 통박했다.

제3장 : 외교·준비 미몽을 버리고 민중직접혁명을 선언하노라

제3장은 임시정부의 외교론, 실력양성론, 준비론 등의 허

실 투성이인 독립운동 방략을 비판하는 내용이다. 이승만 등 미주파의 외교론과 안창호 등의 준비론을 질타하고 이동휘 등 러시아나 코민테른과 제휴하려는 세력도 비판한다.

　　강도 일본의 구축을 주장하는 가운데 또 여좌如左한 논자들이 있으니, 제1은 외교론이니 이조 500년 문약정치가 '외교'로써 호국의 장책長策을 삼아 더욱 그 말세에 무심하야 갑신 이래 유신당·수구당의 성쇠가 거의 외원外援의 유무에서 판결되며 위정자의 정책은 오직 갑국을 인하야 을국을 제制(제어함)함에 불과하였고, 그 의뢰의 습성이 일반 정치사회에 전염되어 즉 갑오 갑신 양 전역戰役에 일본이 수십만의 생명과 수억만의 재산을 희생하야 청·로 양국을 물리고 조선에 대하야 강도적 침략주의를 관철해야 하는데 우리 조선의 '조국을 사랑한다 민족을 건지랴 한다' 하는 이들은 일검일탄一劍一彈(칼 한 자루 탄환 하나)으로 혼용 탐포한 관리나 국적國賊에게 던지지 못하고 공함公函(공적인 편지)이나 열국 공관에 던지며 장서長書나 일본정부에 보내야 국세의 고약孤弱을 애소하야 국가존망·민족 사활의 대문제를 외국인, 심지어 적국인의 처분으로 기다렸도다.

　　독립운동을 한다면서 칼 한번, 총 한방 쏘지 않고 편지질이나 하고 외국, 심지어 적국의 처분이나 기다리는 세력을 성토하는 대목이다.

그래서 을사조약, 경술합병 곧 '조선'이란 이름이 생긴 뒤 몇 천 년 만의 처음 당하던 치욕에 조선민족의 분노적 표시가 겨우 하얼빈의 총[36], 종현鐘峴의 칼[37], 산림유생의 의병이 되고 말았도다.

아! 과거 수십 년 역사야말로 용자勇者로 보면 타매唾罵(침 뱉고 욕함)할 역사가 될 뿐이며, 인자仁者로 보면 상심할 역사가 될 뿐이다. 그리고도 국망 이후 해외로 나아가는 모모 지사들의 사상이 무엇보다도 먼저 '외교'가 그 제1장 제1조가 되며 국내 인민의 독립운동을 선동하는 방법도 '미래의 일미전쟁, 일로전쟁 등 기회'가 거의 천편일률의 문장이었고, 최근 3.1운동에 일반 인사의 '평화회의·국제연맹'에 대한 과거의 선전이 도리어 2000만 민중의 분용奮勇 전진의 위기를 타소打消(태워서 없앰)하는 매개가 될 뿐이도다.

국세가 약한 것만을 빌미삼아 국치를 겪으면서도 적국과 제대로 싸우지 못하는 우리 역사에 침 뱉고 상심하는 심경이

---

36 안중근 의사가 이토 히로부미를 총살한 일.
37 이재명 의사가 이완용을 칼로 찌른 일.

며 천편일률적인 외국의존, 외교론 따위가 오히려 민중의 의기를 없애고 있다고 질타한다.

제2는 준비론이니 을사조약 당시에 열국공관에 빗발치듯하던 종이쪽으로, 넘어가는 국권을 붙잡지 못하며 정미년의 헤이그 밀사도 독립회복의 복음을 안고 오지 못하매 이에 차차 외교에 대하야 의문이 되고 전쟁 아니면 안 되겠다는 판단이 생기었다. 그러나 군인도 없고 무기도 없이 무엇으로써 전쟁하겠느냐? 산림유생들은 춘추대의에 승패를 불계하고 의병을 모집하여 아관대의義冠大衣(큰 갓에 소매 넓은 도포)로 지휘의 대장이 되며 사냥 포수의 화승대를 몰아가지고 조일전쟁의 전투선에 나섰지만 신문쪽이나 본 이들 곧 시세를 짐작한다는 이들은 그리할 용기가 아니 난다. 이에 "금일 금시로 곧 일본과 전쟁한다는 것은 망발이다. 총도 장만하고, 돈도 장만하고, 대포도 장만하고, 장관將官이나 사졸감까지라도 다 장만한 뒤에야 일본과 전쟁한다" 함이니 이것이 이른바 준비론 곧 독립전쟁을 준비하고자 함이다.

독립운동방략 중 이른바 준비론자들에 대한 단재의 불신감은 대단히 컸다. 당시 만주일대에서 우리 독립군들이 청산리·봉오동 전투 등 혈전을 벌이고 있을 때 일부에서는 준비론과 외교론으로 국민의 의기를 꺾고 있었다. 단재는 이들의 허망과 공론을 질타한 것이다.

　경술 이후 각 지사들이 혹 서북간도의 삼림을 더듬으며 혹 시베리아의 찬바람에 배부르며, 혹 남북경으로 돌아다니며, 혹 미주나 하와이로 들어가며, 혹 경향에 출몰하야 십여 성상 내외 각지에서 목이 터질 만치 준비! 준비! 를 불렀지만 그 소득이 몇 개 불완전한 학교와 실력 없는 회會 뿐이다. 그러나 그들의 성력이 부족이 아니라 실은 그 주장의 착오이다. 강도 일본이 정치·경제 양 방면으로 구박을 주어 경제가 날로 곤란하고 생산기관이 전부 박탈되어 의식의 방책도 단절되는 때에 무엇으로? 어떻게? 실업을 발전하며? 교육을 호가장하며? 더구나 어데서? 얼마나? 군인을 양성하며? 양성한들 일본전투력의 100분지 1의 비교라도 되게 할 수 있느냐? 실로 일장의 잠꼬대가 될 뿐이로다.
　이상의 이유에 의하야 우리는 '외교' '준비' 등의 미몽을 버리고 민중직접혁명의 수단을 취함을 선언하노라.

단재 신채호는 진정한 민족해방운동의 방법은 '민중직접혁명'뿐이라는 사실을 과학적으로 분석하고 이를 주창한다.

제4장 : 양병 10만이 일척의 작탄만 못하나니

제4장은 일제를 몰아내려는 새로운 혁명이념으로 '민중·폭력'의 두 요소를 바탕으로 아나키즘적 민중혁명과 폭력 철학을 제시한다. 단재는 "조선민족의 생존을 유지하자면 강도 일본을 구축할지며 강도 일본을 구축하자면 오직 혁명으로써 할 뿐이니 혁명이 아니고는 강도 일본을 구축할 방법이 없는 바"라고 전제한다.

우리가 혁명에 종사하려면 어느 방면부터 착수하겠느뇨? 구시대의 혁명으로 말하면 인민은 국가의 구예가 되고 그 이상의 인민을 지배하는 상전 곧 특수세력이 있어 그 소위 혁명이란 것은 특수세력의 명칭에 불과하였다.

단재는 이 부문에서 과거의 혁명이 지배세력 교체에 불과해 민중들에게는 아무런 변화의 의미도 없었다고 논술하고 새로운 혁명, 곧 '민중혁명론'을 제기한다.

금일 혁명으로 말하면 민중이 곧 민중자기를 위하야 하는 혁명인고로 '민중혁명'이나 '직접혁명'이라 칭함이며, 민중직접혁명인 고로 그 비등팽창의 열도가 숫자상 강약비교의 관념을 타파하며 그 결과의 성패가 매양 전쟁학상의 정궤定軌에 일출逸出하야 무전무병無錢無兵한 민중으로 백만의 군대와 억만의 무력을 가진 제왕도 타도하며 왜구도 구축하나니 그러므로 우리 혁명의 제일보는 민중각오의 요구니라.

단재는 민중혁명의 방법론도 제시한다.

"(일제의) 모든 압박에 졸리어 살려니 살 수 없고 죽으랴 하야도 죽을 바를 모르는 판에 만일 그 압박의 주인主因되는 강도 정치의 시설자인 강도들을 격폐하고 강도의 일체시설을 파괴하고 복음이 사해에 전하며 만중萬衆이 동정의 눈물을 부리어 이에 인인人人이 그 '아사' 이외에 오히려 혁명이란 일로가 남아있음을 깨달아 용자는 그 의분에 못 이기어 약자는 그 고통에 못 견디어 모다 이 길로 모아들어 계속적으로 진행하며, 보편적으로 전념하야 거국일치의 대혁명이 되면 간활잔포奸猾殘暴(간사·교활·잔악·포악)한 강도 일본이 필경 구축되는, 그러므로 우리의 민중을 환성喚醒하야 강도의 통치를 타도하고 우리 민족의 신생명을 개척하자면 양병 십만이 일척一擲의 작탄炸彈만 못하며 억천 장 신문잡지가 일 회 폭동만 못할지니라."

〈의열단선언〉은 철저하게 의열혁명론을 주창한다. 양병십만이 폭탄투척 하나만 못하고 억천 장 신문잡지가 민중의 혁명적 폭동만 못하다는 주장이다.

단재 신채호는 폭력적 암살, 파괴, 폭동 등의 목적물을 다음과 같이 열거했다.

1. 조선총독 및 각 관공서
2. 일본천황 및 각 관공리
3. 정탐노, 매국적
4. 적의 일체 시설물

제5장 : 이족통치 등 파괴하고 신조선 건설

제5장은 다섯 가지 파괴와 다섯 가지 건설의 목표를 제시했다. '5파괴'의 대상은 이족통치異族統治, 특권계급, 경제약탈제도, 사회적 불평균 및 노예적 문화사상이며, '5건설'의 목표는 고유적 조선, 자유적 조선민중, 민중적 조선, 민중적 사회 및 민중적 문화라고 선언했다.

이 선언문은 "혁명의 길은 파괴부터 개척할지니라. 그러나 파괴만 하랴고 파괴하는 것이 아니라 건설하랴고 파괴하는 것이니 만일 건설할 줄 모르면 파괴할 지도 모를지니라. 건설과 파괴가 다만 형식상에서 보아 구별될 뿐이요, 정신상에서는 파괴가 곧 건설이니 이를테면 우리가 일본세력을 파괴하랴는 것"이라 말하며 앞서 인용한 '5파괴의 대상'을 들었다.

이제 파괴와 건설이 하나이요 둘이 아닌 줄 알진대 현재 조선민중은 오즉 민중적 폭력으로 신 조선건설의 장애인 강도 일본 세력을 파괴할 것뿐인 줄을 알진대 조선민중이 한편이 되고 일본 강도가 한편이 되야 네가 망하지 아니하면 내가 망하게 된 '외나무 다리'에 선 줄 알진대 우리 2000만 민중은 일치로 폭력파괴의 길로 나아갈지니라.

민중은 우리 혁명의 대본영이다.
폭력은 우리 혁명의 유일무기이다.
우리는 민중 속에 가서 민중과 휴수攜手(손을 끌다)하야,
부절하는 폭력—암살·파괴·폭동으로써,
강도 일본의 통치를 타도하고,
우리 생활에 불합리한 일체 제도를 개조하야,
인류로써 인류를 압박치 못하며
사회로써 사회를 박삭지 못하는,
이상적인 조선을 건설할지니라.

단재 신채호의 〈의열단선언〉은 항일운동기의 모든 독립운동가들과 한국의 전 민족구성원들에게 독립에 대한 확신과 목표를 정확하게 분석하고 제시해준 '민족해방전쟁의 선전 포고문'이라 할 수 있다.[38]

〈의열단선언〉이 발표된 뒤에 상해에 있는 조선독립운동가들 중에서 '양호良好'한 반응을 보이는 사람도 있었다. 당시 상해에는 이동녕, 이시영, 안창호, 김구, 김규식, 조완구, 여운형, 김백연 등의 혁명 선배들이 있었으며, 조선혁명자들의 자녀 교육을 위해 인성학교仁成學校를 세워놓고 있어서 그 학교의 교사들과 학생들도 있었다.

나는 항상 이동녕, 이시영, 김구, 이완구 등 네 선생과 연락하고 있었기 때문에 〈의열단선언〉을 그 선생들에게 보내주었다. 조완구 선생은 그 선언을 본 뒤에 "이 선언은 우리 민족적 정의심을 표현한 것"이라고 말하면서 "이 글은 단재가 쓴 것 같다"[39]고 했다.

유자명은 신채호의 〈의열단선언〉이 다음의 여섯 가지 내용을 표현한 것이라고 덧붙였다.

1. 5000년의 역사를 가지고 있던 문명한 조선민족이 일본 제국주의의 침략으로 망하게 된 원인과 경과를 역사적으로 설명한 것이다.
2. 나라가 망한 결과 3000만 인민이 일본의 노예가 되었

---

38 이 부분, 김삼웅, 《단재 신채호 평전》, 시대의 창, 2005, 인용.
39 유자명, 앞의 책, 132~133쪽.

고, 삼천리 화려강산이 인간지옥이 되었다.

3. 조선인민이 일본침략에 대하여 영용하게 투쟁해온 과
   정을 역사적으로 설명한 것이다.
4. 일본 군국주의에 대한 폭력혁명의 의의를 적극적으로
   주장한 것이다.
5. 민족해방을 위해서는 민중을 각오시켜야 한다. 우리의
   폭력혁명운동은 우리의 민중을 각오시키기 위한 것이다.
6. 우리의 일본 군국주의에 대한 투쟁은 국가의 독립과
   민족의 해방을 이룩할 때까지 굳세게 싸워야 한다.[40]

〈의열단선언〉은 의열단에 새로운 활력과 투지를 심어주었
다. 지금까지의 활동이 다소 즉흥적·비체계적인 투쟁이었다
면 〈의열단선언〉의 완성으로 의열단은 항일투쟁 노선을 한층
정당화하고 이념적 지표를 획득할 수 있게 되었다. "〈의열단
선언〉에서 구체화된 민중직접혁명론은 의열단의 향후 진로를
규정하였으며 의열단원 자신이 민중직접혁명의 선도적 역할
을 담당해야 한다는 필연성을 제기하였다. 또 이 규정은 의열
단의 노선 재정립과 방향전환을 예고하는 것이었다."[41]

---

40 앞의 책, 131~132쪽.
41 한상도, 《한국 독립운동과 중국군관학교》, 문학과지성사, 1994, 204쪽.

의열단 총회를 통해 결의 다짐

1923년은 김원봉과 의열단에 여러 가지로 의미가 있는 해였다. 〈의열단선언〉이 마련되었고 1월에 의열단원 김상옥이 종로경찰서에 폭탄을 투척하는 의열투쟁이 전개되었다. 3월에는 의열단원 김시현, 남정각, 유석현이 무기와 폭탄의 국내 반입을 시도하다가 적발되는 사건도 있었다. 5월에는 상해에서 독립운동세력의 대동단결을 도모하는 국민대표회의가 소집되었다.

이와 같은 상황에서 의열단은 6월 상해에서 의열단총회를 열었다. 창단 이래 단원 총회를 연 것은 이것이 처음이었다. 총회에서는 그동안 활동에 대한 경과보고와 새로운 투쟁 방략이 논의되었다. 다음은 이날 단원들에게 배포한 '활동수칙'이다.

첫째, 의열단원은 입단한 날부터 생명·재산·명예·부

모·처자·형제를 일체 희생에 바치고, 오직 의열단의 주의·목적인 조선독립을 위해 결사 모험으로써 활동한다.

둘째, 단원은 각기 특징에 따라 다음의 기술을 실제로 연습하고 연구할 의무가 있다. 검술·사격술·폭탄제조술·탐정술.

셋째, 암살·방화·파괴·폭동 등에 대한 기밀과 계획은 간부회의에서 지휘한다.

다섯째, 활동 중 체포당하는 단원이 발생할 때는 반드시 복수수단을 강구하며, 단원을 체포한 자나 단원에게 형벌을 선고한 자는 반드시 암살한다.

여섯째, 암살 대상 인물과 파괴 대상 건물은 의열단 활동 목표에 근거하여 실행한다. 특히 '조선귀족'으로서 나라를 망하게 하고 백성의 앙화를 초래한 대가로 많은 재산을 소유하고도, 의연에 응하지 않는 자는 기어이 금년 안으로 처단한다.

일곱째, 의열단 명칭을 빙자하고 금전을 강청하여 의열단의 명의를 더럽히는 자는 반드시 엄벌한다.

여덟째, 주요 기밀 사항은 간부회의에서 결의한 후 공표하지 않고 해당 단원에게 출동을 명령한다.[42]

---

42 《조선일보》, 1923년 7월 8일자.

'불멸의 문헌'에 대한 역사적 평가

단재 신채호가 민족주의자에서 아나키스트로 전환해가는 '과도기'에 집필한 〈의열단선언〉은 1920년대 초반 이후 민족주의 독립운동노선과 독립운동 전반에 커다란 영향을 주었고 '강도 일본'에도 정치적·도의적으로 막대한 영향을 끼쳤다.

의열단은 이 선언문이 채택된 시기를 전후해 더욱 활발한 의열투쟁을 전개했다. 일제는 의열단을 공포의 대상으로 여겼다. 실제로 일제는 이러한 의열투쟁으로 인해 많은 인명이 살상되었고 공공기관이 파괴되었다. 이 무렵의 대표적인 의열투쟁은 다음과 같다.

의열단원 김상옥은 1923년 1월 12일 종로경찰서에 폭탄을 던지고 피신해 있다가 22일 효제동 이태성李泰晟의 집에 있다는 것이 일제에 탐지되었다. 일경의 포위 속에서 세 시간 반 동안 대치한 김상옥은 서대문경찰서 경부 구리다 외 수명을 사살하고 최후의 일발로 자결했다.

의열단원 김지섭은 1924년 1월 5일 일본 궁성 이중교에 폭탄 세 개를 투척하였으나 모두 불발이 되었고 현장에서 피체되었다. 그는 1925년 8월 무기징역을 언도받고 이치가야市谷 형무소에 복역하던 중, 1928년 병으로 옥사했다.

의열단원 나석주는 1926년 12월 28일 동양척식회사와 조선식산은행에 폭탄을 투척하고 권총을 난사하여 수명의 사원과 경기도 경찰부 경부보를 사살한 뒤 일경의 추격을 받게 되자 권총으로 자결했다.

이 밖에도 제3차 폭탄국내반입계획, 대구부호암살계획, 북경밀정암살계획, 이종암사건 등 의열단이 계획하고 실행한 의거는 계속되었다.

〈의열단선언〉이 우리 독립운동사에 끼친 영향과 그 역할에 대해 한 연구자는 다음의 다섯 가지로 정리했다.[43]

첫째, 의열단을 비롯해 독립운동단체들에게 이념과 신념을 부여하고, 그들의 독립운동을 크게 고취하였다. 의열단원들은 일제에 대한 싸움에서 폭탄과 함께 〈의열단선언〉을 들고 혈투를 전개했다. 비단 의열단원만이 아니었다. 모든 독립운동가들이 〈의열단선언〉을 구해 읽고 감격하여 독립운동에 떨쳐나서게 되었다.

43 신용하, 《증보 신채호의 사회사상 연구》, 1984, 370~372쪽.

둘째, 〈의열단선언〉은 3.1운동 후에 대두한 자치론·내정독립론·참정권론 등 일제와의 타협주의를 분쇄하는데 결정적 공헌을 했다. 독립운동사에서 1920년대 특징의 하나는 국내의 민족주의 독립운동노선의 일부에 완전독립을 체념한 자치론자들이 대두하여 일제와의 타협론을 제창함으로써 완전독립론과 자치론 사이에 대립투쟁이 전개됐다는 것이다. 〈의열단선언〉은 이러한 대립투쟁에서 민족주의 독립운동노선의 완전독립론, 절대독립론이 압도적으로 승리케 하는 데 결정적 역할을 했다. 자치론을 철저히 분쇄하고 완전독립과 절대독립을 추구하는 민족협동전선인 신간회의 노선을 정립하는데도 일정한 영향을 끼쳤다.

셋째, 일제의 강도적 식민지 통치는 혁명에 의해서만 축출할 수 있으며, 독립운동가들이 바로 민족혁명운동가임을 가르쳐주었다. 이 '선언' 이후에 민족주의 독립운동가들이 스스로 혁명가라고 자처하고 독립운동을 혁명운동으로 인식하게 된 것은 이 선언과 무관하지 않다. 이 '선언'을 통해 모든 독립운동가들에게 한국의 독립운동이 바로 한국의 민족혁명운동임을 인식시키고 혁명적 민족주의가 있을 수 있음을 가르쳐 준 것은 한국의 민족주의 독립운동의 사상적 발전에 큰 기여를 한 것이다.

넷째, 당시의 한국민족주의와 민족주의 독립운동노선

으로 하여금 '시민적 성격'을 탈피하여 '민중'을 발견하게 하는 데 커다란 기여를 했다. 단재는 이 '선언'에서 종래의 사회진화론적 관점들과 이에 기초한 시민적 민족주의를 극복하여 민중적 민족주의를 전개했다. 이 '선언' 이후에는 조소앙 및 임시정부의 삼균주의에서 볼 수 있는 바와 같이 민족주의 독립운동노선 대부분이 민중적 민족주의를 지향했다.

다섯째, 이 '선언'은 한국민족의 생존 조건까지 철저히 박탈하는 강도적 일본제국주의에 대해 폭력 등 모든 수단을 동원한 투쟁이 정당함을 가르쳐주어 그 후의 민족주의 독립운동 방법의 선택에 큰 영향을 끼쳤다. '선언' 이후에 의열단뿐 아니라 김구 영도 하의 상해 임시정부까지 단재가 합리화하고 정당화한 폭력수단을 채용하게 된 것은 이 '선언'의 영향과 결코 무관한 것이 아니다.

이 무렵 의열단은 국내외에서 가장 활발한 항일투쟁을 전개해 많은 관심과 호응을 받았다. 애국청년들은 자발적으로 의열단에 가입했다. 1924년 의열단 자금 모금 차 귀국했다가 일제에 피체되어 재판을 받게 된 김정현은 "의열단에 가입수속은 어떤가?"란 재판장의 질문에 "단원 세 사람의 보증이 있어야 한다"[44]고 답변했다.

1923년 10월 12일 상해에서는 160명의 단원이 집결한 가운데 의열단원의 위로연이 열렸다. 이날 김원봉은 단원들에게 강력한 결의를 다지는 축사를 했다. 다음은 이날 채택한 성명의 요지다.

첫째, 의열단원은 종신적 혁명 정신의 소유자이며, 중도 배신자가 발생하면 본단의 비밀 보지를 위해 먼저 처단한다.

둘째, 무리하게 남의 금전을 빼앗거나 사혐으로 사람을 죽이는 단원은 엄중히 처벌한다.

셋째, 진행 사업은 일본과 국내를 목표로 각 간부 지휘 하에 실행할 것이며, 중국·만주 지역의 '간악배'는 추후 척결토록 함으로써 종래 사업에 차질이 발생하지 않도록 한다.[45]

의열단은 이념과 체제가 확고한 독립운동의 전위조직으로 독립운동 진영의 신뢰와 외경畏敬을 받으며 투쟁에 나섰다. 또 일제에는 가장 두려운 공포의 존재로, 조선 국민에게는 희망의 대명사로 떠올랐다. 그리고 그 중심에는 바로 김원봉이 서 있었다.

44 《동아일보》, 1925년 2월 15일자.
45 《조선일보》, 1923년 10월 27일자.

제 **5** 장

황포군관학교 입교 전후

비 오고 바람 불고 폭풍우 치는 이런 시대,
너무 멀리 나간다는 건 미친 짓이지만
우리는 노란 해바라기, 불타는 태양
달리는 풀잎처럼 변화를 향해 나아간다.
눈을 찌르는 일광.

– 김상미, 〈폭풍 속으로〉

의열단의 시련과 세력 확장

어느 단체나 시련은 있게 마련이다. 꽃 피고 새들이 우는 봄철만 있는 것이 아니다. 더구나 의열단과 같이 생명을 걸고 일제와 싸우는 폭렬단체로서는 타도의 대상인 일제는 말할 것도 없고 이를 시샘하거나 경쟁하려는 내부의 비판 세력도 만만치 않은 시련의 대상이다.

독립운동진영은 1919년 파리강화회의를 비롯해 1921년 6월 태평양회의 등 국제사회에 대한 독립외교 활동이 열강의 외면으로 성과 없이 끝나자 큰 좌절과 함께 외교 방향에 대한 재검토의 목소리가 높아져 갔다.

여기에 의욕적으로 출범했던 임시정부는 1920년 중반에 접어들면서 출신지역에 따른 파벌과 사회주의 유입에 의한 이념 분화, 비능률적인 정부운영체제와 대통령 이승만의 지도력 결핍, 연통제 붕괴로 독립자금의 차단, 이로 인한 재정의 궁핍 등으로 더 이상 독립운동을 총괄하는 대표기구로서 위치하기 어렵게 되었다.

1923년 1월부터 6월까지 5개월 동안 상해에는 임시정부를 비롯해 독립운동계의 현안들을 논의하기 위한 국내외 독립운동가들이 속속 모여들었다. 국내·상해·만주 일대·북경·간도 일대·노령·미주 등지의 대표 125명으로 구성된 국민대표회의가 열린 것이다.

논의는 임시정부를 해체하고 새로운 정부를 조직해야한다는 창조파와 임시정부는 그대로 두고 실정에 맞게 효과적으로 개편해야 한다는 개조파의 주장으로 크게 나뉘었다. 그러나 국민의 큰 기대에도 불구하고 국민대표회의는 끝내 결렬되고 말았다. 각기 자기 세력에 유리한 입장으로 맞섰기 때문이다. 그럼에도 불구하고 임시정부 내에서 개편 움직임이 일어난 것, 일제의 위협 속에서도 각 지역과 단체 대표들이 대거 집결한 것 그리고 독립운동의 활성화 방안이 모색된 것 등은 나름대로의 성과라면 성과였다.

국민대표회의의 결과를 주시하던 김원봉은 기대하던 것과는 다른 방향으로 끝난 이 회의에 크게 실망했다. 의열단은 국민대표회의가 국내외 각 세력 간 주도권 다툼의 이해관계가 깔려 있다고 판단하고 여기에 대표를 파견하지 않았다. 이를 두고 일제의 정보기관은 "의열단이 가담하지 않은 이유는 국민대표회의에 모인 각 파들이 직접 독립을 꾀하기보다는 '기관의 존재 자체를 생명'으로 하는 단체라고 보았기 때문"[1]이라고 기록했다. 일제 정보자료이지만 의열단의 의지를 비교적 정확하게 파악하고 있었던 것 같다.

국민대표회의가 열리는 기간 동안 상해 인성학교仁成學校에서는 연일 각급 청년단체들의 연설회가 개최되었다. 인성학교는 상해 거류 한인들의 자제들을 교육시키 위해 설립된 초·중등교육의 학교다. 이 연설회에는 기성 독립운동세력의 산하단체 그리고 국민대표회의에 참석하지 못한 소규모 단체 인사들도 참여했다. 단체의 성향에 따라 각기 창조파, 개조파, 임시정부 유지파, 사회주의 지지파 등으로 갈렸지만 기구에 연연할 것이 아니라 만주의 독립군이나 모 단(의열단)을 본받자고 역설하는 청년들도 적지 않았다. 이들은 임시정부 요인이나 의정원 의원들이(의열단 단원들처럼) 폭탄을 가지고 적에게 뛰어들어야 한다고 열변을 토했다. 연사들은 한결같이 의열단의 활동을 높이 평가했다.

---

1 국회도서관, 앞의 책, 486쪽.

임시정부에 실망한 세력 의열단 가담

국민대표회의 결과에 실망한 사람은 김원봉과 의열단뿐이 아니었다. 독립운동 진영의 일반적인 인식이 그랬다. 이에 국내외의 수많은 애국자·독립운동단체들에게 그동안 치열하게 싸워온 의열단이 새로운 대안으로 떠올랐다. 그리고 많은 열혈 청년들이 의열단에 가입했다. 청년들뿐 아니라 국민대표회의에 참가했던 각계의 대표들도 의열단에 가입하는 경우가 많았다.

문시환, 강홍렬, 배치문 등이 국내에서 국민대표회의에 참석하기 위해 상해에 왔다가 김원봉을 만나 의열단에 가입했다는 사실이 국내 신문에 보도되기도 했다.[2]

일제의 첩보자료에 따르면 이 무렵 의열단원은 1000여 명에 이르렀다고 한다. 다음은 1923년 8월 30일자로 상해 일본

---

2 《동아일보》, 1924년 2월 14일자.

총영사가 미국 정보기관의 첩보를 일본 외무대신에게 보낸
보고문이다.

　　임시정부에 불만족하는 자 및 노동로국의 후원을 믿기
에 부족함을 간파한 자들로서 의열단에 참가한 자는 점점
증가해 오고 있는데 이제야말로 동 단은 한국 내외에 걸쳐
극력 비밀 선전에 힘쓴 결과 단원이 천인千人을 헤아리게
되었다.[3]

　　의열단의 명성이 높아지고 세력이 강화되면서 상해 임시
정부의 한 계열이 제휴를 시도해왔다. 개조파였다. 개조파 측
은 국민대표회의가 실패한 것은 창조파의 독선 탓이라고 지
탄하면서 의열단과 제휴하여 창조파 세력을 몰아낼 것을 제
의해왔다. 의열단은 이 제의를 받아들였다. 그리고 개조파가
고수파와 협조하여 임시정부를 개편했고 본거지를 북경에서
상해로 옮겼다. 이로써 의열단은 상해에 확실하게 자리 잡게
되었다. 임시정부의 한 축이 된 셈이다.
　　이 무렵 김원봉은 임시정부 청사로 임정 내무총장 김구를
방문해 향후 독립운동방향 등을 협의하고,[4] 적기단赤旗團과의
연합을 통한 국내활동 강화를 모색했다. 적기단은 1920년대

━━ 3 　국회도서관, 앞의 책, 444쪽.
━━ 4 　《조선일보》, 1923년 7월 29일자.

북만주와 간도지방에서 활동하던 사회주의 계열의 항일운동 조직이었다. 연안현에 본부를 두고 단원이 한때 130여 명에 달할 정도로 세력이 컸던 조직이다. 적기단은 의열단의 활동을 모방하여 일제 요인의 암살과 기관 파괴를 목적으로 활동했다. 그러나 의열단과는 이념상의 문제로 협력하기가 쉽지 않았다.

그런데 1923년 9월 일본의 관동 대지진으로 조선인이 무수히 학살당하자 두 단체는 협력을 모색하게 되었다. 적기단은 1924년 초봄에 북경·상해 등지에 있는 의열단원들과 손을 잡고 결사대를 일본 도쿄에 파견했다. 그리고 왕세자 히로히토裕仁를 비롯한 일제 군정 최고 수뇌부를 일거에 폭살시키고 주요 건물들을 폭파할 계획을 은밀히 세웠다. 그러나 이 계획은 의열단원들이 거사준비를 위한 자금모집에 나섰다가 일제 군경에 검거되면서 좌절되었다.

김원봉은 국내외 항일단체뿐 아니라 대만의 항일단체와도 국제적 연대를 시도했다. 또 의열단원을 모집하기 위해 몽골지역을 주목하고 그곳에 단원을 파견하기도 했다. 당시 몽골에는 다수의 한국 청년들이 모여 독립운동의 기회를 엿보고 있었다.

동부 내몽골 백음다래白音多來 지방에는 요사이 조선사람이 아주 많이 모여들어 동아권업회사, 내창조, 기타 중국인이 경영하는 농장에 고용되어 있는 수가 칠백 명이나 되는데, 그들은 대개 가족이 없으며 생애가 부평같이 동서로 표류하는 것을 하나의 낙으로 아는 쓸쓸한 사람들이었다. 의열단의 실패를 유감으로 여긴 김원봉 일파는 다시 백음다래 지방에 간부를 집중하여 이 사람들에게 맹렬히 독립사상을 고취하여 마침내 의열단의 뒤를 이을 백음다래 의열단을 조직하고 120인의 청년으로 회원을 삼아 기회를 기다려 조선 내에 잠입케 하고 관원 암살과 관청 파괴를 기도하리라는 데 아직은 재정의 곤핍으로 폭발탄과 권총을 매입하기 어려우므로 가을이 되어 추수를 하기까지 연기를 하고 그 안에 열심히 단원 권유에 노력하리라는 소식이 모처에 도착하였다.[5]

---

5 《동아일보》, 1923년 7월 17일자.

의열투쟁자금 마련에 고심

의열단의 의열투쟁에는 막대한 자금이 소요되었다. 무기구입과 국내잠입에 필요한 비용이다. 그러나 일제의 탄압과 감시가 강화되면서 국내의 자금 염출은 갈수록 어려워졌다. 그래서 내몽골에 새로운 단체 백음다래 의열단을 조직하고 열혈 청년 120명을 선발하여 의열훈련을 시켰다. 그러나 의거를 결행할 자금이 없었다. 김원봉은 국내 조선귀족들의 의연義捐을 기대했지만 이들 대부분이 기득권을 지키고자 일제에 협력하면서 오히려 은밀히 접근하는 의열단원을 밀고하는 등 반민족 행위를 서슴지 않았다.

그렇다고 의열투쟁을 포기할 수는 없는 일이었다. 김원봉은 자금조달을 위해 1923년 12월 의열단원 11명을 선정하여 신임장을 휴대시켜 국내에 잠입시켰다. 각자 자기의 연고지와 접촉이 가능한 지역을 택해 보낸 것이다.

단원들은 1923년 12월 각각 입국하였으나 의열단의 동태 파악에 혈안이 되어 있던 일제경찰에 의해 12월 22일에는 구여순, 23일에는 김정현, 24일에는 오세웅, 28일에는 강일, 29일에는 문시환이 각각 체포되었는데,《약산과 의열단》에서는 이 사건을 제3차 암살·파괴계획이라고 부르고 있다. 이들 외에 체포되지 않은 단원들도 있었던 것으로 보이나 이들은 부호들의 비협조로 자금모금에 실패했다.[6]

김원봉은 1924년 이래 광주廣洲에 머물며 국민당 정부 측과 접촉하면서 의열단의 새로운 진로를 모색했다. 한 증언자에 따르면 의열단은 1924년 본거지를 길림에서 북경으로 옮겨 암살과 파괴활동을 계속했다고 한다.

당시 중국 광동에서는 손문 선생의 영도 하에 북벌혁명이 성공리에 진행되고 있었으므로 의열단은 북벌혁명군의 지원을 받으려는 의도에서 접촉을 시도하고 있었다. 그러던 중 그해 중국 국민당 제1차 전국대표자대회가 상해에서 개최되자 상해로 가서 손문 선생과 면담을 하게 되었다. 손문 선생은 그 자리에서 "내 경험에 의하면 조국광

---

6 염인호, 앞의 책, 72쪽, 재인용.

복을 위한 독립운동은 군사적 지식이 있어야 비로소 대군을 지휘할 수 있고 왜적과 싸워서 이길 수 있으므로 귀하들이 원한다면 황포육군사관학교에 입교하기를 바란다"고 했다.[7]

이 증언에 따르면 이 무렵에 김원봉이 손문孫文을 만난 것이 된다. 그리고 손문으로부터 새로운 군사지식을 배우기 위해 황포군관학교에 들어갈 것을 권고받은 것이다.

━━ 7 김승곤, 〈조선의열단의 창립과 투쟁〉, 《전사戰史》, 제5호, 125쪽.

김지섭의 이중교 투탄 의거

김원봉은 중국의 여러 지역을 왕래하면서 의열단의 조직 확대와 자금을 모집하느라 분주한 나날을 보냈다. 그러는 한편 의열단원 김지섭을 일본 도쿄로 밀파하여 거사토록 했다.

김지섭은 1924년 1월 5일 저녁, 도쿄의 궁성 정문 앞 이중교二重橋에서 왕궁 진입을 시도하며 세 발의 폭탄을 던졌다. 하지만 폭탄 세 개가 모두 불발해 뜻을 이루지는 못했다. 그러나 의열단원이 왕궁 앞에까지 나타나 폭탄을 투척한 의거는 일본인들에게 굉장한 충격을 주었다.

김지섭은 3.1운동 후 중국으로 망명해 고려공산당과 의열단에 가입했다. 의열단은 1923년 가을 만주·일본·국내에서 동시다발적 폭탄거사를 추진했으나 자금난과 기밀누설 등으로 실행이 어려워졌다. 이때 윤자영尹滋英 등 사회주의자 단원들이 착안한 것이 일본 제국의회帝國議會의장 급습이었다. 출석할 정·관계 요인과 군벌, 조선총독을 폭탄으로 한꺼번에

몰살시키면 1923년 9월의 관동대지진 때 학살된 6000여 동포들의 원혼을 위로할 수 있을 것이며 세계의 이목과 여론을 한국독립 문제로 집중시킬 수 있을 것으로 기대했다.

이 계획은 자금사정이 열악한 상황에서 극비리에 추진해야 했으므로 한두 명의 희생적 의거로 결판을 내야 했다. 이에 사십 가까운 나이의 김지섭이 단독결행을 자원했다. 그에게는 일화日貨 40원밖에 지급되지 못했고 폭탄은 3년 전 최윤동崔胤東으로부터 받아둔 것을 사용키로 했다. 일본까지 가는데는 일본인 사회주의자 고바야시小林開의 형인 고바야시 간이치小林貫一의 도움을 받았다.

그가 석탄운반선 텐지로마루天城丸의 선원이어서 김지섭은 일본인 아편밀수 업자로 위장해 석탄창고에 몸을 숨겨 밀항할 수 있었다. 김지섭은 1923년 12월 20일 상해를 출발해 12월 31일 후쿠오카福崗에 도착했다. 하선 후 소지품을 저당잡히고 여비 15원을 마련한 그는 1월 3일 도쿄로 향했다. 그러나 열차 안에서 신문기사를 본 김지섭은 제국의회가 휴회중인 것을 알았다. 난감했지만 개회 시일을 기다리고 있을 수는 없었다. 그는 제국의회 대신 황궁에 폭탄을 던지기로 작정했다.

황궁은 일본인들이 성역시하는 곳이고 일제의 심장부에 해당하므로 그곳에 폭탄을 던지는 것은 의미 있는 일이었다. 1월 5일 도쿄에 도착한 김지섭은 석양 무렵에 궁성 앞 광장으로 가서 날이 어두워지기를 기다리며 배회했다. 그러나 이 모습을 이상히 여긴 경비경찰이 검문하려 하자 그는 궁성 입구의 이중교 중앙을 향해 폭탄 한 개를 힘껏 던졌다. 그러나 안타깝게도 폭탄은 불발이었다. 이에 그는 다리난간에 올라서서 두 번째의 폭탄을 궁성 정문 쪽으로 던졌다. 석책 위에 떨어진 폭탄은 이번에도 불발이었다. 달려온 초병哨兵과 격투 중에 김지섭은 마지막 한 발을 자폭용으로 던졌는데 이것 역시 터지지 않았다. 아마도 오랜 항해 중에 습기가 스며들었던 것 같다. 일제 당국은 긴급 각의閣議를 열어 보도금지령을 내리고 경시총감·경무부장·궁성경찰서장을 전원 면직시켰다. 신처럼 떠받드는 '천왕'의 궁성 입구에 폭탄이 투척되었음은 그 자체로 충격이었다. 일제관헌 당국은 "오래전부터 우려하던 사건이 드디어 터지고야 말았다"고 자탄했다.

김지섭은 재판 과정에서 일제의 한국 강점 죄악사와 총독 통치의 악행 및 경제수탈의 실상을 질타하고 대일항쟁의 당위성을 설파했다. 그리고 "조선인은 조선의 독립을 절대로 요구"하며 "최후의 일인 최후의 일각까지 싸우고야 말 것"이라고 선언했다.

일본인 변호사 후세 다츠지布施辰治와 후지쿠라藤倉는 "김지섭은 조선민중 전체의 의사를 대표한 사람"이라고 변론했고 폭탄이 불발할 수밖에 없었으니 불능범이라 하여 무죄를 주장했다. 김지섭 자신도 "법률의 정신은 사회질서를 유지하고 인민의 생명·재산을 보호함에 목적을 두고 있음에 따라 나는 조선민중의 생명·재산을 지키기 위해 그 같은 행동을 취한 것"이라고 웅변하며 법정투쟁을 벌였다.

일제 검찰은 사형을 구형하고 재판부는 무기징역을 선고했다. 그러나 김지섭은 1928년 2월 옥중에서 의문의 죽음으로 순국했다.[8]

김지섭의 거사가 있기 전인 1923년 9월에는 박열朴烈(1902~1974)이 일본인 부인 가네코 후미코金子文子와 일본 황태자를 암살하려다 대역사건으로 구속되었다. 박열은 의열단원은 아니었지만 일본에서 흑도회를 조직하고 기관지《흑도》를 발행하면서 재일 아나키스트들을 중심으로 흑우회를 결성하는 등 이념적으로 의열단과 유사한 활동을 하고 있었다.

박열은 비밀결사 불령사不逞社를 결성해 기관지《후토이센징》을 간행하면서 일제에 맞섰다. 황태자 암살 계획이 사전에 발각되어 뜻을 이루지는 못했지만 일본사회에 던진 충격은 대단했다. 박열은 사형선고를 받았으나 무기징역으로 감형되어 20여 년간 옥고를 치렀고 부인은 감옥에서 의문사했다.

---

8 김영범, 〈김지섭 의거〉, 독립기념관, 앞의 책, 542~543쪽.

● 확고한 민족주의 신념

의열단의 의열투쟁은 김지섭의 도쿄거사로 사실상 막을 내렸다. 그 이후에도 국내외에서 의열단원들에 의한 암살·파괴 활동이 일어났지만 이것은 의열단 지휘부의 체계적인 투쟁이 아니었다. 개별적·부차적 투쟁이었다고 할 수 있다.

김원봉은 계속되는 의열투쟁이 단원들만 희생된 채 큰 성과를 내지 못한 것을 지켜보면서 의열단의 노선을 재정립하고 방향을 전환할 것을 신중하게 검토했다. 김원봉은 이 무렵 이념체계에 있어 다소 방황했던 흔적이 보인다. 임시정부 개조파나 적기단과 협력한 것 그리고 국내는 물론 중국에서 급속하게 전파되고 있는 사회주의 운동에 정신적으로 적지 않은 갈등을 겪게 된 것 등이 그 증거다.

새로운 이데올로기인 사회주의운동이 동양 각국에서 활발하게 전개되면서 국내의 한 신문이 1925년 초 〈사회운동과 민족운동=차이점과 일치점〉이란 기획난을 만들고 한용운,

최남선, 현상윤, 주종건, 김찬, 조봉암 등 저명한 민족주의자와 사회주의자들의 글을 실었다. 또 해외에서 민족해방운동을 지도하고 있는 신채호, 이동휘, 안창호, 김규식과 김원봉의 글도 게재했다. 김원봉의 위상은 대표적인 민족지도자들과 같은 반열에서 자신의 소신을 밝히게 될 만큼 성장했다.

김원봉은 또 1925년 《동아일보》에 자신의 소신을 당당하게 밝혔다. 김원봉의 생애에서 자신의 이름으로 쓴 글이 많지 않기 때문에 이 글은 그의 신념과 노선을 이해하는 데 중요한 자료가 된다. 기사의 구성은 신문사에서 질문서를 보내고 답변을 받은 것으로 보인다. [ ]는 신문에서 삭제되어 ○○으로 표시된 부분에 대한 추정이다.

합치合致되는 두 운동

① 조선 내에 동포에게 향하야 하고 싶은 말이 있느냐고 물으십니까. 하고 싶은 말이야 물론 많지마는 어떠한 일간 신문을 통하여서는 그것이 불가능하지 않습니까. 진정의 나의 말이라면 발표될 수 없을 것이오, 만일 발표된다 하면 그것은 진정한 나의 말이 아닐 것입니다. 그러니 형을 어떤 신문기자라 보고 책임 있는 말을 한다는 것은 고만 두겠습니다. 다만 형과 나의 친한 사이의 사담私談으로야 말 못할 것이 무엇이겠습니까.

② 우리 ○○○[의열단]의 주의주장과 실행방략은 이미 선언

173

서에도 표명하였거니와 지금까지의 우리의 행동이 그것을
자명하게 말한 줄 믿습니다. …… (기자 략)

③ 우리 운동선상에 민족운동과 사회운동의 두 가지 사조가
나뉘어 있는 것은 사실인 것 같습니다. 그래서 근일에 민
족운동과 사회운동의 관계에 대하여 토론한 문자도 종종
보게 됩니다. 이에 대하야 나의 의견을 간단히 말하자면
우리 조선 사람의 처지로는 민족운동자와 사회운동자의
연락과 합동이 있어야 한다기보다는 민족운동이 곧 사회
운동이 되어야 할 것이며 사회운동자가 곧 민족운동자가
되어야 할 것이라 생각합니다.

조선 민중의 생존번영 자유평등을 위하야 분투노력한다
는 그 실질문제에서 두 가지 운동이 다른 것이 무엇이었
습니까. 다만 하나는 형식이 종족의 투쟁으로 나타나고
하나는 계급투쟁으로 나타난다 하야 두 가지 운동의 차이
점을 말할 수 있겠지요. 그러나 이 두 가지가 또 조선에서
는 합치한다고 생각합니다. 즉 종족의 투쟁이 구경은 계
급의 투쟁이 되겠고 계급의 투쟁이 곧 종족의 투쟁으로
나타날 것입니다.

④ 마르크스의 공산당선언에서 말하기를 "과거 일절의 역사
는 계급투쟁의 역사라" 하였습니다. 그러나 계급투쟁이
있기 전에 종족적 투쟁이 있었으며 또 금일까지도 의연히
종족의 투쟁이 계속되는 것을 잊어서는 안 되겠습니다.

[일본]의 민중이 조선의 민중을 ㅇㅇ[침탈]하였고 ㅇㅇ[일본] 무산자가 조선의 무산자를 ㅇㅇ[침탈]하는 것이 사실이 아닙니까. 조선 내 연년히 이주하는 이민이 일본에서는 무산자가 아니었던 것이 없지마는 조선에 와서는 이삼년만 지나면 유산계급이 되기 쉽습니다.

⑤ 실지에 나가서 현재 조선 민중의 생활을 절실히 체험 혹 관찰하고 그 생활문제를 직재直裁하게 해결하여 보자는 성의가 있는 사람이라면 구구한 논이 없다고 생각하는 바외다.

⑥ 달리 한 가지 말씀할 것은 작년 소절봉직蘇浙奉直 전쟁이 났을 때 ㅇㅇ에서는 의열단이 오패부吳佩孚를 돕는다는 것과 의열단 본부를 남상南翔에 두었다는 풍설을 들었습니다. 그것은 통신원의 통신인지 혹은 뜬 소식을 기재한 것인지는 모르나 그런 기사는 삼가지 않으면 안 될 줄 압니다. 참으로 우리 본부가 남상에 있었다 하면 남상은 전혀 중국의 일 지방으로 치외법권이 없는 중국인의 보호를 받는 데이니 우리에게 위험을 끼쳐주는 것이 되고 오패부를 돕는다는 말은 오패부의 적인 국민당과 장작림의 적의敵意를 사게 되는 것입니다.

사실로 당시에 동삼성에 있는 우리 사람으로 조선인이 오패부를 돕는다는 ㅇㅇ[일본]의 중상으로 무수한 곤란을 겪었으며 남방에 있는 우리 사람으로 국민당의 오해를 받은 일이 있었습니다. 우리는 남의 내쟁에 가담할 여가도 없었거니와 국민당의 손중산과 직예파의 오패부를 비교하더라도 어찌 중국의 혁명당인 국민당에 이해利害없는 반항을 위하야 ㅇ ㅇ[조선] 단체로서 오패부를 돕는 그런 경솔한 일이야 할 리가 있겠습니까.[9]

⑥번 문항의 일부는 아마 총독부 검열에서 삭제되었거나 신문사 내부에서 사제한 것 같다. 김원봉은 이 기고문에서 민족운동은 필경 계급운동이 될 것이며 사회운동, 곧 계급투쟁은 곧 민족운동으로 나타난다고 주장했다. 그는 두 운동이 사실상 일치한다고 보고 민족운동과 사회운동의 연합제휴론을 반대했다. 두 운동의 제휴가 아니라 민족운동이 곧 '사회운동=계급투쟁'일 수밖에 없다고 본 것이다. 이것은 〈의열단선언〉의 내용과도 일치한다.

약산은 민족과 민족운동의 유구함을 신봉하고 무산자를 축으로 하는 국제연대를 부정한다는 점에서 사회주의자와는 입장을 달리하는 민족주의자였다. 곧 '민족=민중'으로 파악하여 민족해방운동은 민중의 계급해방으로서의 성격을 가진다고 봄으로써 민중의 역할을 강조한 진보적 민족주의자였다.[10]

■■■ **9** 《동아일보》, 1925년 2월 20~21일자.
■■ **10** 한상도, 앞의 글, 96쪽.

황포군관학교에 입교

김원봉이 투쟁의 갈림길에서 고뇌하고 있을 때 중국의 여러 지역에서는 혁명의 열기가 세차게 타오르고 있었다. 중국 국민당 총리 손문은 군사·정치 인재를 양성하여 혁명의 전위로 삼기 위해 광주에 황포군관학교와 국립광주대학을 세웠다. 황포군관학교는 국공합작國共合作과 소련의 지원으로 창설되어 운영된 군사정치학교로써 열혈청년들이 우러러보는 신교육의 요람이었다.

김원봉과 일부 단원들은 새로운 군사정치기술을 배워 일제와 싸우겠다는 각오로 황포군관학교에 입교하기로 결정했다. 1926년 봄 김원봉은 김성숙, 손두환 등의 동지들과 이 학교 교장인 장개석蔣介石을 방문하여 입교를 허락받았다. 그리고 절차를 밟아 1926년 3월 8일, 제4기생으로 입교하게 되었다.

김원봉이 황포군관학교에 들어가기로 한 것은 대단한 결단이었다. 지금까지의 암살과 파괴 투쟁의 한계를 절감하고 내린 결단이었던 것이다. 손문과의 만남도 큰 영향을 주었다. 물론, 내부에서 반대의견도 없지 않았다. 유자명도 반대했다. 유자명은 "1925년에 의열단 동지들은 광주廣洲로 가서 황포군관학교에서 공부하게 되었고 나 혼자 상해에서 통신연락의 공작을 하고 있었다"[11]라고 증언했다. 그러나 이 기록은 1926년의 착오인 듯하다. 유자명의 회고처럼 많은 의열단원이 새로운 무장투쟁 학습의 길을 찾아 황포군관학교에 들어갔고 일부는 통신연락 등의 업무를 위해 잔류했다.

재중 동포 독립운동 연구가 최봉춘은 김원봉 일행의 황포군관학교 입교 시기를 '1925년 여름 전후'라고 주장하고 입교 과정을 다음과 같이 썼다.

1925년 여름을 전후하여 대부분의 의열단원들은 광주에 가서 황포군관학교와 국립광동대학에 입학했다. 그때 의열단원들이 누구나 다 황포군관학교에 쉽사리 입학한 것은 아니었다. 단장 김원봉이 의열단원들의 입학을 위해 황포군관학교 교장 장개석과 먼저 교섭하여 합의를 본 후 의열단원들은 중국청년들과 마찬가지로 학교에서 규정한 입학시험에 참가해야 했고 또 학교에서 제정한 여러 가지 조례를 따라 엄격한 심사를 거쳐야 했다.

---

11 유자명, 앞의 책, 144쪽.

그래서 의열단원들은 한창 모집 중인 제4기 학생모집 시험(1925. 7~9)에 참가하게 되었는데, 시험에서 합격된 의열단원은 입학생으로 수용되어 약 반년 동안 예비교육을 받은 후 다시 승학시험을 쳐서 정식학생으로 편입되었다. 황포군관학교 제5기와 제6기에도 소수의 의열단원들이 입학했는데 그들은 대개 뒤늦게 황포군관학교로 찾아왔거나 또는 광주에서 의열단에 가입한 지 얼마 안 되는 조선 청년들이었다. 황포군관학교에서 제3기부터 조선학생을 모집하기 시작한 것으로 알려져 있으나 그때까지 의열단원들은 아직 입학하지 않고 있었다.[12]

앞에서 잠깐 언급한대로 황포군관학교의 설립은 손문의 혁명종지革命宗旨를 관철하고 인재를 양성하여 이들을 혁명군의 골간으로 삼아 제국주의와 봉건 군벌을 타도, 국민혁명을 완수하려는 데 목적이 있었다. 개교식 당시의 명칭은 '중국국민당 육군군관학교'였으나 광주 근처 황포도黃埔島에 위치하여 일반적으로 황포군관학교로 불렸다.

이 학교에는 코민테른에서 파견한 다수의 소련군사고문단과 공산당원도 참여했다. 곧 명실상부한 '국공합작'의 형식을 갖추고 있었다. 국민당 정부와 중국공산당은 이 학교를 세우

---

12 최봉춘, 〈조선의열단과 황포군관학교〉, 《불씨—중국조선민족 발자취 총서 2》, 북경민족출판사, 1995.

는 것에 '합작'하면서 한동안 밀월관계를 유지했다. 1927년 8월 제1차 국공합작이 파탄나면서 황포군관학교도 폐교되었는데 그만큼 두 세력의 '합작성'이 짙은 학교였다. 따라서 교수진이나 학생 중에는 중국공산당 당원들이 상당수를 차지하고 있었다.

황포분교 제3기에 5명, 제4기에 24명, 제5기에 6명, 제6기에 10명(그 중 2명은 졸업 전에 사망) 도합 45명이었다. 그 중 의열단원들은 주로 제4기에 집중되어 있었다. 제4기 보병과의 강평국, 유원욱, 박효삼, 박건웅, 최림, 양검, 전의창, 이우각, 권준, 이집중, 왕자량, 윤의진, 최영택, 김종, 이종원, 노일용, 이기환 등은 모두가 의열단원 또는 의열단과 밀접한 관계를 맺고 있던 사람들이다. 제4기 정치과의 노건도 의열단원이었다. 제5기 보병과의 신악, 장홍과 포병과의 박시창, 제6기 보병과의 이춘암, 오상선, 노식 등도 역시 의열단원이었다.[13]

---

13 앞의 책, 667쪽.

유오한국혁명동지회 결성

  김원봉은 황포군관학교에서 정치와 군사교육을 받으면서 1926년 늦은 봄 김성숙, 김산(장지락) 등과 함께 유오한국혁명동지회留奧韓國革命同志會를 결성했다. "분파주의에 대항해 싸우고 파벌주의를 깨끗이 청산한 대중운동"을 목표로 하는 동지회였다.

  이 무렵 광동지역에는 '조선혁명청년동맹'이라는 한인 단체가 있었다는 기록이 있다. 1926년 늦봄 300여 명의 진보적 인물들이 결성한 이 단체는 다양한 정치적 경향에 의한 파벌투쟁의 일소와 통일적 지휘 체계의 확립을 지향했다. 창립을 주도한 김성숙, 김원봉이 중앙위원에, 김산이 조직위원에 선출되었다(김산은 1927년 중앙위원이 되었다).
  기관지로《혁명동맹革命同盟》을 간행했는데 김성숙(주필), 김산(부주필)의 주도 하에 조선혁명에 관한 문제, 민족

문제, 투쟁방식 문제 등에 대한 활발한 토론을 전개했다
(김양, 복찬웅, 김우만, 《광주봉기와 조선용사들》, 목단강 : 흑룡강
조선민족출판사, 1988, 6~7쪽). 결성시기 및 취지 등으로 미
루어보면 조선혁명청년동맹은 유오한국혁명동지회를 가
리키는 것으로 판단된다.[14]

김원봉과 그의 동지들은 유오한국혁명동지회(조신혁명청닌
동맹)을 조직해 동지들을 결속하는 한편 의열단을 좀더 폭넓
은 조직으로 발전시킬 것을 논의했다.

김원봉은 황포군관학교에서 6개월 동안 군사정치교육을
받고 1926년 10월 5일 졸업했다. 우수한 성적으로 졸업한 까
닭인지 강평군, 박효삼 등과 졸업 뒤에 황포군관학교 본교 교
관으로 임용되었다. 김원봉은 국민혁명군 소위로 임관되어
정치부 소속이 되었고 박효삼과 강평군은 입오생부入伍生部
교관이 되었다.

한편 1922년 3월 상해 황포탄에서 일본육군대장 다나카를
저격하고 피신했던 의열단원 오성륜도 모스크바에서 광주로
와 러시아어 교관으로 활동했다. 김원봉과 오성륜 두 사람은
4년 만에 재회해 얼싸안고 우정을 나누었다.

황포군관학교의 교육과목은 다음과 같다.

---

14 한상도, 앞의 책, 217쪽, 재인용.

△ 정치교육과목

중국국민당사, 삼민주의, 제국주의침략 중국사, 중국근세사, 제국주의, 사회진화사, 사회과학개론, 사회문제, 사회주의, 정치학, 경제학, 경제사상사, 각국헌법 비교, 군대정치공작, 당적조직문제, 정치경제지리.

△ 군사교육과목

교수과목 : 전술학, 경제학, 병기학, 축성학, 교통학, 지형학, 경리학, 위생학, 마학馬學.

훈련과목 : 교련진중근무, 전범령典範令, 복무제요, 기술, 마술.

연습과목 : 측도연습測圖演習, 전술실시, 야영연습.[15]

황포군관학교는 본교 외에도 무한武漢, 조안潮安, 남녕南寧, 남창南昌, 낙양洛陽, 성두成都, 곤명昆明 등지에 분교를 설치해 군사간부 육성에 심혈을 기울였다. 이중 무한 분교에는 많은 의열단원들이 입교해 공부했다. 황포군관학교(그리고 분교)에는 이론교육과 함께 실전에도 참여할 수 있는 교육과정이 짜여 있었는데 학생들은 치열하게 공부하고 훈련받지 않으면 퇴교되었다.

■■■ 15 앞의 책, 53쪽.

의열단원들은 황포군관학교 시기에 참된 군사정치교육과 엄격한 훈련을 받았으며 여러 가지 실제 근무와 실전에도 참가했다. 특히 북벌 전쟁이 시작된 후 의열단원들은 재학 중에 부대를 따라 전선으로 나가 직접 참전하거나 또는 후방에서 수비임무를 착실히 수행했다. 제4기의 대다수 의열단원들은 졸업 후 주로 남창, 무한 방면 북벌군의 군관으로 인관되었고 소수의 의열단원들은 동로군의 군관으로 임관되었다.[16]

황포군관학교에 입학한 의열단원들은 국공 대립 현장에서 공산주의혁명사상을 접하게 되었고 일부는 중국공산당 활동에 참여했다. 황포군관학교를 방문한 소련 대표단이 의열단원과 면담을 요청해 김원봉과 단원들이 그들과 만나기도 했다. 오성륜의 주선으로 이루어진 면담이었다.

당시 소련대표단이 황포군관학교를 방문했는데 그들은 오성륜을 통해 의열단 단원들이 황포군교에서 공부하는 것을 듣고 "의열단 동지들과 만나보기를 원한다"고 했다. 그래서 의열단 단원들은 소련대표단이 있는 여관에서 그들을 만나보고 기념사진을 찍었다. 아일랜드에서도 조

---

16 최봉춘, 앞의 글, 667~668쪽.

선의열단과 같은 폭력단체가 조직되어 영제국주의의 통치를 반대하는 폭력운동이 생겼다. 아일랜드의 폭력운동과 조선의 폭력운동은 국제적으로 유명하게 되었다.[17]

17 유자명, 앞의 책, 149~150쪽.

군관학교에서 얻은 인적 자산

황포군관학교는 김원봉 개인은 물론 의열단 그리고 한국 청년 독립운동가들의 요람이 되었다. 유자명은 200명의 조선 청년이 이 학교에서 공부했다고 증언한다.

그때에 200명의 조선청년이 황포군사정치학교에서 배 우게 되었다. 그래서 광동은 중국혁명의 발원지가 되었을 뿐 아니라 조선혁명 청년의 교양지로도 된 것이다.[18]

김원봉의 황포군관학교 시절은 결코 긴 시간은 아니었지 만 체계적인 군사교육을 받았고 더불어 중국을 움직이는 두 축인 국민당 정부 측과 공산당 인사들을 두루 만날 수 있는 기간이었다. 이때 만난 사람들은 이후 김원봉의 항일투쟁에

---

18 앞의 책, 151쪽.

적지 않은 영향을 미쳤고 김원봉은 이들로부터 많은 지원을 받게 된다. 무엇보다 중국국민혁명 현장에서 혁명의 전개과정을 지켜보고 체험할 수 있었던 것은 큰 성과였다.

　의열단원들은 황포군관학교에서 학습하는 동안 중국혁명에 용약 참가했을 뿐 아니라 조선혁명과 세계혁명을 추진시키기 위해서도 진력하였다. 대혁명 시기 광주와 무한에서 성립된 '한국혁명청년회'와 '피압박민족연합회'에는 다수의 의열단원들이 참가하여 주도적 역할을 했다. 더욱이 북벌전쟁 시기에 의열단은 광주에서 수차의 회의를 열고 조직개선을 진행함으로써 '초민중적 조직체를 범민중화' 했다.[19]

——— **19** 최봉춘, 앞의 책, 668쪽.

김성숙의 김원봉 회고담

이 시기 《혁명동맹》의 주필을 맡는 등 김원봉과 독립운동을 함께한 김성숙金星淑은 1960년대 후반 이정식 교수와 가진 면담에서 김원봉에 관한 여러 가지 회상을 남겼다. 그는 김원봉과 함께 활동한 많지 않은 인물 중 한 명이다.

김성숙은 1898년 평북 철산에서 태어나 만해 한용운의 지도 아래 3.1운동에 참여했고 1923년 중국으로 망명해 김원봉을 만나 의열단에 가입했다. 1943년에는 임시정부 국무위원으로 선임되어 항일투쟁을 벌였다. 해방 뒤에는 민주주의민족전선 의장단으로 활동했다. 또 여운형과 근로인민당을 조직하고 사회대중당 창당에도 참여했다. 5.16 뒤에는 통사당 사건으로 옥고를 치루기도 했다. 다음은 이정식 교수와의 면담 내용이다.

이정식 선생님께서 김원봉을 가까이 하시게 된 동기와 시기에 대해 말씀해 주시겠습니까?

김성숙 중국에 들어간 지 얼마 안 돼 의열단에 입단했고 입단하고서 김원봉이와 가까워졌던 거지.

이정식 의열단에는 사람이 얼마 없지 않았어요?

김성숙 많았지. 해외 사람들은 거의 모두 참가했어요. 그때 젊은 사람들은 대개 피가 끓었으니까. 국내를 살펴보니 독립투쟁이 끊긴 것 같고, 해외의 임정을 보아도 창조파니 개조파니 해서 서로 싸우지를 않나, 또 지방색에 얽혀 다투지를 않나. 이런 판이니 우리 젊은이들이 나서야겠다, 별 수 없다, 우리의 목숨을 내놓고 우리의 피를 쏟아서 민족을 다시 경각시킴으로써 새로운 민족운동을 벌여야겠다는 생각이었지.

이정식 의열단의 숫자를 어느 정도로 추측하십니까?

김성숙 들어왔다가 타락한 사람도 있고 죽은 사람도 많으니까. 그래도 수백 명은 됐을 거요. 그때 젊은 사람들은 서로 내가 먼저 죽으러 국내로 들어가겠다는 자세였으니까. 폭탄을 들고 먼저 나가겠다는 것이었지. 그런데 국내로 한번 나가려면 여비도 있어야 되고 돈이 많이 들어야 되지 않아요? 그러니 나가겠다는 사람을 모두 내보낼 수가 없어서 나중에는 제비를 뽑기도 했어요. 먼저 죽으러 가겠다고 제비까지 뽑았으니, 지금 사람들은 상상할 수 없는 일이었지요.[20]

이정식 김원봉을 어떻게 보십니까? 인간성이라든가 능력이라든가. 김원봉에 대해서는 박태원이 쓴 《약산과 의열단》이 자세히 말해주고 있는데요. 일본기록에도 많이 나와 있고요.

김성숙 약산은 좋은 사람이요. 능력은 별로 없는 사람이지만 사람은 굉장히 좋아요. 혁명지조가 있는 사람이고. 그러나 학식은 없고.

이정식 그러면 순진한 군인이었나요?

김성숙 군인도 아니지. 나중에 군인이 됐지만 본래는 군인이 아니지. 그는 한 사람의 식민지 청년으로 독립투쟁에 열성을 바쳤고 자기의 목숨을 내놓았지요. 김원봉이 그렇게 된 배경에는 밀양의 홍생규라는 사람이 있습니다. 김원봉의 친척어른이지요. 홍생규는 영남의 유명한 애국자로 신간회 간부였어요. 그가 어린 시절의 김원봉을 보고 귀여워했고 아들로 취급하면서 "너 해외로 가서 독립운동에 참가하라"고 권했지요. (홍생규는 황상규의 착오인 듯—지은이)

(중략)

의열단을 만들어 나가는 방법은 이러했습니다. 몇 사람이든 의형제를 맺는 것입니다. 새로 들어왔다 하면 의형제를 맺었지요. 그러니 단원 전체가 의형제지요. 그런데 이때 의열단의 자금을 지배한 사람이 누구냐 하면 바로 김원봉입

■■ **20** 김성숙, 이정식 면담, 김학준 편, 《혁명가들의 항일회상》, 민음사, 1988, 78
~80쪽.

니다. 김원봉에게로 돈이 왔고 또 김원봉이 직접 돈을 썼어요. 그때 김원봉이 서른 살 쯤 되었는데, 우리는 그를 의백이라고 불렀어요. 당수라든지 단장이라고 부르지 않고 '의형제 집안의 맏이'라는 뜻으로 그렇게 불렀지요. 그를 단장이라고 부른 것은 그때 의열단을 보도한 국내 신문과 일본 경찰이었지요.

김원봉은 굉장한 정렬의 소유자였습니다. 동지들에 대해서도 굉장히 뜨거운 사람이었지요. 그는 자기가 만난 사람을 설복시키고 설득시켜 자기의 동지로 만들겠다고 결심하면 며칠을 두고 싸워서라도 모든 정열을 쏟아서 뜻을 이뤘지요. 그렇기 때문에 동지들이 죽는 곳에 뛰어들기를 겁내지 않았던 것이 아닙니까? 그만큼 남으로 하여금 의욕을 내게 하는 사람이었지요. 그것이 김원봉의 가장 큰 능력이었습니다. 그 점에서 김원봉과 김구는 닮았습니다.[21]

━━ **21** 앞의 책, 83~84쪽.

제 6 장

중국혁명전선에 서다

아빠는 너희들이 훌륭한 혁명가로 자라기를 바란다.
이 세계 어디선가 누군가에게 행해질 모든 불의를 깨달을 수
있는 능력을 키웠으면 좋겠구나. 그리고 혁명이 왜
중요한지 그리고 우리 각자가 외따로 받아들이는
것은 아무런 가치도 없다는 점을 늘 기억해주기 바란다.

– 체 게바라, 〈자녀들에게 보낸 편지〉

의열단 개조운동

1926년 겨울, 김원봉은 광주에서 오성륜, 김산, 유자명 등 의열단 핵심 인물들과 모임을 가졌다. 의열단의 향후 진로를 논의하기 위해서였다. 김원봉은 황포군관학교에서 훈련받으면서 이에 대한 많은 고민을 했다. 그리고 의열단을 개조해야 한다는 쪽으로 생각이 모아졌다.

김원봉은 그동안의 의열투쟁 성과를 분석하고 향후 과제에 대한 여러 가지 가능성을 검토했다. 그리고 지금까지 해왔던 의열투쟁방식보다는 군대양성에 의한 조직적인 무장투쟁과 대중운동을 통한 항일투쟁이 보다 효과적이라는 결론을 내렸다.

김원봉은 의열단을 혁명정당으로 전환해 인적기반을 확충하고 대중운동과 접목시키려고 했다. 그래서 핵심동지들의 회합에 이어 전체 단원회의를 소집했다. 전체회의에 참석한 단원들은 대부분 김원봉의 의도에 동의했다. 내외의 정세가 크게 변하고 있었기 때문에 의열단으로서는 여기에 적절하게 대처하지 않을 수 없는 상황이었다.

의열단의 숱한 거사와 거사 기도들은 그 충격효과에도 불구하고 성공보다는 실패로 귀결된 경우가 많았다. 일제 관헌이 다른 무엇보다도 의열투쟁을 가장 두려워했던 만큼 물샐 틈 없는 감시망과 첩보망을 상시적으로 가동하면서 의열단과 같은 투쟁조직의 운신공간과 자금원을 철저히 봉쇄하고 단속했다. 꼭 그래서만은 아니었지만 분투와 희생의 크기에 비하면 가시적 성과는 기대에 못 미치는 경우가 많았다.

따지고 보면 암살·파괴거사가 기대했던 만큼 민중을 각오, 분발시키거나 일제봉기의 촉발제가 되지는 못했다. 오히려 민중의 조직화와 체계적인 의식화가 급선무요 선결과제라는 인식이 높아졌다. 노동·농민·청년단체들이 주도하는 반\#\ 합법 대중운동의 흥기와 사회주의 계열의 반제노동투쟁 전략이 발하는 견인력이 의열투쟁의 호소력을 반감시키고 그것을 낡은 운동방식인 것처럼 보이게 만들었다. 활동의 지속성과 성과의 누적성이 상당 정도 보장되리라는 점에서도 대중운동은 신진 운동자들에게 훨씬 더 매력적으로 다가왔다. 동요하던 일부 단원들이 결국은 단을 탈퇴하고 상해청년동맹과 같은 신흥단체로 가입해간 사실도 그점을 웅변해 주고 있었다. 따라서 이러한 상황에서 의열단이 마냥 기존의 운동노선만을 고수하면서 단세를 유지하기는 어려운 점도 많았다.[1]

1 김영범, 〈1920년대 의열투쟁의 전개〉, 《한국 독립운동사 사전 1》, 독립기념관, 591쪽.

조선민족혁명당으로 발전

핵심 의열단원들은 황포군관학교와 중산대학에서 체계적인 군사교육과 이론공부에 매진했다. 이로 인해 의열단원들은 사상수준과 정치수준이 크게 향상되었다. 과거와 같은 방법으로는 성공하기 어렵다는 사실을 자각한 이들은 여러 차례 회의를 거쳐 의열단을 조선민족혁명당으로 고치기로 하고 당의 강령을 채택해 정책을 마련했다. 회의 결과 김원봉을 최고 지도자로 정하고 11명의 중앙위원을 선출했다.

조선민족혁명당은 광주에 중앙집행위원회를 두고 수창과 남창에 지부를 두었다. 일제정보기관이 1927년 당시 파악한 이 조직의 본부 및 지부의 단원은 다음과 같다.

1. 광동 : 김원봉, 김성숙, 최원, 장지락, 이영준, 김건웅, 최영암, 해유재, 김택, 노건, 김필립, 김유광, 박효삼, 강평국, 오성륜, 이유곤

2. 무창 : 진공림, 진갑수, 박태섭, 유원도, 백계, 최승련, 이
       벽파, 박시창
3. 남창 : 노을용, 이집중, 왕자랑, 이기환, 김권준, 이기삼,
       최영택[2]

의열단이 광주에서 새로운 진로를 모색하고 있을 무렵인 1925년 7월, 중국국민당 좌파세력은 무한으로 수도를 옮기고 중국공산당과 손을 잡았다. 여기에는 그럴만한 이유가 있었다. 중국은 5.4운동 이후 근대적인 민주 민족국가 건설로 향하는 길목에서 넘어야 할 장애물이 적지 않게 나타났는데 외세의 침탈과 내부의 적이 그것이었다. 여기서 내부의 적은 바로 군벌이었다.

군벌은 원세개가 죽으면서 크게 북양군벌과 서남군벌로 갈라졌다. 북경을 중심으로 권력을 장악한 북양군벌은 단기서, 풍국장, 오패부, 장작림 등이 중심이 되어 막강한 세력을 형성했다. 그러나 내부에서는 치열한 권력싸움이 벌어지고 있었다. 군벌들은 외세를 끌어들이는 한편 무차별적으로 민중을 착취했는데 이로 인해 중국은 10년 동안 공황상태에 빠져 있었다.

이와 같은 상황에서 중국국민당은 1926년 1월 광주에서

---

2 염인호, 앞의 책, 111쪽, 재인용.

제2차전국대표대회를 열고 장개석을 중앙집행위원장으로 선출했다. 며칠 뒤에는 북경 학생과 민중세력이 군벌정권 반대 시위를 벌이다가 군경의 발포로 50여 명이 사망하는 사건이 일어났다. 이에 장개석은 즉각 계엄령을 선포하고 7월에 국민혁명군 총사령에 취임하여 북벌전을 개시했다.

국내외에서도 1926년에는 다양한 사건이 있었다. 연초 조선총독부가 남산에서 경복궁 내 새 청사로 이전했고 4월에는 순종황제가 세상을 떠났다. 순종의 장례일을 기해 대대적으로 6.10만세운동을 벌이고자 했지만 계획이 탄로나 200여 명이 검거되기도 했다. 일본군은 6.10만세운동 방지를 위해 평양, 함흥, 나남 등지의 육·해군 5000여 명을 서울로 집결시켜 철통같은 방비태세를 갖추었다. 그러나 이런 상황에서도 6.10만세 운동은 일어났다.

2월에는 상해에서 병인의용대 대원 장진원, 최병선, 김광선 3인이 일제첩자로 악명을 떨친 박제건을 처단했다. 4월에는 송학선이 창덕궁 금호문 앞에서 사토라는 일본인을 총독 사이토로 오인하고 저격하여 총독부를 공포에 떨게 만들었고 병인의용대의 강창제 등 단원 3명은 시한폭탄으로 상해 일본 총영사관 창고를 폭파하고 일경 2명에게 중상을 입혔다. 이들은 다시 일경의 밀정 2명을 처단하여 병인의용대의 명성을 내외에 떨쳤다. 5월에는 나창헌이 단원 고준택, 김석룡, 이영선, 김광선을 국내로 보내 순종의 인산일을 기해 일제 요인과 주요 기관을 처단, 파괴할 계획을 세웠다. 그러나 이들의 국내 잠입계획은 사전에 발각되어 모두 피체되었고 혹독한 고문을 받았다. 그중 이영선은 옥중에서 자결했다. 또 오적암살단 단장 이우명이 같은 달 대구형무소에서 8년 만에 출감했다. 12월에는 의열단원 고인덕이 대구형무소에서 옥사한 데 이어 의열단원 나석주가 식산은행과 동양척식회사에 폭탄을 던지고 일경과 교전하다가 자결했다.

이보다 뒤의 거사지만 1928년 5월 대만에서는 한국인 조명하가 일본 왕족을 습격하여 일제 식민지 치하에서 신음하는 대만인들에게 조선독립운동가의 의거를 알리고 일제에 대한 저항의식을 고취시켰다.

임시정부에도 변화가 있었다. 국무령 이상용이 사임했고 여운형은 상해에서 주의자동맹主義者同盟을 조직했다. 임시정부 의정원은 안창호를 새 국무령으로 선출했으나 안창호는 곧 사퇴했다. 다시 홍진이 추대되었으나 그도 사임했다. 이에 김구를 국무령에 선출, 이후 임시정부는 김구 중심으로 체제를 정비하여 대일 투쟁에 나섰다. 이 무렵 김창숙은 임시정부 의정원 부의장으로 선임되었다.

무창혁명청년회 결성

김원봉은 이와 같은 정세의 변환 속에서 1926년 늦봄 한국혁명청년회를 조직해 세력 확장에 나서는 한편 의열단의 외곽단체인 무창혁명청년회를 결성했다. 새삼스럽게 무창혁명청년회를 결성한 것은 여러 갈래로 쪼개진 항일청년세력을 한데 묶기 위해서였다.

무창혁명청년회의 강령은

1. 우리는 민족혁명 및 사회혁명을 도모한다.
2. 우리는 세계 혁명군중과 연합하여 세계혁명을 완성한다. 등이었다.

결의사항은 다음과 같다.

1. 독립운동과 사회운동의 협동전선의 완성을 위하여 노력한다.
2. 본 회의강령과 동일한 대혁명당이 출현하면 본회는 즉

시 가입한다.

3. 국내외 각지 한국혁명단체와 연락한다.
4. 중국국민당과 연락하고 국제 자본제국주의 타도운동에 직접 참가한다.
5. 세계 피압박민족 및 피압박계급전선에 참여한다.
6. 한국혁명의 이론 및 방략연구에 노력하고 정치상 군사상 일체혁명훈련에 노력한다.
7. 일체 개인중심적 사당 및 지방적 감정적 결합을 박멸함으로써 혁명전선의 숙청 및 통일을 완성한다.
8. 무창지구 한인의 입학, 취직 및 자격심사 일체 수속은 무창한국청년회를 거친다.[3]

이 무렵 김원봉과 의열단(조선민족혁명당)의 활동과 관련해 님 웨일즈는 다음과 같이 기록했다. 여기서 '금강산 승려 김충창'은 김성숙, '조선혁명청년연맹'은 조선민족혁명당의 착오인 듯하다.

나와 함께 분파주의에 대항하여 싸우고 파벌주의를 깨끗이 청산한 대중운동을 형성해야 한다는 과제를 스스로 떠맡은 사람은 3명이었다. 다른 두 사람은 테러리스트의

━━ 3 앞의 책, 109쪽.

제1인자로 유명한 의열단 민족주의파의 영수 김약산과 북경에서 우리 그룹을 이끌고 온 금강산 승려였던 김중창이었다. 그는 "우리는 모두 평등을 기초로 하는 혁명적 노동자다."라고 선언했다.

우리는 하나씩 하나씩 준비해나갔다. 그래서 1926년 늦봄에 조선인의 모든 집단과 정파를 대표하는 중앙동맹체인 조선혁명청년연맹의 창립대회를 열기에 이르렀다. 이 대회는 대단히 성공적이었으며 즉석에서 300명의 회원을 얻었다. 이 연맹의 중앙위원으로 선출된 사람들은 대부분이 공산주의자였다. 그 속에는 발기인인 김충창과 김약산도 있었다. 나는 가입자격을 결정하는 조직위원의 한 사람이었고 1927년에는 중앙위원으로 선출되었다.

김중창은 곧 활발한 논진論陣을 펴기 시작했다. 1926년에 연맹기관지 《혁명행동》이 창간되자 그가 주필이 되었고 나는 부주필의 한 사람이 되었다. 김중창은 연맹의 모든 선언을 기초하였는데 그 무렵 그의 논문은 유명해졌고 영향력도 있었다.

그러나 연맹 내부에서는 여전히 의열단 민족주의자, 중국공산당지부, 고려공산당 상해파, 고려공산당 시베리아파 등의 파벌들이 주도권 싸움을 하고 있었다. 중앙집권을 이루기 위해서는 더욱 필요한 조치가 있어야 했다. (중략)

다음으로 통일된 민족주의 정당을 만드는 것이 꼭 필

요하다고 결정되었다. 이것도 이루어졌다. 이러한 정당은 국내에서는 만들 수가 없었으므로 의열단을 중심으로 해외에서 발전시켜 나가야만 한다는 것을 우리는 깨달았다. 의열단의 명칭을 조선민족독립당으로 고치고 새로 11명의 위원을 선출했다.[4]

---

4 님 웨일즈, 앞의 책, 개정 3판, 205~206쪽.

장개석의 북벌에 참전

장개석의 북벌군은 1926년 광주에서 북경으로 북상하여, 6개월여 만에 양자강 유역까지 완전히 장악하기에 이르렀다. 그리고 1928년 동북지방의 유력한 군벌 장작림이 일본군의 계략으로 열차에서 폭사하면서 군벌의 시대는 막을 내리게 되었다. 바야흐로 장개석의 시대가 열린 것이다.

1925년 가을 내가 광주에 도착했을 때 이른바 중국 '대혁명'(북벌)에 뛰어들어 투쟁하기 위해 모인 조선인은 겨우 60명에 불과했고, 그 대부분이 의열단의 테러리스트였다. 그러나 1923년까지 800명 이상의 조선인들이 광동으로 속속 몰려들었다. 우리 조선의 활동적 지도자의 정예가 여기에 다 집결한 것이다. 모두가 혁명적 정치가였으며 대개는 지식인이었다. 일본에서는 노동운동 지도자가 대략 20명가량 왔고, 만주에서는 공산청년동맹원이 많이 몰려

들었다. 우리들의 평균나이는 23세였다. 일부 중학생은 열너덧 살밖에 안 됐고, 800명 중 가장 나이가 많은 사람도 마흔이 채 안 됐다.

만주의 독립군이 100명 이상 왔으며 국내에서도 100여 명이 왔다. 모스크바에서 직접 훈련을 받은 마르크스주의 학생 30명도 보로딘의 고문단에 끼어 함께 왔다.[5]

조선청년들이 소속과 이데올로기를 초월하여 중국국민당의 북벌에 참여한 것은 북벌전쟁이 조선의 민족독립과 직결될 것이라 생각했기 때문이다. 그래서 이들은 국민혁명군에 소속되어 싸웠다. 황포군관학교 출신의 조선청년들도 상당수가 참전하여 혁혁한 전과를 올렸다. 북벌군 제2군 포병연장 강파姜波는 남창전투에서 기관총으로 적의 1개 사단병력에 맞서 싸우다 사망했다. 이 북벌전에서 조선인 10여 명이 전사했다.[6]

중국공산당은 1921년 7월 상해 프랑스 조계의 한 사립학교 기숙사에서 13명의 멤버로 창립모임을 시작한 이래 급속히 세력을 형성해 나갔다. 1922년 처음으로 공산당의 존재를 대외적으로 선언하고 코민테른에 가입한 데 이어 1923년에

---

5 앞의 책, 203쪽.
6 염인호, 앞의 책, 107쪽, 재인용.

는 군벌타도를 목적으로 국민당과 제1차 합작을 이루었다.

국민당 정부는 북벌운동이 성공하자 중국 주요지역 대부분을 장악하고 당내에 침투한 공산당원을 축출하기 시작했다. 이에 따라 국민당과 공산당은 심각한 분열과 대립의 길로 들어섰다. 중국공산당은 근거지를 확보하고자 무장봉기를 통해 남창을 점령하는 데 성공했지만 1927년 12월 국민당군의 공격으로 남창을 포기하고 광주로 이동했다. 그리고 이곳에서 마침내 무장봉기에 성공하고 광주코뮨을 수립했다. 그러나 곧 국민당군이 압도적인 병력으로 광주를 포위공격해와 공산당 세력 대부분이 죽임을 당하는 등 피의 살육이 자행되었다. 광주는 어제의 동지가 오늘은 원수가 되고 어제의 혁명가가 오늘은 반혁명가로 바뀌는 곳이 돼 버렸다.

조선의 청년들도 예외는 아니었다. 황포군관학교에서 항일독립운동의 일념으로 군사정치 교육을 받았던 청년들 중에는 북벌에 참여하거나 공산당에 가담한 경우가 많았는데 이들은 국민당군과 공산당군이 싸우게 되면서 하루아침에 서로 적이 되어 살육전을 벌였다. 의열단원 중에도 희생자가 많았다.

명령에 따라 군대는 상해에서 공산당원과 선진 노동자들에 대한 살육을 개시했다. 장개석 일파는 남경을 근거지로 삼고 무창의 국민정부에 대항했다. 국민정부는 장개석의 쿠데타세력, 봉천군벌 그리고 제국주의 세력의 포위 하에 놓이게 되었으며, 이로써 국민혁명은 더 이상 추진될 수 없었고 제1차 국공합작이 유지되도록 모든 노력을 다 했다.[7]

이와 같은 상황에서 대규모 민간인 살육이 자행되었다. 장개석은 이른바 '반혁명 청당운동淸黨運動'을 벌여 공산당원과 노동자들을 무참하게 죽였는데 이때의 희생자가 무려 2000여 명에 달했다. 다음은 유자명의 회고다.

1927년 4월 12일에 장개석은 반혁명 청당운동을 개시 했다. 나는 그때 김약산과 함께 광주에서 국민당 반동파의 군대가 공산당원과 노동자들을 학살하는 것을 직접 내 눈 으로 봤다.

광주 경비사령부는 북벌군 총사령 장개석의 '청당'에 관한 명령을 공개하고 공산당을 잡아다 총살한 사실을 공 포했다. 당시 광주의 큰 거리에는 '공산당을 타도하자'는 표어가 도처에 나붙었다.

4월 14일 경비사령부는 황포군관학교에서 사업하고 있 는 공산당원 소초녀肖楚女를 잡아다가 그날로 총살했다.[8]

---

7 앞의 책, 112~113쪽.
8 유자명, 앞의 책, 98쪽.

살육의 현장을 뒤로하고 상해로

김원봉은 이와 같은 처참한 살육의 현장을 지켜보면서 5월 초 유자명과 함께 상해로 가는 기선에 올랐다.

이해 5월 4일에 나는 김약산과 함께 광주에서 윤선을 타고 상해로 떠났다. 그 이튿날 산두山斗 부근에 이르렀을 때 해도海盜들이 윤선으로 뛰어올라와 권총으로 선장을 강박하여 배를 해변으로 끌고 갔다. 배가 해변에 다다르자 거기에 기다리고 있던 해도들이 윤선으로 올라와 금전과 귀중한 물품을 약탈하기 시작했다. 나는 그때 중국사람과 한 침대 위에 누워 있었다. 선창문이 열리면서 해도 한 놈이 뛰어들어와 권총을 손에 들고 "꼼짝말라"고 소리쳤다. 그때 내 곁에 누워있던 중국사람 하나가 놀라서 일어나지 않았다. 문턱에 서 있던 해도 놈이 총을 쏘았다. 그 탄환이 나의 왼쪽 다리 무릎 밑에 맞았다. 솜이불을 덮고 누워 있던 나는 아무 말도 하지 못하고 왼손을 이불 속에 넣어 상처를 보니 피가 흘렀다.

해도들은 금전과 물품을 다 약탈한 뒤에 호각을 불고 배에서 내려 해변으로 돌아갔다. 김약산은 다른 선창에 탔었는데 해도들이 물러간 뒤에 내가 부상한 것을 알고 달려왔다. 그리고 그 배에는 광주에서 혁명운동에 참가했다가 무한武漢으로 가는 중국청년들이 있었는데 해도들이 물러간 뒤에 나 있는 선실로 모여와 나를 위문했다.[9]

김원봉은 선장에게 부탁해 부상당한 유자명을 배에서 내리게 한 뒤 병원에 입원시키고 상해로 건너갔다. 그러나 상해에서 오래 머물지는 않았다. 얼마 뒤 다시 무한으로 이동했다. 당시 상해는 혼란과 살육의 극치를 이루고 있었다. 1927년 4월 북벌군 총사령관 장개석이 북벌을 중지하고 당과 군대 내에서 공산주의자들을 추방할 것을 명령하면서 상해도 살육과 약탈이 벌어지고 있었다.

김원봉과 의열단의 활동을 꾸준히 추적해온 조선총독부는 1926년 말 이후의 변화 과정에 대해 다음과 같은 보고서를 일본정부에 보냈다.

---

9 유자명, 앞의 책, 157~159쪽.

의열단은 …… 1926년 조직개선을 단행 장정章程을 개정하고 구체적인 강령을 작성 …… 전력을 대중적 혁명조직에 경주하고, 또 다수의 동지를 소연방 및 중국군사정치학교에 파견, 중국 북벌전쟁에 참가함으로써 혁명전쟁의 실지 경험을 습득하고 국내외의 노동단체로 하여금 …… 유격 전쟁을 전개할 수 있는 기초를 확립케 한다. 이는 의열단이 초민중적 조직체를 범민중화하려 한 시기라고 얘기할 만하다.[10]

김원봉과 의열단은 조직개편과 중국혁명전에 참가하는 등 대단히 분주하고 어려운 처지에서도 국내활동의 기반확충에 노력했다. "기호·영남 지방의 학생 조직을 바탕으로 지방 지부의 설치를 기도했다."고 상해 일본 총영사관 경찰부 정보자료는 설명한다. 그러나 구체적으로 어느 정도의 학생조직이 이루어지고 지부가 설치되었는지는 밝혀진 바가 없다.

━━ 10 수야직수水野直樹, 〈황포군관학교와 조선의 민족해방운동〉, 《조선민족운동사 연구 6》, 66~69쪽.

남창봉기에 직접 뛰어들어

앞에서 말한 대로 김원봉은 1927년 4월 상해에서 오래 머물지 않고 무한으로 갔다. 무한에는 이검운, 권준 등 의열단원들이 기다리고 있었다. 김원봉은 여기에서 의열단원을 중심으로 독립당촉성회를 조직하고 〈독립당촉성회운동선언〉을 발표했다. 의열단은 이 선언에서 민족협동전선 운동을 제창하고 통일적 지휘기관의 확립을 촉구했다. 이를 위해 자신들의 희생적 노력을 다짐하는 것도 잊지 않았다.

독립당촉성회운동선언

첫째, 본단은 조선 독립운동을 정체적으로 수행하기 위해 통일적 지도기관의 확립이 필요함을 확신한다.

둘째, 본단은 통일적 총지도 기관의 확립이 촉성회 조직을 통해 성공할 수 있음을 주장한다.

셋째, 본단의 전체 단원은 개인 자격으로 촉성회에 가입,

독립당촉성운동에 진력할 것임을 선언한다.

넷째, 본단은 통일적 지휘 기관이 확립되는 날, 본단의 해체를 선언할 것임을 약속한다.

다섯째, 본단은 대독립당 출현시까지는 각 단원에 대해 대독립당의 주의와 강령 등에 대한 훈련에 노력할 것임을 선포한다.[11]

김원봉과 의열단이 이와 같은 '선언'을 채택하게 된 것은 당시 상해와 북경의 민족주의자와 공산주의자 사이에서 유일당운동이 활발하게 논의되고 있었기 때문이다. 대륙의 정세는 나날이 변해가고 있었다. 중국공산당은 8월 1일에 봉기하여 남창南昌을 장악했다. 주은래가 주동이 되어 일으킨 봉기였다. 김원봉은 "국공분열 직후 약산은 짚신을 신고 삿갓을 등 뒤로 드리운 채 유자명 등 동지들의 전송을 받으며 폭동을 준비하고 있던 남창을 향해 떠났다"[12]는 일제정보기관의 보고대로 괴상한 차림으로 동지들의 전송을 받으며 전선으로 떠났다. 직접 남창봉기에 참여한 것이다. 당시 김원봉과 함께 있었던 유자명은 다음과 같이 증언한다.

■■■ **11** 재상해 일본 총영사관 경찰부 제2과, 《조선민족운동 연감》, 1927년 5월 ○일.
■■■ **12** 김양·박찬웅·김우만, 《광주봉기와 조선용사들》, 흑룡강조선민족출판사, 102쪽.

1927년 8월 1일 새벽에 '남창기의南昌起義'를 일으켰다. 주은래, 주덕朱德, 하룡賀龍, 엽정叶挺, 유백승劉伯承 등은 북벌군 3만여 명을 거느리고 강서 남창에서 적들을 향해 진공을 발동했다. 다섯 시간의 격전을 거쳐 1만여 명의 적군을 전멸시켰다. '남창기의'가 승리한 후 중국공산당을 핵심으로 하는 '혁명위원회'를 설립하고 혁명정강을 발표했다. 그래서 중국공산당이 영도하는 첫 혁명부대가 건립되었다. 김약산, 성준용成俊用 등 조선혁명자도 '남창기의'에 참여했다.[13]

김원봉이 남창봉기에 직접 참여했다고 증언한 또 다른 자료도 있다.

선참으로 광주에 달려와서 대혁명의 격류 속으로 뛰어든 조선혁명자들 가운데는 견실한 공산주의자 김산과 '금강산의 붉은 승려'라고 불린 김규광 그리고 의열단의 수령 김약산, 폭력주의자 오성륜 등이 있었다. (중략) 7월 31일 밤, 전 시내는 계엄 상태에 처해 있었고 거리의 골목마다 봉기군 보초병들이 총총히 서 있었다.

이따금 "강산통일"이라는 몇 마디 구령 소리만 전해올

——— 13   유자명, 앞의 책, 167쪽.

뿐 온 시내는 고요한 분위기 속에 잠겨있었다. 바로 이때 박인, 김철강, 방월성, 강석필, 홍범기, 김쾌준, 김약산, 성준용 등 조선용사들은 다른 전우들과 같이 목에 붉은 넥타이를 매고 팔에는 흰 수건을 두르고 붉은 '十' 자를 붙인 손전등과 남포등을 자기 신변에 가져다 놓고 조심스레 누워 잠든 척 했다. 닥쳐올 위대한 시각을 맞이하기 위한 준비는 다 되어 있었다.

1927년 8월 1일 새벽 2시, "땅! 땅! 땅!" 세 방의 총소리 신호가 밤하늘을 진동했다. 전투가 시작되었다. 봉기군 전사들은 일제히 쏜살같이 적을 향해 돌격했다. 삽시간에 성 내와 성 밖에서는 격렬한 총소리가 울렸다.[14]

중국혁명사에서 중요한 의미를 갖는 이 '혁명전쟁'에 김원봉 역시 사선을 넘나들며 참여한 것이다.

남창봉기가 중국혁명사에서 그리고 중국근대사에서 자못 커다란 의미를 갖고 있는 사변이었다는 것은 주지하는 바이다. 주은래, 하룡, 엽정 등의 동지들이 지도한 이 위대한 사변 속에서 박인, 강석필 등 수십 명의 조선혁명자들이 영웅적 혁명주의 정신과 국제주의 정신을 유감없이 발휘했다.[15]

---

14 김양 외, 앞의 책, 35쪽.
15 앞의 책, 37쪽.

광주봉기에는 참여하지 않아

　남창에서 성공한 봉기군은 여세를 몰아 1927년 8월 5일 중국혁명의 발상지 광주를 향해 진격했다. 그러나 김원봉은 광주봉기에는 참여하지 않았다. 1927년 12월 11일 발생한 광주봉기는 200여 명의 한인이 참여했는데, 봉기군의 주력인 교도단 제2영 제5련은 한인중심의 부대였다. 유자명의 회고록에는 김성숙, 박건웅, 오성륜, 장지락 등 1927년 전반기에 의열단 활동에 가담한 인물들의 광주봉기 참여사실이 기록되어 있지만 김원봉의 이름은 등장하지 않는다.[16]

　이 무렵 김원봉의 행적을 둘러싸고 몇 가지 논란이 있다. 먼저 "김원봉은 남창 봉기 후 중앙군의 포로가 되었다가 탈출해 상해로 갔다"[17]는 설이 있다. 또 "약산이 소속한 부대는 광주에 도착하기 전인 9월에 이제침李濟琛 휘하의 광서군에 격

■■■ **16** 한상도, 앞의 책, 221~222쪽.
■■■ **17** 《자료 한국독립운동 1》, 332쪽.

파되었다. 패한 부대원들은 호남·강서 변경으로 흩어졌다. 약산은 이때 이탈하여 상해로 되돌아왔는데, 그때가 1927년 말이었던 것으로 보인다"[18]는 주장도 있다.

또 "하룡부대(김원봉이 소속한 부대—지은이)는 남창봉기 후 광주로 남진하던 중에 이제침이 지휘하는 광서군廣西軍과 회전에서 대패하고 말았는데, 이때 김원봉은 포로가 되었으나 요행으로 탈출했다. 9월에 그는 유지청劉志淸을 대동하고서 무정부주의자들의 근거지가 되고 있던 복건성 아모이 이정규의 거소에 들렀다가 다시 광동으로 떠난 것으로"[19] 전해진다[20]는 주장도 믿을 만하다.

당시 광주봉기에는 200여 명의 한인이 참여해 대부분 희생된 것으로 알려진다. 중국인끼리의 전쟁에 한인이 참여해 많은 희생자를 낸 것에 대해 한국독립운동가들은 한동안 깊은 좌절감과 무력감을 맛보아야만 했다. 실제로 한인민족주의자들 중에는 중국 혁명운동에 뛰어들기를 원하지 않은 사람도 있었는데 중국 땅에서 피를 흘리는 것보다 조선으로 돌아가 일제를 축멸해야 한다는 생각이었던 것이다. 그러나 활동무대인 중국에서 벌어진 혁명과 반혁명의 싸움에 등을 돌리고 있을 수도 없는 상황이었다. 다수의 독립운동가들은 중

■■■ **18** 염인호, 앞의 책, 116쪽, 재인용.
■■■ **19** 이정규,《우관문존又觀文存》, 삼화인쇄출판부, 137쪽.
■■■ **20** 김영범, 앞의 책, 180쪽, 재인용.

국혁명이 성공해야만 한국의 독립도 이루어질 것으로 믿었던 것이다.

중국혁명의 성공이 한국독립으로 이어질 것이라는 기대, 즉 중국혁명에 대한 헌신을 조국독립운동 진전의 밑거름으로 삼음으로써 일제 식민지 상태를 조기 종식시킬 수 있을 것이라던 기대가 허망하게 무너지고 만 데서 온 좌절감을 추스르기가 매우 어려웠다. 이러한 정황은 재중 한인독립운동진영의 전체적인 분위기와 운동형세에도 적지 않은 영향을 미치게 되었다.[21]

이처럼 한국독립운동진영은 광주봉기에서 한인청년들의 희생으로 큰 충격을 받았다.

우리들 수백 명은 기꺼이 광동으로 갔다. 그 결과 한국혁명운동지도부의 정수가 그곳에서 전멸당하고 말았다. 그리고 우리는 패배해버렸다. …… 1927년의 중국반동이라는 대비극은 한국민족운동에 있어서 결코 회복할 수 없을 정도의 대타격이었다.[22]

■■■ **21** 앞의 책, 183쪽.
■■■ **22** 《아리랑》, 28~29쪽.

이러한 여러 가지 자료와 증언으로 비추어볼 때 김원봉은 북벌군 제20군 소속으로 남창봉기에 참여한 뒤 광주봉기에는 참여하지 않은 것이 확실해 보인다. 남창봉기 때 공산군에 가담하여 장개석 군대와 싸운 김원봉이 광주봉기에 참여하지 않은 이유는 무엇이었을까. 이것은 김원봉의 생애나 이념에 있어서 대단히 중요한 대목이다.

아마도 김원봉은 공산당의 반봉건·반제국 인민전술에 공감하고, 그 속에서 자신의 항일진로를 찾고자 했는지도 모른다. 그러나 중국공산당의 그림자에 파묻히는 것을 원치 않은 그는 독립운동과 한국혁명을 위한 자신의 길을 찾고자 남창봉기라는 거울을 들여다보며 자신을 반추했으리라. 그래서 그는 광주의 문턱을 넘을 필요도 없이 자신의 진로를 찾아 상해로 발길을 돌렸던 것이다.[23]

▬▬ **23** 한상도, 앞의 책, 62쪽.

시련을 딛고 독립운동의 중심으로 발돋움

　김원봉이 중국공산당을 위해 싸웠던 것은 무창봉기가 처음이자 마지막이었다. 실제로 1927년 5월 광주를 떠나 남창봉기에 참여하고 중국 국민혁명의 좌절을 지켜보게 되는 6개월여는 김원봉에게 육체적·사상적으로 대단히 피로하고 곤혹스러운 기간이었다. "열망과 시련이 복잡하게 얽힌 시기였던 것이다."[24]

　김원봉은 이 시기에 대해 뒷날 환국하여 다음과 같이 회고했다. 회고담 중 한인 희생자 수는 착오인 듯하다.

　중국의 건전한 성장이 있어야 하겠고 공통의 적을 가졌으며 항일이라는 투쟁노선이 동일한 중국과 손을 잡는 것이 첩경임을 알고 중국의 북벌혁명에 참여하여 10여 인의 동지가 화복에서 빛나는 나라의 꽃으로 사라졌다. 북벌이 완성된 후 조선혁명운동은 본격적으로 궤도 위에 올랐으며 우리 동지는 과학적 교육과 북벌 참여를 통해 얻은 실천적 경험을 가진 투사로서의 자격을 갖추게 되었다.[25]

김원봉의 중국혁명 참가가 꼭 그렇게 좌절과 고된 시련의 시기만은 아니었다. 혁명의 과정에서 수천 년 동안 봉건압제에 시달려온 중국 인민들이 서서히 눈을 떠가는 모습을 보고 큰 감명을 받았고, 국민당 정부와 공산당 세력 사이에서 자행된 참혹한 살육전을 통해 이데올로기의 기만성을 경험할 수 있었던 것이다.

이 무렵 봉건적이기조차한 사상의 틀 속에 안주하면서 청년들의 행동을 두고 남의 나라 일에 쓸데없이 피를 흘린다고 언짢아했던 보수 민족주의자들은 사분오열되어 무력증에 시달리고 위축되었던 반면 약산, 오성륜, 장지락 등 진보적 사상으로 무장된 새 세대의 청년들이 민족해방운동의 전면에 등장하게 되었는데, 단연 약산이 이들의 지도자로 자리잡았다.[26]

■■ 25 〈의열단 27년 투쟁사〉, 《동아일보》, 1945년 12월 10일자.
■■ 26 염인호, 앞의 책, 117쪽.

김원봉은 혹독한 시련을 겪으면서 오염되지 않은 진보적 시각을 갖게 되었고 정신적·이념적으로 크게 성장했다. 또 새로운 민족해방운동 청년세대의 중심이 되어가고 있었다. 뒷날 장개석 정부의 핵심적 역할을 하게 된 황포군관학교 출신 중국인 장교들과 인간적 유대를 맺게 된 것도 이러한 과정을 통해 얻은 성과의 하나였다. 이처럼 대륙을 휘몰아치는 격동 속에서 김원봉의 파란 많은 20대 후반기는 지물고 있었다.

제 **7** 장

독립운동진영 통합운동에 앞장서다

어느 이론 하나만이 유일하게 가능한 것처럼
보일 때는, 그 이론은 물론이고 그 이론이
해결하고자 의도한 문제도 제대로 이해하지
못하고 있다는 증좌로 여겨야 한다.

– 칼 포퍼

●공산주의 이론가 안광천과의 만남

　사람은 언제 어디서 누구를 만나느냐에 따라 생각이나 진로가 크게 바뀐다. 철저한 사상가나 혁명가 역시 만나는 사람에 따라 생각의 변화나 노선의 수정이 있게 마련이다. 3.1운동을 지도한 남강 이승훈은 어느 날 도산 안창호의 우국충정의 강연을 듣고 광산업자에서 개심하여 독립운동가의 길을 걸었다. 베드로 역시 예수를 만나지 못했으면 평범한 어부로 평생을 살았을지도 모른다. 또 마르크스가 엥겔스를 만나지 않았다면 일련의 불후의 저작물은 나오지 못했을 것이다.

　엥겔스는 마르크스가 저술에 전념할 수 있도록 뒷받침하는 것이 역사가 자신에게 부여한 임무라고 생각했다. 그래서 20년이 넘는 기간 동안 정해진 금액의 소액권 지폐를 마르크스에게 보내주었는데, 대개는 '에르멘&엥겔스'라는 집안 회사의 금고에서 나온 돈이었다(엥겔스는 우편물 절도를 막기 위해 지폐를 반으로 동강내서 각각 다른 봉투에 넣어 보냈다). 마르크스는 엥겔스가 없었더라면 대영도서관의 열람실에서 시간을 보내는 대신 '생업'에 종사해야 했을 것이라는 점을 인정했다.[1] 이런 사례가 마르크스와 엥겔스뿐일까. 혁명이나 전쟁, 창업 또는 중요한 연구과정에서는 대부분 동반자들이 있게 마련이다.

광주봉기를 뒤로하고 상해로 발길을 옮긴 김원봉은 이 무렵 조선공산당 책임비서였던 안광천安光泉(1897~?)을 만난다. 그와의 만남은 김원봉과 의열단이 한때 좌경화된 계기가 되었다. "국공분열의 소용돌이를 벗어나 상해로 온 김원봉은 의열단 활동의 재정비와 협동전선운동을 준비한다. 이러한 과제는 조선공산당 책임비서였던 안광천을 만나면서 1928년부터 구체화된 것 같다. 안광천은 김원봉의 혁명관에 중요한 영향을 끼친 인물이다. 이 시기는 항일투쟁과정에서 좌편향 양상이 비교적 뚜렷하게 드러나던 때이기도 하다."[2]

항일투쟁 과정에서 김원봉을 만나 이념적으로 '좌편향'을 가져오게 한 안광천은 어떤 인물일까. 그는 경남 진영 출신으로 1923년 사회주의 사상단체 제4회第四會를 결성하고, 1924년 일본으로 건너가 북성회北星會에 가입했다. 북성회 기관지에 노동문제와 관련한 글을 기고하고 조선무산청년동맹회 결성에 참여한 것을 비롯해 재일본조선노동총동맹, 극동사회문제

1 데이비드 보일 지음, 유강은 옮김, 《세계를 뒤흔든 공산당선언》, 그린비, 31~32쪽.
2 한상도, 앞의 책, 62쪽.

연구회, 칸또 조선무산계급단체협의회 등의 조직에도 가담했다. 이후 국내를 오가면서 사회운동과 일본에서 모금한 수재의연금을 국내에 전달하는 등의 활동을 계속했다.

안광천은 1926년 10월 조선공산당 선전부 책임자로 활동한 데 이어 11월에는 정우회正友會 서무부담당 상무집행위원이 되었다. 12월에는 조선공산당 집행위원과 정치부장으로 선임되었다. 그러나 1928년 5월 조공중앙집행위원에서 부인 이현경을 불법으로 복당시켰다는 이유로 출당처분을 받았다. 이후 안광천은 상해로 망명했다.

당시 국내에서는 조선공산당이 노동운동과 신간회를 통한 협동전선운동을 전개하고 있었다. 그러나 이들이 큰 세력을 형성하자 위협을 느낀 일제는 공산당과 사회주의자들을 탄압하여 많은 사람을 체포했다. 안광천은 이를 피해 상해를 찾은 것이다. 안광천은 한위건韓偉健, 양명梁明 등 비슷한 성향의 동지들과 함께 상해에서 김원봉을 만났다.

간략한 경력이 보여주듯이 안광천은 조선공산당의 산파적 역할을 하고 이를 육성해온 전형적인 공산주의 운동가다. 이론가로서도 맹활약을 펼쳐 코민테른에 보고하는 국내정세에 관한 보고문과 〈민족해방운동에 관한 논강〉을 작성했다. 1929년 북경에서 김원봉과 조선공산당재건동맹을 조직, 위원장이 되었고 이때 레닌주의정치학교를 운영하면서 잡지 《레닌주의》 발행을 주관했다.[3]

안광천에 대해 다소 길게 쓴 것은 김원봉이 그를 만나면서 의열단의 진로가 한층 좌경적인 성향으로 흐르게 되었음을 밝히기 위해서다. 김원봉은 앞에서 지적한 대로 아나키스트 성향이 강한 민족주의자였고 공산주의나 사회주의와는 항상 일정한 거리를 두고 활동해왔다. 그러나 김원봉의 이와 같은 변화는 시대상황도 한 몫을 담당했다.

그는 중국 국민당 정부의 소극적인 반공·대일항전 노선에 크게 실망했다. 이러한 실망과 분노만큼 그의 민족운동관이 좌편향으로 기울었을 것이다. 중국혁명과 국공합작의 성공을 통해 한국근대민족운동의 진로를 모색한다는 깨달음이 진보적인 모습으로 그를 변화시켰을지도 모른다.[4]

3 강만길·성대경 엮음, 《한국사회주의운동 인명사전》, 창작과비평사, 1996.
4 한상도, 앞의 책, 63~64쪽.

상해에서 새 활로 모색

김원봉은 그동안 중국혁명 과정에서 살아남은 동지들을 재규합하고 새로운 단원을 모집하는 일에 주력했다. 많은 동지들이 희생되었고, 더러는 각지로 뿔뿔이 흩어져 있었다. 김원봉이 상해에 왔다는 소식을 전해들은 의열단원들이 하나둘씩 모여들었다. 그러나 그 숫자는 그리 많지 않았다.

목하目下 상해에 잠복한 의열단원은 약 20여 명으로, 때때로 회합하여 무슨 일인가를 밀회하는 것 같다. ……특히 최근의 정보에 의하면 기호·영남의 학생을 사주하여 선내鮮內에서도 지방지부를 설립하고자 한다고 전해지고 있다.[5]

---

5 염인호, 앞의 책, 127쪽, 재인용.

일제 경찰이 파악하고 있는 대로, 1927년 초 상해로 활동 근거지를 옮긴 의열단원들은 김원봉을 비롯해 20여 명에 불과했다.

이 무렵 상해에서는 조선인 사회주의자와 민족주의자들이 중국이 좌우로 갈려 유혈투쟁을 전개하고 있는 모습을 지켜보면서 유일당상해촉성회를 결성했다. 촉성회를 결성한 것은 동포들끼리 단결하여 항일투쟁 역량을 모으자는 뜻에서였다. 한국독립당 등 민족운동 우파계열에서도 촉성회연합회를 결성하는 등 단결을 모색하고 있었다.

의열단은 독립운동세력의 연합운동인 촉성회 결성에 보다 적극적이었다. 1927년 5월 광주에서 광동촉성회가 창립할 때 의열단이 주도해온 유월한국혁명동지회를 통해 결속력을 다지게 했다. 의열단은 이때 〈독립당촉성운동선언〉을 공표하여 광동촉성회의 조직을 추진했고 대독립당촉성운동을 전폭적으로 지지하며 거단적으로 참여할 것임을 천명했다. '선언'의 요지는 다음과 같다.

1. 문벌주의와 파적派的 결합을 타파하고, 독립운동의 '통일적 총지도기관'이 될 대독립당을 결성해야 한다.
2. 대독립당의 결성은 촉성회 조직을 거칠 것을 주장한다.
3. 전 단원을 개인자격으로 각지 촉성회에 가입시켜 촉성운동에 진력하도록 할 것이다.

4. 대독립당이 결성되면 단을 해체할 것임을 약속한다.
5. 전 단원에게 독립당 결성에 대비한 훈련을 시킬 것이다.[6]

독립운동가들이 머물고 있던 중국의 몇 지역에서 촉성회가 결성되기 시작했다. 한국유일독립당 무한촉성회는 회원이 150여 명에 이르렀는데, 의열단의 외곽단체인 유월한국혁명청년회의 적극적인 후원으로 성립되었다. 여기에는 의열단원 박건웅이 주도적 역할을 했다. 또 남경촉성회는 30여 명의 회원으로 창립되었는데 의열단원 권중한 등이 창립에 깊이 관여했다. 광동촉성회 역시 오성륜 등 의열단원들의 적극적인 참여로 결성되었다.

이렇게 결성된 5개 촉성회 대표들은 1927년 11월 상해에서 한국독립당 관내촉성회 연합회를 결성했다. 이때 김원봉은 안창호, 원세훈과 함께 주도적 역할을 담당했다.

김원봉과 의열단은 촉성회의 결성과 함께 자체 조직체제를 개편하고 이념체계에 있어서도 상당한 변화를 모색했다. 촉성회가 성공적으로 조직되면 단의 해체까지도 선언한 바 있는 의열단으로써는 새로운 변화를 모색하지 않을 수 없었던 것이다. "그 변화는 1925~26년경에 의열단이 맞게 된 정치적 환경의 변화, 국내 민중의 동향, 국내외 민족운동 및 사

■■■ **6** 이현종 편,《근대민족의식의 맥락》, 아세아문화사, 245~249쪽.

회운동계의 새로운 움직임 및 그 내부의 세력각축상 등이 여러모로 투영된 결과였다."[7] 여기에 안광천 등 조선공산당 인사들과의 만남이 의열단의 이념적 변화에 결정적인 영향을 끼쳤다.

━━ 7 김영범, 앞의 책, 191쪽.

대표자대회 열어 강령·슬로건 채택

의열단은 1928년 10월 상해에서 제3차 전국대표자대회를
열고 새로운 활동방향을 정립하는 20개조 강령과 슬로건을
발표했다. 20개조 강령은 1926년에 제정된 의열단의 최초 강
령을 부분적으로 수정한 것이다.

1. 조선민족 생존의 적인 일본제국주의의 통치를 근본적
   으로 타도하고 조선민족의 자유독립을 완성함.
2. 봉건제도 및 일체 반혁명세력을 삭제하고 진정한 민주
   국을 건립함.
3. 소수인이 다수인을 박삭剝削하는 경제제도를 소멸시키
   고 조선인 각개의 생활상 평등의 경제조직을 건립함.
4. 민중경찰을 조직하고 민중무장을 실시할 것.
5. 인민은 언론·출판·집회·결사·거주에 절대 자유권
   을 가짐.

6. 인민은 무제한의 선거 및 피선거권을 가짐.

7. 1군郡을 단위로 하는 지방자치를 실시함.

8. 여자의 권리를 정치 · 경제 · 교육 · 사회상 남자와 동등하게 함.

9. 의무교육과 직업교육을 국가의 경비로 실시함.

10. 조선 내 일본인 각 단체(동양척식주식회사 · 불이흥업 · 조선은행 등) 및 개인(이주민 등)에게 소유된 일체 재산을 몰수함.

11. 매국적 · 탐정 등 반도叛徒의 일체 재산을 몰수함.

13. 대지주의 토지를 몰수함.

14. 농민운동의 자유를 보장하고 빈고貧苦 농민에게 토지 · 가옥 · 기구 등을 공급할 것.

15. 공인운동의 자유를 보장하고 노동평민에게 가옥을 공급함.

16. 양로 · 육영育嬰 · 구제 등의 공공기관을 건설함.

17. 대규모의 생산기관 및 독점성질의 기업(철도 · 광산 · 기선 · 전력 · 수리 · 은행 등)은 국가에서 경영함.

18. 소득세는 누진율로 징수함.

19. 일체의 잡세를 폐제廢除함.

20. 해외거류 동포의 생명 · 재산의 안전을 보장하고 귀국동포에게 생활상 안전한 지위를 부여함.[8]

의열단은 20개조 강령에서 구축왜노, 광복조국, 타파계급, 평균지권 등의 '최고 이상'을 거듭 확인하면서 조국의 자주독립과 반봉건·민주변혁 사상을 강조했다. 또 "인민의 자유·평등·복지(생활)권이 철저히 보장되는 독립·민주국가의 건설이 궁극적인 지향점으로 설정되었다. 각 조항을 통해 적시된 문제들의 범위는 매우 넓되 표현이 구체적이어서, 민족의 전도와 신국가의 미래상을 실감나게 그려볼 수 있도록 했다."[9]라는 분석대로 의열단의 강령은 4대 '최고 이상'의 초지일관된 모습을 보여준다.

그런데 의열단의 20개조 강령이 이보다 한 발 앞서 공표된 조선공산당의 강령과 유사점이 있다는 지적도 있다. 그러나 유사점보다는 차이점이 더 많다. 의열단은 여전히 독자적인 이념을 갖고 항일투쟁과 독립국가 건설의 비전을 제시하고 있었다.

여기서 우리는 의열단의 강령에 "피압박민족과 연대하여 투쟁한다"는 조항이 빠진 것에 주목할 필요가 있다. 그것은 중국의 국민당이나 공산당 어느 쪽과도 손을 잡지 않겠다는, 나아가서는 내전상태에 있는 중국의 내부문제에 관여하지 않겠다는 의지의 표현이라 할 수 있다. "20년대 말 세계 사회주의운동 진영에서는 국제주의에 입각한 일국일당주의가 엄격

---

8 박태원, 앞의 책.
9 김영범, 앞의 책, 194쪽.

하게 적용되고 있던 까닭에 의열단의 이러한 방침은, 이 시기 의열단이 좀더 좌로 기울어진 것은 사실이지만, 국제주의의 태풍 속에 휩쓸리지 않고 민족주의적 원칙을 확고히 견지했음을 보여준다."[10]

━━ **10** 염인호, 앞의 책, 127쪽.

●창립 9주년과 3.1운동 10주년 성명

의열단은 1928년 11월 중앙집행위원회 명의로 〈창립 9주년에 즈음하여〉라는 성명서를 공표했다. 요지는 다음과 같다.

강도 일본으로부터 조선의 절대 독립을 탈환하기 위한 유일한 방도는 '협동통일'뿐이며 모든 주의의 대립, 모든 붕당의 분열이 극복되지 않으면 아니 되고, 조선혁명운동도 세계혁명전선에까지 굳게 통일되어야 할 것이며, 우리의 협동전선은 형식적이 아닌 실질적인 것이며, 우정적이 아닌 전투적인 것으로 그 계급적 기초가 우리 민족의 절대 다수이며 가장 혁명적인 노동대중이다.

현재 급속히 진전되는 조선노동계급의 운동을 더욱 발전시키고, 그것을 독립운동과 연결시키는 것이 협동전선의 최대조건이 되어야 한다.[11]

의열단은 이 성명에서 종전의 방식을 탈피하여 향후 대중 투쟁에 역점을 두어 활동하겠다는 점을 분명히 밝히고 있다.

또 의열단은 1929년 3.1운동 10주년을 맞이하여 〈3.1 운동 10주년 선언〉을 발표했다. 선언문의 부제는 "농민·노동 자와 착취받는 일반 대중 및 그 대표자인 혁명가들에게 보내는 호소문"이라고 되어 있다. 의열단은 이 선언문에서 "3.1운동 이후 10년 동안 대일투쟁에서 얻은 것이 무엇이냐"고 반문하고 "일제는 나날이 기세를 더해가고 조선인의 생활은 점점 더 비참한 지경에 빠지고 있는데도 독립운동가들이 한 일은 과연 무엇이냐"는 신랄한 자아비판을 곁들었다.

이 선언문은 3.1운동 이후 독립운동진영의 취약점과 국권 회복 실패의 근본원인을 제시했다. 첫째는 독립운동이 농민·노동자 등 일반대중에 바탕을 두지 못했기 때문이고 둘째는 대중투쟁을 조직화하지 못했기 때문이라는 것이다. 이와 같은 이유로 독립운동의 전투성이 결여되었고 민족주의자와 공산주의자 간의 파벌적 대립으로 독립운동 세력이 약화되었다고 분석하면서, 일반 대중의 기초 위에서만 총력적인 독립운동이 가능하다고 내다보았다.

선언서는 또 외교론이나 실력양성론, 민족개조론, 자치외교론 등의 방략에만 의존하고 폭렬투쟁을 경시한 것이 독립

■■ **11** 박영석, 《항일독립운동의 발자취》, 탐구당, 1990, 314~315쪽.

운동 실패의 또 다른 원인이라고 주장했다. 그리고 마지막 부분에서는 독립운동진영이 이상과 같은 문제점을 반성하여 분열주의자, 반폭력론자, 개량주의자, 타협주의자들을 철저히 타도하고 노동대중을 기반으로한 광범위하고 조직적인 투쟁으로 독립운동전선의 통일을 이뤄야 한다고 결론지었다.

의열단은 국내외에서 제기된 외교론, 실력양성론, 민족개조론, 자치외교론 따위를 배격하고 노동자·농민이 주체가 된 폭력투쟁만이 일제를 구축할 수 있다는 결연한 의지를 보였다. 의열단은 여느 독립운동단체나 기관보다 더 치열하게 항일투쟁을 벌여오면서 적지 않은 성과를 얻었고 많은 단원들의 희생을 치렀다. 때문에 3.1운동 10주년을 맞아 독립운동진영에 '호소문' 형식으로 반성과 연대를 주창한 것은 의열단만이 가능한 행위였다. 그만큼 의열단이 파벌 투쟁에서 순수했고 많은 자체 희생을 치렀던 것이다.

북경에서도 의열단의 투쟁은 멈추지 않았다. 북경의 일본 영사관 경찰은 1928년 봄 의열단원 이승춘 외 3명을 나석주 의사의 동양척식회사와 식산은행 투탄 거사와 관련 있다는 혐의로 구속하여 중형을 선고했다. 이들이 일제 경찰에 피체된 것은 한국인 밀정 김천우(김밀선)의 밀고에 의한 것이었는데 이 같은 사실을 안 의열단원 강평국, 양수복, 이종원, 이지영은 김천우를 천진天津 인근의 백하白河로 유인하여 처단했다. 초기 임시정부의 외무총장을 역임한 박용만도 독립운동

진영을 배반했다는 이유로 처단되었다. 박용만은 북경에서 대륙농간공사를 운영하면서 국내로 밀항해 총독부 고위층과 밀의하고 독립운동을 배반했다는 혐의를 받고 있었다. 1928년 10월 의열단원 이해명(이해룡)이 그를 처단했다. 재판정에서 이해명은 이청천의 명령에 따라 박용만을 처단했다고 진술했는데, 이것은 의열단 조직에 대한 일경의 추적을 피하기 위한 위장진술이었을 것으로 보고 있다. 이 두 사건은 의열단이 북경으로 본거지를 옮긴 뒤에 이루어진 거사였다. 의열단이 여전히 폭렬투쟁을 병행하고 있었음을 알 수 있다.

레닌주의정치학교 개설

　　김원봉은 1929년 봄 안광천, 박건웅, 이영준 등 10여 명의 단원과 함께 본거지를 북경으로 옮겼다. 상해에서는 중국 국민당 정부의 조선인 공산주의운동자들에 대한 탄압과 일제의 밀정, 군경의 추적이 심했기 때문이다. 중국 정부뿐 아니라 자본주의 열강도 중국내 한인 공산주의자들을 적대시하고 있었다. 이런 관계로 많은 항일운동자들이 북경으로 집결하고 있었다. 당시 북경은 여러 가지 이념주의자들이 모인 활발한 논쟁의 장이었다. 가히 이데올로기의 '자유시장'이라 할 수 있었다.

　　북경의 정치적 분위기는 크게 달라지고 있었다. 1929년 여름 북경에서 만주로 가던 봉천군벌 장작림張作霖이 일제의 음모로 폭살되고 일제의 침략이 강화되면서 북중국 일대에서는 항일의 기운이 점점 높아져가고 있었다. 따라서 북경과 만주 지역의 중국인들은 조선의 항일운동가들에게 상당히 우호적이었다. 이런 이유로 독립운동가들이 북경으로 속속 모여든 것이다.

북경에 자리 잡은 김원봉은 안광천, 박건웅, 이춘암, 이임순, 양백림 등과 1930년 4월 레닌주의정치학교를 열었다. 민족해방투사를 양성하기 위한 교육기관이었다. 제1기는 1930년 4월부터 9월까지, 제2기는 1930년 10월부터 1931년 2월까지였다. 1기의 학습기간은 6개월이었는데 2회에 걸쳐 21명의 조선청년들이 교육을 받았다. 이들은 대부분 국내와 만주에 밀파되어 치열하게 항일투쟁을 전개했다.

교육생의 다수는 이미 학생운동이나 청년운동에 투신했던 전력이 있는 사람들이었다. 그래서 쉽게 혁명전사로 탈바꿈이 가능했다. 국내에 잠입한 이들은 노동자들의 이익을 옹호하고 파업투쟁을 이끌면서 우수한 노동자를 선발해 적색노동조합을 결성시켰다. 또 농촌에서는 현지 청년들을 조직하는 한편 야학을 개설하거나 강연회를 열어 농민의 권익을 옹호하고 사회주의사상을 전파했다. 이들은 직접 공산청년회나 적색농민조합을 결성하기도 했고 학생들과 접촉하여 그들로 하여금 학교 안에서 반제국주의동맹이나 사회과학연구회 등을 조직하도록 지도했다.

이들의 노력으로 서울, 평양, 신의주, 원산, 대구, 부산, 강릉, 목포 등지에서 지하조직이 결성되었고 특히 강릉지구는 열성적으로 반제항일투쟁을 전개했다. 이들은 강릉적색농민조합준비위원회를 결성하여 군농회 반대, 산림조합 반대, 소작료 5할 인정, 감의 공동판매 반대, 야학의 자유 등의 구호를 내걸고 일제 또는 지주들과 싸웠다. 그러나 뒷날 국내에서 활동하던 레닌주의정치학교 출신 공작원 그리고 이들과 함께 노동운동을 하던 500여 명이 일제 경찰에 검거되었고 이들 중 111명은 치안유지법·출판법 위반 등의 혐의로 구속되어 경성지방법원 검사국에 송치되었다.

이에 앞서 김원봉은 안광천의 주도로 1929년 10월 북경 북성北城 내 동서조호동東西條胡洞에 본부를 두고 조직한 조선공산당재건동맹에 참여했다. 여기에는 두 사람 외에도 박건웅, 이영준, 양백림 등이 핵심멤버로 참여했다. 조선공산당재건동맹은 중앙부 산하에 훈련부·조직부·선전부 등의 부서를 두는 조직체제를 갖추었다.

중앙부 조직은 안광천이 위원장을 맡고 김원봉, 박건웅, 박문호, 이명준, 이현경, 박차정 등이 위원을 맡아 총 7인으로 구성되었다. 중앙부 직속으로 레닌주의사와 레닌주의정치학교가 병설되었고 국내, 북경, 만주에 지부가 설치되었다. 국내지부는 간사국 산하에 다시 목포, 부산, 강릉, 대구, 경성, 평양, 신의주, 원산 등에 지방조직을 두었다.[12]

순서대로 말하면 조선공산당재건동맹이 먼저 결성되고

━━ 12 한상도, 앞의 책, 65~66쪽.

그 산하에 레닌주의정치학교가 부설된 셈이다. 여러 가지 자료와 증언을 종합할 때 투철한 공산주의 이론가인 안광천이 의열단의 새로운 투쟁노선의 일환으로 조선공산당재건동맹 결성을 주도하고, 김원봉은 그 산하에 레닌주의정치학교를 개설, 청년독립운동가들의 교육을 맡았던 것 같다.

레닌주의정치학교를 수료한 정동원은 서울 휘문고보를 중퇴하고 1929년 5월 중국 북경에 도착하여, 화북대학華北大學에 다니다가 김원봉을 만나 그의 권유로 입교했다. 오필득은 1928년 10월 광동廣東에서 황포군관학교에 입학했다가 병 때문에 중도에 그만두고 북경에 와 김원봉을 만난 뒤 입교했다.[13]

조선공산당재건동맹은 기관지로 《레닌주의》를 발행하여 엠엘ML파의 홍보선전에 활용했다. 안광천은 창간호에 사공표司空杓라는 필명으로 〈조선의 정세와 조선공산주의자의 임무〉라는 긴 논문을 발표하는 등 열정을 보였다.

레닌주의정치학교에서는 학교 이름이 시사하듯이 사회주의 교육을 실시했던 것 같다. 아마도 장래 한반도에

━━ **13** 염인호, 〈레닌주의정치학교〉, 《한국독립운동사 사전 4》, 독립기념관, 357쪽.

사회주의적 이상사회를 건설해야 한다는 사상을 전수했을 것이다. 그러나 당시 대개의 한국인 사회주의자들이 그러했듯이, 학교에서 가르쳤던 교관이나 배웠던 학생들은 먼저 일제를 축출하고 민족해방을 성취해야 한다는 생각을 가졌을 것이다. 따라서 그들의 전 활동은 민족해방운동이었다고 규정할 수 있다.[14]

김원봉은 이 무렵 사회주의사상을 바탕으로 하는 독립운동 방안을 마련하고 있었다. 상해의 민족주의 우파세력의 노선에 실망한 후 의열단의 투쟁노선을 수정한 그에게 사회주의적 방향전환은 새로운 모색이었다.

이것은 국내의 움직임에서도 영향을 받았던 것 같다. 1927년 5월 근우회槿友會가 발족되었고, 1928년 1월에는 제3차 조선공산당사건(ML당 사건)으로 김준연 등 34명이 구속되었다. 7월에는 제4차 조선공산당 사건으로 17명이 구속되었고, 9월에는 간도공산당 사건이 일어났다. 1929년 2월에는 원산노동연합회가 총독부의 노동운동탄압에 맞서 총파업에 돌입했고, 6월에는 제5차 공산당사건으로 인정식 등 50여 명이 구속되었다. 그리고 1930년 여학생 만세시위 사건으로 근우회의 사회주의 계열 간부들이 대거 검거되었다. 이처럼 국내외

━━━ **14** 앞의 책, 359쪽.

에서 사회주의 계열의 항일투쟁이 활발하게 전개되자 김원봉
도 시대조류에 맞춰 조선공산당재건동맹에 참여하고 레닌주
의정치학교를 운영했던 것이 아닌가 한다.

사회주의사상에 깊이 빠져들어

레닌주의정치학교에 대한 김성숙의 증언을 들어보자.

간단히 말해 항일투쟁의 간부들을 양성하는 학교입니다. 안광천이가 주동이었지. 안광천이가 전부 규합을 해서 그가 혼자 다 가르쳤어요. 마르크스와 레닌주의의 기초 이론들을 가르치기도 했어요. 그러나 재정의 어려움 때문에 이 학교를 오래 계속할 수가 없었어요. 그래서 중국 정부에 접근했지요. 특히 남의사라는 중국 국민당의 정보기관에 선을 댔는데 이때 남의사의 책임자가 《중국일보》 사장을 하던 강택입니다. 강택은 황포군관학교 동창회장이어서 김원봉이 접근할 수 있었던 것입니다. 강택은 삼민주의청년회라는 것을 조직해 이 기관을 책임 맡아 지도해 나가고 있어서 세력이 굉장히 컸어요. 강택이 김원봉에게 "네가 조선의 독립운동을 할 수 있도록, 조직운동을 할 수 있도록 내가 무엇인가 돕고 싶다"고 말하자, 김원봉은 "그러면 내가 군관학교를 하나 만들 수 있도록 도와다오"라고 했고, 강택이 "그러면 그렇게 하라"고 해서 결국 그 쪽에서 나오는 돈으로 남경에 군관학교를 세우게 되었지요.[15]

이 증언대로라면 레닌주의정치학교는 안광천에 의해 개설되고 강의도 그가 도맡은 것으로 이해된다. 또 김원봉은 《중국일보》 사장 강택의 지원으로 남경에 군관학교를 세우게 되었음을 알 수 있다.

그렇다면 이 무렵 김원봉은 이념적으로 사회주의(공산주의)에 빠져 있었을까. 다시 김성숙의 증언을 들어보자. "그러면 김원봉의 사상문제에 대해 여쭤보겠습니다. 제가 보기에는 김원봉이 공산주의로 들어간 것은 안광천의 영향 때문인 것 같은데요?"라는 이정식 교수의 질문에 김성숙은 다음과 같이 답변했다.

사실 그래요. 옳게 봤어요. 꼭 그렇습니다. 안광천은 해외에 나와 있는 조선인들 가운데 마르크스주의와 레닌주의 방면에서는 첫째가는 이론가로 꼽혔지요. 일본에서 배워갖고 왔어요. 그 사람이 변증법이라든가 이런 것을 많이

━━ **15** 이정식 면담, 김학준 편, 《혁명가들의 항일회상》, 민음사, 1988, 95쪽.

연구했습니다. 그래서 존경도 받고 그랬는데, 그 사람은 성격상 대단히 소극주의자였습니다. 약하고 세밀하면서도 강하지가 못하고, 여러 가지로 타락했어요. 나중에는 자기 마음대로 제 마누라하고 뭣을 했지요. 그런데 중국 사람들 하고만 했어요. 나중에는 아예 중국 사람이 되고 말았어요.[16]

공산주의이론가 안광천에 대한 김성숙의 평가는 다소 부정적이다. 여기서 '뭣'은 무엇일까. 아편이거나 도박일지 모르지만 추측일 뿐이다. 다시 김원봉과 관련한 대담 내용을 인용한다.

이정식　김원봉이 공산주의와 가까워진 것은 북경시대 1932년쯤입니다. 레닌주의정치학교를 운영해나간 때지요. 그러면 그때 김원봉이 공산주의에 대해 갖고 있는 지식은 어느 정도였나요?

김성숙　어느 정도 있었지요. 그가 다닌 황포군관학교는 공산주의를 많이 가르쳤습니다. 중공당의 주은래 같은 이가 그때 정치부주임으로 있었지요. 황포군관학교가 한 절반은 빨갱이지요. 그러니 거기서 벌써 상당한 수준의 공산주의 이론이라든가 상식 같은 것을 갖고 있었다고 봐야지요.

━━ **16** 앞의 책, 96쪽.

이정식　그러면 공산주의 사상에 대한 신념은요?

김성숙　신념은 그리 크지 않았을 겁니다. 대개 "우리 정도
　　의 민족과 국가가 앞으로 잘 되려면 이러한 방향으로 나가
　　야 하나보다" 하는 수준에서 공산주의를 받아들였을 거예
　　요. 어떻든 그는 기본적으로 민족주의자요, 애국자로 항일
　　을 앞세운 투사였지 공산주의가 좋아 거기에서부터 출발
　　한 사람은 아니었어요.[17]

　　김원봉은 조선공산당재건동맹 참여와 레닌주의정치학교
운영으로 인해 이후 우파로부터 공산주의자로 매도되었고 족
쇄가 따라붙었다. 1920년대 한국독립운동의 큰 줄기였던 공
산주의운동은 국내외에서 진보적 지식인들이 선호하는 운동
방식의 하나였다. 그러나 김성숙의 증언대로 김원봉은 '기본
적으로 민족주의자'였다.

　　김원봉은 북경 시절에 조선공산당재건동맹과 레닌주의정
치학교에만 관심을 가진 것이 아니었다. 1929년 8월 29일 국
치 19주년을 맞아 의열단 중앙집행위원회를 열고 〈국치일기
념선언〉을 발표하는 등 항일투쟁의 고삐를 늦추지 않았다.
그러나 여전히 갈 길은 멀고 험했다.

17　앞의 책, 96~97쪽.

한때 김원봉과 부인 박차정이 참여했던 조선공산당재건
동맹 조직계보는 다음과 같다.

조선공산당재건동맹 조직계보

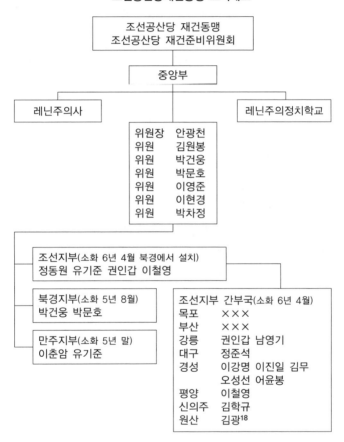

조선공산당 재건동맹
조선공산당 재건준비위원회

중앙부

레닌주의사

레닌주의정치학교

위원장 안광천
위원   김원봉
위원   박건웅
위원   박문호
위원   이영준
위원   이현경
위원   박차정

조선지부(소화 6년 4월 북경에서 설치)
정동원 유기준 권인갑 이철영

북경지부(소화 5년 8월)
박건웅 박문호

만주지부(소화 5년 말)
이춘암 유기준

조선지부 간부국(소화 6년 4월)
목포   ×××
부산   ×××
강릉   권인갑 남영기
대구   정준석
경성   이강명 이진일 김무
        오성선 어윤봉
평양   이철영
신의주 김학규
원산   김광[18]

─── **18** 《조선일보》1935년 8월 24일자 호외, 염인호, 앞의 책, 136쪽.

제 **8** 장

독립군 전사들의 용광로
조선혁명간부학교

조선민족이 일본과 대항하기 위해서는 군사학과
무기 사용법 등을 배워야 하는 바, 본교는 실제로 그
것을 습득하는 곳이 될 것이다 ······.
중·한 민족은 절대적으로 제휴하여 동삼성을 탈환
함으로써 조선의 독립을 달성해야 하는 바, 이 목적
하에 제군은 본교에서 열심히 기술을 습득하고 학습
을 연마하여 장래의 발전을 기약하도록 하라.

－ 김원봉, 〈혁명간부학교 개교사〉[1]

1 조선총독부 경무국, 〈군관학교사건의 진상〉, 한홍구, 이재화 편, 《한국 민족
해방운동사 자료 총서 3》, 경원문화사, 143~149쪽.

●세계 대공황과 파시즘 체제

  1931년은 김원봉이 34세가 되는 해다. 이해 3월 김원봉은 의열단원 박차정朴次貞과 결혼하고 처음으로 가정을 꾸렸다. 그리고 9월에는 만주사변이 일어났다. 또 1929년 10월부터 시작된 경제공황은 전 세계로 확대되었다. 제2차 세계대전 발발의 한 원인이 된 대공황은 세계 자본주의 체제를 동요시키고 있었다. 자본주의 체제 자체가 갖고 있는 모순이 드러나기 시작하면서 세계적인 공황사태로 이어진 것이다.

  한편 일본에서는 파시즘 체제가 굳어지고 있었다. 파시즘은 '결속'을 뜻하는 이탈리아어 파쇼fascio에서 비롯됐다. 1921년 이탈리아 무솔리니는 파시스트당을 결성했는데 국민의 자주적 집단을 해체하고 교묘한 대중조작을 통해 국민을 획일적 조직으로 재편성하여 전쟁찬미 등의 이데올로기를 주입시켰다.

  일본은 제1차 세계대전 후 비교적 빠른 경제 성장을 이룩했으나 방직공업·군수공업만 급속히 성장하고 다른 산업은 발달하지 못한 불균형 구조를 이루고 있었다. 여기에 불어 닥친 세계공황은 삽시간에 일본경제에 막대한 타격을 주었다. 또 노동자·농민의 빈곤화, 기존 정당의 부패, 사회주의 운동의 확대, 중국혁명의 진전 등으로 일본 내의 불안은 한층 심화되었다. 이에 군부를 중심으로 하는 파시스트 세력이 급성장하면서 국가체제의 개조를 통해 위기를 타개하자는 논의가 일어나기 시작했다. 이들이 이른바 '만주사변'을 일으켜 중국 침략을 주도한 세력이다.

일본은 1932년 5월 15일 청년장교들이 주도한 쿠데타로 정당정치가 부정되었고 이로 인해 군부·관료층이 국정의 주도권을 확보했다. 일본 파시즘 세력이 권력을 장악하게 된 것이다. 일본 파시즘은 천황제 파시즘 세력이라고 할 수 있을 정도로 천황체제를 극대화했다. 권력을 장악한 군부는 일본민족의 우월성·대동아공영권 건설 따위를 내세우고 전쟁을 부추기면서 전시체제를 강화했다. 또 독일·이탈리아의 파시즘 세력과 동맹하여 제2차 세계대전을 일으킨다.

이러한 세계 대공황의 여파로 여러 나라에 파쇼체제가 들어서면서 약소국가 또는 식민지 국가에서는 반제 민족통일전선운동이 활발하게 전개되었다. 한국독립운동진영 역시 이러한 영향을 받았다.

조선혁명간부학교를 세우기까지

강고한 파시즘체제를 갖춘 일제는 1931년 9월 18일 만주를 침략했다. 중일전쟁의 서막이고 제2차 세계대전의 전주곡이었다. 흔히 '만주사변'으로 불리는 만주침략은 일본군이 의도적으로 유조구 사건을 일으키면서 시작되었다. 중국 동북지방의 항일운동이 만주로 파급되는 것을 우려한 일제 관동군 참모 이타가키板桓征四郎와 이시하라石原莞爾는 봉천 근교의 유조구에서 자신들이 부설한 만주철도를 폭파했다. 그리고 그것을 장학량張學良 군대의 짓이라고 주장하면서 전면적인 군사행동을 감행해 삽시간에 봉천을 점령한 것이다.

일제는 대공황으로 국내문제가 소연해지자 국민의 관심을 외부로 돌리고, 차제에 만주(중국)를 침략해 자원과 영토를 확보하려는 야욕을 갖고 있었다. 때문에 일본내각은 관동군의 군사행동을 지체 없이 기정사실로 인정했다. 일본은 이후 더욱 강고한 파시즘체제로 전환되었다.

일제의 만주침략 배경에는 또 다른 측면도 있다. 일본군에게 살해된 만주군벌 장작림의 뒤를 이은 그의 아들 장학량이 국민당과 손을 잡고 일본에 저항하는 태도를 보인 것이다. 또 소련이 안정된 경제발전을 이루어가자 이에 자극받은 일본 군부와 우익 세력에서는 만주를 식민지화해 주요 자원과 군수물자의 공급처로 만들어야 한다는 주장이 제기되었다. 이에 파시즘 세력이 관동군 참모들을 종용하여 전란을 일으킨 것이다.

일본군은 전격적인 군사작전으로 6일 만에 중국 동북지역의 요녕성과 길림성의 주요기관 대부분을 점령하고, 1932년 3월에 만주괴뢰국을 세웠다. 청나라 마지막 황제 부의溥儀를 집정執政에 앉힌 다음, 일만의정서日滿議定書를 체결하고 만주국을 정식으로 승인했다. 이에 중국은 국제연맹에 일본의 침략행위를 호소했다. 국제연맹은 조사단을 파견해 사실을 조사하고 일본군의 철수를 요구했으나 일본은 이를 거부했다. 1933년 일본은 국제연맹을 탈퇴하고 1934년부터 만주에 제정帝政을 시행하여 부의를 황제에 앉혔다. 그리고 만주국의 모든 실권을 관동군사령관이 장악했다.

일제의 만주괴뢰국 수립은 이 지역의 한국독립운동에 큰 타격을 주었다. 관동군의 조종을 받은 일제 낭인들과 친일 중국인들이 각지에서 조선인 마을과 주민을 약탈·방화·살육했으며 만주국 군대를 동원하여 독립군을 공격하기도 했다.

이로써 한국독립군은 이중삼중의 어려움에 봉착하게 되었다.

일제는 만주지역만 침략한 것이 아니었다. 1932년 1월 28일 일본인 승려 피습사건을 조작하여 상해에 군대를 상륙시켜 상해를 장악했다. 상해에 이어 수도 남경까지 일본군이 압박하자 국민당 정부는 수도를 낙양으로 옮겼다. 국제연맹 등의 압력으로 일본군이 상해에서는 철군했지만 국민당 정부는 여간 곤란한 처지가 아니었다. 공산당 세력 도빌에도 힘이 겨운 국민당 정부로서는 공산당과 일본군을 동시에 대적하는 것이 보통 어려운 일이 아니었다.

국민당 정부는 외부의 적을 몰아내기 위해서는 내부의 단결이 시급하다는 명분을 내걸고 공산당 토벌에 더욱 힘을 쏟았다. 중국 대륙은 다시 국공내전이 벌어졌고 정국은 예측하기 어려운 상태가 되었다. 내우외환에 빠져든 것이다. 그러나 일본군의 만주침략은 한국독립운동가들에게는 새로운 전기가 되었다. 반일감정이 충만한 수억의 중국민중이 우군이 되어 함께 일제와 싸울 수 있게 된 것이다.

김원봉은 북경에서 레닌주의정치학교 제3기생의 교육준비를 하던 중 일본의 만주침략 소식을 듣고 내심 쾌재를 불렀다. 그동안 중국인들은 한국독립운동가들을 외면하고, 더러는 조선인들을 일본의 앞잡이 정도로 인식하고 있었다. 그러나 이제는 수억 명의 중국민중을 우군으로 삼을 수 있게 되었다. 항일투쟁의 외연이 크게 확대된 것이다.

'남의사'를 통해 중국 정부로부터 재정 지원 받아

김원봉은 1931년 10월 의열단 제5차 임시대표대회를 소집해 정세를 분석하고 새로운 계획을 짰다. 그 결과 국민당 정부의 지원을 받아 항일투쟁을 강화하는 방향으로 논의가 모아졌다. 1932년 봄 김원봉은 의열단원들을 중국 각 지역과 만주에 파견하고 자신은 부인 박차정과 단원 몇 명을 대동하고 남경으로 갔다. 남경에는 황포군관학교 동기생인 등걸滕傑이 삼민주의역행사三民主義力行社의 서기를 맡고 있었다.

삼민주의역행사는 1932년 2월 29일 일본유학 중 일제의 만주침략으로 급거 귀국한 20여 명의 황포군관학교 출신 핵심장교들로 구성되어 장개석의 권력구심체 역할을 하는 당중당黨中黨의 조직이었다. 장개석이 사장이고 등걸은 서기를 맡아 모든 정책을 집행했다. 등걸은 장개석의 신뢰가 두터운 실력자였다. 남의사藍衣社라는 별칭으로 더 잘 알려진 삼민주의역행사는 국내 각 분야의 개혁을 목표로 운영되었다. 장개석의 "국내를 안정시키며 외세를 물리친다"는 '안내양외案內攘外'의 목적에 따라 조직되어 한국독립운동가들에게는 지극히 우호적이었다.

김원봉은 오랜만에 황포군관학교 4기 동기생이면서 보과步科 제1연대 제5중대에서 동고동락했던 등걸을 만났다. 이 자리에서 김원봉은 한·중이 연합하여 항일운동을 활성화하기 위해 중국 정부에 의열단 지원을 요청했고 이러한 내용을 적은 서한을 등걸을 통해 장개석에게 전달했다. 김원봉의 계획서를 본 장개석은 매우 긍정적인 반응을 보이면서 '남의사'에 지원을 지시했다. "역행사(삼민주의역행사—지은이)의 간부들은 비단 한국만 아니라 대만과 안남, 인도 등 인접 피압박 약소민족들의 독립자유 쟁취운동을 적극적으로 고무하고 지원하기로 결정하고 그 전담기구의 설치를 추진하여 4월에 역행사의 하부조직으로 민족운동위원회를 설립했다."[2]

김원봉에게 행운이 따른 것이다. 이해 4월 29일 백범 김구가 지도하는 한인애국단원 윤봉길이 상해 홍구 공원에서 열린 일왕 생일 천장절 행사 및 상해사변 전승기념식장에 폭탄을 던졌다. 파괴력이 강한 이 폭탄 세례로 일본 상해 파견군 사령관 시라카와白川義則, 일본 거류민단장 가와바타河端 등이 즉사하고 일본 제3함대 사령관 노무라野村吉三郎, 제9사단

---

2 김영범, 앞의 책, 292쪽.

장 우에다 켄키치植田謙吉, 주중일본공사 시게미쓰 등이 중상
을 입었다.

윤봉길 의거는 "중국군 30만 명이 해내지 못한 일을 혼자
서 해냈다."라고 장개석이 칭송할 만큼 한국인의 용맹성과
투쟁열을 중국인들에게 과시하고 조선독립운동에 적극적인
이해와 지원을 가져오게 하는 결정적인 계기가 되었다. 이러
한 분위기 역시 남의사의 지원을 이끌어내는 데 큰 도움이 되
었다. 지금까지 의열단의 활동이 윤봉길 의거와 같은 특공의
열투쟁 방식이었다는 점을 긍정적으로 본 것이다. 김원봉의
시의적절한 타이밍이 적중한 셈이다.

'남의사' 측은 김원봉을 초청하여 그간의 항일투쟁의 경
과를 청취하고 향후 투쟁방향에 대해 물었다. 이때 김원봉을
적극 도왔던 '남의사'의 서기 등걸은 뒷날 다음과 같이 당시
상황을 증언했다.

그(김원봉)는 크게 흥분하면서 한국의 독립, 자유를 쟁
취하기 위해 문무합일文武合一로 된 혁명간부 훈련반을 창
설하여 중국과 한국 본토 내에서 일본 강도를 타도해야 한
다고 갈망했다. 그리고 조국의 독립, 자유를 쟁취하겠다는
청년지사를 모아 수용하고 필요한 단기훈련으로 복국復國
운동을 진행하는 각종 지능을 구비케 해야 한다고 했다.
그러나 여기에 소요되는 금전, 물질 및 훈련장소 등 세 가

지의 지원은 교장(장개석)이 영도하고 있는 중국에 반드시 의뢰해야 비로소 이루어질 가능성이 있다는 제의를 했으며, 또 빠를수록 좋겠다고 강조했다.[3]

김원봉은 구체적인 계획서와 필요한 예산안을 제출했고 거의 원안대로 통과되었다. 장개석의 승인까지도 받았다. 김원봉의 오랜 꿈이 실현되는 단계에 접어든 것이다. 김원봉은 단기교육훈련 과정을 통해 중국군 초급장교 수준의 한국인 군사정치간부들을 키워 만주 및 관내지역과 국내 각지의 대일 공작에 투입한다는 목적을 가지고 있었다.

마침내 훈련기지와 교사, 숙소, 총기, 탄약, 피복, 장비 그리고 지원금 3000원이 책정되었다. 황포군관학교 5기 출신인 중국인 간국훈干國勳이 간부훈련반의 고문단장 자격으로 운영을 도왔고 김원봉이 교장으로 전반적인 운영을 맡았다. 의열단 간부진도 각각 훈련과 교육을 맡아서 역할 분담을 했다. 중국 정부는 운영경비와 소요물자를 지원하고 경상비로 매월 2000~3000원, 수시경비로 1000~1만 원, 의열단 운영비로 별도로 매월 400~1000원, 졸업생의 생활비와 공작활동비로 71만 원 규모의 자금을 지원했다. 김원봉과 의열단은 망명 이래 처음으로 어느 정도 여유 있는 자금을 활용할 수 있게 되었다.

3 둥졀, 〈삼민주의역행사의 한국독립운동에 대한 원조〉, 《중국인사 증언 한국 독립운동사 자료집》, 박영사, 74쪽.

간부훈련반의 고문단장을 맡게 된 간국훈은 민족운동위원회 주임위원으로 장개석의 핵심측근 중 한 사람이었다.

삼민주의역행사가 쉽사리 의열단을 지원하기로 결정한 데는 두 가지 요인이 작용했다. 첫째는 삼민주의역행사가 군사기관이었기 때문에 판단의 기준을 군사적 능력에 두었다는 점이다. 의열단은 약산을 비롯해 유능한 군 장교 출신들을 가장 많이 보유하고 있었으며 그들의 군사적 능력은 북벌전쟁에서 이미 확인된 바 있다. 의열단을 지원한 중국 실무자들은 약산과 의열단의 능력과 애국심을 존경했다. 둘째는 삼민주의역행사가 황포군관학교 출신자들로 구성되어 황포 출신인 약산이 접촉하기 쉬웠다는 점이다.[4]

---

4 염인호, 앞의 책 150쪽.

황포군관학교 동기생들의 협력

김원봉은 국민당 정부의 지원을 받기 위해 여러 가지 채널을 동원했다. 그 가운데는 황포군관학교 동창인 황사오메이가 주도하는 아주문화협회, 장개석의 신임을 받던 국민군 제25사단장 겸 진포로 경비사령관 관린정 등 황포군관학교 동기생과의 인연이 큰 도움이 되었다.

관(관린정) 장군은 황포군관학교 제1기생으로서 장개석 위원장의 총애를 한몸에 받고 있던 사람이며 군단장의 요직에 있었다. 관 장군은 군관학교 대장으로 재직하던 시절 만성위장병으로 식사도 제대로 못한 채 고생하고 있었다. 이러한 사실을 안 김원봉은 그때 그의 동기 김종이 한방의학에 밝은 사실을 알고 그를 시켜 국내에서 인삼을 구해다가 경옥고를 만들어 관 장군의 위장병을 치료해 주었다.

완쾌한 관 장군은 김원봉이 베풀어 준 정성에 대해 그

후 두고두고 고마움을 표시하며 그들에 대한 후원을 잊지 않았다. 김원봉은 관 장군과의 그러한 밀접한 관계를 이용해 관 장군을 만난 자리에서 이왕이면 한국청년을 위해 군사와 정치에 유능한 인재를 양성하기 위한 기관을 하나 설립해 줄 것을 간청했다. 그래서 남경에서 가까운 강녕현의 산중에다 조선혁명군사정치간부학교를 아주 비밀리에 설치하게 되었다.[5]

일제는 윤봉길 의거로 프랑스식민주의 당국에 압력을 가해 상해 프랑스 조계의 조선인들을 무차별 구속·수색했다. 이 때문에 윤봉길 의거를 주도한 김구는 물론 임시정부 요인 대부분이 상해를 떠나게 되었다. 독립운동가들은 속속 남경으로 모여들었다. 김원봉은 남경에서 6년여 동안 머물면서 중국 정부와 연합하여 항일투쟁의 기반을 다지고 조선혁명군사정치간부학교를 운영했다.

조선공산당재건동맹과 레닌주의정치학교를 운영하는 등 사회주의적 노선에서 항일투쟁을 전개해온 김원봉이 국민당 정부와 손을 잡게 된 것을 두고 독립운동 우파진영에서는 비판의 소리가 높았다. 실제로 그의 '변신'에는 석연치 않는 부문도 없지 않았다. 장개석은 수많은 의열단원을 살해한 장본

■■■ 5 김홍일, 《대륙의 분노:노병의 회상기》, 문조사, 295~296쪽.

인이었고 그 시각에도 남경감옥에는 성시백 등 많은 조선인 혁명가들이 신음하고 있었다. 이와 관련한 김학철의 증언은 어느 정도 '이해'의 실마리를 제공한다.

남경 시내 화로강에 절간 하나가 있다. 그 뒷채 이층 조용한 방에서 김학무는 서로 믿는 사이인 김원봉에게 툭 털어놓고 다 이야기했다. 연후에 김원봉더러 장개석을 암살하는 데 협조해달라고 청을 했다. 김원봉은 귀를 기울이고 전후 이야기를 듣고 나더니 머리를 설레설레 저었다.

"장개석이를 해치우는 건 우리의 급선무가 아니오. 비록 그자가 백번 죽어 마땅할 죄를 짓기는 했지만서도. 지금 그자의 속셈은 우리를 이용해 보자는 거요. 그렇다면 우리도 그자하고 맞장기를 두어서 안 될 게 뭐 있소? 염불에는 맘이 없고 젯밥에만 맘이 있어서 안 될 게 뭐란 말이요. 일본제국주의를 타도하기 위해서는 조금이라도 유리한 조건이면 어떤 거나 다 이용해야 하지 않겠소? 한데 그건 그렇구, 내가 보기엔 동무의 그 황당한 계획은 아무래도 동무자신이 생각해낸 것 같지를 않소. 동무는 종래로 그런 주장을 한 적이 없다고 나는 기억하고 있는데, 혹시 누가 뒤에 있는 거 아니요? 아무튼 떡국을 더 먹은 만큼 사회경험은 내가 동무보다 좀더 쌓았을 거요……" [6]

김원봉의 설득으로 김학무는 장개석 암살계획을 포기했
다. 이러한 김원봉의 반응은 그의 민족운동관의 일면을 보여
준다. 즉, '실용주의적 사고에 기반을 둔 민족주의자'라는 표
현이 어울린다는 생각이 든다. 그는 고지식적인 자신만의 원
칙에 얽매여 스스로의 여지마저 좁히는 보수적 민족주의자들
과 달리, 현실과 미래에 대한 준비과정으로써 오늘의 현실을
판단하는 사고의 유연성을 보였다.[7]

6 김학철, 〈항전별곡〉, 이정식·한홍구 엮음, 《항전별곡》, 거름, 135쪽.
7 한상도, 앞의 책, 74쪽.

남경 교외 탕산에 훈련소 개설

　김원봉이 꿈에 그리던 조선혁명군사정치간부학교가 마침내 세워졌다. 장소는 남경 교외 탕산湯山에 있는 사찰 선사묘善祠廟였다. 보안 유지를 위해 산속의 사찰을 택한 것이다. 이 지역은 국민당 정부 군사위원회의 간부훈련반 통신대가 관리하고 있는 곳이었다.

　1932년 10월 20일 제1기생 입교식이 거행되었다. 입교식에는 남경《중국일보》사장, 황포군관학교 동창회장, 국민군 장성 등 다수의 요인이 참석해 자리를 빛내주었다. 이 같은 요인들의 참석은 중국 정부의 관심과 지원이 어느 정도였는지를 짐작케 한다. 중국 정부는 철저한 보안대책도 마련해 주었다. 일본과의 외교관계 때문이었다. 학교 이름도 조선혁명간부학교라는 이름대신 '중국국민당 군사위원회 간부훈련반 제6대'라는 이름을 붙여 마치 국민당이 운영하는 시설인 것처럼 위장했다. 그러나 조선혁명간부학교는 철저한 보안에도 불구하고 일제의 정보망에 조금씩 포착되면서 교사校舍와 훈련기지를 몇 차례나 옮겨다녀야 했다. 일제의 첩보·정보활동이 얼마나 치열했는지를 보여주는 대목이기도 하다.

한 연구자는 여러 가지 자료와 증언을 토대로 개교식 겸 제1기 입학식 정경을 다음과 같이 정리했다.

1932년 10월 20일 개교식 겸 제1기 입학식이 거행되었다. 이날 참석자는 교장인 약산 이하 교관 13명과 중국측 내빈으로 강탁姜鐸(남경소재 중국일보 사장), 황포군관학교 동창회장 강모姜某, 중국 모사단 사단장과 학생 20명이었다. 식장에는 손문과 장개석의 사진이 걸려있었고 중앙에는 태극기와 중국기가 교차되어 있었다. 벽에는 '조선독립' '동삼성탈환' '타도 일본제국주의' '중국혁명성공 만세' '조선혁명 성공만세' '간부훈련반 만세' 등의 표어가 걸려 있었다. 이날 약산은 오늘의 개교가 우연의 산물이 아니라 의열단이 오랫동안 투쟁하는 과정에서 흘린 피의 대가임을 역설하고 또 당면 임무가 만주의 탈환에 있음을 강조하는 뜻 깊은 연설을 했다.[8]

김원봉은 이날 만감이 교차한 심경으로 생도들에게 일장

■■■ 8 염인호, 앞의 책, 159쪽.

의 연설을 했다. 이날 행한 '개교사'의 일부는 다음과 같다.

본교의 개최는 해외에 있어서 최초로 시도되는 것으로
써, 의열단이 과거 흘린 피의 대가로 얻은 결과인 동시에
현재 혈전 교섭의 결과 성립한 것이다. 조선민족이 일본과
대항하기 위해서는 군사학과 무기 사용법 등을 배워야 하
는 바, 본교는 실제로 그것을 습득하는 곳이 될 것이다.
중·한 민족은 절대적으로 제휴하여 동삼성을 탈환함
으로써 조선의 독립을 달성해야 하는 바, 이 목적 하에 제
군은 본교에서 열심히 기술을 습득하고 학습을 연마하여
장래의 발전을 기약하도록 하라.

교과과목은 정치, 경제, 철학을 비롯해 폭탄사용법, 기관
총학, 당 조직과 선전, 전술학에 이르기까지 다양하게 편성되
었다. 또 정규사관학교 수준 이상의 이론과 군사학습을 가르
쳤다. 기별 교과목을 정리하면 다음과 같다.

기별 교과목 편성 세목

제1기

정치과 : 정치학, 경제학, 사회학, 철학, 조직방법, 비밀공작법.
군사과 : 보병조전步兵操典, 진중요무령陣中要務令, 사격교범,
　　　　측도測圖, 축성학, 폭탄제조법, 부대교련, 기관총조

법, 폭탄사용법, 실탄사격.

과외과목 : 중국어.

제2기

정치과 : 철학, 유물사관, 변증법, 경제학, 정보학, 중국혁명
　　　　사. 삼민주의, 사회과학(사회학), 의열단사, 조선정세,
　　　　세계정세, 조선운동, 각국혁명사, 당 조직문제.

군사과 : 전술학, 진중요무령, 기관총학, 사격교범, 간이측량
　　　　학, 축성학, 교통교범, 야간연습, 보병조전, 폭파교범.

제3기

정치과 : 당 조직과 선전(또는 당적 훈련), 세계경제지리, 유물
　　　　론 철학, 사회학, 경제학, 정보학(또는 특무공작 및 비밀
　　　　통신연락법), 각국혁명사(영·미·프·한·러), 중국혁명
　　　　사, 유물사관, 한글, 한국역사, 정치학.

군사과 : 보병조전, 군대내무와 육군예식, 사격교범, 지형학,
　　　　축성학, 기관총학, 전술학, 진중요무령, 군제학, 기
　　　　관총해부학(또는 병기학), 도상전술圖上戰術, 야간교
　　　　육, 야외연습, 군사간이측도, 유격전술, 대외근무,
　　　　야간근무.

자연과학과 : 대수, 기하, 물리, 화학, 한국지리, 만주지리.[9]

조선혁명간부학교의 운영은 기별로 다소 차이가 있었다. 교과과목도 그렇고 학생숫자도 약간씩 달랐다. 기별 운영 상황은 다음과 같다.

조선혁명간부학교의 기별 운영 상황

기별	수업시간	학교위치	교육인원	
제1기	1932. 10. 20 ~1933. 4. 20	남경 교외郊外 탕산湯山 동쪽 선수암善壽庵	26명 (26명)	
제2기	1933. 9. 16 ~1934. 4. 20	강소성江蘇省 강녕현康寧縣 강녕진康寧鎭 증조사曾祖寺	55명 (35명)	20명은 졸업 직전 중앙군교 및 낙양분교로 전교시킴
제3기	1935. 4. 1 ~1935. 9. 30	강소성 강녕현 상방진上方鎭 천녕사天寧寺	44명 (36명)	8명은 1935년 8, 9월경에 중도 퇴교시킴[10]

* '교육인원' 중 ( )속 인원은 최종 졸업인원임.

조선혁명간부학교의 조직과 담당교관도 기별로 다소의 차이가 있다. 평화시대의 안전한 장소가 아닌, 전시의 외국 땅에서 운영하는 까닭에 당시의 정세 변화에 따라 그때그때 달라진 것은 어쩔 수 없는 일이었다. 설립초기의 조직과 교과

---

9 김영범, 앞의 책, 302쪽, 재인용.
10 앞의 책, 301쪽, 재인용.

담당 교관은 다음과 같다.

설립초기의 조직

교장 : 김원봉

비서 겸 교관 : 이영준

군사조 : 이동화, 김종, 권준

정치조 : 박건웅, 이영준, 한일래

총무조 : 이집중, 비싱추(중국인)

대부실 : 신악, 노을룡, 이철호

의관실 : 대××(중국인)

외교주임 : 김원봉(겸임)

교육과목 및 담당 교관

1기생

정치과목 : 정치학(한일래), 경제학(이영준), 사회학·조직방법
(박건웅), 철학(김원봉).

군사과목 : 보병조전(신악), 진중근무 요령·지도관측·폭탄제
조법(이동화), 사격교범(김종), 축성학(권준).

실습과목 : 부대교련(신악·이동화·노을룡), 기관총 조작법·폭
탄사용법·실탄사격(이동화).

2기생

정치과목 : 경제학(이영준), 철학·중국혁명사·조선운동사·각
국혁명사·당조직 문제·의열단사(윤세주), 정신학
(조빈), 삼민주의(유모, 중국인), 조선정세(김원봉).

군사과목 : 간이 지도관측·축성학(이복원), 전술학(김종), 진중
근무 요령·폭탄제조 및 사용법(양진곤), 기관총학
(김세일), 보병조진(신악).

실습과목 : 사격(이복원), 야간연습(김세일).

3기생

정치과목 : 조선혁명에 관한 훈화(김원봉), 정치학·당조직과
선전(양진곤), 세계경제지리·칸트철학(윤세주), 경
제학(이영준), 정보학·중국혁명사(이춘암), 각국 혁
명사(김상덕).

군사과목 : 보병조전·기관총 해부학·야외연습 상정(김세일),
전술학·도상전술(김종), 군대내부와 육군예식·지
형학·축성학·기관총학·군사간이측도(이복원), 진
중근무요령(오균), 군제학(신악), 야간연습(하진동).

실습과목 : 집총 각개훈련

기타 : 한글·한국역사·한국지리(김두봉), 만주지리(김상덕).[11]

━━ 11 한상도, 앞의 책, 78~79쪽, 재인용.

조선혁명간부학교 운영에 열정을 바쳐

조선혁명간부학교 학생들은 철저한 애국심으로 하나가 되어 교육과 훈련에 임했다. 새벽 6시부터 저녁 9시까지 통신, 선전, 폭동, 연락, 암살, 집합, 폭탄제조 및 투척, 피신, 변장, 철도 폭파 등 각종 비밀 공작법을 배웠다. 교관들은 일제와 싸우기 위해 실전에 필요한 각종 훈련은 물론 학생들의 혁명의식을 일깨우는 사상교육도 빠뜨리지 않았다. "학생들이 사지死地에 가서 죽음에 이르러서도 사명을 다할 수 있도록 투철한 혁명적 인생관을 심어주고 각자의 임무를 올바르게 숙지시키는 일에 힘을 쏟았던 것이다."[12]

혁명간부학교에서 학생과 교관들은 교가, 전기가, 3.1가, 추도가, 군가 등을 제작하여 함께 부르며 사기를 북돋았다. 교가는 김원봉이 남경 거주 한국 한학자에게 의뢰한 가사에

━━ **12** 염인호, 앞의 책, 163쪽.

작곡 경험이 있는 입교생이 곡을 붙였다. 그중 일부 가사는
다음과 같다.

교가校歌

(1)
꽃피는 고국은 빛 잃고
물이 용숫음치듯 대중은 들끓는다
억압받고 빼앗긴 우리 삶의 길
들끓는 것만으로 되찾을 수 있으랴

갈 길 몰라 하는 동포들이여
오라 이곳 학교의 교정으로

(2)
조선에서 자란 소년들이여
가슴에 피 용숫음치는 동포여
울어도 소용없는 눈물을 거두고
결의를 굳게 하여 모두 일어서라
한을 지우고 성스러운 싸움으로
필승의 의기가 여기에서 뛴다

(3)

총검과 피 없이는 안 된다
우리들은 통감한다
(不詳)
(불상)
갈 길 몰라 하는 우리 동포들
오라 이곳 배움의 터로

(4)

(불상)
(불상)
끓는 피 앞에서 피어나는 꽃이여
신세계로 아름다운 봄을 꾸미세
한을 지우고 성스러운 싸움으로
필승의 의기가 여기에서 뛴다

전기가戰旗歌

(1)

피끓는 진실한 친구
쇠줄처럼 단결하자
전기戰旗를 높이 걸고
나가세 싸움터로

3.1 대학살과
서북간도 토벌대의
동경 대판 신내천에서
흘린 피 그 얼마인가
동방의 강도 일본을
우리 칼로 찌르고
쌓인 원한을 씻고
새 역사를 여세

(2)
이중교와 총독부
이등 제등 전중을
때리고 부순 친구들의
흐르는 피가 우리들의 피
우리들의 피 흐르는 곳
전기 높이 휘날리고
만인의 자유과 빵
얻을 때까지 돌진하세

3.1가

(1)

조선의 들판에서 불이 일어나
조선의 산봉우리에 불이 일어나
검붉은 화염 그 가운데
흰옷 입은 대중의 함성이 들려
나가자 싸우러 조선의 대중이여
모두 전선으로 나가자 싸우러

(2)

3월 반역은 2천만 대중의
반제국주의 전선으로 총동원하여
적의 아성을 총공격하여
위대한 전투의 처음 시련이다
나가자 싸우러 조선의 대중이여
모두 피로 뼈에 새기자

추도가

(1)

가슴 쥐고 나무 밑에
쓰러진다 혁명군
가슴에서 쏟는 피는

푸른 풀 위에 질퍽히

(2)
산에 나르는 새
시체 보고 울지 마라
몸은 비록 죽어도
혁명정신은 살아 있다

(3)
만리 전쟁 외로운 몸
부모형제 죄다 버리고
홀로 섰는 나무 밑에
힘도 없이 쓰러졌네

(4)
내 사랑하는 조선 혁명
피를 많이 먹으려나
피를 많이 먹겠거든
나의 피도 먹어다오

군가

(1)

동지들아 굳게 굳게 단결하여

생사를 같이하자

여하한 박해와 압박에도

끝까지 굴함 없이

우리들은 피끓는 젊은이

혁명군의 선봉대

(2)

닥쳐오는 결전은 우리들의

우리의 필승을 보여주자

압박 없는 자유사회를 과감히 전취하자[13]

13 한홍구·이재화 편,《한국민족해방운동 자료총서》, 경원문화사 영인본, 412
~149쪽.

치열한 혁명계급론 분석

조선혁명간부학교에 대한 김원봉의 애정과 집념은 남달랐다. 학생들과 생활을 함께 하면서 직접 가르치고 훈련에 참여했다. 그리고 매일 저녁이면 1시간씩 토론회를 열었는데 주제는 혁명가의 자격, 혁명가의 인생관, 제2차 세계대전과 우리들의 임무, 입교 후의 감상, 혁명의 방식 등이었다.

김원봉은 학생들에게 교관 자격으로 〈조선정세와 의열단의 임무〉에 대해 강의했다. 그는 평소에 언변이 어눌한 편이었지만 강의를 할 때는 대단히 열정적이었다. 학생들 역시 교장인 김원봉의 강의에 심취했다. 김원봉이 남긴 자료가 많지 않기 때문에 이 무렵 조선의 정세를 논하는 이 강의 내용은 김원봉의 이념과 사상의 일단을 밝히는 매우 소중한 자료다. 다음은 조선의 각 계급을 분석하는 강의 내용의 요지다.

노동계급

노동계급은 조선혁명에 있어서 가장 전투적인 계급이고 제일선에 선 전위대다. …… 노동자는 집단생활을 하고 있어서 조직화가 쉽고 전투적이며 자본가의 가혹한 착취와 탄압 밑에서 무한한 고통을 받고 있는 계급이기 때문에 타 계급보다 더욱 혁명을 절실히 요구하는 계급이다. …… 노동자 계급은 매일 그 수가 증가하고 있으나 생활은 다달이 비참한 상태로 되어가고 있다. 따라서 앞으로의 조선혁명은 노동자 계급의 이해 문제에 입각한 프롤레타리아혁명이 되지 않으면 안 된다. 가장 심하게 착취당하고 압박을 받는 계급만이 혁명을 요구한다는 것은 필연의 이치다. 조선 노동자들은 일본 자본가뿐 아니라 조선인 자본가에 대해서도 투쟁하지 않으면 안 된다.

농민계급

조선은 농민이 그 인구의 8할을 차지하고 있는데 그 대부분은 빈농이다. 농민 계급은 노동 계급과 달리 복잡하다. 조선 농촌경제는 자본주의적이지 않고 아직 봉건적 상태에 있다. 농업 프롤레타리아는 아직 미약하지만 장래 노동계급의 동맹군으로서 계급혁명에 동원될 가능성을 많이 가지고 있다. 농민은 지주와 투쟁을 전개하면서 아울러 프롤레타리아혁명을 절실히 요구하는 계급이다. 조선 농민은 그 생활상 대부분이 무산계급이기 때문에 노동계급과 함께 계급혁명에 대한 선봉대가 돼야 한다. 조선은 아직 노동자의 세력보다도 농민이 대다수를 점하고 있는 까닭에 농민운동을 정당하게 위치지워야(평가해야 – 인용자) 할 것이다. 조선의 계급혁명은 신속하게 발전하고 있고 또 성공할 가능성이 있다. 우리들은 농민들에게, 과거의 운동 방침이었던 전지주의 토지 몰수를 철회하고 대지주의 토지만 몰수할 것을 현 조선 정세 히에서 호소하지 않으면 안 된다.

전지주의 토지에 대한 몰수 주장은, 조선 현하의 지주의 상태 하에 있어서는 혁명적 세력을 축소하고 반대세력을 확대시키게 된다. 따라서 우리는 조선의 진정한 계급적 혁명에 있어서, 전술상 500석 이상을 추수하는 지주의 토지를 몰수한다는 주장을 현실적으로 주장하지 않으면 안 된다. 500석 이상의 지주계급은 일찍부터 민족적으로 일본에 대하여 귀화 분자임과 동시에 계급적으로 혁명이 요구되는 반동세력이기 때문이다.

토착 부르조아

조선혁명에 있어서 민족자본가는 지배계급이기 때문에 진정한 조선 계급혁명의 시기에는 이들 계급은 완전히 반동세력이 되어 적대적 입장을 취할 것이다. 그러나 일면 일제에 대해서는 다분히 반감을 가진 것은 사실이다. 그 이유는 일본 자본가들은 자기들의 발전에 하나의 큰 위협이고 아울러 정치적으로 조선이 완전히 해방되지 않고서는 결코 발전할 수 없다는 사실을 그들도 알기 때문이다. 이 계급도 조선 독립이라는 단계까지는 행동할 가능성을 가지고 있지만 진정한 조선의 계급혁명에 이르러서는 완전히 반동화된 적이 될 것이다.

지주계급

조선에 있어서 민족지주계급은 극히 미약한 세력을 가지고 있으며 지주계급 그 자체 내에는 복잡한 여러 개의 층으로 나뉘어 있다. …… 그들은 조선의 계급혁명에 있어서는 완전히 지배계급, 착취계급이기 때문에 반동성이 농후하다. 그러나 타도 일본제국주의와 조선민족해방이라는 그 단계까지는 이들도 행동할 가능성을 다분히 가지고 있다. 아울러 대지주보다는 중소지주, 지주 겸 자작농이 조선혁명에 임해서 행동할 가능성이 충분히 있는 계급으로 보는 것이 당연하다.

소시민계급

이 계급은 노동자와 빈농과 같이 완전히 피착취계급이고 피지배계급의 위치에 놓여있으므로 노동자, 농민과 같이 혁명에 대해 …… 조선혁명의 마지막 단계까지 전투적 역할을 다할 중요성을 가진 계급이다. 이들의 조직화에 대해서도 노동자, 농민의 경우와 똑같이 전력을 기울이여야 한다.

총독부 관리층

이들은 조선 혁명운동에 있어서 완전히 반동적이고 일제에 대한 철저한 귀화분자다. 일제가 조선 민족에 대해 착취와 압박의 제정책을 실시함에 있어서 이들은 그 말초신경의 역할을 다하고 있는 바 이들은 주구들이다. 이들은 몸은 조선인이지만 정신은 완전히 일본 자본가와 제국주의화된 계급으로, 논할 여지없는 혁명에 대한 적이다.

민족주의자

조선의 민족혁명에 있어서 이들은 완전히 혁명세력이다. 이들은 일제에 대해 많은 투쟁을 전개해 왔다. 그러나 진정한 조선혁명의 반동세력이 된다. 이들은 오직 애국사상과 영웅주의적 사상으로써 조선 민족 해방을 요구하여 왔으나 변동하고 있는 세계 정세와 국내 정세에는 캄캄盲目하다. 또 조선 민족의 일반적 이해문제에 입각해 있지 않다. 그러나 타도 일본제국주의와 조선 민족 해방의 단계까지는 완전히 악수할 수 있는 전투적 혁명층임과 동시에 버릴 수 없는 분자다.[14]

김원봉의 여러 가지 이론과 강의목표는 오로지 '조선혁명'에 있었다. 그리고 그의 혁명론의 핵심은 시종일관 '무장투쟁'

━━ **14** 한홍구 · 이재화, 앞의 책, 488~495쪽.

이었다. 국내의 노동자·농민 속에 강력한 중심조직을 결성하고 무장투쟁을 전개해야 한다는 이론이다. 국제정세를 보는 안목도 대단했다. 일본과 미국의 전쟁이 불가피하다고 내다보았고, 일본이 러시아와도 전쟁을 하게 될 것으로 예상했다. 그리고 러일전쟁은 조선혁명의 중대한 전기가 된다고 믿었다. 다음은 김원봉의 〈금후 조선혁명운동에 대한 방침〉이다.

금후 조선혁명운동에 대한 방침

우리들은 금후 조선혁명운동에 대하여 어떠한 정략政略 전술을 요하는가? 우리들은 과거의 좌익운동이 범하였던 모든 것을 철저히 청산하고 국내에 강대한 중심조직을 결성해 기술적 무장 준비공작을 하지 않으면 안 된다. 단지 이론만으로는 도저히 혁명을 성공할 수 없다.

이론 조직은 혁명운동에 있어서 수단일 뿐이고 직접 혁명을 전취하는 것은 오직 무장이다. …… 지금부터 우리들은 직접 공장 내로, 농촌으로, 민중 가운데로 잠입하여 노동자·농민이 되어 민중 속에서 강대한 조직과 투쟁을 전개해야 한다. 앞으로 우리의 운동은 조직적 무장 준비를 이루어 혁명세력을 조선 민중 속에 두고 전 민중을 일제 반대운동에 동원시키고 아울러 프롤레타리아 혁명운동으로의 진전공작을 하는 것이어야 한다.

프롤레타리아 정권 없이는 진정한 조선혁명은 없다.

…… 조선혁명은 조선 내에 잠재되어 있는 자본주의적 일본제국주의 세력을 파괴하고 타도함으로써 비로소 완성되는 것인데 그 완성은 우리들의 눈앞에 다가오고 있다. 일본은 국제연맹을 탈퇴하여 고립적 입장에 있고 일미, 일로전쟁을 목전에 …… 만약 일미, 일로전쟁이 일어나면 우리들은 일본에 대한 패전운동을 일으켜 조선혁명을 기하지 않으면 안 된다.

주로 일로전쟁은 조선혁명에 있어서 중대한 조건이 되는 것이다. 우리들은 러시아를 적극적으로 지키고 일본의 후방전선을 파괴하여 러시아를 승리케 해야 한다. 일본을 파괴하면 조선의 혁명은 어렵지 않다.[15]

---

15 앞의 책, 483~503쪽.

백범 김구의 격려 방문

이 시기 김원봉의 강의에 나타난 사상과 혁명전략 그리고 국내외 정세분석에서 다음의 몇 가지를 확인할 수 있다.

첫째, 약산은 사회주의자들의 용어를 쓰며 사회주의자들처럼 계급을 분석했을 뿐 아니라 혁명의 동력을 노동자·농민에서 찾았다. 또 민족해방이 달성되면 프롤레타리아혁명을 전개해야 한다고 강의함으로써 큰 틀에서는 사회주의자들과 인식을 같이하고 있다.

둘째, 하지만 사회주의자들이 배척하던 소시민·민족주의자, 적으로 규정하던 토착부르조아, 지주들의 혁명성(반일성)을 높이 사고 그들을 적극적으로 끌어들여야 함을 강조함으로써 당시 사회주의자들과 인식을 달리했다.

셋째, 국내의 사회주의자들과 마찬가지로 노농대중조직 건설을 강조하면서도 한걸음 더 나아가 전민중적 무장투쟁을 강조함으로써 창단 이래의 노선이던 국내 민중폭동노선을 계승 발전시키고 있다.

요컨대 약산과 의열단 지도부는 사회주의적 정세관·계급관을 가지고 사회주의운동 경험을 지닌 급진적인 학생들을 교육했으며, 국내 사회주의운동과 합세하려 했다. 그러나 제6차 코민테른 대회의 계급 대 계급 노선을 따르지 않고 보수 민족주의자까지 함께해야 한다고 주장했다. 이 점은 약산과 의열단이 사회주의적 내용을 포섭하면서도 민족주의적 원칙을 견지하고 있음을 보여준다.[16]

김원봉이 조선혁명간부학교 교육에 한창 열중할 때인 1934년 4월 초순 백범 김구가 조선혁명간부학교를 방문했다. 제2기생의 교육기간이었다. 김구는 김원봉의 소개로 학생들에게 일장의 연설을 했다. 김구는 학생들이 조선혁명을 위해 최후까지 분투할 것을 격려하고, 조선해방은 일·소가 개전할 때에 가능할 것이라고 내다보았다. 그리고 학생들에게 만년필 한 개씩을 선물했다.

조선혁명간부학교는 일제 정보망에 걸려들어 위기를 맞은 적이 한두 번이 아니었다. 조선청년들이 중국 정부의 지원으로 군사훈련을 받고 있다는 사실을 알게 된 일제는 이를 강력히 항의하고 나섰다. 보복을 두려워한 중국 정부는 1934년 5월 하순 조선혁명간부학교를 강령진에서 남경 성내의 구석

---

16 염인호, 앞의 책, 175~176쪽.

진 곳에 있는 화로강花露崗이라는 낡은 절로 이동하게 했다. 또 일제의 압력과 방해가 심해지면서 중국 정부의 지원이 줄어들었다. 따라서 전적으로 중국 측의 지원에 힘입었던 학교 운영이 점차 곤경에 빠져들었다. 이로 인해 학생모집이 한때 중단되기도 했다. 그럴 때마다 김원봉은 좌절하는 교관들과 학생들을 격려하면서 국민당 정부의 요인들을 설득해 지원을 이끌어냈다.

김원봉은 국제정세의 추이로 보아 머지않아 미일전쟁이 일어날 것이라 예견했다. 그리고 여기에 소련이 참전하게 되면 조선독립이 가능하리라고 내다보았다. 학생들에게도 희망적인 분석을 통해 용기를 넣어주었다. 이 무렵 김원봉은 의열단의 조직 확대와 치열한 활동이 중요하다는 걸 새롭게 인식하기 시작했다.

●졸업생들, 특수임무 띠고 적 후방으로

혁명간부학교를 졸업한 학생들은 김원봉과 윤세주로부터 특별 공작임무를 부여받고 속속 적의 후방으로 떠났다. 중국 정부는 이들이 만주지역으로 가기를 원했지만 대부분의 졸업생들은 위험한 조국으로 들어가 활동하기를 바랐다. 그만큼 애국심이 강한 독립투사들로 변모해 있었던 것이다. 두 사람은 혁명전사들에게 일반임무와 특수임무를 부여하고 각각 암호명과 약간의 공작금을 주어 떠나보냈다.

김원봉은 특히 떠나는 이들과 개별 면담을 통해 4가지 임무를 주지시켰다. 첫째 만주와 국내 각지에 의열단 지부를 조직하여 활동기반을 확보할 것. 둘째 노동자, 농민, 학생층을 대상으로 사상통일·실력양성에 주력하여 이들을 향후 활동의 주력으로 삼을 것. 셋째 각급 민족운동단체를 통일단체로 규합하여 주도권을 장악할 것. 넷째 혁명간부학교 입교생 모집 활동을 전개할 것 등이었다.

졸업생 중에는 민족시인 이육사李陸史(1905~1944)도 끼어 있었다. 일찍부터 의열단에 가입한 이육사는 조선은행 대구지점 폭파사건에 연루돼 대구형무소에서 옥살이를 했다. 그는 수인번호 64를 따서 호를 '육사'로 삼았다. 그의 본명은 이활이다. 이육사는 1933년 7월 14일 공작금 80원을 받고 상해를 거쳐 안동으로 갔다. 그리고 압록강을 건너 신의주로, 다시 서울로 잠입하는 데 성공했다. 그가 맡은 임무 중의 하나는 조선혁명간부학교 학생을 모집해 남경으로 보내는 일이었다. 그러나 불행하게도 1934년 3월 일제 경찰에 피체되고 말았다.

국내와 만주에 잠입한 많은 졸업생들은 특무활동과 비밀결사를 조직하는 등 활발하게 일제와 싸웠다. 이들은 청년들을 포섭하여 의열단에 가입하게 하거나 조선혁명간부학교에 입학시켰다. 소수지만 개중에는 변절하여 동지를 밀고하는 경우도 생겨났다. 변절자가 일경에 자수하면서 의열단원의 일대 검거선풍이 벌어졌는데 이 때의 상황을 국내의 한 신문은 다음과 같이 보도했다.

기보旣報와 같이 남경군관학교의 조선 사람 졸업생들 중 20여 명이 조선 안으로 들어와서 각지에 흩어져 반만항일의 행동을 하고 있는 것이 월전 평북 경찰부에 검거된 3명의 군관학교 졸업생으로 말미암아 드러나게 되어 이때 전조선적으로 그들을 검거코자 맹렬한 활동을 계속하여

평북에 3명, 경기에 2명, 경남에 3명, 경북에 1명 총계 9명
을 검거하고 엄중한 취조를 진행하는 가운데 있다 한다.[17]

의열단의 국내 대중운동이 처음으로 일반인들에게 알려진
것은 1935년 8월이었다. 그동안 소문을 통해 단편적으로 알려
지기는 했지만 신문을 통해 공식적으로 전해진 적은 드물었다.

북경을 근거로 둔 김원봉의 레닌주의정치학교 졸업생
권인갑, 이진일, 정동원, 이강명, 이윤경, 오필득, 심인택
등 9명은 소화 5년 8월부터 동 6년경까지 조선에 잠입하
여 조선 안에서 공산당재건공작과 동지 획득 적색결사를
조직하였다.
그 중에 이윤경은 평양을 맡아 평양에 잠입하고 권인갑,
이진일, 이강명 등 7인은 경성에 잠입하였는데 그후 권인
갑, 이진일은 다시 강릉으로 내려가 비밀 활동으로 강원도
일대에 가장 깊은 뿌리를 박고 활동을 전개하여 강릉은 이
미 결사조직의 과정을 넘어 실천운동에 착수하였다가 종방
鐘紡 파업을 단서로 한 검거 선풍에 휩쓸리게 되었다.
그리고 심인택, 이윤경 등은 평양에 숨어 바야흐로 지
하공작을 넓게 펴려다가 그대로 체포되고 말았다.[18]

■ **17** 《동아일보》, 1934년 8월 5일자.
■ **18** 앞의 신문, 1945년 8월 24일자 호외.

혁명음악가 정율성 배출

조선혁명간부학교 졸업생 중에는 이육사 외에도 특별한 인물이 한 사람 있었다. 본명이 정부은鄭富恩인 정율성鄭律成이다. 전남 광주 출신으로 중학교 시절부터 음악적 재능을 발휘한 그는 15세 때인 1933년 봄, 뒷날 의열단 간부 박건웅과 결혼한 누나와 함께 목포에서 배를 타고 부산과 일본을 거쳐 중국 상해로 건너갔다. 상해에는 두 형이 3.1운동 후 중국으로 망명해 독립운동을 하고 있었다.

정율성은 이해 9월 남경의 조선혁명간부학교에 유대진劉大振이란 이름으로 제2기생으로 입학했다. 최연소생이었다. 그리고 이듬해 4월에 졸업한 뒤 조선민족혁명당의 당무를 보는 한편 매주 남경과 상해를 오가며 음악공부를 계속했다. 상해에서 서양인 크리노아Krenowa 교수의 문하에서 성악과 음악이론을 배웠는데 "이탈리아에 가서 계속 공부하면 카루소와 같은 훌륭한 가수가 될 것"이란 극찬을 받았다. 크리노아 교수가 이탈리아 유학을 주선했지만 정율성은 경제적 어려움도 있었고 조국해방과 혁명에 대한 열정 때문에 유학의 길을 버리고 투쟁의 길을 택했다. 뒷날 그의 부인 정설송丁雪松은 "그는 음악에 몸을 바쳐 아름다운 선율로 인민의 목소리를 반영할 것을 결심하고 부은이라고 부르던 이름을 율성律成이라고 고쳤다"고 당시를 회상했다.[19]

조선혁명간부학교를 졸업한 정율성은 1936년 봄 남경에서 5월문예사에 참여하고 상해에서 결성된 조선민족해방동맹에 가담하는 등 항일운동에 투신했다. 그러던 중 독립운동가 김성숙의 아내로서 상해에서 부녀구국회를 지도하고 있는 두군혜杜君慧의 소개로 중국공산당의 근황과 연안延安의 상황을 듣게 되었다. 국민당 정부의 부패와 연안의 소식을 들은 정율성은 중국공산당의 근거지인 연안행을 감행한다.

1937년 10월 연안에 도착한 그는 합북공학陝北公學에 들어가 공부했으며 1938년 3월부터 8월까지는 루쉰예술학원 음악부에서 수학했다. 이 시기(1938년 봄)에 그는 그의 음악세계에서 명작으로 손꼽히는 〈연안송〉을 작곡함으로써 음악계에 단연 두각을 나타내기 시작했다. 그리고 중국공산당의 최고위층 지도자들인 모택동, 주은래, 주덕朱德, 왕진王震 등도 이때 만났다. 1938년 8월, 루쉰예술학원을 졸업한 정율성은 항

───── **19** 김성준, 〈중국에서 정율성의 삶과 예술〉, 노동은 편, 《정율성의 삶과 예술》, 2005, 233쪽, 재인용.

일군정대학 정치부 선전과에 음악지도원으로 배치받았으며 이때 〈10월혁명 행진곡〉〈항전돌격운동가〉 등의 노래를 만들었다. 1939년 1월 그는 항일군정대학에서 중국공산당에 정식으로 가입했다. 그리고 계속하여 〈연안요延安謠〉〈기어아랑奇語阿郎〉〈생산요生産療〉 등의 노래들을 작곡했을 뿐 아니라 이해 연말에는 대형작품인 〈팔로군대합창〉의 창작을 끝냈다. 이 작품은 〈팔로군군가〉〈팔로군행진가〉〈유쾌한 팔로군〉〈돌격가〉 등의 6개 곡으로 구성된 대혁명군가다. 그중 〈팔로군행진곡〉은 팔로군의 전투적 정신과 기상을 행진곡 품격으로 표현한 것으로 후에 중국해방인민군의 군가로 채택되었고, 1949년 10월 1일 중화인민공화국이 건립된 후에도 계속 군가로 사용되다가 1988년 7월 25일 중화인민공화국 중앙군사위원회로부터 정식 〈중국인민해방군가〉로 비준받았다.[20]

정율성은 중국공산당에 입당하고 태항산 팔로군 근거지에 건립된 화북조선혁명청년학교 교무주임을 지내는 등 치열하게 항일투쟁을 전개하다가 해방 후 북쪽으로 귀환하여 〈조선인민유격대전가〉〈조선인민군 행진가〉 등을 창작했다. 그는 중국과 북한 두 국가의 군가를 작곡한 최초의 음악가로 기록되었다. 그러나 1951년 김일성의 연안파 숙청과 관련해 불안을 느낀 정율성은 주은래의 도움으로 중국으로 돌아와 1976년

---

20 앞의 글, 24~25쪽.

12월 사망할 때까지 작곡활동을 계속했다.

정율성이 작곡하고 그의 친구 막야莫耶가 작사한 〈연안송〉을 들은 전국 각지와 해외에 있는 젊은이들이 혁명의 '성지' 연안으로 몰려들었다고 한다. 연안이 혁명의 성지라면 〈연안송〉은 혁명의 성가聖歌로 인식되었다.

〈연안송〉

석양은 산 위 탑 그림자에 눈부시고
달빛은 강가 반딧불을 비추는구나
봄바람은 탁 트인 울타리를 쳤구나
아, 연안! 너 장엄하고 웅대한 고도여!
뜨거운 피 내 가슴에 용솟음 쳐라
천만 청년의 심장이여
적을 향한 증오를 묻어두고서
산과 들에 길게 길게 늘어서리라

정율성의 혁명정신은 소년시절 조선혁명간부학교에서 싹트고 김원봉 등 지도교관들의 애국심과 항일투쟁을 통해 크게 성장했다. 결국 정율성은 혁명음악가로서 정상에 서게 되었다.

●독립운동진영의 지도자로 우뚝 서다

　김원봉은 1932년 10월에서 1935년 9월에 이르는 만 3년 동안 조선혁명군사정치간부학교를 운영하여 1기생 26명, 2기생 55명, 3기생 44명 등 총 125명의 독립군전사를 양성했다. 이는 "1930년대 중국지역에서, 김원봉의 독자적인 활동 공간 확충을 가능케 해준 계기로 평가할 수 있다. 이것은 그가 황포군관학교 졸업생이라는 이력을 내세워 국민당 정부 요인과 연대관계를 맺어 여기에서 비롯된 재정·물질적 지원을 얻어냈기에 가능했던 것이다."[21]

　적 후방으로 파견되지 않고 대기 중이던 조선혁명간부학교 출신 3기 졸업생 상당수는 김원봉이 주도한 민족혁명당에 참여했다. 이들은 김원봉의 지도력을 밑받침하는 인적자원의 역할을 담당하게 된다. 당시 중국지역 한국독립운동진영은

━━ **21**　한상도, 앞의 책, 83쪽.

'인적자원'이 점차 고갈되어 가고 있었다. 일제의 식민통치 20여 년이 지나면서 혹독한 탄압과 좌절로 해외에 망명하여 독립운동진영에 가담한 청년의 수가 해마다 크게 줄어든 것이다.

이러한 상황에서 125명에 달하는 정예 혁명분자의 양성은 대단한 인적기반이 아닐 수 없었다. 당시 중국 관내에서 김구 진영을 제외하고는 김원봉이 가장 막강한 인력을 거느리게 된 것이다. 김원봉은 이로써 외열단장이라는 일게 독립운동 단체의 리더에서 중국 관내지역 독립운동 지도자의 위치에 올라서게 되었다. 김구가 1930년대 중반 이후 민족주의 우파 세력의 지도자였다면 김원봉은 좌파세력의 한 축을 이룬 지도자였다. 1930년대 중국내 한국독립운동진영에서 김원봉이 차지하는 위상과 항일투쟁의 역량은 다음과 같이 요약된다.

첫째, 조선혁명군사정치간부학교 설립은 중국 국민당 정부와 의열단 간에 형성된 국제적 연대를 배경으로 하고 있었으며, 삼민주의역행사 및 국민당 정부 군부계통의 지원과 김원봉의 주도 하에 구체화되었다. 운영 전반의 실무 사항은 교장 김원봉에게 위임되어 있었고 국민당 정부의 역할은 재정적·물질적 지원에 국한되어 있었다. 이 같은 사실은 김원봉이 의열단 운영뿐 아니라 중국에서 활동하는 한국독립운동진영 내에서 독자적인 영역과 권위를 구축하는 데 기여했다.

둘째, 조선혁명군사정치간부학교를 통한 투쟁역량 제고는 의열단의 1930년대 항일투쟁전략의 일환이기도 했다. 이는 의열단이 국내에서의 항일투쟁역량 강화를 우선적인 과제로 설정하고 있었음과 관련하여 졸업생들에게 국내활동 기반조성과 제항일세력과의 연대형성 임무를 부여하고 있었던 사실로도 뒷받침된다.

셋째, 조선혁명군사정치간부학교 운영 결과 축적된 인적기반은 민족혁명당 결성으로 대변되는 중국 내 한국독립운동 재편성 과정에서 김원봉과 의열단의 입지를 강화시켜 준 여건으로 기능하였다.

결론적으로 조선혁명군사정치간부학교 입교생들은 졸업 후 특무활동을 통한 대외적 역량 과시와 더불어 민족혁명당 내에서도 중추적인 행동집단 역할을 수행함으로써, 1930년대 중국내 한국독립운동 전개과정에서 김원봉의 독자적인 활동 공간 확충을 가능케 한 기간세력으로 기능하였던 것으로 이해할 수 있다.[22]

22 한상도, 〈김원봉의 조선혁명군사정치간부학교 운영과 그 입교생〉, 《한국학보》 제57집, 1989, 191쪽.

"왜노 몰아내는 조선독립의 역군이 돼라"

김원봉은 자신의 생애에서 두고두고 잊지 못할 제1기생 졸업식에서 목 메이는 어조로 "강도 왜노를 몰아냄으로써 조선의 절대독립과 동삼성의 탈환을 기하자"고 역설했다. 1기생 졸업식에서 행한 김원봉의 훈시 내용은 다음과 같다.

동지들은 졸업 후에 차차 개별적으로 행동해야 하지만 입교 시기의 혁명적 정신을 잊지 말고 조국을 위해 크게 투쟁할 뿐 아니라, 6개월 동안 받은 교육을 기초로 삼아 공부와 연구를 거듭하여 진취적인 정신을 기르고 결사적인 투쟁을 계속하여 우리들의 강토에서 강도 왜노를 몰아냄으로써, 조선의 절대독립과 동삼성의 탈환을 기해야 한다. 이렇게 함으로써 혁명투쟁을 위해 헤어진 동지들이 최후에는 반드시 목적을 달성하고 기쁜 얼굴로 서로 만나기를 기대한다.[23]

간부학교 졸업생의 임무와 관련해 등걸은 다음과 같이 증언한다.

　　탕산훈련반 시기는 우리가 대일 전면항전을 위한 준비를 수립하고 있을 시기로, 그 준비계획은 주로 일본인의 정황을 살펴 초안되는 것이었습니다. 또 일본인의 정황 변경을 알아보고 수정해야 하는 것이기 때문에 우리는 언제든지 일본인의 정확한 정황을 수시로 알아야 했습니다. 특히 전략계획의 변경에 영향을 미칠 수 있는 제반 상황을 알아야 했습니다.

　　이 반의 졸업생들은 이런 일에 중국인보다는 비교적 큰 공헌을 할 수 있고, 또 그들 자신도 이 방면에 즐거이 진력하겠다 하여 졸업자 중의 약 반수가 적 배후에 혹은 적이 빈번히 활동할 가능성이 큰 지구에 파견되었습니다. 그러므로 동삼성東三省(길림성·요녕성·흑룡강성), 대련大連, 호로도葫蘆島 그리고 평진(북경과 천진) 등지에 모두 파견되어 잠복공작하던 졸업생이 있었습니다.[24]

23　조선총독부 경무국, 〈군관학교사건의 진상〉, 한홍구·이재화 편, 《한국민족해방운동사 자료총서 3》, 176~177쪽.

24　등걸 증언, 〈삼민주의역행사의 한국독립운동에 대한 원조〉, 《한국독립운동사 자료집:중국인사 증언》, 박영사, 72쪽.

제 **9** 장

사랑과 혁명의 합주곡

조선에서 자란 소년들이여
가슴에 피 용솟음치는
동포여 울어도 소용없는
눈물을 거두고 결의를
굳게하여 모두 일어서라
한을 지우고 성스러운
싸움으로 필승의 의기가
여기서 뛴다.

– 박차정, 〈조선혁명군사정치간부학교 교가〉 중에서

북경에서 만난 여성 혁명가 박차정

김원봉은 이 무렵 의열단원 박차정을 아내로 맞았다. 당시 박차정은 22살이었다. 그는 1930년 안광천의 주도로 결성된 조선공산당재건동맹 중앙위원에 김원봉과 나란히 7인의 위원으로 명단에 올라 있었다. 그러나 이때는 그가 아직 국내에서 활동하고 있었던 것이 확인되었다. 아마 오빠를 통해 비밀리에 의열단과 연계하고 있었던 것이 아닌가 싶다.

박차정은 광주학생운동의 연장으로 서울지역 11개 여학교의 시위투쟁을 배후에서 지도하다 1930년 2월 동래에서 검거되어 서대문경찰서 유치장에 유치되었고 불기소로 2월 15일 석방되었다. 석방이 되긴 했지만 감시는 계속되었고 일제의 모진 고문으로 몸이 약해져 한 달 동안 꼬박 치료를 받아야 했다. 그러던 중 의열단에서 활동하고 있던 둘째오빠 박문호가 보낸 청년을 따라 중국 망명길에 올랐다. 이때가 1930년 3~4월경이다.

박차정은 상해를 거쳐 북경으로 갔고 그곳에서 김원봉을 만나 이듬해 결혼한다. 박차정의 오빠 박문호는 경남 동래 출신으로 일본 니혼대학 경제과를 졸업하고, 1925년 동래 청년연맹집행위원으로 경남 청년연맹창립대회에 참가하여 조직부 집행위원이 되면서 독립운동에 뛰어들었다. 1926년에는 사상단체인 혁파회革派會의 창립을 주도하고 서무부 위원이 되었고 1929년에는 신간회 복대표대회에 부산구 복대표로 참가해 중앙간부의 일원으로 선임되었다. 그후 1932년 중국으로 망명하여 김원봉과 함께 조선혁명간부학교의 운영에 참여했다. 그리고 이해 가을에 비밀리에 귀국해 조선혁명간부학교 입교생 5명을 북경으로 파견했다. 그러나 1934년 일본 경찰에 검거되어 징역 2년을 선고받았다.

한국 여성독립운동의 샛별과도 같은 존재인 박차정은 1910년 5월 7일 경남 동래에서 아버지 박용한朴容翰과 어머니 김맹련金孟蓮의 3남 2녀 중 넷째로 태어났다. 박차정은 일제의 침략에 항거하여 자결·순국한 아버지와 독립운동가 김두전金枓全, 김두봉金枓鳳과 친척인 어머니, 사회주의계열 독립운동가인 숙부 박일형朴日馨 등의 영향으로 어려서부터 항일의 분위기가 강한 가정환경 속에서 민족의식을 키워나갔다. 이런 배경과 함께 신간회, 의열단 등에서 활동한 큰오빠 박문희, 둘째 오빠 박문호와 더불어 독립운동에 투신하게 된 것이다.

박차정은 1925년 부산지방 여성교육의 산실이자 당시 항일여성운동을 선도하던 동래일신여학교에 입학했다. 이곳에서 항일민족의식과 남녀평등사상을 더욱 고취시키며 일신여학교 동맹휴학을 주도했다. 또 뛰어난 문학적 기질을 바탕으로 교지《일신》에 항일의식과 시대인식을 나타내는 문학작품을 쓰기도 했다.

민족유일당 운동의 일환으로 1927년 여성운동의 전국적인 통인기관인 근우회가 결성되자 박차정은 근우회 동래지회 활동을 주도하고 근우회 중앙집행위원과 중앙상무위원으로 선임되어 선전과 출판부문에서 활동하는 등 전국적인 차원에서 여성운동과 민족운동에 참여했다. 또 1929년 광주학생독립운동의 연장으로 1930년 1월 서울지역 11개 여학교의 시위투쟁인 이른바 '근우회 사건'을 배후에서 지도하기도 했다. 이 때문에 일경에 피체되어 서대문형무소에서 옥고를 치렀다.

1930년 봄 의열단원으로 활동하는 둘째오빠 박문호의 연락을 받고 중국으로 망명한 박차정은 국내의 항일투쟁 공로를 인정받아 '조선공산당재건동맹' 중앙위원을 비롯해 의열단의 중책을 맡아 활동하는 여성독립운동가로 우뚝 섰다. 그리고 1931년 김원봉金元鳳과 결혼하면서 본격적으로 의열단의 핵심멤버가 되었다. 1932년 김원봉과 함께 남경으로 거주지를 옮긴 그녀는 청년투사를 양성하기 위해 설립된 조선혁명군사정치간부학교에서 '임철애' '임철산' 등의 가명을 사용하며 여자교관으로 활동했다. 한편 김원봉은 1935년 남경에서 좌우 독립운동단체 9개를 통합하여 조선민족혁명당을 창당했다. 이때 부녀부 주임으로 활동한 박차정은 1936년 이 청천 장군의 부인 이성실과 함께 민혁당남경조선부녀회를 결 성하고, 모든 조선의 여성들이 총단결하여 민족독립운동과 여성해방운동에 참여할 것을 주창했다. 또 조선민족전선연맹 이 창립되자 선전 · 홍보분야를 맡아 투쟁했으며 산하 군사조 직인 조선의용대의 부녀복무단장으로 활동하면서 의용대원 의 사기진작과 선전활동에 매진했다.

그러나 1939년 2월 강서성江西省 곤륜산昆崙山 전투 중에 큰 부상을 입고 그 후유증으로 1944년 5월 27일 중경重慶에서 34세를 일기로 순국했다. 정부는 1995년 건국훈장 독립장을 추서했다.

젊은 혁명가들의 사랑과 조국해방투쟁

박차정은 조숙한 문학소녀였다. 동래일신여학교 시절에 교우지 《일신》 제2집에 단편소설 〈철야徹夜〉 등 소설 3편과 시 〈개구리소리〉를 실었다. 〈개구리소리〉는 사망한 언니를 추모하는 내용을 담고 있다.

천궁天宮에서 내다보는 한 조각 반월半月이
고요히 대지 위에 비칠 때
우리집 뒤에 있는 논 가운데는
뭇개구리 소리마춰 노래합니다
내 기억이 마음의 향로에서 흘러 넘쳐서
비애의 눈물이 떠러집니다
미지의 나라로 떠나신 언니
개구리소리 듣기 좋아하더니
개구리는 노래하것만

언니는 이 소리 듣지못하고 어디 갔을까[1]

김원봉과 박차정 두 열혈 남녀는 북경에서 만나 사랑을 나누었다. 당시 북경은 일본 밀정이 득실거리고 최소한의 생활비 마련도 쉽지 않은 망명지였다.

박차정은 문학에 소양이 깊은 의열여성이였고, 김원봉 역시 톨스토이와 투르게네프 등 러시아문학에 상당한 조예가 있는 혁명가였는데 두 사람은 조국해방운동이라는 공통적인 목표와 문학이라는 공통의 관심사를 가지고 있어 동지적 관계를 형성할 수 있었다. 그리고 이 관계가 차츰 사랑으로 승화되었다.

박차정은 국내에서 항일운동을 하고 있을 때 의열단 의백 김원봉의 소식을 들었을 것이다. 국내에서는 김원봉의 존재가 신화처럼 전해지고 있었기 때문이다. 특히 항일운동을 벌이고 있는 청년들에게 김원봉은 '우상'이었다. 이러한 김원봉을 만난 박차정은 쉽게 그를 연인으로 그리게 되었고 김원봉 역시 귀염성 있고 영특한 박차정을 사랑하게 되었던 것 같다. 항일 혁명정신이나 마르크스·레닌 이론에도 남다른 지식을 갖고 있는 그녀가 김원봉에게는 좋은 상대가 아닐 수 없었다.

일제강점기에 부부가 함께 항일전선에서 싸운 경우는 흔

━━ 1 《대륙의 들꽃 박차정》, 박차정 의사 숭모회, 2006, 24쪽, 재인용.

치 않았다. 또 해외에서 여성이 항일투쟁에 나선 경우도 드물었다. 그러나 부부가 함께 항일투쟁을 벌인 대표적인 사례도 있다. 이청천과 그의 부인 이성실이 그렇다. 이들은 중국에서 함께 독립운동을 벌였다. 이성실은 1936년 박차정 등과 함께 민혁당 남경 조선부인회를 결성해 항일투쟁에 나선 인물이다. 또 박헌영과 그의 부인 주세죽도 국내외에서 독립운동에 참여했다. 1920년대 중국 상해를 무대로 항일과 조선공산당 조직활동을 하던 주세죽은 박헌영을 만나 결혼하고, 1927년 여성단체인 근우회를 결성하여 항일 구국투쟁과 여성 지위 향상 운동을 전개했다. 박헌영과 함께 블라디보스토크로 탈출한 주세죽은 '카레예바(조선여자)'라는 가명으로 모스크바 등지에서 독립운동을 이어갔다. 그리고 남편이 일본 경찰에 피체된 뒤에도 항일운동을 멈추지 않았다. 그러나 1938년 일본밀정이라는 혐의로 소련 경찰에 붙잡혀 5년간 유배되기도 했다. 한국 정부는 2007년 광복절에 주세죽에게 건국훈장을 추서했다.

김원봉과 박차정 역시 부부가 함께 해외에서 독립운동을 한 대표적인 사례다.

이들은 헝가리 시인 페퇴피의 시를 주고받으면서 사랑과 혁명을 꿈꾸었을 것이다. 페퇴피의 〈민족의 노래〉는 박차정이 김원봉에게 바친 헌사였을지도 모른다.

〈민족의 노래〉

사랑이여

그대를 위해서라면

내 목숨마저 바치리

그러나 사랑이여

조국의 자유를 위해서라면

내 그대마저 바치리

산도르 페퇴피(1823~1849)는 조국 헝가리가 함스부르크 왕조의 지배에서 벗어나고자 독립투쟁을 문학운동으로 전개하다가 26세에 전사한 민족 시인이다. 두 사람에게 너무 잘 어울리는 시인이고 시가 아니었을까 한다.

노신과 허광평의 사랑과 혁명운동

김원봉이 박차정과 사랑에 **빠져** 있던 중국에서는 김원봉
보다 17년 먼저 태어나 신문학 운동을 통해 중국 혁명을 지도
하고 있던 노신魯迅이 젊은 여성으로부터 구애를 받고 사랑에
빠져 있었다. 북경여자사범대학생 허광평許廣平은 노신에게
구애의 편지를 보냈다. 그 무렵 노신은 "물에 **빠진** 미친 개를
두드려 패라"고 주장하면서 중국혁명의 중심에서 단기서段祺
瑞 군벌 정부와 싸우고 있을 때다.

1925년 3월 11일 루쉰이 받은 허광평의 편지 앞머리는 다
음과 같다.

지금 붓을 들어 선생님께 편지를 쓰고 있는 저는 선생
님께 어느덧 두 해 동안이나 가르침을 받은 학생입니다.
드물고도 귀중한, 일주일의 30여 수업시간 가운데 한 시간
짜리 소설사 수업을 듣고 있는, 선생님의 수업을 매주 목

빠지게 기다리는 학생입니다. 선생님의 수업이 있을 때마다 맨 앞줄에 앉아서 제 자신마저 잊은 채 늘 거침없고 굳센 어조로 질문하고 발표하기를 좋아했던 학생입니다. 그 학생의 가슴 속에는 여러 의혹과 분노와 억울함이 오랫동안 쌓여 있었습니다. 지금은 이를 더 이상 참고 견딜 수가 없게 되었습니다. 이에 이렇게 선생님께 저의 답답한 마음을 호소하는 것입니다.[2]

허광평은 혁명을 지지하는 열렬한 여자 대학생이었다. 혁명적인 여학생이 혁명을 선도하는 교수에게 구애의 연서를 보낸 것이다. 어느 날에는 편지에 "선생님께서 저를 거두어 주시고 언제 어느 곳에서나 남쪽을 가리키는 나침반이 되어 이끌어 주시기를 바라기 때문입니다"라고 덧붙였다.

노신과 허광평은 혁명운동에 참여하면서 총 170여 통에 이르는 연서를 주고받았다. 단순히 사랑에 대한 이야기만 쓰여있는 게 아닌 혁명과 문학에 대한 이야기가 함께 담긴 연서였다. 몇 해가 지난 뒤 두 사람의 관계는 이미 "법에 맞는다고 해도 좋다! 법에 맞지 않는다고 해도 좋다!"는 정도까지 진행되었다. 그리고 두 사람은 부부가 되었다.

단기서 정부가 여자사범대학생 250여 명을 살상하는 이른

━━ **2** 주정朱正 지음, 홍윤기 옮김,《루쉰 평전》, 북폴리오, 2006, 165쪽.

313

바 3.18 만행이 벌어진 가운데 허광평은 죽음의 문턱에서 요행히 살아남을 수 있었다. 노신은 많은 사람이 끔찍하게 학살당했다는 소식을 듣고 이를 고발하는 글을 썼다. 다음은 그 글의 마지막 부문이다.

중국이 그래도 멸망하지 않는다면, 지난 역사적 사실을 우리에게 가르쳐줄 것이다. 중국의 미래는 사람들을 끔찍하게 죽인 자들이 생각하는 것에서 크게 벗어난다는 것을.

지금 벌어진 이 사건은 사건의 끝이 아니다. 바로 사건의 시작이다. 먹으로 쓴 거짓말은 피로 쓴 사실을 결코 덮어 감출 수 없다.

피로 진 빚은 반드시 피로 되갚아줄 것이다. 피 빚을 갚는 것이 늦어진다고 좋아들 마라. 그보다 더 많은 이자를 쳐서 갚아줄 테니! [3]

노신과 허광평의 사랑 그리고 혁명의 관계를 소개한 것은 김원봉과 박차정의 관계에 대입하기 위해서다. 그러나 불행하게도 두 사람 사이에는 기록이나 자료가 거의 남아있지 않다. 중국의 진보적인 문호와 혁명성이 강한 여성의 사랑에 비해 조선의 망명 독립운동가들의 사랑과 민족해방투쟁은

---

[3] 앞의 책, 178쪽, 고딕활자는 저자의 강조.

더욱 절실하고 뜨거웠을 텐데도 말이다. 그것은 박차정이 망명지에서 죽었고, 그의 유품이 제대로 보관되지 못했기 때문일 것이다.

당시의 정세는 두 사람이 신혼의 단꿈에 빠져있을 수 없게 만들었다. "조국의 자유를 위해서라면. 내 그대마저 바치리"라는 시구는 두 사람의 '신앙'이었기 때문에 사랑 때문에 '조국의 자유'를 찾는 독립운동을 게을리할 수 없었다. 또 게을리하지도 않았다.

남경조선부녀회 조직, 운영 지도

박차정은 1935년 7월 남경에서 민족혁명당의 핵심멤버로 활동하는 한편 1936년 7월에는 이청천의 부인 이성실 등과 함께 민혁당 남경조선부녀회를 조직하여 이를 지도했다. 박차정 등 조선부녀회 소속 여성독립운동가들은 조선여성들의 총단결로 전 민족적 통일전선을 형성해야 한다는 강한 인식을 갖고 있었다. 다음 글에서 이들의 생각의 일단을 읽을 수 있다.

우리 조선의 여성은 오랫동안 전통적 속박으로 인권이 유린되어 왔고 다시 일본제국주의에 의해 생존권을 박탈당함으로써 전통적 속박에 의한 가정의 노예일 뿐 아니라 일본 제국주의 약탈시장의 상품으로, 임금노동의 노예로 전락하게 되었다. 이러한 현상 아래 선각적 여성들에 의한 활동이 있었지만 일본경찰의 탄압과 지도부의 불통일에 의해 운동이 활발하게 전개되지 못하였다. 또 부녀 대중과 유리된 몇몇의 간부들의 운동이어서 전 민족혁명운동과 연결을 갖지 못하였기 때문에 우리 운동이 대단한 공을 거두지 못하였다. …… 우리 조선부녀를 현재 봉건적 노예제도 하에 속박하고 있는 것도 일본제국주의고, 또 우리를 민족적으로 박해하고 있는 것도 일본제국주의다. 우리들이 일본제국주의를 타도하지 않는다면 우리 부녀는 봉건제도의 속박과 식민지 박해로부터 해방되지 못한다. 또 일본제국주의가 타도된다 하더라도 조선의 혁명이 정치·경제·사회 등 각 방면에서의 진정한 자유 평등의 혁명이 아니라면 우리 부녀는 철저한 해방을 얻지 못한다.[4]

조선부녀회는 창립대회에서 "전조선 부녀는 총단결하자" "민족혁명전선에 무장 참가하자" "남녀의 차별을 철폐하자" "각국 부녀해방운동과 연결하자" 등의 구호를 내세우고 민족해방운동과 여성해방운동을 동시에 쟁취할 것을 다짐했다. 이와 같은 주의와 주장은 박차정이 오랫동안 추구해온 가치였고 이상이었다.

일제가 중일전쟁을 일으켜 전황이 중국전역으로 확대되면서 한국독립운동진영에서는 이에 대처하기 위한 여러 가지 조처가 나타났다. 그 중의 하나는 1937년 11월 조선민족해방

---

4 이송희, 논문, 〈박차정 선생〉, 재인용, 2006.

동맹과 조선혁명자연맹이 조선민족전선연맹을 창립한 일이다. 국내외의 모든 독립운동가들이 참가하여 민족통일전선을 결성하고 중국과 민족연합전선을 형성해 보다 효과적으로 항일전을 전개하려는 뜻에서였다. 박차정은 여기에서도 여러 가지 활동을 하는 한편 한구漢口에서 열린 만국부녀대회에 참가했다. 또 일본제국주의 침략을 규탄하는 라디오 방송을 하는 등 적극적인 항일투쟁을 전개했다.

당시 박차정은 한구에 머물면서 여기에서 개최된 만국부녀대회에 한국대표로 참가했고 장사에 있었던 임시정부에 특사로 파견되어 일본제국주의의 침략을 규탄하는 라디오 방송을 했다. 박차정은 임철애林哲愛라는 이름으로 《조선민족전선》 창간호에 〈경고일본적혁명대중敬告日本的革命大衆〉이라는 글을 실었는데, 이는 앞서의 방송 원고를 중국어로 번역해 실은 것이었다. 이 글에서 박차정은 일본제국주의는 중국과 조선 그리고 일본 민중의 적이므로 우리들은 반드시 긴밀하게 연합하여 공동의 적을 타도하고 진정한 동아시아의 평화를 건설하자고 호소했다. 나아가 이번 중일전쟁에서 일본제국주의는 반드시 멸망할 것이고 아울러 동방의 피압박대중들은 해방될 것이니 일본 혁명대중들이 국내에 혁명전쟁을 일으켜 파쇼군벌을 제거하는 것이 자유와 해방을 얻는 길이라고 역설하였다.

또 박차정은 제3호(1938. 5. 10)와 제5·6호(1938. 6. 25)에 〈조선부녀여부인운동朝鮮婦女與婦人運動〉이라는 장문의 글을 실었다. '조선 부녀의 생활현상'에서는 일본제국주의의 식민지 착취 단계에서 조선부녀의 생활 현상을 분석했다. 그리고 '조선 부녀 운동'에서는 여성운동을 3.1운동 이전, 3.1운동기, 3.1운동 이후, 1927년 이후, 광주학생운동 이후의 시기로 나누어 고찰하고, 이제 중국의 전면 항일전쟁이 시작된 시점에서 우리 부녀자들도 일치단결하여 일어나 신성하고 위대한 민족해방전쟁에 참여해서 조국의 자유 회복, 동아의 화평, 인류의 정의를 위해 투쟁하자고 호소했다.

이 글은 앞서의 남경부녀회의 선언문과 입장을 같이하고 있는 것으로 여성운동과 민족해방운동과의 접목을 강조하고 있다. 또 소수 지식층 여성이 중심이 되는 여성운동 또는 개별적 사안에 대한 여성운동이 아무런 성과를 가져다주지 않음을 누차 강조하고 있다.[5]

박차정은 1938년 10월 조선의용대가 창설되자 22명으로 구성된 대본부隊本部 부녀복무단의 단장으로 선출되었다. 다수의 여성독립운동가들 중에서 부녀복무단 단장으로 선출될

---

5 앞의 글.

수 있었던 것은 품성대로 대원들에게 매우 친절하고, 두려움 없이 항일투쟁에 앞장섰기 때문이다.

당시 조선의용대 대원들 중에는 여자대원들도 상당수 있었는데 박차정은 때로는 엄격한 교관으로서, 때로는 자상한 고향의 언니와 같은 모습으로 이들을 따뜻하게 보살펴주었다.

여성대원들은 감자밭을 일구거나 도토리를 주워다 삶아서 가루를 내 대원들을 먹이는 일을 도맡았다. 득히 태항산 시절에는 해발 2000~3000미터가 넘는 큰 산이 줄지어 있어서 식생활 해결이 어려웠다. 태항산 기슭 개천에는 돌미나리가 많았는데 여성대원들은 돌미나리를 캐 반찬을 만들어 먹었다. 이들은 부녀대 대장 이화림이 우리민요 〈도라지〉에 맞춰 새로 지은 〈미나리타령〉을 부르면서 혁명사업에 정진했다.

〈미나리타령〉

미나리 미나리 돌미나리

태항산 골짜기의 돌미나리

한두 뿌리만 뜯어도

대바구니가 철철 넘치누나

에헤야 데헤야 좋구나

어여라 뜯어라 지화자 캐어라

이것도 우리의 혁명이란다[6]

약산 김원봉(해방 직후 촬영한 것으로 추정됨)

外務는 金元鳳이 擔當

實行은 金始顯의 責任

爆彈輸送의 徑路

김시현이가 란전세지가서

出處는 亦是 露國方面인가

◇ 의렬단당 김원봉

제2차 암살·파괴사건 기사(사진은 21세 때의 김원봉)

東亞日報

外號

發行兼
編輯人　設基岳
印刷人　樹楚逃
發行所
東亞日報社
京城花洞一三八

赤化의 烽火, 獨立의 猛炎

義烈團事件內容發表

檢擧된 關係者가 兩處에서 十八名

爆彈三種卅六個拳銃五挺等押收

革命的 獨立運動의 由來

京城에 搬來한 爆彈은

資金을 調達코자

김원봉과 아내 박차정(김원봉이 30대 초반일 때의 사진으로 추정)

박차정의 하관식을 지켜보는 김원봉(가운데 모자를 벗고 있는 사람)

부인의 관 앞에 선 김원봉

밀양경찰서에 폭탄을 던진 의열단원 최수봉

조선총독부 투탄 사건, 다나까 저격 사건의
주역 의열단원 김익상

부산경찰서에 폭탄을 던져 서장에게
중상을 입힌 의열단원 박재혁

의열단원 김상옥

동경 이중교二重橋에 폭탄을 던진
의열단원 김지섭

북경의 조선공산당 재건동맹 위원이자
김원봉의 처남이던 박문호(1934년 서대문
형무소에 투옥되어 그곳에서 옥사)

의열단 창단 단원이자 탁월한
이론·조직가였던 윤세주

조선혁명간부학교 학생 국내 모집책이자
김원봉의 처남이던 박문희

1945년 12월 환국에 앞서 임시정부 요인들과 함께
(뒷줄 오른쪽 두 번째가 김원봉, 앞줄 오른쪽 두 번째부터 신익희, 조소앙, 김규식, 김구, 이시영)

1946년 여름 밀양의 표충사에서 한가한 시간을 보내는 모습
(안고 있는 아이가 첫아들 중근, 가운데 서 있는 여자가 처 최동선)

1938년 10월 10일 조선의용대 창립장소인 무한 기독청년회, 무한 기독여청년회관 정문
(1991년 11월 2일, 회관 부 관리책임자 이빈李斌)

위 회관 내에 게시된 조선의용대 창립식전에서 축하공연을 한 한구기독여청년회
전지복부단부 분단원 기념촬영 사진

《신화일보》1938년 10월 14일자 조선의용대 창립 기사(주은래가 주임으로 있던 무한시에 위치한
"팔로군 판사처" 구지 기념관 자료실에서 근무하는 소걸민 蘇杰敏이 제공, 1991년 11월 2일)

조선의용군 대일 선전활동 벽보 부착 장면(소걸민 제공)

조선의용대 창립 1주년 기념사진(1939. 10. 10. 계림). 조선의용대 신분증(오른쪽 위)

1941년 12월 호가장 대일전투지역－하북성 원씨현 광촌 호가장
1941년 12월 26일 호가장胡家莊 대일 전투 상황을 증언한 전투당시 촌장인 호경록胡更麓
(증언 시 83세, 중앙 흰색 상의 착의, 내외와 친지 1991년 9월 16일)

호가장 대일 전투지역 지형(호가장 주변 산지)

1941년 12월 호가장 대일 전투에서 전사한 순국 선열 최철호崔鐵鎬, 이정순李正淳, 손일봉孫一奉, 박철동朴喆東의 묘소. 하북성 찬황현贊皇縣 황북평黃北坪(촌장 곡보서谷保緖)에 위치. 조선의용군 출신 유동호柳東浩가 마을주민과 같이 헌주하는 모습(1991년 9월 16일)
―서향 묘소로부터 최철호, 이정순, 손일봉, 박철동 묘소

황북평 마을 주민과 같이 묘소단장 작업을 하고 기념촬영(1991년 9월 16일)
―황북평 소학교 학생들

황북평촌 순국선열 묘소를 참배한 후 묘소 옆에서(1991년 9월 16일)

찬황현 정부 소재지에서 황북평촌에 가는 길가에 세워진 기념비

1942년 6월 태행산 대일전투에서 전사한 순국선열 윤세주尹世冑 선생
(증손자 윤영식尹永植 소장)

1942년 6월 태행산 대일전투에서 전사한 순국선열 윤세주尹世胄 진광화陳光華의 묘소
(1991년 9월 19일). 섭현涉縣 석문촌石門村 태행산太行山 기슭에 위치.
—1987년 진기노예冀魯豫 능원陵園으로 이장

섭현涉縣 정부 소재지에서 하남성으로 이어지는 청장하淸章河 다리 입구에
세워진 기념비 "섭현성涉縣城"

한단시邯鄲市 진기노예 열사 능원 제2묘역의 윤세주(1942년 6월 태행산 대일전투에서 전사한 순국선열 묘소 앞의 유동호(1991년 9월 18일)−1987년 섭현 석문촌으로 이장

한단시 진기노예 열사 능원 제1묘역의 진광화(1942년 6월 태행산 대일전투에서 전사한 순국선열 묘소(1991년 9얼 18일)−1987년 섭현 석문촌으로 이장

한단시 진기노예 열사 능원 내 "열사기념당"에 게시된 윤세주, 진광화 선열의 공적과 《신화일보》 기사

한단시 진기노예 열사 능원 내 "열사기념당"에 게시된
진광화 선열의 공적과 조선의용군 대일선전 벽보

연안시延安市 나가평羅家坪에 위치한 조선의용군 군정학교 옛터(1991년 9월 21일 유동호)

연안시 중심가에 위치한 해방일보 옛 정문 터(1991년 9월 21일)

연안시에 위치한 노신魯迅예술학원 옛 건물, 연안송과 팔로군 행진곡(현 중국 인민해방군 군가)을
작곡한 조선의용군 정율성鄭律成이 이곳에서 교수로 재직했으며
모택동毛澤東이 강청江靑을 처음 만난 곳이라고 함(1991년 9월 21일).

연안시에 위치한 연안 혁명 박물관에 게시된 연안송 작곡 기념 게시물(1991년 9월 21일)

1934년 중국 공산당의 2만 5000리 장정 시 황하 도강 대일전투에서 전사한 양림楊林 열사 순국 추정지역인 산서성 오보현 송가천의 황하(1991년 9월 23일)

황하 근처 오보현 정부소재지의 오보현 국영여관(1991년 9월 23일)

조선의용군 양성기관 광동성 광주시 황포군관학교 정문 옛 터(1991년 11월 5일)

광주시 중산대학 정문(1991년 11월 5일)

金春山會見記 ...月...日下午三時

金春山與胡德見能同志...革命軍...

(一)朝鮮獨立運動章程由中央總領...
甲 朝鮮獨立運動...
乙 ...

(二)朝鮮獨立運動...
 1. 朝鮮革命軍...
 2. 朝鮮革命軍...
 3. 協同...
 4. 新組織...
 5. ...朝鮮...

(三)能同志...朝鮮同志...主持。金春...

(四)朝鮮同志...金春山...朝國...

(五)...

(六)金春山...李永曉...

(七)...

김원봉 회견기

頃中韓關係密切、韓處又主中處我因此範圍之大局事

對於韓國問題、中國有贊之之苦言權、自當盡力

支持、完成韓國之獨立。

오철성 비서장과 김원봉의 회담 내용

吳鐵城部長接見金若山先生談話要點

當年八月十七日上午十一時於中央宣部

(一) 日本投降，韓國獨立之之願達到時實現，深為韓國人民慶幸。

(二) 中國自當援助至爾之韓國臨時政府返回祖國，辦理選舉，產生民選之正式政府。

(三) 又前次辦法未能實行，希望在韓同盟國協助之下，由韓國獨立運動有關方面，另議繼續臨時政府辦法辦理選舉，產生民選之政府。

(四) 果然不能不...

S.CD127 C.WA345 MP53W (TEN) 34 NL=MP WASHINGTON DC DEC 8 1942

UNITED KOREAN COMMITTEE=   1368 W Jefferson   DEC 8 PM 1 26

1368 WEST JEFFERSON BLVD (LOSANGELES CALIF)=
1368

INDUCTION CEREMONY HELD IN CHUNGKING DECEMBER FIFTH KIMYAKSAN

TOOK OATH OF ALLIGEANCE PLEDGING ABSOLUTE OBEDIENCE AND LOYALTY

TO PROVISIONAL GOVERNMENT HIS MANIFESTO TO THAT EFFECT WILL BE

DISPATACHED USPRESS THROUGH UP DECEMBER SEVENTH KIMKU=

SYNGMAN RHEE. CFM KIMYAKSAN KIMKU SYNGMAN RHEE.

김원봉, 김구, 이승만이 재미한족연합위원회에 보낸 전보

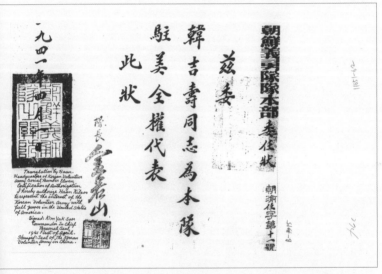

한길수를 조선의용대 주미전권대사로 임명한다는 김원봉의 임명장(1941. 4. 1)

미소공동위원회 환영 시민대회에서 연설하는 김원봉

대불단−김원봉 거주지

의열단 결성지(중국 길림성 파호문 반씨 객점)

박차정에게 불행이 닥쳤다. 1939년 2월 장서성 곤륜산 전투에 참가했다가 부상을 입은 것이다. 변변한 치료를 받을 수 없었기 때문에 상처가 악화되었다. 결국 박차정은 김원봉이 임시정부의 군무부장에 취임하여 임정의 군사문제를 통괄하면서 본격적인 항일전을 준비하고 있을 무렵인 1944년 5월 27일 사랑하던 남편과 동지들을 남겨두고 파란 많은 삶을 마쳤다. 이 세상을 떠나기에는 아직 젊은 34세의 나이였다.

박차정은 병상에서 항일전에 참가하지 못한 것을 안타까워하면서 괴로운 심경과 자신의 이상을 틈틈이 글로 남겼다고 하는데 그의 유고는 현재 전해지지 않고 있다. 정부는 1995년 박차정의 공훈을 기려 건국훈장 독립장을 추서했고 국가보훈처와 독립기념관은 2006년 5월 '이달의 독립운동가'로 그를 선정하고 자료전을 열었다.

조선의용대는 1942년 5월 중국 측의 일방적 편입명령으로 그해 12월 광복군 제1지대로 편입되었으며, 김원봉은 부사령관 겸 제1지대장에 취임했다. 제1대 본부는 의용대 본부자리를 그대로 이어 받았다. 의용대 본부가 이곳으로 옮긴 이후 박차정은 건강이 악화되어 대외적인 활동을 거의 할 수 없었던 것 같다. 그는 병상에서 그의 원대하고

6 박석분·박은봉 지음, 〈조선의용군 부녀대장 이화림〉, 《인물여성사》, 새날, 1994, 113쪽.

미려한 이상을 실현하지 못하고 있음을 통탄하면서 불같은 열정과 숭고한 이상을 시와 소설로 표현했다. 그런데 이때의 작품들을 접할 수 없음이 안타까울 뿐이다. 결국 박차정은 곤륜산 전투에서의 상처와 지병인 관절염으로 건강을 회복하지 못한 채 1944년 5월 27일 조국해방을 얼마 남겨두지 않고 당년 34세로 유명을 달리했다. 유해는 잠시 중경의 강북구 상황가 망진문 남쪽 화상산 공동묘지에 안치되었다. 그의 유골은 남편 김원봉이 환국시 피 묻은 군복, 군모와 더불어 그의 유족들에게 전달되었고, 김원봉의 고향인 경남 밀양 감천동 뒷산에 반장되었다. 그와 김원봉 사이에는 자손이 없고 김원봉은 48년 남북협상 시 월북하여 북한에서 58년 숙청되었으며 그의 큰오빠 문희는 6.25 전쟁 중 사망하여 현재까지 국가적인 차원에서의 공적을 인정받지 못하고 있다.[7]

해방 후 김원봉은 소중히 간직했던 박차정이 부상 당시에 입었던 '핏덩이가 말라붙은 속적삼'을 가져와 친가 동생인 부산의 박문하朴文夏에게 내놓았다고 한다. 그리고 그는 귀국하면서 박차정의 유골을 가져와 자신의 고향인 경남 밀양 감전동 뒷산에 안장하였다.[8]

━━ 7 강대민, 〈여성독립운동가 박차정〉, 독립기념관주최, '이달의 독립운동가 주제 발표 논문', 2006, 5.

김원봉과 박차정은 광막한 중국대륙에서 조국해방투쟁에 모든 것을 바쳐 싸웠다. 그러나 박차정이 먼저 이역에서 세상을 떠났다. 남편은 해방을 맞아 한 줌 재로 변한 유골을 들고 환국했다. 이는 세계 혁명사에서도 유례가 없는 일이다.

〈아, 박차정〉

최규창(시인)

그대는
어둡고 긴 침묵의 밤을 밝힌
민족의 작은 샛별
모진 압제의 칼바람에 맞서
한 포기의 들꽃이어라
항일의 깃발 힘차게 펄럭이며
34년의 짧은 생애를
오롯이 국國의 제단 위에 바친 그대는
정녕 뜨거운 사랑이어라

---

8 이송희, 앞의 글.

불꽃처럼 살다간 소피아 코발렙스카야처럼

박차정의 삶과 죽음에 대해 쓰면서 "'불꽃처럼 살다 간' 한 여성의 심장박동이 100년이라는 역사의 표층을 뚫고 내게 '쿵쿵' 전해져 오는 느낌"[9]이라는 표현을 들었던 소피아 코발렙스카야Sonja Kovalallevsky(1850~1891)가 생각났다.

소피아는 1850년 모스크바에서 태어나 폴란드 혁명운동에 관심을 가지며 자랐다. 독일대학에서 공부했으며 파리에서 혁명에 참여하고 스톡홀름에서 대학교수로 일했다. 또 당대 유럽의 지식인들과 폭넓게 교류했는데, 그 중에는 소설가 도스토옙스키도 있었다. 그만큼 그녀는 당시 유럽에서 명사 대접을 받은 인텔리 여성이었다.

소피아는 1868년 초 혁명운동의 지도자 블라미디르 오누프리예비치 코발렙스키와 위장결혼을 한다. 프랑스로 건너가

---

9 조선희, 〈러시아판 신여성, 그 열정과 불안의 일대기〉, 코둘라 톨민, 《불꽃처럼 살다 간 러시아의 여성 수학자》, 시와진실, 2003, 12쪽.

혁명운동을 전개하고자 위장결혼을 택한 것이다. 당시 프랑스에서는 체포된 남편을 부인만이 면회할 수 있었기 때문이다. 두 사람은 1871년 파리코뮌 기간 동안 파리 혁명정부 수립을 위해 싸웠다. 그리고 1875년부터는 사실혼 관계에 들어갔다. 그녀는 신문을 발행했고 모스크바 수학학회 회원, 파리 수학학회 회원으로 활동했다. 또 폴란드의 여류혁명가 마리아 얀코브스카와 친교를 맺는 등 분망한 활동을 펼쳤다. 그러나 그런 와중에 남편이 자살하는 아픔을 겪는다.

병이 든 소피아는 1891년 41세의 나이로 세상을 떠났다. 드라마 《여성 허무주의자》를 쓰다가 숨을 거둔 것이다. 소피아의 사망 소식에 여류작가 마리아 폰 분젠은 "나는 소피아가 그렇게 일찍 죽었다고 해서 그녀의 삶에 근본적인 문제가 있었고, 그 문제로 인해 그녀의 삶이 와해된 것이라고 생각하지 않는다. 내가 보기에 그녀의 죽음은 전혀 이치에 닿지 않는다. 오랫동안 계속 발전해 나가야 할 그녀의 삶을 죽음이 중단시켜버렸다"[10]고 말했다.

그리고 소피아의 가장 가까운 친구였던 엘레 카이는 다음과 같은 조사를 읊었다. "소피아는 하나의 위대한 세계였다. 아무도, 심지어 그녀 자신조차도 꿰뚫어볼 수 없었던 비밀스런 깊이와 소수의 사람들만 오를 수 있었던 어지러울 정도의

━━ **10** 코둘라 톨민, 앞의 책, 230쪽.

높이를 지닌 그런 세계였다."[11]

먼 나라의 여성수학자이고 혁명가인 그녀는 박차정과는 한 번도 만난 적이 없고 활동시기도 달랐다. 러시아 여성 소피아의 삶과 죽음을 스케치한 것은 마리아 폰 분젠과 엘렌 카이의 조사에 박차정이란 인물을 대입한다 해도 그 위상에 걸맞을 것이란 생각에서다. 불꽃처럼 살다 간, 한 여성독립운동가의 심장박동이 60여 년이라는 망가의 표층을 뚫고 나의 무딘 심장에 전해지는 것만 같다.

박차정에 대한 평가는 그가 2006년 5월 '이달의 독립운동가'로 선정되면서 새롭게 조명되었다. 독립기념관에서 주최한 학술심포지엄에서는 그에 관한 몇 편의 논문이 발표되었다. 다음은 강대민 교수의 평가 내용이다.

그는 항일독립운동가 집안에서 출생하여 성장했으며, 가정과 학교에서 기독교 정신을 이어받아 민족의식이 충만했고, 당시 사회주의 성향을 띤 인물과 단체의 영향을 받으면서 사회활동을 시작했다.

이런 그의 성장배경은 그의 민족해방운동 전개과정에서도 그대로 반영되고 있다. 그는 국내외에서 반제반봉건의 기치아래 민족해방운동을 전개하면서 남녀평등에 입

---

11 앞의 책, 230쪽.

각한 여성해방을 일관되게 주장하고, 이를 달성하기 위한 방편으로 부녀대중들의 대중투쟁을 강조한 이론가이며 실천가였다.

따라서 그는 한국여성해방운동의 선구자의 한사람으로 평가받아야 할 것이다. 그런데 종래까지 남북분단으로 인한 이데올로기의 극한적인 대치상황이 팽배했던 한국의 정치 현실 속에서 그는 사회주의자로 낙인찍혀 그의 운동노선에 대한 평가도 제대로 받지 못했다. 이점에 대해 결론부터 말하면, 그는 우리가 흔히 사회주의자는 곧 공산주의자라는 등식관계로 볼 때 공산주의자는 아니었다는 것이다. 민족해방운동의 전개과정에서 단지 대중운동이나 노동운동의 중요성을 강조하고 동조했다고 해서 바로 사회주의자로 볼 수는 없기 때문이다. 당시 기독교 단체들도 대중을 장악하기 위해 이런 운동을 전개했다. 그는 국내 항일운동과정에서 절친한 동료였던 허정숙이 국외에서의 민족해방운동에서 민족투쟁보다 계급투쟁을 우선시하자 결별해 버리기도 했다. 그는 여성해방운동을 비롯한 대중투쟁, 노동운동도 결국 일본 제국주의로부터 완전한 민족해방을 위한 전단계로 설정하고 있다.

그는 항일독립운동차원에서 사회주의 정세관, 계급관도 필요에 따라 수용했을 뿐이다. 하지만 사회주의자들의 친중국공산당에 대한 편향성에는 강력히 비판하고 대처

했다. 결국 그는 민족발전의 주체를 민족으로 설정하면서 대중의 역량증대를 통한 민족해방의 길을 모색한 진보적 민족주의자로 평가함이 마땅할 것이다.[12]

━━ 12 강대민, 앞의 글.

제 **10** 장

민족혁명당 총서기에 취임

한국혁명의 완성은 민족운동을 기본으로 해야 하며
해외보다 국내운동에 주력하지 않으면 안 된다. 국내에서의
조직계획을 진행시키기 위해서는 먼저 국내의 청년층을
획득하여 그 조직의 핵심 세력으로 만들어야 한다.
그러기 위해서는 다수의 당원청년들을 국내에 잠입시켜
농촌·공장·학교·어장 등의 각처에 1군 1인씩의
배치를 목표로 해야 한다.

– 김원봉, '민족혁명당 창당식 연설' 중에서

국제정세의 변화를 지켜보며 통합정당을 지도

중국대륙에 전운이 짙어가고 있었다. 만주에 괴뢰국가 만주국을 세워 이 지역을 장악한 일제는 점차 세력을 화북지역으로 넓혀갔다. 중국은 국가적인 위기에 직면하게 되었다. 그런데도 국민당 정부와 공산당 세력은 헤게모니쟁탈전에 빠져 효과적으로 외적의 침략에 제대로 대처하지 못하고 있었다.

김원봉은 머지않아 전면적인 중일전쟁이 일어날 것으로 예측했다. 한국 독립운동지도자 대부분도 비슷한 생각을 갖고 있었다. 그래서 선결적으로 독립운동 진영의 연합 또는 통합의 필요성이 제기되었다. 조국독립의 결정적인 시기를 앞두고 언제까지나 사분오열의 상태에서 민족적인 역량을 분산시키고 있을 수는 없는 노릇이었다. 민족협동전선을 이루어야 한다는 것이 오래전부터 갖고 있던 김원봉의 신념이었다. 그래서 조선혁명군사정치간부학교를 운영하면서 협동전선운동에 적극 관여했다. 때로는 이를 주도하기도 했다.

김원봉이나 독립운동 지도자들에게는 1920년대 후반기 협동전선운동 실패에 대한 뼈아픈 교훈이 남아 있었다. 현재의 시국은 이 같은 실패를 되풀이 할 수 없는 상황이었다.

한편 일제의 만주침략으로 중국인들의 반일감정은 점점 거세지고 있었다. 또 국제정세는 독일·이탈리아·일본 파시즘세력의 연합으로 국제적인 세력재편이 이루어지고 있었고 국제연맹 등 국제기구의 역할이 크게 상실되어 갔다.

이러한 국제정세 변화의 추이 속에서 1935년 7월 5일 남경에서 한국의 5개 독립운동단체가 통합하여 독립운동정당으로 민족혁명당을 창당했다. 1932년 결성된 한국대일전선통일동맹의 가맹단체들이 전개한 유일당결성운동이 마침내 결실을 본 것이다. 민족혁명당을 창당하는 데 있어 김원봉은 어느 지도자 못지않게 열정적이었다. 예나 지금이나 각기 주장과 신념이 다르고 고집이 강한 정당지도자들의 통합이란 쉬운 일이 아니다. 당시 중국 관내지역과 만주에서는 독립운동진영이 여러 갈래의 이념과 색깔로 분파되어 있었다. 이념적으로는 자본주의, 사회주의, 아나키즘 계열로 나뉘었고 단체로는 김구가 이끈 임시정부, 이청천의 신한독립당, 김규식의 대한독립당, 김두봉의 한국독립당, 최동오의 조선혁명당, 김원봉의 의열단 등이 난립하여 비효율적인 대일투쟁을 전개하고 있었다.

중국에 망명한 독립운동가들은 1920년대 후반 민족유일당운동이 좌절된 이래, 그래도 희망을 포기하지 않고 꾸준히 통합운동을 전개해왔다. 1929년 12월 남만주에서 조선혁명당, 1930년 1월 상해에서 한국독립당, 1930년 7월 북만주에서 한국독립당이 결성되는 등 민족유일당운동은 그치지 않고 산발적으로 전개되었다.

이러한 노력으로 1931년 봄 안창호, 이동녕, 최동오 등이 상해에서 독립전선통일동맹을 발족하고 이듬해 10월 25일 역시 상해에서 한국대일전선통일동맹(통일동맹)을 결성하기에 이르렀다. 통일동맹에 가입한 단체는 상해의 한국독립당, 북경의 조선혁명당 제1지부, 천진의 한국광복동지회, 남경의 한국혁명당과 의열단이었다.

1932년 미주의 대한독립당, 뉴욕의 대한인교민단, 하와이의 대한인국민회와 대한인동지회, 대한인국민회중앙총회 등 5개 단체가 추가로 가맹하여 총 10개 독립운동단체가 참여했다.

단일대당 운동에 임시정부는 불참

통일동맹은 여기에서 멈추지 않고 통일적인 조직체인 명실상부한 단일대당單一大黨 운동의 필요성을 인식하고 결성 운동을 본격적으로 추진했다. 이 시기 중국 관내는 물론 만주·미주지역 할 것 없이 독립운동단체의 통합은 모든 독립운동가들의 소망이었다. 여기에 일차적인 민족의 염원이 담겨 있었다.

1935년 7월 5일 중국 남경에서 창당된 민족혁명당은 당명에서부터 의견이 엇갈렸다. 의열단과 조선혁명당에서는 '조선민족혁명당'을, 한국독립당과 신한독립당은 '한국민족혁명당'을 주장했다. 절충을 거듭한 끝에 중국에 대해서는 '한국민족혁명당'으로, 국내에는 '조선민족혁명당'으로, 해외 여러 나라에 대해서는 'Korean Revolution Association'으로, 당내에서는 '민족혁명당'으로 부르기로 합의했다.[1]

민족혁명당이 결성되기까지의 전말을 살펴보자.

1935년 6월 20일 남경에서 9개 혁명단체 대표자대회 예비회의가 개최되었다. '무조건 해체합일'에 동의한 한국독립당, 신한독립당, 조선혁명당, 의열단, 대한독립당 5개 단체의 대표 5명으로 축소위원회를 구성하여 신당의 조직절차와 명칭을 정하고, 당의黨義·당강黨綱·정책·당장黨章을 기초하였다.

당명에 관해서는 '조선민족혁명당'과 '한국민족혁명당'으로 의견이 엇갈렸으나, 김두봉의 제의에 따라 '조선민족혁명당'을 정식명칭으로 합의하였다. 이러한 결정사항들이 대표대회 본회의에서 승인되었고 이어서 대통일당창립 대표대회가 개최되어 7월 5일 결당식을 거행하고 민족혁명당을 창립하였다.

5개 단체는 해소선언을 발표하였고 통일동맹은 자동해체되었다. 해소단체의 소속원들은 개인별 등기를 거쳐 입당하였으며 각 단체는 중국국민당 및 중국 정부로부터 받는 보조금과 비품, 추진 중인 사업 등을 모두 신당에 인계하였다.

신당에 참여한 5개 단체의 이념적 기조나 정치노선이 확연히 구별될 수 있는 것은 아니었지만 대체로 한국독립당, 신한독립당, 조선혁명당, 대한독립당은 반공노선의 우

---

1 《고등경찰보》제5호, 조선총독부 경무국 보안과, 1937, 83쪽.

익적 입장이었다. 반면에 의열단은 단원 다수가 사회주의 이념을 지향하는 성향이 강했는데, 그러면서도 교조적 국제주의와 계급투쟁 노선이 아닌 민족운동 본위 노선을 지지하였으므로 중도적 좌익 단체로 볼 수 있었다.

따라서 민족혁명당은 독립운동전선 내 중도좌파와 우파세력의 통합체요, 좌우합작의 실현에 의한 통일전선체였다. 그것은 1920년대 중반 이래 지속되어 온 민족통일전선운동의 큰 결실이요, 의미 있는 성과였다.

다만 통일의 범위가 만주지역 일부와 국내의 운동세력에는 미치지 못한 채 중국 관내지역과 미주로 국한되었고, 대중적 기반이 미약하다는 한계를 안고 있었다. 그러나 일제가 중국침략을 본격화하고 몽고 및 남양南洋 방면으로까지 진출함으로써 머지않아 중일전쟁, 소일전쟁, 미일전쟁이 발발할 것이 능히 예견되는 상황이었기 때문에, 민족혁명당이 독립운동의 실질적인 총지휘부이자 정치적 중심조직의 역할을 해나갈 것이 기대되었다.

그러한 기대는 임시정부 국무위원 7인 가운데 양기탁, 최동오, 유동열, 조소앙, 김규식 등 5인이 참여한 사실에도 반영되었다.[2]

━━ 2 김영범, 〈민족혁명당〉, 《독립운동 인명사전》, 앞의 글, 513쪽.

김구를 중심으로 한 임시정부 요인들은 민족혁명당에 끝
내 참여하지 않았다. 두 가지 이유에서였다. 첫째는 민족혁명
당 창당의 핵심세력이 김원봉을 중심으로 하는 의열단 계열
이라는 점이고, 둘째는 신당창당 세력의 일부가 임시정부의
해체를 주장한다는 이유 때문이었다.

민족·민주혁명이념 제시

5개 단체 2200여 명의 독립운동가들이 참여한 민족혁명당이 드디어 창당되었다. 이들은 민족혁명과 민주주의혁명을 동시에 수행하여 '조선혁명을 완성'한다는 이념을 내걸었다. 또 민족혁명은 일제타도에 따른 민족자주정권 수립, 민주주의혁명은 봉건유제를 청산하여 인민자유정권을 수립한다는 목표를 세웠다. 창당대회에서 채택한 당의 강령과 주요 정책은 다음과 같다.

강령

1. 민족의 자유, 정치의 자유, 경제의 자유, 사상의 자유 등 4대 자유에 근거하여, 새조선의 민주공화국을 설립한다.
2. 조선 경내에서 일본제국주의 잔여세력과 친일반동분자를 철저히 숙청한다.

3. 인민의 언론, 출판, 집회, 결사, 신앙의 자유를 보장한다.

4. 조선 경내에 있는 일본제국주의자, 매국역적, 반역자의 모든 공사재산公私財産과 대기업을 몰수하여 국영으로 전환하고, 토지를 농민에게 분배한다.

5. 공업과 농업의 여러 가지 생산과 소비의 합작운동을 제창提唱하고, 인민의 기업경영권을 보호한다.

6. 징병제를 실시하여 국방군을 건립히여, 국기의 독립과 인민의 안녕을 보장한다.

7. 노동시간을 단축하고 여러 가지 사회보험제도를 실시한다.

8. 부녀들의 정치, 경제, 사회에서의 권리와 지위는 남자들과 일률적으로 평등하다.

9. 아동보육제도를 실시하여 어린이 노동자 제도를 금지한다.

10. 국가경비로 인민의 의무교육, 직업교육 및 사회보험제도를 실시한다.

11. 조선민족문화를 보급하고 발양시키고 과학과 기술을 적극적으로 발전시킨다.

12. 중, 미, 소, 영, 프 및 그 외의 민주우방 그리고 극동의 여러 민족과 연합하여 일본침략세력의 재기를 엄밀히 방비하고, 극동의 견고하고 지속적인 평화를 위하여 노력한다.

당면 정책

1. 국내외 여러 민주당파와 민주지도자와 단합하여 전국 통일의 임시연합정부를 세운다.

2. 전국 통일의 임시연합정부가 설립된 후 최단기간 내 보편선거제를 실시하고, 국민대표대회를 소집하여 정식 헌법을 제정하고 정식정부를 창립한다.

3. 농민, 노동자, 소 자산계급을 기초로 하여 본 당의 조직을 발전시키고 다른 민주 당파와 광범하게 정치연맹을 결성하여 전체 민족의 단결을 견고하게 한다.

4. 전국 각지의 노동자, 농민, 청소년 및 부녀운동을 적극적으로 펼친다.

5. 각 지방의 인민의 자치조직을 신속히 구축한다.

6. 징병제의 실시로 국방군을 창설하여 국가의 독립과 인민의 안녕을 보장한다.

7. 가혹하고 잡다한 세금을 폐지하고 누진세제累進稅制를 실시한다.

8. 재난과 빈곤에 빠진 동포들을 적극적으로 구제한다.

9. 자주의 원칙 아래 동맹국의 물자원조와 기술합작을 얻어서 전국경제의 신속한 발전과 번영을 도모한다.

10. 공개재판으로 전쟁범죄자, 매국역적 및 그 외의 모든 민족반역자를 징벌한다.

11. 해외에 있는 교포들을 보호하고 핍박에 의하여 일본,

중국 및 기타 각지에서 노역하거나 이사한 교포들을
자원에 의거하여 최단기간 내에 귀국시킨다.

13. 적들에 의하여 구금당한 애국정치범을 우대한다.
14. 혁명선열들의 역사적 공적을 표창하고 그들의 가족을
    우대한다.
15. 조선 경내에 있는 적의 관리와 적의 교포가 최단기간
    내에 일본으로 돌아가게 한다.
16. 조선을 해방 시켜준 동맹군을 최선을 다하여 협조한다.
17. 연합국의 세계헌장을 옹호하고 최단기간 내에 연합국
    에 가입하기 위하여 노력한다.[3]

민족혁명당 창당의 산파적인 역할을 한 김원봉은 창당대
회에서 "한국혁명의 완성은 민족운동을 기본으로 해야 하며
해외보다 국내운동에 주력하지 않으면 안 된다."는 요지의
연설을 해 갈채를 받았다. 이 연설에서 김원봉은 노동자·농
민·학생 등 국내 민중을 기반으로 하는 민족주체·민중중심
운동론을 제시했다. 이것은 김원봉의 일관된 주장이며 의열
단의 노선이기도 했다.

다음은 〈민족혁명당 당가〉와 〈민족혁명당의 창당선언문〉
이다.

━━ **3** 민족혁명당 기관지 《민족혁명》 창간호, 〈우리 운동의 신출발과 민족혁명당
의 창립〉, 1936, 48~49쪽.

민족혁명당 당가

1) 일심일의一心一義 / 굳은 단결 / 민족혁명당 /
   우리 당은 / 우리 민족의 전위 / 희생 분투 유혈은 /
   우리들의 각오 / 나가자 혁명전선으로

2) 우리 동지 높이 드는 깃발 아래 / 전진하는 역사에 발
   맞추리라 / 강도 일본을 타도하여 땅을 되찾고 / 세우
   자 자유의 신국가를[4]

민족혁명당 창당선언문(발췌)

제1차 세계대전 후 잠정적인 안정의 상태에 있던 열강
들은 일본의 만주점령, 독일의 군체제 정비 및 이태리의
아프리카에 대한 군사행동으로 인하여 불화가 표면으로
나타났다. 국제연맹, 군축회의 기타 세력균형을 유지하기
위하여 설치되었던 갖가지 기관들이 남김없이 파괴되었
고, 제2차 세계대전의 발발은 시간문제가 되었다.

대전이 다가오고 있다. 우리 민족의 존망의 문제는 여
기서 결정될 것이니 이때 우리들은 반드시 민족의 혁명역
량을 공고히 하고 중화민족과 긴밀히 협조하며 더 나아가
우리에게 동정적인 모든 민족과 연합하여 반일전선의 총

---

4 《사상정세시찰 보고집》 제3집, 일역문日譯文, 328쪽.

동맹을 이룬 후에 우리의 최후 승리를 위해 분투하고 희생해야만 할 것이다.[5]

민족혁명당은 앞에서 지적한 대로 임시정부 사수파를 제외한 많은 독립운동가들이 참여한 연합정당이다. 그만큼 인적 자원도 다양하고 유력 인사들도 많았다. 다음은 창당대회에서 선출된 중앙집행위원 15명의 명단이다. (괄호 안은 소속 정파)

김원봉 윤세주 진이로(의열단 계열)
김두봉 조소앙 최석순(한독당 계열)
이청천 신익희 윤기섭(신한독당 계열)
최동오 김학규 김활석(조선혁명당 계열)
김규식(대한독립당계열)
이광제 이관일(기타)
후보위원 — 성주식 정령.

이밖에 중앙검사위원 양기탁 홍진 외 3명
후보위원 김창환.

민족혁명당은 기간조직을 중앙당 → 지역지부 → 구부區

■■ 5 시인사 편집부, 《한국의 주요 정당·사회단체 강령·정책》, 1987.

部의 단계로 구성하고, 중국 관내지역에 화중, 화동, 화서, 화남, 화북 등 5대 지부, 서울에 국내전역을 관할하는 특별 제1지부, 신경新京에 만주전역을 관할하는 특별 제2지부 등을 설치했다. 또 광동, 상해, 천진, 북경, 미주지역에 지부를 두기로 했다. 집행기구로는 서기부, 조직부, 선전부를 두었고 부속 조직으로 군사부, 국민부, 훈련부 및 조사부를 설치하여 각 부에 부장 1명 부원 3명을 선임케 했다.

중앙집행위원회는 당분간 위원장을 두지 않고 중앙위원 합의제로 운영하기로 했다. 집행위원장을 공석으로 둔 것은 임시정부의 김구를 영입하여 명실상부한 '단일대당'을 결성하기 위해서였다는 주장도 있다. 중앙집행위원회의 결의를 거쳐 선임된 부장과 부원의 명단은 다음과 같다.

△ 서기부 : 부장 김원봉, 부원 윤세주, 김상덕 외 1명
△ 조직부 : 부장 김두봉, 부원 김학규, 안일청, 최석순
△ 선전부 : 부장 최동오, 부원 신익희, 성주식
△ 군사부 : 부장 이청천, 부원 김창환 외 1명
△ 국민부 : 부장 김규식, 부원 조소앙 외 1명
△ 훈련부 : 부장 윤기섭, 부원 3명
△ 조사부 : 부장 이장제, 부원 진의로[6]

---

6 《민족혁명》제7호, 47쪽.

민족혁명당의 총서기에 피선된 김원봉은 자신의 의지를 밝힌 〈중국민족항일전쟁 중 조선국내혁명동지들에게 고하는 글〉을 발표했다. 이 글은 이 무렵 김원봉의 의지와 사상을 밝히는 귀중한 자료다.

국내혁명동지들에게 보내는 글

　친애하는 전국혁명동지 여러분!

　중화민족의 항일전쟁은 이미 9개월째 접어들었습니다. 아시아 핍박 민족의 해방투쟁이 긴박한 시기에 우리는 시시각각 이번 전쟁이 어떻게 발발했으며, 우리는 전쟁 소용돌이 속에서 과연 무엇을 해야 하는지 살펴봐야 합니다. 따라서 지금 우리는 이 문제에 관하여 여러분께 개괄적으로 보고하려고 합니다.

　조선과 중국이 과거 수천 년간 상호의존하고 상부상조해온 역사적 사실을 잘 알고 계실 것입니다. 조선의 망국 이후에 중·한 양 민족은 그 어떤 방면에서도 떨어질 수 없는 밀접한 관계를 가지고 있습니다. 일반적으로 중·한 양국은 수천 리의 접경지대를 같이하고 있지만 현재는 일본의 육·해·공군이 조선의 평양·경성·인천 등 지방에서 직접 중국에 대항하고 있습니다. 조선의 대외무역은 일본 외에 대중국무역이 일위입니다. 조선에 있는 화교들은 조선민중과 같이 일본 제국주의로부터 억압과 착취를 받고 있습니다. 중국 동북지역의 약 200여만 명 조선인민도 중국인민과 똑같이 일본 제국주의의 핍박과 착취를 당하고 있습니다. 이러한 동병상련의 관계에 놓여있는 두 민족은 정치적으로 밀접하게 연합하였습니다.

일본 제국주의는 조선민족의 적인 동시에 중국 민족의 적이기도 하며, 중국의 혁명운동은 조선해방투쟁에 직접적으로 영향을 미치는 밀접한 관계라는 것을 부인할 수 없습니다. 이러한 이유로 현재 중국항일전쟁의 승리는 틀림없이 조선민족혁명운동의 해방을 가져다 줄 것입니다. 중·한 양국 민족의 유대관계는 앞으로 사회발전에 따라서 더욱 굳어질 것입니다.

현재 중국의 항일전쟁은 이미 제2기로서 승리의 마지막 단계에 접어들었습니다. 우리는 군사적으로 진일보해 왔고, 정치적으로도 위대한 진보가 있었음을 알아야 합니다. 최근 중국국민당은 임시대표대회를 개최하여 항일전쟁의 정치적 역량을 증강하기 위한 민의기관을 조직하고, 전국의 인재를 선발하여 외교·군사·정치·경제·민중운동 및 교육 등 각 방면에서 적군에 대응하기 위한 건국강령을 선포하였습니다.

중국의 항일전쟁은 잃어버렸던 땅을 되찾아 회복하기 위한 것이고 일본 제국주의를 대륙에서 하나도 빠짐없이 몰아내기 위한 것이며 동시에 조선독립의 실현을 반드시 보장해 줌으로써 반세기 동안 해결하지 못했던 오래된 화근을 청산하는 것이 중국 민족지도자 장개석 선생의 의지이고 전 중화민족의 일치된 결심입니다.

현재 중국 관내의 운동정세를 간단하게 말하자면, 1925년부터 우리의 수많은 청년동지들은 중국혁명의 책원인 황포군사학교에서 훈련받은 후, 다수가 군사간부로 양성된 뒤 중국의 북벌혁명에 직접 참전하였습니다.

'9.18사변' 이후 장개석 선생의 직접적인 지원 아래 다수의 조선의 군사간부 인재가 양성되었습니다. 또 수많은 전병들이 조선혁명운동을 위해 파견되었습니다.

1932년 조선혁명당, 한국독립당, 신한독립당, 조선의열단, 대한독립당 등 5개 단체가 '대일전선통일동맹'으로 연합, 결성되었고 1935년에 이 5개 단체는 공동결의를 통해 원래의 단체로 해산되어 조선민족혁명당을 결성하였습니다. 1937년 조선민족해방운동자동맹, 조선혁명자연맹, 조선민족혁명당 등 3개 단체가 연합하여 '조선민족전선연맹'을 창립하였습니다.

조선 국내운동에 대해 몇 가지 의견을 말하겠습니다. 최근 중국의 항일전쟁으로 일본제국주의의 세력은 약해지고 있습니다. 동시에 우리의 혁명운동은 촉진되고 있습니다. 전 세계의 반침략운동 역시 적극적으로 중국의 항일전쟁에 지원을 보내고 있고, 소련의 평화투쟁 역시 전 세게 침략주의자들의 광란적인 행위를 적극적으로 방지하고 있습니다. 하지만 우리는 적군이 혁명을 진압할 때 사용한 기술과 준비 과정이 매우 발전하고 치밀했던 점을 간과해서는 안 됩니다. 객관적인 정세가 우리 편에 유리하다고 해도 스스로 노력해서 자유를 쟁취해낼 여력이 없다면 혁명성공에 대해 요행을 미리 바래서는 안 됩니다. 그러면 우리는 어떻게 노력해야 할까요?

첫째, 우리 모두가 일치단결해야 합니다. 사상이 다르고 계급이 다르다고 해도 반일독립을 위한 기치 아래서는 우리 모두 일치단결해야 하며, 전민족의 통일전선을 건립하고 일본 강도를 타도하기 위해 연합해야 합니다. 우리가 일본의 통치를 벗어나지 못하면 그 어떤 주의와 사상도 탁상공론에 불과합니다. 전민족의 투쟁대상은 일본 제국주의임을 다시 한 번 강조합니다.

둘째, 대중을 중심으로 신간부의 조직의 기초를 강화해야 합니다. 앞서 말했지만 현재 객관적 정세가 우리에게 매우 유리한 건 사실입니다. 하지만 우리의 혁명투쟁은 무엇을 위해서 진행되어야 하는지가 불분명합니다. 이는 명석하고 수완 있는 간부나 지도자가 모두 적에 의해 체포되어 수감되어 있어 새로운 간부의 조직기초를 세우기 어렵다는 데 이유가 있습니다. 대중을 이끌고 갈 현명한 지도자가 없으면 정확한 목표를 위해 투쟁을 전개할 수 없기 때문입니다.

셋째, 타협주의 및 개량주의자들 간의 투쟁은 일시적으로 방임할 수 없습니다. 어느 시대, 어느 국가든 혁명운동이 일어나는 곳이라면 모두 이러한 타협과 개량 등의 경향을 띨 수 있습니다. 하지만 이러한 경향은 종종 적군에게 이용되어 혁명진영 내부의 분열을 촉진시키기 쉽습니다. 최린, 최남철, 치재정의 투항이 대표적인 사례입니다. 이들은 우리 민족의 치욕일 뿐 아니라 이들로 인해 대중혁명의 투지도 상실하였습니다. 타협주의자에 대한 군중 중 감시가 엄밀히 진행되지 않아 이런 현상이 점점 더 많이 폭로되고, 공격당하는 것입니다. 여기에서 우리의 운동이 항상 실패를 할 수밖에 없었던 중요한 원인을 알 수 있습니다.

넷째, 혁명의 결정적인 승리는 군중의 무장 총궐기에 달려있습니다. 3.1운동, 6.3운동, 10.3운동 등은 비무장 투쟁이었고, 이들이 아무리 맹렬하게 투쟁한다 해도 일본 강도를 몰아낼 수 없는 일이었습니다. 일본 강도를 쫓아내기 위해 수많은 민중이 유혈을 흘리며 용감하게 투쟁, 희생해도 성공할 수 없었습니다. 하지만 이러한 무용지물 혈전은 정신적으로 큰 힘이 되었고 전국 규모의 일치단결 행동, 최후까지 맹렬하게 투쟁하는 정신 그리고 국내외 혁명세력과 긴밀한 연합의 필요성을 느끼게 해줬습니다.

우리가 이런 최고의 결전을 할 수 있는 무장투쟁을 발

동하기 위해서는 먼저 크고 작은 대중들의 반일투쟁이 부단히 전개되어야 합니다. 대중은 이러한 투쟁의 경험으로 조선민족의 독립을 이루도록 이끌어야만 스스로의 생활 개선과 발전을 보장 받을 수 있다는 것을 알아야 합니다. 동시에 이러한 대중의 일상 반일투쟁 과정 중 대중의 생활 요구에 대한 구체적인 강령을 광범위하고 명확하게 제시해야 합니다. 이러한 행동강령이 없으면 대중의 크고 작은 투쟁은 더욱 더 일정한 목표를 상실할 것입니다. 만약 이러한 행동강령과 혁명의 기본강령을 동시에 시행한다면, 우리의 혁명은 더 쉽고 빠르게 이루어질 수 있을 것입니다. 현재 우리의 혁명강령은 다음과 같습니다. "일본 제국주의를 타도한다. 친일파 등 반동세력을 없앤다. 독립된 민족 국가를 건립한다. 민주적 정권을 확립한다. 적군 일체의 공적, 사적재산을 몰수한다. 민중생활을 개선한다. 중국민족 및 세계 반침략 세력과 공동 연합해 투쟁한다."

동지 여러분, 우리 모두 일어나 30년간 받았던 치욕과 모욕을 씻어내고 자유롭고 행복한 새로운 국가를 건설해야 합니다. 머지않았습니다. 희생할 각오로 용감하게 투쟁해야 합니다! 마지막으로 투옥 중에 계신 동지 여러분께 경의를 표합니다.[7]

---

7 《조선민족전선》, 독립기념관 소장자료, (No. 2003629-005).

당권 장악했으나 이청천 계열 이탈

민족혁명당은 중앙집행위원장이 따로 없고 집행위원 합의제로 운영되었기 때문에 자연히 당 운영의 실권은 서기부와 조직부가 가지게 되었다. 김원봉과 김두봉이 운영의 실세가 된 것이다. 이는 의열단이 민족혁명당 운영의 주도권을 장악하게 되었음을 의미한다. 그러나 이것이 화근이었다. 김원봉이 당무의 주도권을 행사하면서 한국독립당계의 조소앙 등 6명이 창당 2개월 만에 탈당하여 항주杭州에서 한국독립당 재건에 나선 것이다. 신한독립당계의 홍진, 조성환 등도 탈당하여 재건독립당에 참여했다. 김원봉은 이들을 포용하지 못하고 오히려 중앙당의 기간요원과 주요 지부에 의열단 계열을 충원하는 등 세력 확장으로 맞섰다. 그러나 이것은 또 다른 갈등을 불러왔다. 이청천 세력과 알력이 생긴 것이다. 이청천은 민족혁명당의 강력한 '주주'로서 유력한 당권 경쟁자였다. 김원봉 세력이 일방적으로 비대해지고 당권을 좌우하게 되면서 조직의 열세를 느낀 이청천은 활동자금 배분과 당기黨旗 제정문제를 둘러싸고 이의를 제기했다. 그리고 갈등이 증폭되었다. 두 세력의 갈등은 김원봉 세력이 제2차 전당대회를 열어 조직을 개편, 김원봉이 총서기로 선출되면서 감정 대립으로 폭발하고 말았다.

이청천 계열은 비상대회를 열어 김원봉 계열의 전횡을 규탄하고 김원봉 등 38명을 축출할 것을 선언했다. 그러자 김원봉 계열은 중앙집행위원회 임시회를 소집해 이청천, 최동호, 김학규 등 반대파 중심인물 11명을 제명함으로써 사태를 역전시키고 당권을 재장악했다.

이와 같은 분파 작용으로 민족혁명당이 추구해온 통일전선의 성격과 역량은 크게 손상되었고 민족혁명당은 의열단의 확대조직처럼 변질되기에 이르렀다. 이탈한 이청천 세력은 조선혁명당을 발족하여 민족혁명당과 대립하게 되었다.

이청천 세력의 이탈은 민족혁명당에 적지 않은 당세의 약화와 전력 손실을 가져왔다. 중국국민당 정부도 크게 실망했다. 이청천 세력의 이탈에 대해 일본 정보기관은 다음과 같이 보고했다.

민족혁명당 결성 후 김원봉 쪽 청년 40여 명은 남경 교외에서, 또 이청천 쪽 청년 32명은 남경 중화문中華門 밖에서 따로 훈련을 받고 있었다. 그후 김원봉 쪽에서 이청천

쪽으로 8명이 옮겨가 이청천 쪽은 40명이 되었다. 민족혁
명당 간부들은 여러 번 협의한 결과 청년들을 양파로 나눠
따로 훈련하는 것은 신당결성의 취지에 어긋날 뿐 아니라
한국독립당 재건파 및 기타 반대파에게 내부적 불통일을
폭로하는 것으로 역전될 우려가 있으므로 양파 청년의 합
동훈련방침을 정했다. 1935년 9월 하순경 양파 청년을 모
두 남경 시내로 옮기고 계속 훈련 중, 김원봉 및 이청천은
이 청년들을 국민당 정부 군사위원회 소속 남경중앙군사
학교에 입교시키고자 동교 교장 장치중張治中을 여러 번
방문하여 교섭한 일이 있다.[8]

김원봉은 삼민주의역행사에서 월 2500원의 경상비와 기
타 지원비 그리고 국민당 정부와 중국측 요인들로부터 상당
한 재정지원을 받고 있었다. 민족혁명당 운영자금은 김원봉
이 이렇게 마련한 자금이 큰 재원이 되었다. 당권을 장악할
수 있었던 것도 조선혁명군사정치간부학교 출신의 인적 자원
과 자금이 있었기 때문에 가능한 것이었다.

김원봉은 민족혁명당을 운영하는 한편 꾸준히 간부학교
출신의 당원들을 모아 의열단의 활동거점인 한 고사찰에서
재교육을 시켰다. 그의 심중에 여전히 의열단의 정신과 인맥

<hr>

8 《사상정세시찰 보고서 (2)》, 조선총독부 경무부, 269쪽.

이 자리잡고 있었음을 보여주는 대목이다.

이들은 3.1절이나 개천절 등의 행사 때 "일심일의一心
一意 굳은 단결 민족혁명당"으로 시작되는 당가와 "산에
나는 까마귀야 시체보고 울지 마라"로 시작하는 추도가를
불렀고, 국치일에는 점심을 굶어 망국의 한을 주린 창자에
아로새기곤 했다.[9]

━━ 9 한상도, 앞의 책, 94쪽, 재인용.

《민족혁명당보》 발행에 심혈을 기울여

　　민족혁명당은 《민족혁명당보》를 발간하여 조직과 선전활동에 이용했다. 김원봉은 당보 발간에 각별한 관심을 갖고, 직접 편집을 주관하고 글을 썼다. 그리고 여기에 적지 않은 예산을 투입했다. 당보의 홍보선전 기능에 대해 누구보다 투철한 인식을 갖고 있었던 것이다.

　　김원봉은 중앙상무위원회 제3차 회의에서 당보의 발간 예산을 연간 800원元으로 편성하고 국한문본에 11인, 순한문본에 7인의 편집원을 임명했다. 1935년 9월 17일의 제10차 회의에서는 당무보고 및 국내외 정세 보고자료를 당 중앙으로부터 각급 당부黨部 및 소조小組에까지 하달하기로 했고, 9월 30일 제11차 회의에서는 당보를 그런 용도에 활용하기로 의견을 모았다.

　　이에 따라 국외정세 보고자료 및 비판, 국내정세 보고자료 및 비판, 당무黨務 보고자료를 3대 기사범주로 하는 당보가 발간되기에 이르렀다. 편집과 간행작업은 당 중앙서기부(부장 김원봉, 부원 윤세주 외 2명)에서 직접 주관했고 1935년 10월 1일 제1호를 시작으로 10월 18일 제2호, 11월 11일 제3호, 11월 25일 제5호를 발행했다. 발행 간격은 격주 발행에서 후에 월 간 발행으로 바뀌었다.

이렇게 발행된 당보의 원본 또는 영인본 실물은 전해지고 있지 않지만 일제 관헌이 매호를 정보자료로 수집해 일문으로 번역해 놓은 기사들이 복각본 자료집인《사상정세시찰 보고집思想情勢視察報告集》제2권에 수록되어 있다.

(당보의) 기사에서 나타난 정세인식의 폭은 국내에서 부터 구미 각국과 중동지역까지 미쳐서 매우 넓었고, 날카로운 분석·비판의 시각으로 심도 있는 내용을 담고 있었다. 또 민족혁명당 간부진이 만주지역에서 이 항일무장투쟁 상황에 특별한 관심을 갖고 많은 정보를 수집하고 있었음을 엿볼 수 있다. 그리하여《민족혁명당보》는 정세분석지 겸 소식지 성격의 기관지로써 국내외 정세에 대한 당원들의 식견을 넓혀주는 교육자료 및 정보매체로써의 기능을 수행했다.[10]

---

10 김영범, 앞의 글, 515쪽.

김원봉은 민족혁명당에서 민족혁명군을 편성하여 제2차 세계대전이 일어나면 국내진공작전을 전개할 계획을 갖고 있었다. 국내 대중조직을 육성하여 결정적인 시기가 되면 후방의 무장유격전 조직으로 전환시켜 국외로부터 발동되는 군사작전과 연계토록 한다는 구상이었다. 독립전쟁과 국내 대중봉기를 결합시키려는 전략이었다.

김원봉은 그 핵심 요원을 의열단원이 맡도록 하기 위해 계속해서 단원을 모아 재교육과 훈련을 시켰다. 그러면서 유일당운동을 전개해 민족혁명당을 창당한 것이다. 그러나 거듭되는 세력 간의 갈등, 분열 그리고 이탈로 민족혁명당은 김원봉이 구상한 원대한 꿈을 이루지 못하고 말았다. 이것은 김원봉 개인의 한계이기도 하거니와 당시 독립운동진영의 한계이기도 했다.

민족혁명당은 의열단의 정신을 이어받아 적의 요인암살 등 적극적인 투쟁을 모색했다. 요인암살 이상의 행동들도 다양하게 기획되었다. 다음은 민족혁명당이 마련한 '파괴활동 지침'이다.

파괴활동 지침

1. 기관을 파괴하여 적의 공작을 중지시킬 것.
2. 교통을 파괴하여 적의 연락을 단절시킬 것.
3. 적의 화약고·병공창·군기고·비행장 및 대규모의 공

장 등을 파괴하여 전투력을 감소시킬 것.

4. 조요造謠하여 적의 내부 역량을 분산시킬 것.

5. 평시에 반탐정反探偵을 적경敵境에 파견하여 금융을 파괴 혹은 문란시켜 재정상의 공황이 오게 할 것.

6. 전시에 반탐정을 적경에 파견하여 허보虛報로써 민심을 동요시키고 질서를 문란하게 할 것.[11]

민족혁명당은 '파괴활동지침'에 따른 특무공작을 효과적으로 수행하기 위해 특히 공작원 선발에 신중을 기했다. 지난날 의열단 단원을 입단시킬 때의 '기준'과 유사한 선발기준을 마련했다.

공작원 선발기준

1. 정확한 정치적 인식을 가지고 당우黨友 및 당의 주장을 절대 신앙하는 사람일 것.

2. 충실하되 개인감정을 토대로 한 충실은 위대한 공헌을 할 수 없으며 혁명전선에 낙오하게 된다.

3. 민첩해야 한다. 특무공작은 번잡한 것이므로 민첩에 대한 천재가 아니면 안 된다.

4. 다취다예多趣多藝할 것. 특무공작에 당하는 사람은 다

■■■ 11 강만길, 《증보 조선민족혁명당과 통일전선》, 재인용, 역사비평사, 2003, 107 ～108쪽.

방면에 각종 특무기량을 갖지 않으면 도중 실패를 면할 수 없다.

5. 노련하고 또 충분히 사회화할 것. 그러므로 각기 다른 사회에서 고생한 우수한 분자를 선택하지 않으면 안 된다.

6. 고통을 이겨낼 수 있어야 한다. 특무공작은 실제 행동임과 동시에 최악의 조건에서 오랜 분투를 요하는 것이므로 고통을 견딜 수 있는 사람이어야 한다.

7. 창조적 정신에 강할 것. 수십 번의 실패를 거듭해도 목적을 향해 매진하지 않으면 안 된다.

8. 용감 침착하고 희생적일 것. 특수공작은 전부가 모험사업이므로 대담하고 주밀해서 외수외미畏首畏尾 혹은 반신반의를 품지 않는 사람이어야 한다.

9. 열성적이며 책임감이 강할 것. 자기 단체만을 중심으로 하여 행동할 것.

10. 심신이 모두 건전할 것. 그리고서야 위대한 사업에 공헌할 수 있다.[12]

민족혁명당 창당의 '실천적 의의'

민족혁명당 창당은 우리 독립운동사에서 중요한 비중을 차지한다. 이와 관련하여 의열단원으로서 당 조직론을 강의했던 왕현지王現之(=이영준李英俊)는 '민족혁명당의 실천적 의의'에 대해 다음과 같이 다섯 가지를 들어 설명했다.

이것은 대외선전용 문서가 아니라 내부교육용 문서이기 때문에 의열단이 민족혁명당을 창당하게 된 배경과 역할 등을 살필 수 있는 소중한 자료다.

첫째, 혁명당은 '민중의 전위'로서의 의의를 갖는다. 당은 직접 민중의 선두에 서서 그들을 지도하고 훈련함으로써만 임무를 다할 수 있으며 활발한 운동을 전개할 수 있다. 이는 레닌주의적 전위당 개념을 그대로 수용한 규정이라고 할 수 있다.

둘째, 혁명당은 '민족부대'로서의 의의를 갖는다. 당은 민족을 떠나서는 존재할 수 없고, 민족을 기초로 민족에 의해 조직되어야만 하며, 민족 최선의 분자로 구성되는 것이다. 의열단이 상정한 바의 혁명당은 이처럼 어느 일계급의 부대가 아님은 물론, 강요된 일국일당주의 원칙이 낳은 민족혼성의 국제부대도 아닌 순수한 민족부대로 규정되고 있었다. 이는 의열단 자체도, 향후 조직될 통일대당도, 계급전선이나 국제적 반제전선이 아닌 민족전선의 대표조직이어야 한다는 것을 명확히 한 것이다.

셋째, 혁명당은 '민족부대 최고형태'로서의 의의를 갖는다. 당은 민족을 조직하는 부대이며, 민족을 지도하고 훈련시키는 사령부임과 동시에 민중의 학교이다. 당은 청년동맹·노동조합·농민조합·부인동맹 등의 외곽단체를 두고 항시 명확한 정책을 제시하여 최고 지도기관으로서 행동할 것이 요청된다. 여기서는 의열단이 전개해왔고 계속 전개 중이던 대중조직 건설운동의 목표가 무엇이었으며, 대중조직과 당(또는 의열단)과의 관계는 어떤 형태의 것으로 설정되었는지를 엿볼 수 있다.

넷째, 혁명당은 '정권획득의 무기'로서의 의의를 갖는다. 당은 정권획득을 최후의 목적으로 하여 투쟁하는 무기인 것으로 규정된다. 여기서는 민족혁명 완수와 더불어 전개될 신국가 건설 과정에서 혁명당이 어떤 지위에서 어떤 역할을 하게 될 것인지가 석명되고 있다.

다섯째, 혁명당은 '파벌투쟁을 제거'하는 의의를 갖는다. 파벌은 혁명운동의 제일가는 금물로 파벌을 정복함에 의해 당은 당으로 존재할 수 있다. 무엇보다도 이는 파벌투쟁으로 얼룩졌던 조선공산당의 과거 역사와 그것이 낳은 갖가지 과오에 대한 냉엄한 비판의 의미를 띠는 진술이다.[13]

민족혁명당은 일부의 이탈과 분열에도 불구하고 김원봉을 중심으로 당세를 확충하면서 항일투쟁을 꾸준히 전개했다. 1943년 2월 22일에는 제7차 대표대회를 열고 〈민족혁명당 제7차 대표대회선언〉을 발표했다. 이 '선언'과 함께 강령·정책도 함께 발표하여 민족혁명당이 추구하는 이념과 정책을 다시 한 번 내외에 밝혔다.

또 민족혁명당 창립 8주년을 맞은 같은 해 7월 5일에는 〈제8주년 기념선언문〉을 채택했다. 민족혁명당의 자료가 많지 않는 관계로 참고삼아 두 자료를 함께 살펴보자.

---

13 김영범, 앞의 책, 380쪽.

민족혁명당 제7차 대표대회선언

친애하는 동지, 동포 여러분!

국내 혁명정세가 날로 긴장되는 국면에서 우리 조선민족혁명당, 한국독립당통일동지회, 조선민족당해외전권위원회, 조선민족해방투쟁동맹의 우리 4당 대표는 항일전쟁을 하고 있는 중국 수도 중경에서 본당의 제7차 대표대회 - 개조대표대회改組代表大會를 원만히 끝냈습니다. 우리 4당 대표는 가장 열렬한 혁명정서를 가지고 혁명에 대한 가장 확고한 자신심을 여러분께 다음과 같이 삼가 선언합니다.

동지, 동포 여러분! 우리의 이번 개조대표대회는 우리 4당의 역사에서 중대한 의미를 가졌을 뿐 아니라 조선 혁명사에 있어서도 중대한 의의를 지닌 대회입니다. 왜냐하면 이번 개조는 조선혁명운동에 있어 하나의 새로운 방향, 즉 혁명의 역량이 날로 단결하는 데 도움을 주는 새로운 방향을 보여준 것으로, 우리는 민족혁명당의 개조라는 형식 아래 4당의 단결을 완성했기 때문입니다. 이번의 단결은 우리로 하여금 양적 방면에서 하나의 강대한 정당을 만들게 했을 뿐 아니라, 질적 방면에서도 조선민족이 반드시 철저하게 해방되어야 함을 주장하는 정당을 만들게 했습니다. 또 우리로 하여금 민족의 자유를 주장하는 정당을 만들도록 했을 뿐 아니라 우리로 하여금 정치적 자유, 경제적 자유, 사상의 자유를 주장하는 정당을 만들도록 했습니다.

동지, 동포 여러분! 우리가 주장하는 4대 자유는 조선민족의 혁명정신을 대표할 뿐 아니라 동시에 세계 반反파시즘전쟁 중의 민주정신을 대표하는 것입니다. 지금 세계는 어느 방향을 향해 가고 있습니까? 우리의 긍정하는 해답은 새로운 민주주의의 방향으로 가야 한다는 것입니다. 우리가 제시한 4대 자유는 바로 이런 방향으로 가고 있는 것입니다. 우리는 굳게 믿습니다. 오직 이 방향으로 가야만이 세계의 모든 파시즘 국가를 타도할 수 있고 조선민족이 일본의 파시즘 통치로부터 해방될 수 있다고.

동지, 동포 여러분! 우리 4당의 단결은 곧 모든 조선민족 단결의 기초입니다. 바로 작년에 우리 4당은 초보적인 협력의 기초 위에 한국임시정부 제34차 의정회에 참가하여 원만한 결과를 얻었습니다. 오늘 이후 우리는 4당의 완전한 단결의 기초 위에서 임시정부 및 모든 조선민족의 혁명정당과 긴밀한 협력을 통해 더 큰 항일투쟁 내지 항일전쟁을 전개해 나갈 것입니다.

동지, 동포 여러분! 우리 당은 창립된 지 9년 이래, 조직에 있어 상당히 탄탄한 정당이었습니다. 4당이 통합된 뒤, 우리의 조직은 한층 더 탄탄해졌습니다. 이번의 개조대회에서 우리는 조선민족의 혁명 선배이신 김규식 동지를 중앙집행위원회 주석으로 선출했습니다. 동시에 우리는 김약산 동지를 지도자로 하는 중앙상무위원회를 조직했습니다. 이는 곧 우리들의 당이 정확한 정치노선을 통해 조선민족의 해방을 위해 투쟁할 뿐 아니라, 단단하고 강력한 조직기구를 통해 조선민족의 해방을 위해 투쟁하고 있다는 것을 설명해주고 있습니다. 우리는 굳게 믿습니다. 조직 개편 뒤의 조직기구가 반드시 우리의 정확한 정치노선을 실현시킬 수 있으리라는 것을.

동지, 동포 여러분! 우리의 정당은 조선민족 중의 어떠한 계급을 대표하는 정당이 아니라 조선민족 중에 민족해방을 주장하는 여러 계급을 대표하는 정치연맹입니다. 우리의 정치연맹은 앞으로 농공農工 분야의 소자산小資産 계급을 기초로 할 것입니다. 우리는 굳게 믿습니다. 이 정치연맹이 장차 조선민족해방운동에 있어 중요한 힘이 되리라는 것을.

동지, 동포 여러분! 이번의 개조대회에서 우리는 4당의 정치강령을 세밀히 살펴보았습니다. 동시에 민족혁명당의 강령을 기초로 하고 수정을 가해 하나의 새로운 정치강령을 만들어냈습니다. 이 강령을 근거로 하여 우리는 당면한 정책을 규정했습니다. 이 강령과 이 정책은 바로 본 당이 직면한 가장 뚜렷한 정치 목표입니다.

동지, 동포 여러분! 조선이 국가를 잃어버린 지 이미 33년이 되었습니다. 〈조선독립선언〉이 발표된 이래 이미 24년이 흘렀습니다. 우리는 오랜 기간의 혁명투쟁을 거친 뒤,

이제 가장 강대한 민족해방의 정당을 구성하게 되었습니다. 이제 가장 정확한 민족해방의 정치노선을 만들어냈습니다. 우리는 모든 조선민족의 혁명지사들이 다같이 본 당을 위해 그리고 본 당의 강령과 정책을 위해 또 조선민족해방의 최후승리를 위해 투쟁할 것을 호소합니다.[14]

민족혁명당 창립 제8주년 기념선언문

7월 5일은 조선민족혁명당 창립 제8주년 기념일입니다. 우리는 세계 폭풍우의 전야, 중국항전 제6주년을 앞두고 우리 당의 창립 제8주년 경축대회를 개최하게 되었고, 이는 또 중대한 의의를 갖고 있습니다.

1935년 7월 5일, 우리는 중국의 수도 남경에서 5개당을 통합하여 전체 민족을 대표하는 유일한 정당인 조선민족혁명당을 창립하였습니다. 이는 10여 년 이래 조선혁명 통일운동의 최대 성과일 뿐 아니라, 국내 신한회와 해외 독립당의 혁명전통의 찬란한 역사를 촉진하고 계승하는 요소이기도 합니다. 조선민족혁명당 설립의 목적은 일본제국주의를 전복시키는 것이며, 이 목표를 달성하기 위해 전 민족의 힘을 결집하여 중한연합항일전선을 구축하였습니다. 조선민족혁명당은 이와 같은 상술 혁명 목표를 처음부

---

14 〈민족혁명당 제7차 대표대회선언〉, 독립기념관 소장 자료, (No. 001746-000).

터 한결 같이 견지하고 부단히 분투함으로써 전국 인민의 옹호와 지지를 받게 되었으며, 아울러 중국 당국과 중국 인민의 동정 및 원조를 받게 되었습니다. 중국의 항일전쟁 발발 후, 우리는 중국의 승리를 굳게 믿어왔습니다. 승리는 바로 조선독립의 보장이기도 합니다. 우리가 중국 항일전쟁에 참전하는 가장 큰 목적은 바로 조선독립의 보장이며, 이는 곧 우리 당의 최대임무 중 하나입니다. 때문에 1938년 조선의용군을 창립하고 조선혁명청년을 단결시켜 장 위원장(장개석)의 지도 하에 직접 중국항일전쟁에 참전하여 훌륭한 전적을 달성하였습니다. 우리 조선민족혁명당 건아들의 열혈熱血은 중국의 대지를 물들게 하였습니다. 상해 비밀공작, 중국 육군, 화북의 적후敵後 공작 등의 작전 중 우리 당의 열사들이 장렬히 희생되었습니다. 이는 조선민족혁명당이 조선민족의 자유와 해방을 위해 용감히 분투하였을 뿐 아니라 중국 항일전쟁의 승리를 위해 최선을 다해 충성하고 분투하였음을 그대로 반영하고 있는 것입니다.

소련·독일전쟁과 태평양전쟁 발발 후, 우리 당은 우선 전 민족을 대표하여 영국, 미국, 소련의 반독반일反德反日 애국전쟁을 옹호하고 지원하는 마음을 전달하였고, 국제형세의 변화에 따라 한국 임시정부에 대한 지지를 표시하였고, 무장역량에 대한 통합을 주장하였습니다. 지난해 가을에는 조선의용군과 한국광복군의 통합 편성을 기반으로 한국 임시정부의 제34차 회의를 거쳐 전 민족 통일을 성공적으로 구현하였습니다. 이에 우리 당의 정확한 정책과 민족단결을 위한 충성은 세계인민의 인정을 받게 되었습니다. 금년 봄에 이르기까지 우리 당은 이미 4당 통합을 완성하고 …… (원본 판독 불가) …… 당의 조직활동은 …… (원본 판독 불가) …… 발전을 거두어 우리 당의 신뢰는 나날이 높아지고 있는 추세입니다. 현재 아메리카의 각 혁명단체는 잇따라 우리 당에 자원 가입하고 있으며, 화북 일대에 위치한 우리 당의 적후 공작도 비약적인 발전추세를 보이고 있습니다. 이처럼 조선민족혁명당의 역량은 나날이 성장하고 있고 전 민족을 해방시킬 수 있는 능력을 보여주었습니다.

조선민족혁명당 창립 제8주년을 경축하는 오늘날, 전 세계 반파쇼 전쟁은 이미 대결전의 중대 고비에 들어섰습니다. 이는 우리 조선민족혁명당에 절대적인 이익을 가져올 수 있는 객관적 사실이지만, 세계 각국의 발전형세가 불균형적인 것이 사실입니다. 독일과 이탈리아 파쇼주의 악당들이 동부전선과 북아프리카에서 전대미문의 참패를 당했다고 해서 극동의 일본 침략자들이 한국 내 인민들에게 강제로 실시하고 있는 극단적인 전시정책을 간과해서는 안 됩니다.

일본제국주의자들에 대하여 국제상황은 절대적으로 유리한 반면, 조선민족혁명당은 상대적으로 극히 어려운 환경에 처해있기 때문에, 국내외 항일 혁명세력은 객관적 환경과 수요의 정도를 …… (원본 판독 불가) …… "국제 공동관리"는 사실상 조선민족혁명당에 해로운 것입니다.

우리는 오늘 여명의 어둠 속에서 비관적이고 실망적인 태도를 극복해야 합니다. 다만 맹목적인 낙관주의는 혁명에 해로운 것이기 때문에 국제 형세를 정확히 판단해야 합니다. 오늘 이 자리에서 우리 동지들과 동포 여러분께 금후 우리 당의 작업방향에 대해 지시하도록 하겠습니다.

첫째, 현재 세계 전쟁의 주도권은 이미 …… (원본 판독 불가) …… 파쇼 침략자들로부터 동맹국으로 이전되었습니다. 북아프리카의 승리와 제3국제기구가 해산된 후 객관적 조건이 성숙되고 영국, 미국, 소련의 합작이 강화됨에 따라 제2 전쟁터의 확장은 불가피하게 될 것입니다. 아울러 루즈벨트와 처칠의 제5차 회담에서는 태평양 작전 문제를 중요시했기 때문에 영국, 미국은 일본에 대해 대규모 공세를 취했으며 …… (원본 판독 불가) …… 조선독립문제는 국제적으로 중요한 문제로 자리매김하게 될 것입니다.

둘째, 동맹국의 승리 및 이에 대한 원조는 조선이 독립할 수 있는 중요한 조건이자 보장이기도 하지만, 조선혁명의 승리는 반드시 자력갱생에 의지해야 함을 명기해야 합니다. 우리의 혁명은 국내 인민들을 동원해야만 국제적인 원조를 받을 수 있습니다. 하지만 민족독립운동은 매우 어렵기 때문에 우리는 반드시 국내민중을 조직 및 훈련시키고 광범한 반일, 반전, 반병역反兵役 운동을 전개하여 군대의 무장봉기를 준비해야 합니다.

셋째, 빠른 시일 내에 각 당파의 통합기구를 설립하여 전 민족 단결을 강화해야 합니다. 이 목적을 달성하려면 우리는 다양한 수단과 방법을 동원하여 낙후현상을 부단히 극복하고 분열현상을 방지해야 합니다. 이런 경향을 방지할 수 없을 경우, 각 당파 간 통합기구를 설립할 수 없으며 전 민족 단결 강화작업도 불가능할 것입니다.

넷째, 한국임시정부를 확장, 강화하여 임시정부를 유력한 혁명정권 기구로 성장시켜야 합니다. 빠른 시일 내에 국제적으로 조선독립 위치를 인정받으려면 반드시 기존 임시정부를 시정하고 정부에 적합한 보통선거제를 실시하여 조선민족혁명당의 무장역량을 확장, 공고히 해야 합니다. 대중의 역량을 기반으로 임시정부를 발전시키고 임시정부를 유력한 지원자를 소유한 조선민족의 최고 전투지휘부로 성장케 하여 우리민족의 지위를 제고시키고 "국제 공동관리"를 물리치고 우리나라 독립임무를 완성하는 것입니다.

동지들 그리고 동포 여러분! 금후 우리 당이 김규식 주석과 총서기 김약산 동지의 영도 하에 한 마음 한 뜻으로 단결하여 전국 인민들과 함께 노력하고 분투한다면 필연코 우리의 어렵고 막중한 임무를 완성하여 조선민족의 자율을 획득하고 조선민족을 독립시키며 중국 항일전쟁과 세계 반파쇼 전쟁의 승리를 쟁취할 것입니다.[15]

___

15 위와 같음.

중일전쟁에 적극적으로 참여

　김원봉이 큰 뜻을 품고 의욕적으로 결성했던 민족혁명당
은 이청천 계열의 이탈과 항일전선의 정세변화, 김구를 중심
으로 하는 우파진영의 비협조와 질시 등으로 본래의 사명을
다하지 못했다. 하지만 김원봉은 민족혁명당을 기반으로 중국
관내지역 항일독립운동 진영의 지도자로 우뚝 설 수 있었다.

　1937년 노구교 사건을 계기로 중일전쟁이 발발하자, 7월
10일 장개석 중국군사위원회 위원장은 김구와 김원봉, 유자명
을 국민당 정부 하기 훈련단이 있는 노산盧山으로 초빙했다.
이 자리에서 장개석은 한·중 항일연합전선을 구축할 것을 제
의하고 재정지원을 약속했다. 김원봉을 크게 우대하여 이 같
은 지원을 약속한 것이다. 이에 따라 김원봉은 민족혁명당 당
원들에게 중일전쟁에 적극 참여하도록 특별명령을 내렸다.

7월 12일 김원봉은 민족혁명당 당원들에게 중일전쟁에 적극 참여하도록 명령했다. 그는 한인비행사 20여 명을 낙양洛陽으로 집결시키고 조선혁명군사정치간부학교 출신 청년당원들을 중일전선에 파견했다. 9월 하순에는 국민당 정부 특무기관 책임자인 캉저와의 합의를 거쳐, 12월 1일 민족혁명당 청년당원 84명을 장시성 성자星子에 있는 중국 육군군관학교 성자분교 내의 특별훈련반에 입교시켰다.[16]

민족혁명당은 창당 이후 중국 국민당 정부의 지원을 받으면서 활발하게 항일전을 전개했다. 일본 정보기관에서는 이 무렵 민족혁명당의 주요활동을 다음과 같이 포착하여 상부에 보고했다.

1. 중국 쪽으로부터 상당히 많은 활동자금을 지급받은 김 원봉은 7월 12일에 이미 은고恩顧가 있던 중국 남의사 계의 지도 아래 북부중국 완찰綏察 방면에 파견해 있던 30여 명의 당원에게 최선을 다할 것을 지령했다. 그리 고 조선인 비행사 20여 명을 낙양에 집결 대기시켰으 며, 당원 수십 명을 거느리고 낙양에 와서 중국 군정당 국의 지휘 하에 반만항일의 실행운동에 참가시킬 것을

▬▬ 16 한상도, 앞의 책, 99쪽.

계획했다. 한편, 남경군관학교 졸업생으로 구성된 특무대원 30명을 29군 27사(師 : 중국국부군-인용자)에 분산 배치하여 보정保定을 근거지로 삼아 북경·천진 방면에서 반만항일 테러 공작을 감행시켰고 일본군의 후방교란을 획책했다.

2. 8월 상순 조선민족혁명당 대표회에서 의용군 조직을 기도하고 그 승인을 장개석에게 교섭 중인 바, 국민당 정부에서도 이를 허용하여 중국특별의용군으로 명명하고 장비 및 군비를 지출할 것을 결정했다. 군관학교 재학생 95명 및 지원자를 합한 약 360명을 남경 교외의 어느 사원에서 약 일주일간 훈련시킨 후 북부중국으로 출발시키려 하고 있다.

3. 당의 중심인물 석정石正, 윤세주는 전쟁 이래 첨예당원 수십 명을 인솔하고 상해로 가서 상해특구 책임자 최석순 등과 함께 중국 편의대의용군便衣隊義勇軍 본부, 중국 각 항일신문사 등과 연락하여 중·한 합작 책동에 분망하다.

4. 남경과 기타 지역에 대기하고 있던 군관학교 졸업생 약 40명은 10월 20일 강서군사훈련소를 향해 출발했는데 훈련 후 곧 항일전에 참가할 예정이다.

5. 9월 중순경 조선민족혁명당 간부 석정, 즉 윤세주와 최석순 등은 상해 불조계佛租界 하비방霞飛坊 15호 2층의

1실을 아지트로 하여 당면 긴급임무로써 "일본 측의 군사정보를 수집할 것" "일본군부에 고용되어 있는 통역, 운전수, 간호부, 길 안내인, 기타 조선인의 성명, 인적 상황을 조사할 것" "일반 조선교포로부터 중국 군인 부상자의 위문금을 모집 송부할 것" 등을 정하여 활동하고 있다.[17]

1938년 5월 중순에는 민족혁명당 3차 전당대회가 열렸다. 그러나 이 무렵 최창익 등이 민족혁명당을 탈당하여 조선청년전위동맹을 결성하는 등 분파활동이 이어졌다. 이로 인해 민족혁명당의 당세는 크게 약화되었다. 김원봉은 나날이 변해가는 전세를 지켜보면서 조선의용대 창설에 나서게 되었다.

---

17 김정명, 《조선독립운동 2》, 원서방·강만길, 앞의 책, 100~101쪽, 재인용.

제 **11** 장

조선의용대 창설, 총대장이 되다

늠름하고 딱 벌어진 뼈대, 붉은 구릿빛으로 빛나는 피부를
가진 그는 경력에 어울리는 외모의 군인이었다. 국민당군의
장교복을 입고 있었는데 검고 뻣뻣한 머리카락과
굵은 눈썹을 가지고 있었다. 40을 조금 넘긴
나나 아오야마 가즈오보다 5~6세가량 연상으로 보였다.
아오야마 가즈오로부터 소개받은 나는 외경심을 느끼며
그의 크고 강한 손을 잡았다. 기회를 이용하는 것을 허용하지 않는
날카로운 눈빛을 제외한다면 그의 사람을 대하는
태도는 매우 정중했다.

－ 가지 와다루鹿地亘, 《불처럼 바람처럼》

중일전쟁, 한국독립 절호의 기회

1938년 10월 10일은 한국 독립운동사에서 고딕체로 기록
되어야 할 날이다. 그러나 우리 근현대사 교과서 그리고 대부
분의 독립운동사 자료에는 이 날이 기록되어 있지 않다. 이
날의 의미는 물론 이날 창설된 조선의용대(조선의용군)의 사실
관계에 대해서도 마찬가지다. 그 결과 우리 독립운동사는 반
쪽이거나 절름발이 상태를 면치 못해왔다.

역사의 속성(또는 본질·기능·역할)은 사실을 진실하게 밝히
고 평가하는 것이다. 진실이 묻히거나 왜곡됐더라도 언젠가
는 반드시 밝은 태양 아래 진실이 드러나고 공정한 기술과 평
가가 이루어진다는 뜻이다. 여기에서 인류사(문명사)는 발전
하고 진보한다.

김원봉이 1919년 11월 중국 길림성에서 의열단을 창단한
이후의 10년 동안을 편의상 '제1기 의열투쟁기'라 하고, 조선
공산당재건운동, 레닌주의정치학교 개설, 조선혁명군사정치

간부학교 창설, 민족혁명당 창당, 조선민족전선연맹 대표 등의 활동을 한 1929년부터 1931년까지를 '제2기 정치투쟁시기'라 하겠다. 그리고 1938년 조선의용대를 창설한 이후를 '제3기 군사활동시기'라고 명명하기로 하자. 물론 각 시기마다 혼재되거나 복합적인 활동도 있었다. 가령 의열투쟁기에 정치투쟁을 한 것이나 정치투쟁기에 의열투쟁을 한 경우다. 또 군사활동(무장투쟁)도 배제하지 않았다.

김원봉이 조선의용대를 창설한 것은 그럴만한 충분한 시대적 상황변화와 요구가 있었기 때문이다. 이 무렵의 중요한 사건들을 간략히 살펴보자.

1936년 3월 14일 단재 신채호가 여순 감옥에서 10년형을 선고받고 복역하던 중 뇌일혈로 타계했다. 신채호는 김원봉의 요청으로 1923년 〈조선의열단선언〉을 작성하여 의열투쟁의 이념과 지침을 제공했던 대선배이자 동지였다. 그는 "현실에서 도피하는 자는 은사隱士이며, 굴복하는 자는 노예이며, 격투하는 자는 전사戰士이니, 우리는 이 삼자 중에서 전사의 길을 택해야 한다"고 망국기 한국인들의 갈 길을 제시하기도 했다.

이것은 바로 김원봉의 뜻이기도 했고 의열단의 노선이기도 했다. 그러나 김원봉이 단재의 사망소식을 들었다는 증표는 찾기 어렵다. 이념적으로 일치했을 뿐 아니라 개인적으로도 무척 존경했던 단재의 사망소식을 김원봉이 들었다면 이에 대한 언급이 어딘가에는 있었을 것이다.

이 무렵 국내외 정세도 크게 변하고 있었다. 1936년 2월에는 일본 황도파 청년장교들이 쿠데타를 일으켰고, 5월에는 중국 홍군紅軍이 국민당 정부에 '정전강화 일치항일'을 통보하며 반장개석 슬로건을 잠시 거두고 국공합작의 계기를 만들었다. 8월에는 미나미南次郎가 조선총독에 취임했고, 11월에는 일본과 독일이 방공협정을 맺었다. 12월에는 상개석이 서안西安에서 장학량張學良 등에 의해 감금되는 이른바 '서안사건'이 일어났다.

1937년 4월에는 독립군총사령관 김동삼金東三이 경성감옥에서 옥사했고 김일성이 지휘하는 동북항일연군이 갑산군 혜산진 보천보 주재소 등을 습격했다. 이들은 일본 군사시설, 경찰, 통신기관을 파괴하고 다수의 군수품을 빼앗은 다음 〈조국광복 10대 강령〉〈일본군대에 복무하는 조선인 형제에게 고함〉 등의 격문을 살포한 뒤 압록강을 넘어 철수했다. 7월에는 임시정부가 전장鎭江에서 국무회의를 열고 군무부 산하에 군사위원회 설치를 결정했다. 비슷한 시기에 김원봉 계열은 조선의용대를 창설했다. 항일무장투쟁의 시기가 도래한 것이다.

또 같은 해 7월 7일에는 중국 노구교蘆溝橋에서 중일 양국 군이 충돌하여 중일전쟁이 일어났다. 북경 교외 풍대에 주둔한 일본군이 노구교 부근에서 야간훈련을 실시하던 중 몇 발의 총성과 함께 병사 1명이 행방불명되었다. 용변 중이던 그 병사는 20분 뒤 부대에 복귀했으나, 일본군은 중국군 측의 사격을 받았다는 구실을 내세워 주력부대를 출동시켰고 다음 날 새벽 노구교를 점령했다. 며칠 뒤 중국의 양보로 현지협정을 맺어 사건이 해결되는 듯했으나, 화북침략을 노리던 일본 정부는 강경한 태도를 보이면서 관동군 및 본토의 3개 사단을 증파하여 7월 28일 북경과 천진에 총공격을 개시했다. 이로써 이 사건은 전면전으로 확대되었다. 중국 측에서는 이 사건을 계기로 제2차 국공합작이 이루어졌다.

일본정부는 선전포고도 없이 총공격을 개시해 북경, 천진 그리고 국민당 정부의 수도 남경을 점령하고 30만 명이 넘는 무고한 시민을 살육했으며 무한武漢, 광동廣東, 산서山西에 이르는 주요도시 대부분을 점령했다. 장개석은 공산당의 항일 민족통일전선 결성 호소를 받아들임으로써 제2차 국공합작을 이루어 일본에 맞섰다.

일본은 온갖 잔학행위로 진격하는 도시와 농촌에서 1200만 명에 달하는 중국인을 학살했으며, 왕조명汪兆銘 등 친일파漢奸를 내세워 남경에 괴뢰정부를 수립했다.

중일전쟁의 발발은 재중 한국 독립운동가들에게 전략상의 새로운 과제를 안겨주었다. 특히 다수의 한인 청년들을 모집해 군사·정치 간부로 훈련시켜 항일무장투쟁의 실력을 비축해온 김원봉에게는 절호의 기회가 아닐 수 없었다.

한 연구자는 중일전쟁의 발발에 기인한 정세변화와 더불어 재중 한국독립운동은 크게 세 가지로 요약될 수 있는 전략상의 새로운 과제에 직면했다고 분석했다. 그것은 ① 항일 전열을 공고히 하기 위한 민족통일전선의 완성 ② 중국과의 명실상부한 항일연합전선의 결성 ③ 중국의 대일 전면 항전에 보조를 맞춘 참전과 그를 계기로 삼은 독립전쟁 결행 태세의 확립이다.[1]

---

1 김영범, 〈조선의용대 연구〉, 《한국독립운동사 연구》 2, 독립기념관, 2001, 469쪽.

조선의용대 창설

그동안 중국 정부는 한국 독립운동가들의 활동을 둘러싸고 일본의 눈치를 보느라 여러 방면에서 경계했다. 때로는 지원을 하기도 했지만 공개적인 지원이나 협력에는 매우 인색했다. 한국인들의 독립운동에 일정한 선을 유지해 왔던 것이다. 그러나 중국 정부는 중일전쟁이 시작되면서 더 이상 일본의 눈치를 볼 필요가 없게 되었고 오히려 한국 항일운동가들의 힘이 필요하게 되었다.

중국 국민당 정부의 입장에서 볼 때 군사적 측면에서 중국을 침략한 일본군 점령지역 깊숙이 들어가 중요한 정보를 수집하는 등의 일에 조선 청년만큼 적당한 사람이 없었으므로 가급적 조선청년들을 많이 끌어들이러 했는데, 이를 위해서는 조선인들의 긍지를 드높일 수 있는 조선인 독자의 무력 건설이 대단히 필요했다. 그뿐 아니라 정치적인 측면에서도 조선인 부대의 창설은 조선 국내와 해외 각지에 있던 조선인들의 항일의지를 발동시키고 반대로 조선인이 동원되어 있던 일본군 내부를 분열시킬 계기가 될 수 있었다. 장개석과 국민당 정부는 이 두 측면을 크게 고려했던 것이다.[2]

김원봉은 이와 같은 내외 정세 변화를 예리하게 지켜보나가 마침내 조선의용대를 창설했다. 조선의용대를 결성하기 위한 인적 토대인 군관학교 졸업생 100여 명이 대기하고 있었기 때문에 가능한 일이었다. 김원봉은 이런 기회가 올 것을 내다보고 오래전부터 의열단과 여러 단체·조직을 경유하면서 유능한 청년들을 교육하고 훈련시켜 왔다.

조선의용대를 결성하기까지는 김원봉의 여러 가지 노력과 역량이 전제되었다. 김원봉은 중일전쟁 발발 1주년인 1938년 7월 7일 오랫동안 구상해온 조선의용대 창설 계획안을 중국군사위원회 정치부에 제출했다. 중국군사위원회 위원장은 장개석이었고 부장은 정치부 진성陳誠, 부부장은 주은래朱恩來였다. 주은래는 팔로군 판사처 책임자로도 일하고 있었다.

당시 김원봉을 지원하던 중국 정부의 삼민주의역행사는 삼민주의청년단으로 개편되었지만, 역행사 출신들이 군대 내

━━ **2** 고축동顧祝同, 〈조선의용대의 제3전구공작〉, 정신문화연구원, 염인호, 앞의 책, 217쪽.

정치공작상의 인사권을 장악하고 있어서 김원봉을 지원하는 라인은 여전히 가동되고 있었던 것이 일을 성사시키는 데 큰 도움이 되었다. 주은래가 정치부 부부장으로 있었던 것도 좋은 성과를 얻게 된 배경이었다. 주은래는 김원봉이 황포군관학교 재학시절 스승이었다.

중국 정부는 정치부에서 관할한다는 조건으로 조선의용대의 창설을 승인했다. 김원봉은 애초에 독자적인 무장부대로 조선의용군의 창군을 요청했다. 그러나 중국 측은 침략 일본군에 맞서 싸우면서 아무리 동맹군이라 해도 자국에서 외국군대가 창군되는 것을 불편하게 생각했는지 의용군 대신 의용대라는 이름을 쓰도록 했다. "군軍은 규모가 큰 것을 이르는데 이제 설립하려는 부대는 그렇게 큰 규모가 못되니 '대隊'로 할 것"[3]을 전제로 했다는 주장도 있다. 김원봉은 조선의용대 창설을 준비하면서 김구가 지도하고 있는 광복단체연합회와 전위동맹 측에 함께 참여할 것을 제안했다. 광복단체연합회는 끝까지 합류를 거부했지만 전위동맹은 의용대 가입의사를 밝혔다. 조선의용대 창설 소식이 전해지면서 여기저기에서 기회를 살피고 있던 애국청년들이 모여들었다. 중경重京의 대한민국임시정부를 찾아갔던 청년들 중에는 임시정부에 실망하고 발길을 돌려 조선의용대에 참여한 사람도 있었다.

---

3 한국정신문화연구원 편, 〈김승곤 지사 증언〉, 《한국독립운동 증언 자료집》, 1986, 46쪽.

기독청년회관에서 결성식 가져

1938년 10월 10일 오전 한구 중화기독청년회관에서 조선 의용대 결성식이 거행되었다. 이날 결성식에는 100여 명의 대원이 자리 잡았고 각 지역에서 축하하기 위해 찾아온 한국인과 중국의 군·정 관계 요인들이 참석했다. 대장으로 추대된 김원봉은 제1지대와 제2지대의 지대장에게 각각 군기를 수여하고 '조선의용대'라는 한자 다섯 자와 'Korean Volunteer'라는 영문이 새겨진 배지를 대원들에게 나눠주었다.

대원들은 태극기와 군기를 앞세우고 당당하게 대장 김원봉 앞에 도열했다. 김원봉은 대원들에게 "중국혁명이 완성되지 못함으로써 일제의 한국에 대한 압박과 착취가 날로 심하며, 한국민족이 해방되지 못함으로써 일제의 중국대륙 침략이 더욱 포악해졌음이 사실이다. 조선의용대의 기치를 높이 들고 중국 형제들과 굳게 손잡고 최후의 일각까지 분투하자"고 역설했다. 또 "우리의 역량이 작다고 깔보아서는 안 될 것이다. 조선 3000만 민중은 모두 우리의 역량" 이라는 김원봉의 연설은 대원들의 가슴을 진동시키기에 충분했다. 이날 조선의용대 대원들이나 내빈 그리고 주역인 김원봉에게 무장부대의 창설은 생애를 두고 잊을 수 없는 감격적인 행사가 되었다. 비록 남의 나라 땅이지만 당당하게 무장한 군사력을 갖춘 조선의용대가 출범하게 되었기 때문이다.

조선의용대는 김원봉이 1940년 제2주년 대회에서 밝힌 대로 "조선민족해방의 선봉대가 되어 조선민족해방을 쟁취하는 것과 중국전장상의 하나의 국제종대로서 국제우인의 모습을 보여주는 것" 을 임무로 창설되었고 이러한 역할에 충실했다.

조선의용대 창설에 앞서 김원봉, 최창익, 김성숙, 유자명 등은 군사위원회 정치부원 5인과 함께 의용대의 규약과 강령을 마련하고 재정, 조직문제 등을 협의했다. 그 결과 총대장은 김원봉, 제1구대 구대장은 박효삼, 제2구대 구대장은 이익성이 맡았다. 그리고 제1구대는 민족혁명당 당원 등 42명으로, 제2구대는 전위동맹 중심의 74명으로 편성되었다. 조선의용대의 최고기관 지도위원회는 이춘암, 김성숙, 최창익, 유자명과 군사위원회 정치부원 2인으로 편성되었다. 조선의용대의 주요 사항은 지도위원회에서 결정했다.

의용대원들의 회고

의열단에 참여하고 황민黃民이라는 이름으로 조선의용대 제1구대 대원으로 활동한 김승곤은 조선의용대의 창설에 대한 의미를 다음과 같이 밝혔다.

이때 한국청년들의 전쟁참여에 대해 중국당국과 협의한 결과, 의용대를 결성해서 참전하기로 합의를 보았다. 1938년 10월 10일 임시수도 한구漢口에서 역사적인 조선의용대가 창립되었으며 이를 세계만방에 선언했다. 비록 200여 명의 소수 인원이고 의용대라 불렸지만, 실제로는 나라가 망한 후 국제정규전에서 독립군이 직접 참전한 것은 이번이 처음 있는 일이었기 때문에 당시 국제적으로 의의가 컸다. 이 사실이 미국 각 신문에 보도되자 재미 교포들은 자진해서 의용대후원회를 조직하여 적극 지원하기로 했다. 이때 전시는 매우 위급했다.[4]

조선의용대 대원으로 활동했던 김학철은 당시의 상황을 다음과 같이 기록했다.

조선의용대 발대식에 참가한 사람의 수를 모두 합하면 200명가량 됐으나 실제로 군복을 입고 대기隊旗 밑에 정렬한 사람은 150명밖에 안 됐다.

이 150명이 또 2개 지대로 나뉘었는데, 제3지대는 멀리 중경에서 따로 발족했으므로 여기에는 참가하지 않았다.

이 발대식에 참가한 유일한 여성, 반록총 중 홍일점은 당년 23세의 김위金煒(본명 김유홍)로서 '영화 황제'라고 불리던 스타 김염金焰의 큰 누이동생이었다.

조선의용대의 총대장은 김원봉, 제1지대장은 박효삼朴孝三, 제2지대장은 이익성이 맡았고 왕통王通과 김학무가 각각 1, 2지대의 정치위원으로 임명됐다.

식순의 하나로 전체 대원들의 가슴에 배지(휘장) 하나씩을 달아주었는데 거기에는 '조선의용대'라는 한자 다섯 자와 'Korean Volunteer'라는 영문 한 줄이 새겨 있었다.

나는 제1지대에 소속돼 제9전구(호남성)로 떠나게 되었다. 제2지대는 제5전구(호북성)로 떠났는데 그중 일부는 제1전구(하남성)까지 진출했다.

▬▬ **4** 김승곤, 〈조선의열단의 창립과 투쟁〉, 《전사》, 5호, 133쪽.

당시 제9전구 사령관은 진성이었고 나중에는 설악薛岳으로 바뀌었다. 제5전구 사령관은 이종인李宗仁 그리고 제1전구 사령관은 위립황衛立煌이었다.

대무한을 보위하는 시민들의 사기를 진작하기 위해 각 사회단체들이 한구청년회관에서 연극 공연들을 했는데 우리도 축에 빠질 수 없어서 부랴사랴 연극 하나를 준비하게 됐다. 버락장鱐 담그듯이 헤낼 작정이었다.

한데 총칼 밖에 모르는 집단인지라 문화 예술 인재가 얼마나 결핍했던지 그 각본을 쓰라는 명령이 떨어지기를 뉘게 떨어졌는가 하면 바로 나, 이 김학철에게 떨어졌다.[5]

5   김학철,《최후의 분대장》, 문학과 지성사, 1995, 188~199쪽.

핵심대원들로 의용대 편제

김원봉은 의용대 대장으로 취임하고 이춘암, 김성숙, 유자명, 최창익 등은 의용대 지도원으로 추대되었다. 부대장은 신악이 담당했다. 부대에는 기요조機要組를 두어 신악이 조장을 겸했고, 정치조의 조장은 전위동맹원인 김학무가 맡았다. 학무조장은 이집중이 맡았으며 훈련소 주임은 약산이 겸임했다. 그외 부녀봉사단 단장은 김원봉의 부인 박차정이, 3.1소년단 단장은 당시 17세였던 최동선이 맡았다. 편집위원으로는 이두산이 임명되었고, 월간잡지《조선의용대》와 반월간잡지《조선의용대통신》이 발간되었다. 기관지 발간에 대해서는 뒤에서 자세히 소개하겠다.

조선의용대 창설 당시의 편제는 다음과 같다.

창설 당시 조선의용대 편제

총대부(13명)

　대장 : 김원봉

　기밀주임 : 신영삼, 총무조장 : 이집중

　정치조장 : 김규광

　부원 : 이형래, 주세민, 이춘암, 석성재, 김인철, 한지
　　　　성, 윤세주, 진일평, 김석락

제1구대(43명)

　구대장 : 박효삼

　대부隊附 : 김세일, 정치공작원 : 왕통

　제1분대장 : 최경수, 대부 : 장중광

　제2분대장 : 조열광, 대부 : 이해명

　제3분대장 : 섭홍명, 대부 : 이지강

　대원 : 34명

제2구대(41명)

　구대장 : 이익성

　대부 : 진원중, 정치지도원 : 김학우

　제1분대장 : 강진세, 대부 : 호철명

　제3분대장 : 이영신, 대부 : 한득지

　대원 : 32명[6]

조선의용대의 창설은 항일투쟁에 있어서 대단히 중요한 계기가 되었다. 그동안 외교론이나 실력양성론에 실망해온 독립운동가들은 조선의용대 창설에 큰 기대를 걸었다. 김원봉은 조선의용대 창설의 의미를 기관지《조선의용대통신》에서 다음과 같이 정리했다.

중국항전을 불씨로 하여 동방 각 민족이 모두 혁명의 횃불에 불을 붙였다. 이는 동방 피압박민족의 반일본제국주의 혁명의 새로운 발전이며, 이 새로운 발전은 장차 동방 각 민족해방 후의 우의의 기초를 세울 것이다. 때문에 우리들은 목전의 가장 주요한 공작이 재중국 각 민족의 무장대오 건립임을 깨닫고, 아울러 각기 국내의 혁명군중과 각 민족 간에 긴밀히 연대하여야 한다. 이리 하여야만 비로소 중국항전의 승리와 동방 각 민족의 해방을 촉진할 수 있을 것이다. 재중국 각 민족 무장대오의 건립은 각 민족이 해방의 기간대오를 쟁취하는 것일 뿐 아니라, 이들은 중국항전 승리 후 동방 평화를 보장하는 동맹군이 될 것이다. 때문에 우리들의 무장대오 건립의 의의는 완전히 중국항전 승리와 동방 각 민족의 영원한 우의적 연합을 위한 것이다.[7]

■■■ **6** 《재지在支조선의용대 정세》, 162~163쪽, 김영범, 앞의 글, 482~483쪽.
■■ **7** 김원봉, 〈건립동방 각 민족 우의적 신기초〉, 《조선의용대통신》, 31기, 1940, 1. 1. 1쪽.

● 일본인 반전운동가들과 연계투쟁

이 장章의 '발문'에 인용한 바 있는 일본인 가지 와다루는 당시 중국에서 반전운동을 전개하고 있던 양심적인 인텔리겐차였다. 와다루는 오래전부터 김원봉의 활동을 지켜보면서 공감하게 되었고, 1938년 12월 25일 계림에서 재중국 일본인 반전동맹을 결성, 일제의 침략전쟁을 규탄하고 반전운동을 전개했다.

김원봉은 '반전동맹' 창립대회에 조선의용대 대장 자격으로 참석해 축사를 했다. 그리고 1940년 12월 8일 조선의용대가 주최한 '일본 반전동지 환영회'에서 "일본 반전형제와 우리 조선의용대는 똑같이 파시스트에 반대하는 좋은 형제"라고 동지적 관계를 역설했다. 조선의용대와 일본반전동맹 그리고 대만의 대만의용대는 국제연대를 맺고 공동투쟁을 벌이기도 했다.

일본 반전동맹 대표 아오야마 카즈오青山和夫도 조선의용

대의 활동을 높이 평가했다. 그는 "중국항일전선에서 가장 크고 유력한 국제대오인 조선의용대는 일본혁명을 목적으로 하는 우리들에게 있어서 모범이며, 큰형이며, 혁명선배다. 조선의용대가 큰형으로서 중국에서 항전 중인 일본혁명분자와 맺은 혁명적 관계는 일본 혁명투쟁운동사상 공전의 역사적 의의가 있다"고 했다.[8]

또 아오야마 카즈오와 경쟁관계에 있던 가지 와다루는 김원봉과 속내를 주고받을 정도로 가까운 사이가 되었다. 김원봉의 인물과 투쟁정신에 지극한 신뢰와 존경심을 갖게 된 것이다. 다음은 조선의용대에 대한 와다루의 평가다.

이 나라에 머물고 있는 조선의 애국자들이 항전 참가를 위해 김약산의 지휘 하에 조선의용대를 결성하고, 대만인 애국자들이 조국의 저항을 돕기 위해 대만의용대를 조직하려 한 것은 특기하지 않으면 안 된다.

특히 조선의용대는 황포 및 기타 중국군관학교에서 훈련받은 적이 있는 청년군인을 기간으로 하여 수백 명의 구성을 갖고 있다. 한 부대는 무한전투 후 북상하여 연안과 화북으로 들어갔고 다른 한 부대는 무한 방위를 위해 무장선전대로 활동한 후, 국민당군과 함께 호북湖北, 호남湖南,

▬▬ **8** 한상도, 앞의 책, 152~153쪽, 재인용.

광서廣西, 사천성四川省의 각 전장에 흩어져 이윽고 일본인 민반전동맹이 조직되자 각지에서 밀접하게 이들과 협력하여 활동했다.[9]

김원봉과 조선의용대에 대해 대단히 우호적·동지적이었던 와다루는 이무렵 직접 조선의용대 숙소를 방문하고 그 소회를 남기기도 했다.

우창 시내의 비교적 큰 민가를 빌려 숙소로 삼고 있었다. 가운데에 납작한 돌로 만든 마당을 둘러싸고 네 채의 숙소로 이루어져 있었다. 집합 명령이 내리자 각 동의 방에서 '와' 하고 뛰쳐나오는 500명 전후의 초록색 군복을 입은 젊은이들이 갑자기 마당을 가득 채웠다. 미처 뛰어나오지 못한 자들은 복도 창문을 몽땅 열고 겹겹이 얼굴을 내밀고 있었다.

......

대장이 개회를 선언하고 이어서 나를 소개하며 인사를 시켰다. 실제로 나는 지금까지 발랄한 이렇게 많은 조선인 젊은이들이 이런 곳에 있다는 것이 현실로 느껴지지 않았기 때문에, 질리는 듯한 기분을 느꼈지만 아오야마

━━ 9 가지 와다루, 《일본병사의 반전운동》, 동성사, 1982, 26쪽.

가즈오가 뒤에서 재촉했기 때문에 흥분을 느끼면서 앞으로 나갔다.

나는 솔직하게 "지금 이곳에서 이렇게 훌륭한 집단을 가진 조선의 형제들과 얼굴을 맞대니 가슴이 벅찬 기분이다. 함께 손을 잡고 침략자와 힘껏 싸우자"고 소리를 질렀다. 우렁찬 박수소리가 터졌다.[10]

한편 아오야마 카즈오는 조선의용대 창립 3주년 즈음하여 발행된 한 간행물에서 〈우리는 조선의용대를 학습해야 한다〉는 글을 썼다.

우리는 조선의용대를 학습해야 한다

중국 항일전선에서 최대의 국제부대는 바로 조선의용대이며 오늘날 이미 3년이란 찬란한 역사를 기록하고 있다. 우리는 조선의용대의 3년간 어려웠던 상황을 논하지 않겠다. 3년간 조선의용대가 침략주의자 일본 파쇼들과 용맹스럽게 투쟁하여 쟁취해낸 성공적인 발전사에 대해 그리고 중국해방전쟁의 희생적인 지원에 대해 존경을 표한다. 동시에 조선의용대는 일본 혁명을 목적으로 한 우리에게 전형적인 큰형이자 혁명 선봉대였다—조선의용대의

---

10 가지 와다루, 《회상기 '항일전쟁' 중에서》, 신일본출판사, 1982, 206~207쪽.

광범위한 발전에 대해서도 십분 위안이 됨을 밝힌다.

조선의용대는 무한지역에서 보위전을 치르고 있을 당시 성립된 이래, 혁명의 장소에서 여러 가지 방면에서 선두주자의 역할을 맡았다. 그뿐 아니라 전선에서 적에 대한 활동을 만들어 일본혁명의 여러 선발대와 함께 저항한 것은 당시 우리의 큰형으로 여길만한 일이며, 이 일에 대해 우리는 잊을 수 없는 깊은 감사를 보낸다.

특별히 우리가 십분 감사하는 것은 우리의 연구실이 확장된 이래 조선의용대는 큰형과 같이 우리에게 지원을 하였다는 것이다. 우리는 결의 아래 혁명을 위해 전진함으로써 그에 보답했다. 일본파쇼 제국주의를 타도하기 위하여 조선민족의 독립해방을 위한 투쟁대오와 일본혁명의 노동계층 간의 긴밀한 연합이 매우 중요함은 말할 필요도 없다.

이렇게 조선의용대는 중국항전을 지원하여 일본 혁명자들과 혁명의 관계를 형성했다. 이는 일본 혁명 투쟁운동 역사상 유래 없는 역사적 의의를 지니고 있는 일이다. 우리는 이러한 역사적 의의를 기념하기 위해 더욱 더 의미 있는 방향으로 노력해야 한다.

특히 중국항전을 지원하고 일본 혁명반전을 주장하는 이들의 투쟁 및 조직이 오늘날 모두 약세한 입장에 놓여 있기 때문에 우리는 조선의용대를 혁명실현을 위한 선 경험자로 삼아야 한다.

조선의용대의 3년간의 어렵고 힘든 투쟁, 혁명의 희생
정신과 결연한 발전력은 우리에게 큰 교훈을 주었으며, 우
리는 또 이에 대해 탄복하고 있다. 우리 혁명의 진전을 위
해 대장 김약산金若山과 100명의 대원들이 지원을 제공해
준 것에 대해 경의를 보낸다.[11]

11 아오야마 카즈오, 〈우리는 조선의용대를 학습해야 한다〉, 《조선의용대 3주
년 기념 특별간행물》, (NO. 9003631-016)

한국광복군 창설에 자극제 역할

조선의용대의 창설은 여러 측면에서 한국독립운동에 일대 변화를 가져왔다. 또 조선의용대는 시대적인 역할을 담당해야만 했다.

조선의용대는 1940년대 중국 관내에서 한인의 양대 군사조직이던 한국광복군과 조선의용군의 창설 및 발전에도 적지 않은 기여를 했다고 할 수 있다. 곧 조선의용대의 존재와 활약상은 대한민국임시정부의 숙원이던 광복군의 창군을 서둘러 실행하게끔 간접적으로 고무하는 효과를 낳았고, 나중에 가서는 광복군 인적자원의 보충원이 되어주었던 한편, 조선독립동맹 산하 조선의용군의 실질적인 조직기초이자 충원기반으로도 기능했던 것이다.[12]

─── **12** 김영범, 앞의 글, 470쪽.

조선의용대의 창설이 임시정부의 광복군 창건을 서두르게 한 계기가 된 것은 사실이다. 당시 중국 관내에서 가장 큰 인력을 거느리고 있던 우파의 김구와 좌파의 김원봉은 어느 정도 경쟁적 관계에 있었다. 때문에 김원봉 세력이 중국 정부의 지원 하에 조선의용대를 창설한 것이 김구 진영에는 충격이었다.

조선의용대는 일본군 9개 사단 30만 병력이 전략적 요충지인 무한을 공격해 중국 정부와 치열한 공방전이 벌어지고 있는 급박한 정황 속에서 창설되었다. 중국 정부로서도 한국 청년들의 지원이 절실했던 시점이었다. 그렇지만 조선의용대는 일정한 한계를 안고 창설되어 활동이 제한적일 수밖에 없었다. "중국 군사당국의 인준을 거치면서 국민당 정부군에 대한 지원부대라는 다소 특수하고도 제한적인 지위와 임무를 부여받았"[13]던 것이다. 대원들은 매월 식비 20원元과 공작비 10원 씩을 중국 측으로부터 지급받았기 때문에 중국 군사당국의 간섭을 받지 않을 수 없었다.

김원봉 산하의 대원들은 군관학교와 레닌정치군사간부학교 등에서 이미 교육·군사훈련을 받은 관계로 모두가 우수한 자질과 기량을 갖추고 있었다. 김원봉의 비서출신인 중국인 사마로司馬璐는 자신의 회고록에서 조선의용대 대원들에

13 김영범, 앞의 글, 477쪽.

대해 다음과 같이 언급했다.

…… 이들 혁명청년들은 인원수는 비록 많지 않았지만 그 소질만큼은 극히 양호했다. 그들은 모두가 25세 전후의 나이로 나라가 망한 후 30년이란 기간 동안 대부분 혁명가의 집안에서 자라났고 아버지를 따라 여기저기 떠돌아다녔다. 이 사이에 이들은 부단히 혁명적 훈도薰陶를 받아왔다. 그들은 튼튼한 신체에다 장대壯大한 체력을 갖췄으며 삶의 어려움을 극복해 왔다. 또 희생을 두려워하지 않았고 굳센 의지에다 순결한 사상을 품고 있었으며 사회관계는 단순했다. 게다가 그들 모두는 적어도 중국어, 한국어, 일본어 등 세 가지 언어문자를 해득할 줄 알았다.[14]

이러한 조선의용대원들의 우수성에 대해 김원봉은 "관내에서 가장 우수한 군사정치간부 절대다수를 골간으로 조직된 간부집단"이라고 자부했다. 또 '조선민족해방의 선봉대'임을 자임했다. 조선의용대의 창설과 관련해 님 웨일즈는 다음과 같이 기록했다.

1938년, 예전에 유명한 테러리스트였던 김산의 친구

━━ **14** 사마로, 《투쟁 18년》, 홍콩아주출판사, 1952, 173~174쪽, 김영범, 앞의 글, 479쪽, 재인용.

김약산이 일본과 싸우기 위해 화중華中에서 조선항일의용군(최초의 명칭은 국제여단)을 조직했다. 이 수백 명의 조선인들은 조선민족연합전선 및 조선민족혁명당의 서기인 김약산의 지휘를 받고 있다. 내가 받은 이 집단의 선전책자에는 "최대 임무는 국내외의 모든 혁명분자를 통일하여 전 조선인민의 항일투쟁을 준비하는 것"이라 쓰여 있다.

내 남편 에드가 스노우는 1938년에 한구漢口에서 이 의용군 소속의 조선인 몇 명과 회견했다. 그는 이들이 중국 정부로부터 지원을 얻어내는 데 많은 어려움이 있다고 내게 이야기했다. 국민당은 이처럼 열렬한 좌익혁명가들이 자기네 군대에 대해 형제애를 갖도록 하는 일을 별로 탐탁찮게 여겼으며, 그랬을 경우 나타날 정치적 결과를 두려워하는 태도가 역력했다. 그렇지만 얼마 지나지 않아 이 부대는 최전선에 배치되었다. 그러자 수많은 조선인들이 일본군을 탈출하여 여기에 합세했다. 조선인의 일본군에 대한 태업도 많이 일어났다. 또 그들은 중국의 첩보활동에서 매우 귀중한 부분이기도 했다. 조선인 징병자들은 기회만 있으면 탈주했다. 1939년 2월에는 약 7000명의 조선인 부대가 광주 부근에서 반란을 일으켜 일본인 장교들을 죽였다. 이런 사건들은 빈번하게 일어났다.[15]

━━━ **15** 님 웨일즈, 앞의 책, 303~304쪽.

●강도 일본을 타도하기 위해 자발적으로 조직

　　김원봉은 조선의용대가 비록 중국 정부의 통제와 지원을 받는 불가피한 상황에 있긴 했지만 주체적이고 독립적인 무장부대라는 확고한 신념을 갖고 있었다. 김원봉은 조선의용대 창립 1주년 기념대회에서 연설을 통해 이를 분명히 했다.

　　본대는 조선에서 성립되어 중국에 파견되어 온 것이 아니다. 또 중국 정부가 모집한 것도 아니다. 중국의 조선 동포들이 자발적으로 조직한 것이다. 조직의 의의는 직접 중국항전에 참가하는 것, 동방피압박민족 및 전 세계 약소민족에게 호소하여 공동전선에 서서 일본 강도를 타도하는 것이다. …… 우리가 당면한 임무는 중국항전 전장에서 대적선전공작을 전개하고, 각 국제친우들을 도와 우리들과 같은 대오를 조직하는 것이다.[16]

김원봉은 행동하는 사람이었다. 오매불망 원하던 조선의용대가 창설되었으니 이제 투쟁하는 일이 남았다. 조직과 편제가 이루어졌고 대원들의 사기도 과거 어느 때보다 높았다. 그러나 김원봉은 행동에는 투쟁과 선전활동이 함께 필요하다고 생각했다. 이러한 생각은 의열단을 창단할 때부터 가지고 있었다. 그래서 신채호에게 〈의열단선언〉을 부탁하고 이를 적극적으로 활용해온 것이다. 때문에 재정적으로 대단히 어려운 상황에서도 기관지를 월간과 격월간 두 종이나 발행했다. 이는 김원봉이 단순한 행동가가 아닌 이념과 지식, 홍보 선전에 많은 관심을 가지고 있는 전략적인 행동가였음을 보여주는 대목이다.

━━ **16** 김원봉, 《조선의용대통신》, 앞의 글, 1쪽.

기관지 《조선의용대통신》 발행

조선의용대는 1939년부터 1942년까지 기관지로 《조선의 용대통신》을 발행하기로 하고 총대부總隊部에 편집위원회를 설치했다. 한지성, 유자명, 김규광, 이달 등 8인으로 구성된 중문간中文刊 위원회가 기관지 발행을 주관했다.

창간호는 한구漢口가 일본군에 함락되어 총대부가 광서성 廣西省 계림桂林으로 옮겨간 후인 1939년 1월 21일에 출간되었다. 처음에는 타블로이드판 순간지旬刊誌로 간행되다가 같은 해 11월 1일자 제28기期부터 반월간半月刊으로, 1940년 6월 15일자 제35기부터는 월간체제로 간행되었다. 총대부가 중경重慶으로 이전한 후 발간된 1940년 5월 15일자 제34기부터는 제호가 《조선의용대》로 바뀌었다.

그러나 1942년 5월 중국국민당 군사위원회는 조선의용대를 한국광복군으로 편입시키기로 결정했음에 따라 《조선의용대》는 같은 해 4월 1일자 제42기로 종간되었다. 현재는 창간호, 제2호, 제4호만 제외한 전호가 남아있다.

《조선의용대통신》은 초기에는 8면 정도였으나 증면을 거듭해 후기에는 30면 내외에 이르렀고 논설, 보고문, 시사평론, 시문, 통신문 등 다양한 형태의 풍부한 내용의 기사들이 게재되었다. 이는 한인들이 중국항전에 참가하게 된 대의와 조선의용대의 정치적·순사적 위상을 홍보하는 좋은 재료가 되었다. 그리하여 조선의용대의 각종 공작 및 활동에 대한 적극적인 지원과 동참을 끌어내는 데 기여한 바가 컸다.

그뿐 아니라 내부적으로는 대원 교육자료로 쓰이기도 했고 총대부와 구대·지대 간, 지대와 지대 간, 지대와 파견분대 간 필요한 정보교환 및 통신연락 수단이 되었다. 그리고 간부진과 일반대원 간, 대원 상호 간의 의사소통의 장도 됨으로써 조직통합력의 제고와 사기진작의 효과도 거두었다. 또 조선의용대 대원들이 중국군 6개 전구戰區 사령부와 예하부대에 배속되어 벌인 활약상과 전투·첩보·선무·정훈 등 여러 부문의 공작 실적이 자세히 기록되어 있어 1930년대 말부터 1940년대 초 사이 중국 관내지역에서 전개된 한인항일무장투쟁사의 자료로서 가치가 크다.[17]

---

17 김영범, 〈조선의용대통신〉, 《한국독립운동사 사전 5》, 독립기념관, 2002, 58~59쪽.

● 후방지역 전지공작에 투입

　체제를 갖춘 조선의용대는 곧 전선으로 배치되었다. 제1지대 76명은 중국군 제4전구와 제9전구로 들어가 활동하기로 했다. 제4전구는 광서성 방면이었고, 제9전구는 호북성의 양자강 이남 지역과 강서성 서북부를 관할하는 전구였다. 제2지대 73명이 배치된 제1전구는 하남성 전역과 안휘성 북부 일부 지역으로 투입되었고, 제5전구는 호북성 북부, 하남성 남부, 안휘성 서부 등지에서 활동했다.

　이 무렵 정세는 날이 갈수록 중국 측에 불리하게 전개되었다. 1938년 10월 21일에는 광주가 함락되었고 10월 27일에는 무한삼진武漢三鎭이 함락되었다. 장개석의 국민당 정부는 중경으로 수도를 옮기고 장사長沙에 머물렀고 있던 대한민국임시정부는 광주를 거쳐 광서성 유주柳洲로 갔다.

　조선의용대는 중국군과는 달리 후방지역의 전지공작에 투입되었다. 이들은 중국군을 따라 가끔 유격전에 참가하기도 했지만 무장한 군대가 아니었기 때문에 주로 포로 심문과 전지공작에 종사했다. 전지공작이란 일본군에 대한 반전활동과 인원 충원을 위한 공작활동이다. 조선의용대가 공방이 치열했던 무한삼진전투에 참전할 수 없었던 것은 이러한 조선의용대의 한계 때문이었다.

조선의용대는 10월 22일 광서성 계림桂林으로 본거지를 옮겼다. 유자명에 따르면 계림시 동편에 있는 칠성암 부근의 민가 두 채를 빌려 항일 선전사업을 벌였다고 한다. 이곳에서 대원들은 일본군을 상대로 담벼락과 대문짝을 비롯해 곳곳에 페인트로 (일본군들에게) "침략전쟁에서 헛되이 목숨을 바치지 말고 투항하라"는 등의 구호를 썼고 일본군 방송청취, 일본군 문건 번역, 일본군 포로 심문 등의 임무를 수행했다. 본격적인 전지공작을 한 것이다. 또 후방 전지공작 활동에는 중국군에게 일본어 교육, 일본군 포로의 귀순을 유도하는 교육, 중국군과 민간인을 상대로 한 전선위문단 파견, 일본군의 배후를 공격하는 유격선전대 운영 등이 포함되었다.

한번은 전호에서 한 마장 남짓이 떨어진 중대부에 길이가 굉장히 긴 플래카드 하나를 마련했다. 폭이 1미터, 길이가 20여 미터나 되는 옥양목 옹근 필에다 강진세가 특대 붓에 진한 먹을 듬뿍 묻혀가지고 문짝만큼이나 크게 일본글로 썼는데, 그 내용인즉 "일본병사 형제들이여, 무엇하러 머나먼 타국에 와서 아까운 목숨을 버리려 하는가?"
"집안 식구들은 그대들이 돌아오기를 목이 빠지게 기다리
고 있다.""어서 총부리를 그대네 상관에게 돌리라!" 등이
었다. 우리는 밤중에 적의 참호에서 150미터 가량 되는 지
점까지 접근하여 여남은 개의 대막대로 그 플래카드를 벌
려 세워놓음으로써, 날이 밝으면 적병들로 하여금 불가피
하게 마주보게 할 심산이있다.[18]

■■■ **18** 이정식, 한홍구 편, 앞의 책, 199~200쪽.

중국 문인 곽말약과 김성숙의 회고

　중국의 대표적인 문인·사상가로 당시 계림에서 조선의용
대의 활동을 지켜보았던 곽말약은 뒷날 자신의 자서전에 다
음과 같이 기록했다.

　일본 조계지는 황량한 공동묘지를 방불케 했다. 폭파
시키기로 예정되어 있었기에 주민들은 오래전에 떠나버
렸다. 길가의 담벽이나 큰길 위에 콜타르로 굵직하게 써놓
은 일본어 표어가 눈길을 붙잡았다. "병사들은 전선에서
피를 흘리고, 재벌은 후방에서 향락에 빠져 있다." "병사들
의 피와 목숨, 장군들의 금메달." 이 표어는 어제 내가 만든
글귀인데, 담벼락과 물탱크, 길바닥에 벌써 써놓았다.
　그것은 조선의용대 친구들에게 감사해야 할 일이었다.
그들은 철수를 며칠 앞둔 채 이 작업을 맡았다. 제3청에서
만든 대적표어구호집과 내가 임시로 만든 몇 가지 자료를

근거로 쓸 수 있는 모든 곳에다 표어를 써놓은 것이다. 내가 직접 본 바에 따르면 그들은 한구시漢口市를 문자 그대로 하나의 정신적 아성으로 만들어놓았다.

내가 자동차로 거리를 돌아볼 때, 그들은 표어를 쓰느라 여념이 없었다. 삼삼오오 조를 이루어 페인트 통, 콜타르 통을 들고 또 사다리를 메고 촌분을 아끼며 일에 몰두하고 있었다. 그것은 나를 감동시킨 일이기도 했다. 그들은 모두 조선의용대의 벗들이었다. 그중 단 한 명도 중국인이 끼여 있지 않다는 것을 나는 알고 있었다. 우리 중국에도 일본말을 아는 인재는 적지 않을 것이다. 일본 유학을 한 학생이 줄잡아도 몇 십만 명은 될 테지? 그런데도 무한이 함락운명에 직면한 이 위급한 시각에 우리를 대신해 대적군표어를 쓰고 있는 것이 오직 조선의 벗들뿐이라니!

그들은 철수를 불과 며칠 앞둔 시각에 동원되어 이 일을 맡았다. 그들이 발 벗고 나서 주었기에 한구 시내는 글자 그대로 '정신의 보루'로 변해 버렸던 것이다. 내 말은 결코 허풍을 떠는 게 아니고 사실에 근거한 것이다. 후에 일본군 포로들의 진술에서 알게 된 바, 적들은 무한을 점령한 뒤 그 표어들 때문에 여간 골치를 앓았다고 한다. 사흘 동안 야단법석을 떨고서야 겨우 그 표어들을 다 지워버렸다는 것이다. 하지만 거리에 써놓은 것을 말끔히 지워버렸다고 해서 머릿속에 들어박힌 것도 말끔히 가셨다고는 말할 수 없을 것이다.

그들은 망국의 처참한 아픔을 갖고 있고, 중국에까지 유망해 와서 항일공작에 종사하고 있다. 그들의 마음은 우리를 돕기 위해서라기보다도 오히려 자신들의 천직을 완수하려는 것이었다.

일반적으로 말해 우리가 받은 매판교육이 중국인들에게 나쁜 영향을 끼쳤던 사실과 비교해보면, 그들의 애국심은 알 수 없을 만큼 참으로 고상한 것이다. 때문에 조선의용대에 참가한 친구들은 캉저(국민당 정부 특무조직 책임자), 허충한(국민당 정부 군사위원회 제1청장)의 통제를 받았음에도 불구하고, 애국행동의 표현에 있어서 모든 구속으로부터 벗어나 있었다.[19]

이 무렵 조선의용대의 활동에 대해 김성숙은 다음과 같이 회고했다. "조선의용대가 한 것은 주로 대적 선무공작이었지요? 선전 같은 것 말입니다"란 질문에 대한 답변이다.

그랬지. 삐라 같은 것도 일본말로 해서 일본군에게 퍼뜨리고 표어 같은 것도 해 붙이고, 그리고 직접 마이크를 가지고 적진에 대고 말했지요. 적진이라는 것은 강 하나

■■■ 19 곽말약, 박정일·정재진 옮김, 〈홍파곡〉, 《곽말약 자서전 4》, 일월서각, 1994, 187~188쪽.

두고 있으니 말이 다 들려요. 욕설도 하고 우스운 소리도 하고, 그러던 가운데 새 일도 생겼어. 팔로군이 일본 포로들을 많이 갖게 되면서 그들을 지도하는 데 조선사람들이 필요하게 되었어. 조선사람들이 일본말을 하니까.[20]

20 앞의 책,《혁명가들의 항일회상》, 112쪽.

●의용대원 김학철의 회고

조선의용대원으로 활동했던 김학철은 조선의용대 창설 이후의 활동상을 다음과 같이 회고했다.

1938년 가을, 한구에서 우리 조선혁명청년들에 의해 조선의용대가 건립되었다(후에 해방구로 진출하여 조선의용군으로 확대되었다). 그 골간은 중앙군관학교 졸업생들과 연해안 일대 각 대도시의 대학생들로 이루어졌다. 의용대가 건립된 후 한 달이 채 못 되어서 운명은 우리로 하여금 무한에서 다시 철퇴하게 했다.

철퇴하기 전에 우리 전체 대원들은 총동원하여 두 낮두 밤에 걸친 돌격으로 온 한구 시내를 거대한 정신의 보루로 만들어 놓았다. 우리는 매 거리의 담벼락과 대문짝들에, 시계탑과 저수탑들에, 그리고 심지어는 아스팔트 길바닥에까지 페인트와 콜타르로 일본병사들의 계급의식을 불러일으키고 반전사상을 고취하는 표어들을 썼다. 그 것들은 모두 귀얄 따위의 특대붓으로 문짝만큼씩 크게 쓴 일본글로써, 그 내용인즉 "일본 형제들이여, 착취자를 위해서 목숨을 바치지 말라!" "총구를 상관에게 돌리라!" 따위였다.

한구에서 여러 번 우리 의용대를 방문한 바 있는 곽말약 선생은 후에 회상기 《홍파곡》의 한 절에서 당시의 정경을 매우 생동감 있게 묘사했다.

우리는 두 부분으로 나뉘어 무한을 뜨게 되었다. 제1지대는 지대장 박효삼朴孝三과 정치위원 김탁 일명 왕통王通의 인술 하에 강남전선으로, 제2지대는 이익성李益星 지대장과 김학무 정치위원의 인술 하에 화중전선으로 떠나게 되었는데, 나는 제1지대에 속하였으므로 부득이 '고성낙일孤城落日'의 양자강변에서 김학무와 손을 나누어야 했다. 우리 제1지대는 기선을 타고 양자강을 거슬러 올라가 악양에서 내려 다시 호남, 호북 두 성의 경계인 막부산전선으로 급행군했다. 우리는 거기서 옹근 한 해 동안 침략군과 마주 싸웠다.[21]

━━ **21** 이정식·한홍구 엮음, 앞의 책, 140쪽.

의용대원 유자명의 회고

조선의용대의 지도위원으로 참여해 항일투쟁전선에서 싸웠던 유자명은 자신의 수기에서 당시의 생활을 다음과 같이 정리했다.

1938년 10월에 조선민족전선연맹에서는 조선의용대를 조직하고 김약산이 의용대 대장으로 되었으며, 지도위원 6명을 두었는데 이 지도위원회는 보통 군대의 참모부에 상당한 것이다. 민족혁명당의 이춘암, 해방동맹의 김규광, 전위동맹의 최창익, 무정부주의연맹의 내가 지도위원이 되었고 정치부에서도 두 사람을 지도위원으로 임명했다.

우리는 정치부의 통일 영도 하에서 중국문, 일본문, 조선문으로 선전 간행물을 발행하고 표어를 써 붙였다. 그리고 각종 군중대회에도 대표를 보내 참가했다. 김규광의 부인 두군혜는 정치부의 직접 영도 하에서 전시고아원戰時孤

兒院을 설립하고 전쟁에서 부모를 잃어버리고 집이 없는 고아와 빈아貧兒들을 수용해 교양하고 있었다. 나는 김규광과 함께 고아원에서 선전 간행물을 편집했다. 일본 침략군이 무한을 점령하기 전에 두군혜는 고아원의 아동들을 데리고 중경으로 갔으며 투쟁에 참가할 수 없는 여성들도 중경으로 갔다.

1938년 10월 적군이 무한을 점령하기 전에 조선의용대는 제1분대와 제2분대로 나뉘어 제1분대는 남쪽으로 철수하여 장사長沙, 형산衡山, 형양衡陽을 거쳐 계림桂林으로 갔고, 제2분대는 낙하洛河를 거쳐 연안延安으로 갔다.

의용대는 무한을 철수할 때 무한삼진武漢三鎭의 거리마다 침략전쟁을 반대하는 표어를 일본문으로 써붙여 놓았으며 철수하는 도중에도 도처에서 중국 인민 군중들에게 항일전쟁에 대한 선전을 진행했다.

당시에 일본의 사회주의자인 녹지선鹿地亘도 정치부 제3청 곽말약 청장의 지도 하에 일본 사병들에게 침략전쟁을 반대하는 선전을 하고 있었다. 그리고 녹지선은 조선의용대와도 서로 연락을 갖고 있었다.

나는 의용대 제1분대를 따라서 장사를 거쳐 형산으로 가 한동안 머물러 있었는데 정치부도 무한으로부터 철수하여 남악南岳에서 회의를 열었다. 그때 적기는 날마다 형산을 폭격했다. 그리하여 장사에서 대화재가 발생한 뒤에 나는 의용대를 따라서 보행으로 형양에 가 또 한동안 있다가 형양으로부터 목선을 타고 상강湘江을 거슬러 2주일 만에 영릉零陵에 도착했고, 거기에서 또 보행으로 냉수탄冷水灘으로 가서 기차를 타고 그 이튿날 계림에 도착했다.

그날 계림시 동편에 있는 칠성암七星岩 부근에서 민가 두 채를 빌려 항일 선전사업을 개시했다. 계림의 산수는 천하의 으뜸이라고 일컬었고 그 중에서도 칠성암은 거대한 자연암동自然巖洞으로 유명했다. 그래서 상해전쟁이 시작되자 전쟁지구 각 성省의 학교들이 계림에 집중되었다.

당시 조선의용대 대원 중 김약산, 이춘암, 석정, 김규광, 박건웅, 박정애와 내가 계림에 있었다. 일본 사람 녹지선도 계림에 와서 조선의용대와 연락을 하면서 우리와 한 자리에 앉아 회의도 했는데, 그의 보도에 의하면 무한보위전武漢保衛戰에서 중국 군대에게 포로가 된 일본 군대를 위해 중국 정치부에서는 호남성 상덕지구常德地區에 포로집중영捕虜集中營을 만들어 놓고 일본의 포로들을 거기에 집중시켰으며 정치부 제3청에서 녹지선을 포로집중영으로 보내 포로들에게 반전사상을 선전하게 했다고 한다.

그러나 소위 무사도의 교육을 받아 중국사람을 죽이는 것을 저들의 천직으로 믿는 일본 군대의 눈앞에서 녹지선과 같은 인도주의적인 일본인은 일본 국가의 반역자로밖에 보이지 않았던 것이다. 그래서 녹지선이 일본 포로들에게 침략전쟁을 반대하는 데 대한 선전을 하면 일본 포로들은 "하하! 너도 일본국민인가!" 하면서 녹지선을 적대하고 조소하였다 한다.

그러나 녹지선은 포로들과 공동생활을 하면서 중국에 대한 전쟁이 일본인들에게 끼친 피해에 대해 설명해주었고 포로들로 하여금 전쟁의 죄악성을 이해하게 했으며 차차로 공동언어가 생기게 되었던 것이다. 이렇게 되자 포로들은 녹지선에게 전쟁 중에 겪은 여러 가지 곤란을 이야기하고 장강 일대에서 수많은 일본군대가 전사했다고 알려주었다.[22]

▬▬ 22 《유자명 수기 3》, 독립기념관 보관, 13~15쪽.

조선의용대 부녀복무단 결성

조선의용대는 산하에 조선의용대 부녀복무단(부녀복무단)을 구성했다. '부녀복무단'은 1939년 2월 중경에서 조선민족전선연맹계 한인 여성들이 재중경 조선부녀회를 조직한 것이 확대되어 결성되었다.

중경 조선부녀회는 ① 조선의용대 후원 ② 중국 항전 전사 위로 ③ 자신의 건전 수양 등의 목표로 조직된 단체다. 총무 장희수, 선전 이소원, 조직 김명숙이 집행위원을 맡고 장수연, 이금상이 후보위원으로 선출되었다. 또 부녀회의 기본회원 11명이 중심이 되어 이해 4월 9일에는 중경에서 부녀훈련반을 개설했다. 훈련반 주임은 한빈이 맡았고, 생활지도위원과 공작지도위원 1명씩을 두었다. 반원들은 2개월간의 집체 훈련을 받은 뒤 중경을 떠나 1939년 7월에 조선의용대가 있던 계림에 도착했다. 이들은 곧 조선의용대에 입대했고, 이들이 중심이 되어 조선의용대 부녀복무단이 결성된 것이다.

조선의용대 부녀복무단은 조선의용대 대본부 직속부대였다. 1940년 2월 당시 단원은 22명이었고 단장은 박차정朴次貞(김원봉의 처)이었다. 주요단원으로 확인된 인물은 장수연(조선의용대 제1구대장 박효삼의 처), 장위근(조선의용대 간부 양민산의 처), 김위金煒(조선의용대 간부 김창만의 애인), 이화림李華林 등이다. 부녀복무단 대원들은 전방활동을 통해 일반대원들의 사기진작에 크게 공헌했다. 1941년 봄 이후 장수연, 김위, 이화림 등은 조선의용대 주력을 따라 화북 팔로군 작전지구로 이동하여 항일전선활동을 전개했고, 단장 박차정은 중경에서 병사했다.

여성들이 조선의용대의 일원으로 전선에서 활동했던 점은 항일독립운동사와 여성운동사에서 적지 않은 의의를 지닌다.[23]

---

23 염인호, 〈조선의용대 부녀복무단〉, 《한국독립운동사 사전 5》, 576~577쪽.

제 **12** 장

조선의용대의 활동과 화북이동 전후

중국의 광활한 대지 위에 조선의 젊은이 행진하네
발을 맞춰 나가자 다 앞으로
지리한 어둔 밤이 지나가고 빛나는 새아침이 닥쳐오네
우렁찬 혁명의 함성 속에 의용군 깃발이 휘날린다
나가자 피끓은 동무야 뚫어라 원수의 철조망
양자와 황하를 뛰어넘고 피묻은 만주벌 결전에
원수를 동해로 내어몰자 전진 전진 광명한 저 앞길로

– 의용군 행진곡

조선의용대의 선전공작과 유격전

　조선의용대는 1939년 10월 10일 창건 1주년 기념대회를 가졌다. 김원봉은 이 자리에서 치사를 통해 조선의용대의 성격을 다시 한 번 상기시켰다. "본대는 조선에서 성립되어 중국에 파견되어 온 것이 아니다. 또 중국 정부가 모집한 것도 아니다. 중국의 조선동포들이 자발적으로 조직한 것이다. 조직의 의의는 직접 중국항전에 참가하는 것, 동방피압박민족 및 전 세계 약소민족에게 호소하여 공동전선에 서서 일본 강도를 타도하는 것이다. …… 우리가 당면한 임무는 중국항전 전방에서 대적선전공작을 전개하고, 각 국제친우들을 도와 우리들과 같은 대오를 조직하는 것"[1]이라고 강조했다.

　조선의용대의 지도위원 겸 부대장인 김학무는 조선의용대 창립 1주년에 발표한 〈1년간 조선의용대의 업무총결과 향

▬▬ **1**　《조선의용대통신》, 28기, 1939. 11. 1.

후 업무방향〉에서 다음과 같이 지적했다.

조선의용대가 특정한 시기 즉, 중국의 항일전쟁 시기
에 창립되었기에 중국의 항일전쟁에 참여하는 임무를 우
선적으로 맡았으며, 이는 현단계의 재중국 조선혁명운동
에서 해야 할 중요한 실전이다. 다음으로 조직구성과 창립
이전의 재중국 혁명가의 역사에서 볼 때 조선혁명운동을
추진해가야 하는 사명을 실천해야 할 것이며, 재중국 조선
혁명운동의 가장 강력한 실천자이자 선봉이 될 것이다.[2]

조선의용대에 대해 임시정부 측의 비판에 대한 반박논리
를 곁들인 정체성 확립에 대한 발언으로 인식된다. 임시정부
의 일부 인사들은 조선의용대가 중국 국민당 정부 군사위원
회의 관할 하에 있는 부대라고 폄하하는 발언을 하고 있었다.
김원봉의 창건 1주년 기념대회의 연설을 계속 살펴보자.

중국항전을 불씨로 하여 동방 각 민족이 모두 혁명의
햇불에 불을 붙였다. 이는 동방피압박민족의 반일본제국
주의 혁명의 새로운 발전이며, 이 새로운 발전은 장차 동
방 각 민족해방 후의 우의의 기초를 세울 것이다. 때문에

---

2 호춘혜胡春惠,《중국에서의 한국독립운동》, 대북중화민국사료센터, 1976, 24쪽.

우리들은 목전의 가장 주요한 공작이 재중국 각 민족의 무장대오 건립임을 깨닫고, 아울러 각기 국내의 혁명군중과 각 민족 간에 긴밀히 연대하여야 한다. 이리하여야만 비로소 중국항전의 승리와 동방 각 민족의 해방을 촉진할 수 있을 것이다. 재중국 각 민족 무장대오의 건립은 각 민족이 해방의 기간대오를 쟁취하는 것일 뿐 아니라 이들은 중국항전 승리 후 동방평회를 보장하는 동맹군이 될 것이다. 때문에 우리들의 무장대오 건립의 의의는 완전히 중국항전 승리와 동방 각 민족의 영원한 우의적 연합을 위한 것이다.[3]

이와 같은 김원봉의 언급에서 나타나듯이 조선의용대의 역할은 지평이 크게 넓어지고 있었다. 민족해방을 추구하는 반제투쟁과 더불어 일제 패망 후 동양평화를 가져오는 국제연대의 임무까지 염두하고 있었던 것이다. 김원봉은 1940년 10월 10일 조선의용대 창건 2주년 기념행사에서도 의용대의 두 가지 임무를 거듭 확인했다. 그것은 조선민족해방의 선봉대가 되어 조선민족해방을 쟁취하는 것과 중국전장상의 하나의 국제종대로서 국제우인國際友人의 모습을 보여주는 것이었다.

---

3 김원봉, 〈건립동방 각 민족 우의적 신기초〉, 《조선의용대통신》, 31기, 1940. 1. 1.

"모든 반일 역량을 단결시키자"

　　김원봉은 조선의용대의 활동에 대해 많은 기대와 의미를 부여하고 있었다. 그래서 중국의 항전과 한국의 독립을 같은 선상에 놓으면서 공동전선을 형성하고자 했다. 김원봉이 《조선의용대》에 게재한 〈모든 반일 역량을 단결시키자〉는 논설에서도 이 같은 의지를 확인할 수 있다.

　　조선의용대는 전문적으로 중국 전장에서 항전을 벌인 지 이미 2년이란 세월이 지났다. 2년이란 세월을 회고해보면 흥분과 감격이 교차된다. 전방에서 그리고 후방에서 적후 지역에서 우리 조선혁명자와 중국 전우들은 손을 맞잡고 공동 작전을 펼쳤으며, 생사를 같이 했으며, 어려움을 공유했고 대응책을 함께 마련했다. 중국 동포들은 우리 조선의용대를 애호했다.
　　우리가 2년간의 활동사항에 대해 논할 때 중국항전의

공헌을 말한다면, 이는 전부 중한 민족의 단결을 기초로 한 공로다. 우리의 조선혁명의 승리는 3대혁명 역량의 연합으로 이루어졌다. 즉, 관내의 혁명운동, 동북지역의 혁명운동 그리고 국내의 혁명운동의 연합에 의해 이루어졌음을 알 수 있다. 이는 중국항전을 돕고 중국항전에 참여하여 중국항전의 승리를 완수하는 데 기여했다고 할 수 있다.

왜 우리는 중국항전의 참가를 현재 우리의 투쟁 행동 방침으로 삼아야 하는가? 조선은 전 세계의 일부분이며, 전 세계 어느 지역의 혁명투쟁과도 밀접한 연관을 가지고 있으며, 그중 특히 중국혁명운동의 발전과 깊은 관계를 맺고 있다. 중국항전은 극동 반제국주의 투쟁의 가장 중요한 일환이며 일본제국주의에 저항하는 주력이다. 이 4억 5000만 명의 인구를 지닌 위대한 중국 민족혁명의 승패는 극동 및 전 세계를 대상으로 변화를 일으키지 않을 수 없는 역량이기 때문에 중국항전과 극동의 모든 핍박 받는 민족의 해방의 이익이 완전히 일치하고 있음은 틀림없는 사실이다.

중국항전은 극동 반제국주의 투쟁을 일으키는 데 주도적인 역할을 했으며, 극동의 핍박을 받는 민족들의 해방을 실현시키도록 자극했으며, 그들의 투쟁 정서를 고무시켜 그들이 승리할 수 있다는 자신감을 높여주었다. 또 그들을 한층 더 단결시켜 그들 스스로 해방의 길을 가도록 했으며, 혁명운동을 도와 투쟁활동을 더욱 더 맹렬하게 추진했다. 따라서 …… (원본 판독 불가) …… 항전은 극동 반제국투쟁의 가장 중요한 일환이라고 말할 수 있다. 앞에서 상술한 이런 사항들을 정확하게 파악해야 하고 모든 반일역량을 집중시켜야만 철저하게 적을 타도할 수 있다.

이점이 모든 극동지역의 핍박받는 민족이 공동으로 해방을 쟁취해낼 수 있는 유일하고 정확한 방법이다. 이러한 이유로 중국항전이 발발되었을 때 우리 조선혁명자들이 광적으로 환영의 태도를 보이며 중국항전에 참여한 것이다.

오늘날 부인할 수 없는 것은 우리 관내의 혁명운동 과정 중 일부 심각한 결점이 있다는 것이다. 특히 우리 자체적인 단결이다. 수많은 중국 우인友人들은 우리에 대해 많은 열정과 관심을 가지고 있으며, 또 우리에게 기대를 하고 있다. 우리는 이에 대해 심심한 감사를 드린다.

우리는 중국 동맹국에게 반드시 당신들의 호의와 기대를 저버리지 않을 것이며, 조선혁명운동의 단결은 매우 희망적인 것이라고 단호히 말할 수 있다. 과거 우리의 단결은 매우 빈약했다. 그 원인은 3가지로 볼 수 있는데 다음과 같다.

첫째, 관제 혁명운동이 조선군중과 밀접한 관계를 형성되지 못했기 때문이다.

둘째, 각 단체들의 정치적 소양과 자질이 부족했기 때문이다.

427

셋째, 활발한 투쟁과 구체적 활동이 부족했기 때문이다.

일부 사람들은 조선인은 단결할 수 없다고 하는데 이는 잘못된 견해다. 조선민족의 단결은 조선혁명 역사상 영광스러운 전통과 내력을 가지고 있다.

1929년 조선에서 성립된 '노동자농민총동맹'에는 12만 5000명이 참가했으며 이 동맹은 하부조직도 형성되어 있었다. 또 동시에 성립된 '청년총동맹'은 3만 5000명의 회원을 보유하고 있었다. 1927년 조직된 신간회 회원은 3만 명에 다다랐으며, 광주학생사건을 이끌어 전국적인 대시위를 전개했다. 그후 원산 부산의 총파업 …… (원본 판독 불가) …… 주의 농민대폭동 등 이 모든 예는 조선민족단결의 선례로 남아있다.

오늘날 동북지역에서는 수만 명의 조선혁명군이 활발하게 활동하고 있다. 극소수의 '단결청담가' 이외에 절대다수의 조선혁명청년군들은 모두 이미 조선의용대의 깃발 아래 단결했다. 누가 조선민족은 단결할 수 없다고 할 수 있겠는가? 우리가 주장하는 단결은 일부 '단결청담가'들의 몽상과 원칙적으로 차이가 있다. 우리는 반드시 혁명과 투쟁을 통해 단결을 이루어내야하고, 형식상의 단결을 포함하여 실질적인 단결을 해야 함을 인식해야 한다. 하지만 '단결청담가'들은 반대로 이러한 단결을 원하지 않는다.

우리의 단결 방향은 사무실장이 주장하는 '통일' '단

결'과 같은 듣기 좋은 단어들이 절대로 아니며 또 정객들이 자신들의 이익을 위해 관계를 맺기 위한 수단도 절대 아니다. 우리는 반드시 조선 군중 속으로 깊이 파고들어야 한다. 우선은 중국에서 활동하고 있는 백여 만 명의 조선이민자들을 우리 편으로 편입하고 그들을 단결시키고 무장화해 하나의 역량 있는 전투부대로 발전시켜야 한다. 이래야만이 중국항전에 더 크고 실질적인 도움을 제공할 수 있다.

우리는 반드시 우선 조선민족 내부의 단결을 도모해야 할 필요가 있으며 더 나아가 용맹하게 중국항전에 참여하고 있는 중국동포, 일본 침략자들의 노예로 전락한 식민지 민족들, 일본침략자들의 멸시 속에서 고생하는 남태평양의 약소민족들, 일본 제국주의의 억압 속에서 시달리던 국내 인민들 그리고 모든 반일 역량들과 긴밀히 연합하여 단결을 이루어내야 할 필요가 있다고 믿고 있다.

오늘날 과거 수십 년간 쌓아온 실제 혁명 경험을 바탕으로 수많은 조선혁명가들은 현재 중국 항전 전쟁터에서 실력을 발휘하고 있으며, 역사적 시련이 끝이 없는 힘든 투쟁과정 중에 우리의 수많은 결점들이 드러났다. 모든 진정한 조국 민족의 이익을 위한 혁명자들의 충성심은 투쟁 중에 단련되고 더욱 강해졌다. 하지만 그와 동시에 소수의 민족 불량분자들, 할당주의자들이 출현했다.

그들은 의식적 무의식적으로 민족의 단결을 파괴하거나 혁명의 결실들을 좌시하는 경향이 있다. 이러한 반혁명분자는 반드시 혁명의 물결에 의해 씻겨나가도록 하여 조선혁명의 전면적인 투쟁을 전개하며, 조선혁명의 승리를 쟁취하자.[4]

김원봉은 또 조신의용대 2주년 기념대회에서 발표한 〈2년간 조선의용대와 향후 업무방향〉이란 보고서에서 조선의용대의 역사적 공헌에 대해 다음과 같이 설명했다.

① 국제상에서 조선민족의 지위를 제고시켰다. ② 조선의용대의 깃발이 중국항일전쟁의 전역에서 나부끼고 있어, 국내외 3000만 동포들이 정신적으로 커다란 자극과 격려를 받게 되었다. ③ 조선의용대 설립 후 한중 양민족은 단결협력의 토대를 닦았다. ④ 중국의 각 전역에서 상당히 귀중한 공적을 쌓았다.[5]

김원봉의 설명대로 조선의용대의 위상은 한인의 자발적인 참여 하에 창건된 독자성과, 동방피압박민족 및 전 세계

---

4 김원봉, 〈모든 반일역량을 단결시키자〉, 《조선의용대》, 독립기념관 보관 자료. (No. 003631-007)
5 《조선의용대》 제40기.

약소민족 공동전선의 일원으로서 견지해야 할 국제성에서 도출될 수 있는 성질의 것이었다. 그러나 "중국항일전쟁이 심화됨에 따라 조선의용대의 국제성은 강화되어 간 반면 한인부대로서의 독자성은 난관에 봉착했다. 국민당 정부 군사위원회의 직접적인 관할 하에 있는 조선의용대는 중국항전 승리를 위한 동방피압박민족 연대체계 내의 일원으로서의 존재 가치만 강조되었다."[6]

━━ 6 한상도, 〈조선의용대의 국제연대인식과 대만의용대〉, 《한국독립운동과 국제환경》, 한울아카데미, 2000, 61쪽.

다양한 대적선전활동 전개

조선의용대는 전투부대가 아니었다. 김원봉은 대규모 무장부대를 편성해 대륙을 누비며 일제와 싸우고 싶었지만 여러 가지 주변 상황이 이를 허용하지 않았다. 그렇다고 조선의용대가 대적전투에 전혀 참여하지 않은 것은 아니다. 이 부문은 뒤에서 살펴보기로 하자.

조선의용대가 일차적으로 맡은 임무는 대적선전공작이었다. 일본군 병사들에게 반전·염전의 정서를 주입하고 사기를 저하시켜 투항을 유도하는 작전이었다. 또 강제로 일본군에 끌려온 조선청년들을 끌어오는 역할도 담당했다.

조선의용대 대원 대부분이 일본어에 능숙하고 일본의 정치·군사는 물론 문화 사정에 밝았기 때문에 선전공작 임무에 가장 적합했다. 의용대원들은 적진 깊숙이 침투하여 일본 병사들을 선무하는 각종 선전활동을 했고 일본군 주둔지역 시가지 도처에 일어로 된 반전 표어와 벽보를 써붙이는 등 적군을 혼란시키는 작전을 수행했다.

　　"일본의 형제들이여! 우리의 공동의 적은 바로 일본군
벌이다."
　　"일본 병사들이여! 무엇하러 머나먼 타국에 와서 아까
운 목숨을 버리려 하는가."
　　"집안 식구들은 그대들이 돌아오기를 목이 빠지게 기
다리고 있다."
　　"그대들의 총부리를 당신네 상관에게 돌려라."

　　이들의 선전 방식에는 여러 가지가 있었다. 일본군 주둔지
역 주민들에게 국제정세와 일본군의 만행에 대한 강연을 하
고 창가를 가르쳐 반일분위기를 고취시키기도 했고, 일본어
와 중국어로 된 소책자와 전단·삐라 등을 수십만 장씩 만들
어 살포하고 일본군이 투항할 때 쓸 신변보호용 통행증을 만
들어 배포하기도 했다. 또 만화, 연, 인형 등의 재료를 수시로
임기응변식으로 활용했고, 계림과 중경에서는 재화일본인민
반전동맹의 가지 와다루와 손을 잡고서 일본군을 상대로 일
어방송을 했다.[7]
　　그뿐 아니라 "대적선전대 혹은 단기 일본어반을 조직하고

━━ **7**　김정명 편,《조선독립운동 2》, 동경, 원서방, 1967, 652쪽.

중국군 사병을 선발하여 초급 대적선전요원을 훈련시켰는데 교수 기간은 4000여 시간에 달했다."[8]

이와 같이 조선의용대의 항전활동은 다양한 방법으로 수행되었다.

8 김영범, 앞의 글, 252쪽, 재인용.

●일제 침략에 공동으로 대응

　앞에서 언급한 대로 조선의용대는 대적선전활동만 한 것이 아니었다. 상황에 따라서 중국군과 합동작전을 통해 기습공격이나 매습공격으로 적을 섬멸·교란했다. 또 적의 통신과 교통시설, 전쟁장비를 파괴함으로써 적의 전력을 마비시키는 활동을 했다. 1940년 3월 23일에는 매복전을 통해 적 탱크 2량과 자동차 8량을 불태우고 적군 약 30~40명을 사살하는 전과를 올리기도 했다.[9] 이들은 여러 차례의 유격전으로 일본군에게 큰 타격을 주었다.

　이밖에도 중국군 내에 파견되어 홍보 유인물을 발간하고, 정훈요원으로 선발되어 음악회·토론회·강연회 등을 열고 정신교육을 하기도 했다. 이들은 수시로 중국 인민들과 접촉하면서 군민대회軍民大會를 개최했고 간이 소학교를 세워 난

9　〈조선의용대적공작, 대진선전유격살적〉,《대공보大公報》, 1939. 4. 13.

빈 아동들의 교육을 남당했다.

의용대의 역할 중에는 중국군에 포로로 잡힌 일본군 소속 한족韓族 동포 청년들을 인계받아 재교육시키고 이들을 의용대원으로 편입시키는 역할도 있었다. 이렇게 의용대원으로 편입시킨 대원이 2년 동안 50여 명에 이르렀다.

일본군에 강제징집된 조선청년을 포함한 중국내 조선 민중에 대한 선전 교육을 진행하여 그들이 항일독립투쟁의 대열에 조속히 가입하도록 동원하는 것이었다. 1939년 3월, 의용대 대원들은 귀주 진원진鎭元鎭의 중국 국민정부 군정부 제2포로수용소(곧 평화촌)에 들어가 이곳에 수용된 31명의 한국적 일본군 사병에 대한 교육을 진행하여 전부 깨우치도록 했으며 2명이 수용소에 남아 일한 것 외에 기타 29명은 조선의용대에 가입했다.[10]

조선의용대는 대외활동에서도 기록할 만한 업적이 있었다. 반제연합전선을 형성하고 이를 주도하는 역할을 한 것이다. 일제에 침탈당한 나라의 인사들과 반제국주의, 반파시즘 공동전선을 형성하기 위해 대만의용대, 재화일본인민반전동

━━ **10** 목도沐濤(중국 화동사범대학 역사학과 교수) 외, 〈중국항일전쟁 중 조선의용대의 역사적 위상 및 공헌〉, 《중국항일전쟁과 한국독립운동》, 시대의창, 2005, 117쪽.

맹, 인도의료대와 연계하여 반일전선을 맺고 활동했다. 이러한 조선의용대의 활동은 여러 나라 반제국주의 인사들에게 큰 충격을 주었고 그들이 반제기구를 결성하는 계기를 만들어 주었다. 또 조선의용대를 중심으로 여러 나라의 반제 기관들이 연계투쟁을 하게 되면서 국제적인 관심을 불러일으켰다. 미국, 인도, 월남, 소련 등의 반전 인사들이 조선의용대의 창설 및 그 활동에 각별한 관심을 갖고, 그들의 특파 기자를 통해 각국의 신문·잡지에 의용대의 활동을 크게 보도한 것이다.[11]

일제침략에 공동으로 대응해야 한다는 인식이 높아지면서 1938년 7월 7일 재중반일운동 세력은 조선의용대를 중심으로 국제반침략 역량을 집중하는 '일본·조선·대만 반파시스트동맹창립준비위원회'를 구성했다. 이를 토대로 1938년 12월에는 '조선·일본·대만 반파시스트동맹'이 결성되었고 이들 3국 대표는 동방 약소민족이 모두 중국의 항전 기치 아래 단결하여 싸울 것을 다짐했다.

〈조선·일본·대만 반파시스트동맹 창립준비위원회 선언〉은 다음과 같다.

일제는 월남, 인도, 버마, 필리핀 등 아시아 전 민족을

11 한지성, 〈조선의용대 3년래未 공작적 총결〉, 《조선의용대》 제40기, 78쪽, 김영범, 앞의 글, 496쪽.

정복하고, 아시아를 독점하려는 몽상을 실현하려 한다.
…… 일본파시스트 강도는 국내 대중 및 식민지 조선과 대
만의 민족을 모두 침략전쟁에 몰아넣어 죽이고, 동방의 모
든 인민을 전쟁의 참화로 몰아넣을 것이다. …… 일본파시
스트 지배 하의 우리들 피압박 대중은 일본 국내의 근로
대중이나 식민지 조선과 대만의 민족이 모두 이미 엄중한
관두에 도달해 있음을 명확히 해야 한다. …… 우리는 스
스로의 생존과 해방을 구해야 하며 일본파시스트 강도의
도살 참화를 입고 있는 중국형제를 구해야 한다.

우리들 투쟁선상에서 가장 중요하고 공동적인 문제를
해결하려면, 그것은 어떻게 우리들의 투쟁역량을 하나의
동일한 보조에 집중하여 전진하는가? 어떻게 능히 중국의
위대한 항전을 지지할 것인가? …… 하는 점이다. 우리는
우선적으로 반일 반파시스트군벌의 연합적 기구를 건립
해야 한다. 우리들은 저 위대한 항전전선의 중국에서 반일
본파시스트군벌 투쟁분자의 임무를 수행하기 위해 연합
하여 공동투쟁을 진행하자.[12]

---

12 〈일본조선대만 반파시스트동맹 창립준비위원회 선언〉, 《신화일보》, 1938.
7. 14.

일본 반전단체의 축하 메시지

　　조선의용대는 국제적인 연대를 강화하면서 일제타도의 방
안을 모색했다. 일본반전동지회와도 관계를 돈독히 하고 있
었다. 일본반전동지회는 조선의용대 성립 3주년을 맞아 우에
신植進, 타카하시신지高橋信一 등 4인 명의로 1941년 10월 3일
김원봉에게 축사를 보내 두 단체의 협력과 우호를 다짐했다.

　　귀 의용대 성립 제3주년 기념일을 맞이하여 혁명사업
에 종사하는 사람들 모두 오늘을 경축한다. 특히 일본제국
주의가 이미 최후 붕괴 지경까지 온 지금, 이는 조선의 2천
3백만 동포들의 기념일이며 동시에 중국 및 일본혁명 동
지들에게도 중대한 의미를 지닌 날이다.
　　이에 특별히 다음과 같이 경축을 표하고자 한다.
　　귀 조선의용대는 20여 년의 혁명 경험을 지닌 김약산
선생을 총대장으로 두고 있으며 1938년 10월 10일 한구漢

□에서 정식으로 성립된 이래, 중국 전 지역에서 활동하고 있는 조선혁명동지들은 용감하게 정의를 위한 중국항전에 직접 참여하였다. 또 일본제국주의의 노예 정책을 단념시키기 위해 그리고 조선민족의 자유독립을 쟁취하기 위해 조선민족의 깃발 아래 일치단결해야 하며 끝까지 투쟁을 밀고 나가야 한다. 우리는 조선의용대 성립 이래 이러한 굴복하지 않고 꺾기지 않는 투쟁정신에 대히여 탄복하고 있다.

조선혁명투쟁사에는 1909년 안중근 의사의 이토 히로부미를 암살, 1910년 최익현, 이은찬, 김수민 등 선열들이 이끌어온 의병운동, 1918년 조선총독부 및 일본궁성日本宮城 이중교二重橋의 폭발 사건, 1919년 손병희, 한용운 등 선열들이 이끌어온 3.1대혁명운동 등이 있다. 그리고 1932년 윤봉길 열사의 상해 폭탄 투척으로 상해파견군사령관은 즉사하였고 그 영향으로 일본제국주의는 큰 중상을 입었다. 또 중국항전에 참여할 조선인을 모집했다. 이는 일본 군대의 중대한 임무를 와해시키기 위한 활동사항들이다.

성립 당시인 3년 전 10월 2일, 조선의용대의 일부는 제5, 제9전장 지역에서 중국항전에 커다란 공헌을 세웠으며 중국항전에 참가하면서 신예부대의 역할을 담당했다. 동시에 조선의 2천 3백만 동포들의 해방을 위해 투쟁했다. 이렇게 귀 대오가 조선민족의 선봉자로서 기타 각 혁명단체 및 혁명동지의 모범을 보여주었다는 것은 의문의 여지가 없는 사실이다.

현재 귀 대오의 대부분 동지들은 이미 전선에 파견되어 활동을 하고 있으며, 동시에 적 후방에서도 활동을 벌이고 있다고 들었다. 귀 대오가 중국 정부의 원조 아래 머지않은 장래에 반드시 조선혁명을 완성해 내기 위해 최선의 노력을 다하려는 원대한 포부를 가지고 있어서 기쁘고 위안이 되며 반드시 그러한 포부가 이루어지리라 굳게 믿고 있다.

동시에 중국과 한국 그리고 일본의 역량을 합하여 동방 민족의 공동의 적인 일본 천황 및 일본 군벌을 모조리 지구 밖으로 쫓아내야 하며 중 · 한 · 일 3개국 민족의 자유 해방을 유리해 나가야 한다. 마지막으로 귀 대오의 용감한 모든 혁명전사들의 건강과 성공을 기원한다.[13]

▬▬ **13** 우에신 등, 〈조선의용대 성립 제3주년 기념축사〉, 독립기념관 보관 자료 (No. 003631-016)

조선의용대의 미래 활동 지침

김원봉은 조선의용대 창설 3주년을 맞아 〈3년간 조선의용대와 미래의 활동방침〉이란 글을 발표했다. 이 글에서 김원봉은 지난 3년을 평가하면서 미래의 활동상을 제시했다. 김원봉이 단순히 무장투쟁만을 지휘하는 '무인'이 아닌 대단히 치밀하게 상황을 분석하고 미래를 조망하는 경략가임을 이 글을 통해 알 수 있다.

중국항전은 벌써 5년째 접어들었다. 우리 조선의용대의 깃발이 항일의 거센 흐름 속에서 펄럭인 지 이미 만 3년째다. 이 3년 동안 우리 조선의용대의 각 대원들은 전투생활 중 힘들고 어렵게 활동을 전개했다. 이는 모두 영웅적이고 위대한 기개와 견고하고 탁월한 정신이 발휘되었음을 보여주고 있다. 우리는 어떤 점으로 이러한 공헌과 발휘를 볼 수 있었던 것인가? 이러한 공헌과 발휘는 다음

아래와 같음을 알 수 있다.

첫째, 조선의용대의 3년간 활동으로 조선민족의 국제적 지위가 제고되었다. 중국항전이 개시된 후 지금까지 전 세계 평화를 애호하는 국가와 민족은 모두 막대한 동정과 관심을 보여 왔다. 우리 조선의용대는 민족독립의 깃발을 높이 들고 중국항전에 참가하여 전 세계의 관심을 불러 일으켰다. 그뿐 아니라 조선의용대는 직접 중국항전에 참여하기 위해 과거 조선문제에 별다른 관심이 없던 국제적 인사들로 하여금 다시 한 번 이 문제에 주의를 갖도록 유도했으며, 이는 다시 말해 우리가 3년 동안 어렵고 힘들게 쌓아온 성과다.

둘째, 조선의용대는 중국항일전쟁에서 국내 3천만 동포들에게 막대한 정신적 자극과 격려를 받았다. 당연히 그 어떤 국가의 혁명주력은 국내에 있는 것이지 국외에 있는 것이 아니다. 조선 역시 예외가 아니다.

하지만 조선의 지리적 조건과 일본 제국주의의 세력 …… (원본 판독 불가) …… 특히 조선민족과 중화민족은 역사적으로 상부상조하며 긴밀한 관계를 맺고 있었고, 동시에 근 백 년 동안 공동의 적인 일본 침략자의 억압 아래 생사를 같이하는 동고동락의 환경 속에서 서로 돕는 관계였다. 따라서 조선망국 이후 해외 혁명운동은 모두 중국 중심이며, 이러한 해외 혁명운동은 국내혁명에 상당히 중요한 역할을 했다. 이는 쉽게 간과할 수 없는 사실이다.

이러한 특수한 조건 속에서 조선혁명운동이 중일전쟁 발발 이래로 국내 동포들과 해외 동포들에 대해 가지고 있던 희망의 정도가 어느 정도인지 상상해 볼 수 있다. 따라서 조선의용대는 순조롭게 이러한 기대와 희망이 생겨난 것이다. 조선의용대 성립 이후, 우리가 해야 할 활동 업적은 우리 국내동포들이 우리에게 걸고 있는 희망과 기대와 상당한 차이를 보이고 있다. 하지만 …… (원본 판독 불가) …… 선전활동은 우리의 유일한 혁명 활동 임무이다. 적에 대한 선전활동보다 더 중요한 혁명 임무는 없다. 당연히 가장 중요한 혁명 활동은 군중을 조직하는 일이다.

우리는 조선혁명을 진행하기 위해 반드시 조선 국내와 동북 지역에서 활동하고 있는 군중들과 협력을 심화해야 한다. 광범위하게 항일복국운동을 전개하기 위해 우리는 최선을 다해 여러 가지 어려움을 극복해야 하며, 이렇게 노력하는 것이 최선의 길이다.

하지만 우리는 이러한 어려움을 극복해 나갈 수도 있고 그렇지 못할 수도 있다. 그렇다고 하여 우리는 절대로 우리가 할 수 있는 혁명 활동을 포기해서는 안 되며 다음과 같은 점을 이해하고 있어야 한다. 만약 우리가 이러한 활동에 대해 가지고 있던 역량을 다 발휘하지 못하면 다음 단계에 다시 올 제2의 어려운 임무활동에 대해서는 말할 수도 없는 것이다. 따라서 우리는 현재 이 임무를 인내심을 가지고 강력하게 지속해나가야 하며 결연한 태도를 보여야 한다.

자기 자신의 자리에 서서 충실하게 자신에게 주어진 임무를 수행하면 된다. 경거망동 할 필요도 없으며 자기가 맡은 임무현황에 대해 불안해 할 필요도 없다.

넷째, 적 후방의 조선동포들을 쟁취하여 혁명의 무장대오를 건립한다. 의용대는 본래 간부 단체이지 군중 단체가 아니다. 일종의 반사 반정치단체이다. 그들이 가지고 있던 취지는 발전하기 위해 반드시 적 후방 동포들을 쟁취하고 동시에 그들을 무장화하여 직접 전투에 참여할 수 있는 무장 부대를 형성하는 것이다. 더 나아가 조선혁명과 중국항전의 중요성을 가지고 있는 만큼 우리는 이러한 방향으로 노력해 나가지 않으면 안 된다.

우리는 중국 영토상에서 조선의 무장부대를 건립할 때 수많은 어려움을 모면할 수는 없을 것이다. 우리는 원칙을 기준으로 한다. 조선혁명은 중국항전과 같이 자력갱생으로 이루어내야 한다. 하지만 우리 눈앞에 놓여있는 환경이, 항전 중인 중국 영토 내의 우리 동포들은 국내 동포들과 긴밀한 접촉을 하기가 쉬운 일이 아니며, 적 후방 피점령 지구 내의 우리 동포들은 현지 중국 군인 인민들의 지원을 얻지 못하고 있다. …… (원본 판독 불가) …… 그들로 하여금

현지에서 반일 반전 운동을 일으키도록 한 것이며, 우리 건
군운동 중 우리 사병을 기본 근원으로 보고 있다.

우리는 과거 적 후방 활동 문제에 대해 최대의 노력과
의지를 보여주지 못하고 각종 조선이 가지고 있는 제한으
로 우리는 대부분의 역량을 이 방면에 집중시키지 못했다.
그러나 현재 우리 일부는 화북지역을 향해 전진하고 있고,
회남 및 화중 지역에서도 지속적으로 적후 활동을 진개하
고 있다. 우리는 이러한 활동 중에 수많은 희생과 어려움
에 부딪혔지만 우리 동지들 모두는 어려움과 희생을 두려
워하지 않는 결연한 혁명 정신을 보여주었다. 그로 인해
화북지역 20만 동포들의 단결이 우리 깃발 아래 이루어지
고 있다. 동시에 동북지역의 우리 조선무장부대와 긴밀한
접촉으로 조선민족의 자유와 해방을 쟁취할 수 있을 것이
다. 중국항전의 최후 승리를 촉진하기 위해 우리는 최대한
의 희망과 용기를 내 우리 눈앞에 승리가 다가오고 있음을
굳게 믿어야 한다.

이상 4가지 사항은 모두 현재 우리의 중요한 활동 방침
이다. 시대에 따라서 특별히 관심 보일 사항들이 다르다는
점을 알고 있으며, 그 한 가지 중요한 사실에 편파적으로
치우치지 말고, 그 밖의 다른 기타 작은 것들은 포기할 줄
도 알아야 한다.[14]

조선의용대와 대만의용대는 함께 협력사업을 추진하기도 했다. 조선의용대가 추진한 '한·대만 극단'을 만들기 위한 모금활동에 대만의용대가 참여한 것을 비롯해, 1939년 2월 계림에서 조선의용대가 외국인기자들을 초청했을 때 대만의용대 대원들도 참가하여 중국항전 참가취지 등을 설명했다.[15]

또 대만의용대 대표 이우방李友邦은 1940년 4월 중경에서 조선 3.1소년단을 찾아 단원들을 격려하고 1942년 5월에는 조선의용대·대만의용대·일본반전운동 세력이 함께 포로방문단을 조직해 중경지역 포로수용소를 방문했다. 이처럼 조선의용대는 국제연대를 통해 일제침략 세력과 다양한 방법으로 싸웠다. 여기서 김원봉의 국제연대 인식과 이를 통한 반제투쟁의 역량을 보게 된다.

---

14 조선의용대총본부, 《조선의용대 제3주년 기념 특별 출간》, 중경 남안 대불단 123호, 독립기념관 보관 자료, (No. 003631-010), 1941. 10.
15 《대만선봉》1기, 64쪽.

조선의용대 주력 화북으로 이동

김원봉에게 또 한 차례 시련이 닥쳤다. 조선의용대 일부가 화북華北지역으로 이동한 것이다. 이는 일제와 본격적인 전투를 위해 필요한 행동이기는 했다. 조선의용대가 후방에서 대적선전활동이나 하고 있기에는 정세가 너무 급속히 변하고 있었기 때문이다. 국민당 정부는 내부의 적을 먼저 소탕해야 한다는 이유로 공산당 세력 타도에 전력을 쏟았지만 대일 항전에는 소극적인 노선을 취했다. 반면에 화북지역의 팔로군은 치열하게 일제와 싸우고 있었다.

이런 상황에서 조선의용대의 젊은 대원들은 화북지역으로 이동하여 일제와 싸우기를 바랐다. 당시 만주지역에는 조선인 120만여 명이 거주하고 있었고, 화북지방에는 20만 명 내외가 거주하고 있었다. 중일전쟁 이후 이 지역의 한국동포는 하루가 다르게 늘어났다. 조선의용대원들은 여기에 눈을 돌렸고 만주·화북에 근거지를 구축해 동북지방의 조선무장부대와 연합하여 일제와 싸워야 한다고 주장했다.

1940년 11월 4일 중경의 조선의용대 본대에서 열린 제1차 확대간부회의에서는 지난 2년여 동안의 활동을 평가하고, 자체무장 결여·자력갱신정신 결핍 등의 문제를 지적하면서 다음과 같은 사항을 결정했다.

1. 조선동포 다수 거주 지역(화북과 만주)으로 진출.
2. 대隊의 자체 무장화를 통한 항일무장대오의 건립.
3. 종래의 분산적·유동적인 정치선전 공작으로부터 역량 집중과 근거리에 기반한 전투공작으로 공작중점 변경.
4. 국민당 정부군 지원활동은 대일선전간부의 훈련에 치중.[16]

조선의용대는 확대간부회의에서 결정한 대로 적 후방으로 이동해 무장투쟁을 벌이기로 했다. '적후방'은 화북지역과 만주지역으로 압축되었다. 조선의용대 제2지대는 이미 공산당이 장악한 인접지역인 서안西安과 낙양洛陽 전구에 배치되었기 때문에 제1대와 본대만 떠나면 되는 처지였다.

당시 혈기왕성한 젊은 대원들은 적진으로 들어가 무장투쟁을 하고 싶어 했다. 또 장개석의 국민당 정부 측보다는 모

━━ **16** 김영범, 앞의 글, 498쪽.

택동이 이끈 공산당 팔로군 측 노선에 더 동조하고 있었다. 조선의용대 대원 중에는 레닌주의정치학교 과정 등을 거치면서 공산주의이념에 경도된 대원도 적지 않았다.

조선의용대의 화북 이동에는 내부적인 역학관계도 크게 작용했다. 민족혁명당 시절부터 내부에 공산주의를 신봉하는 세력이 있었는데 최창익이 그 중심인물이었다. 최창익은 조선의용대 활동 중에도 김원봉과 사주 마찰을 빚는, 일종의 라이벌 관계였다. 최창익은 1938년 10월 연안으로 떠난 뒤에도 부대에 남아 있는 그의 추종자들과 계속 연계하면서 김원봉의 지도력을 흔들었다. 이들은 오래 전부터 화북지역에 주둔한 팔로군과 내밀한 관계를 유지하고 있었다.

이와 같은 내부의 역학관계와 함께 중국 내의 국민당 세력과 공산당 세력의 관계가 악화되는 등 제반 상황이 조선의용대의 주력부대가 화북으로 이동하게 되는 계기를 만들었다. 결국 김원봉은 자신의 지도력에 손상을 감내하면서도 주력부대의 화북 이동을 결정했다.

김원봉은 이 무렵 발표한 〈조선의용대 창립 3주년 기념〉이란 글에서 "화북의 20만 동포를 조선의용대 깃발 아래로 단결시키는 동시에, 동북의 조선 무장대오와 긴밀한 연계를 취함으로써 멀지 않는 장래에 강고한 통일된 조선민족의 무장대오를 건립할 수 있고, 이로써 조선민족의 자유해방을 쟁취할 수 있을 것"[17]이라고 조선의용대의 화북 이동의 당위성을 역설했다.

조선의용대는 1940년 겨울에 병력을 낙양에 집결시켰다가 이듬해 봄과 여름에 황하黃河를 건너 팔로군 전방총사령부가 있는 태행산太行山으로 이동했다. 화북조선청년연합회가 이들을 인도하여 대원들이 무사히 현지에 도착할 수 있었다.

중국공산당은 조선의용대의 활동을 지켜보면서 오래전부터 이들에게 '눈독'을 들이고 있었다. 중국공산당은 이들이 한·중·일어에 능통하고 반일의식이 강한 용맹한 병사들이라는 사실을 알고는 자기들 세력권으로 끌어들이고자 여러 가지 공작을 추진해왔다. 그러나 리더십이 강한 김원봉이 대원들과 함께 화북에 도착하면 조선의용대 지휘권이 그에게 돌아갈 것이기 때문에 직접 통제하기 어렵다고 판단한 중국공산당은 김원봉의 화북행을 차단하고 그들의 오랜 동지인 무정武亭과 김두봉, 한진 등을 내세워 대원들만 화북으로 오도록 했다.

---

17 한상도, 앞의 책, 164쪽.

●중국공산당, 김원봉의 화북행 차단

중국공산당은 중경에 잔류한 김원봉의 리더십이 태행산 한인들에게 미치는 것을 차단하려고 시선을 김두봉에게 집중시켰다. 민족혁명당, 조선의용대, 조선민족전선연맹 출신 화북조선청년연합회의 역량을 하나로 집결시키고, 이들의 반발 혹은 갈등을 제어하고 무마시킬 수 있는 인물이 필요했던 것이다. 김두봉은 김원봉과 가까우면서도 중국국민당, 한국독립당과의 관계가 상대적으로 약했고 정치성·파벌성 등도 무난하며 한글학자로서 명성이 높았다. 때문에 중국공산당의 선호에 부합되었다.

다시 말하면 중국공산당은 김원봉이 지도력을 장악하는 것과 그가 연안으로 왔을 때 야기될 중국국민당과의 마찰을 우려했다. 그래서 김원봉 대신 그와 가까운 사이인 김두봉을 중국공산당 휘하 한인 세력의 대표로 지목한 것이다.

그렇게 하면 김원봉과의 관계 단절 없이 그의 옛 부하들에

대한 영향력만 배제시킨 채 새로운 한인단체인 화북조선독립
동맹을 이끌어 낼 수 있었기 때문이다.[18]

김원봉이 심혈을 기울여 육성한 조선의용대는 결국 명분
이나 시대상황과는 별개로 화북지역으로 이동했고 김원봉은
중경에 남게 되었다. 앞에서 밝힌 대로 조선의용대가 김원봉
과 차단된 데는 중국공산당의 치밀한 전략, 즉 김원봉을 배제
시킴으로써 자신들이 지도권을 확보하려는 철저한 계산에 따
른 것이었다.

끊임없이 시도했다. 그때마다 실패했다.
늘 다시 시도했다. 또 실패했다.
이번에는 좀더 세련되게!

사뮈엘 베게트의 〈독백〉의 한 구절이다. 늘 실패하면서도
다시 시도한다는 이 구절처럼 김원봉도 그랬다. 시지프스는
산정에 무거운 돌을 끌어올릴 때보다 골짜기로 굴러 떨어진
돌을 다시 끌어올리기 위해 정상에서 터벅터벅 내려올 때가
더 힘들고 고독했다고 한다. 김원봉은 끊임없이 시도했고 실
패와 좌절을 겪었다.

의열투쟁은 실패 속에서도 성공하는 특별한 경우다. 의열

---

18 앞의 책, 167~168쪽.

단원이 거사 직전에 피체되거나 던진 폭탄이 불발된 것을 두고 이를 실패했다고 단정하기는 어렵다. 그런 투쟁 자체가 일제의 간담을 서늘하게 만들고 한국청년들의 독립의지를 내외에 과시하는 것이기 때문이다. 그러나 이번 경우는 달랐다. 중국공산당 세력의 치밀한 책략으로 수년 동안 온갖 노력과 정성을 다해 조직한 조선의용대의 주력부대가 자신의 통제권이 미치기 어려운 곳으로 떠나게 된 것이다.

중국인 사마로의 증언

　　김원봉 주변에 중국인 사마로司馬璐란 사람이 있었다. 그는 중국공산당학교를 졸업하고 중국공산당 당원으로 중경에서 김원봉의 비서 역할을 했고 주로 조선의용대 간행물의 중국어판 편집책임을 맡았다. 사마로는 조선의용대 대원 상당수가 연안으로 가게 된 경위를 자서전에 자세히 기록했다. 이에 대해 김성숙은 사마로의 증언이 사실과 다르다고 밝힌 바 있다. 다음은 사마로의 증언이다.

　　조선의용대는 대체로 25세 안팎의 약 3백 명의 대원으로 구성되어 있었으며, 사기는 왕성했고 중국어나 일어를 충분히 구사하는 수준이었습니다. 한 마디로 질 높은 병력이었습니다. 1940년 9월께부터 중경에 와 있던 중국공산당 간부들은 이들에 주목하기 시작합니다. 이들을 중국국민당 영향 아래 놓아둘 것이 아니라 중국공산당 영향 아래로 옮기자는 욕심을 갖게 되었다는 겁니다.

여기서부터 음모가 진행됩니다. 어느 날 평당원에 지나지 않는 쓰마가 주은래를 비롯한 재중경 중공당 간부들의 저녁 초대를 받고 칭찬과 격려의 말을 듣습니다. 특히 주은래는 만찬이 끝난 뒤 쓰마와 따로 사담을 갖고 "조중관계는 장차 매우 중요할 것이다. 제1차 중일전쟁 때 중국은 조선에서 실패했으며 그것은 청조淸朝 붕괴의 신호였다"라고 말하면서 장차 중조 관계를 계획하는 일에 쓰마가 헌신해 줄 것을 당부했습니다.

쓰마는 감격하고 흥분해 중공당 간부들에게 적극 협력하여 우선 그들이 요청하는 대로 김원봉과 조선의용대에 대해 상세히 자주 보고했으며 마침내 그들의 음모에 발맞춰 김원봉에게 조선의용대 대원들을 연안으로 보내도록 설득했습니다.

김원봉은 처음에는 듣지 않았습니다. 그러나 쓰마는 일제가 조선인들을 계속해서 화북지방으로 내몰고 있기 때문에 조선의용대가 더 많은 대원들을 확보해 성장할 곳은 그곳이라고 줄기차게 유혹했고 '김원봉의 3촌'인 김두봉과 김두봉의 아내도 쓰마의 의견이 옳다고 동의하자 김원봉도 그만 넘어가고 말았습니다.

한편 조선의용대의 움직임을 감시하는 중국국민당을 속이기 위해, 중국공산당은 김원봉의 다른 친구를 통해 쓰마의 조수를 조선의용대에 심었으며 그는 중국국민당에게 늘 허위 보고를 했습니다. 이런 식으로 쓰마는 조선의용대 대원들 거의 전부를 연안으로 빼돌렸습니다. 김원봉은 자신도 연안으로 가겠다고 말했습니다. 그러나 그들은 김원봉을 "소부르즈와이며 기회주의자이고 개인영웅주의자"로 단죄합니다.[19]

---

19 사마로, 《투쟁 18년》, 홍콩 아주출판사, 1952.

"망명자 가족의 생계유지를 위해"

김원봉이 중경에 남게 된 배경과 관련해 다른 주장도 있다.

만일 김원봉이 중경을 떠났다면 수백 명의 망명객 가족들은 무엇으로 생계를 유지할 수 있었겠는가? 이들은 김원봉을 믿었고, 김원봉은 국민당 정부의 지원금으로 이들을 먹여 살려야 했다. 때문에 김원봉은 이들을 버리고 혼자만 연안으로 갈 수 없었다.[20]

혁명가의 행보는 고통스럽다. 김원봉이 조국해방을 목표로 결성한 조선의용대의 진로는 중국 국공國共 간의 이데올로기 대결과 이해관계에서 선택되거나 배제되었고 자신은 망명객 가족들의 생계를 위해 이념적으로 크게 공감하지 않았던

━━ **20** 〈김학철 증언〉, 1987. 10, 한상도, 앞의 책, 170쪽.

국민당 정부 관할지역에 남아 있어야 했다. 이즈음 김원봉의 심사가 어떠했을지 짐작이 가고도 남는다.

후일 해방정국에서 한 좌파 정치인은 김원봉의 이타적 면모를 두고 "그는 옳은 의견 앞에서는 어디까지나 양보한다. 그것은 일체를 포용하는 겸허에서 비롯된 것"[21]이라고 평가했다.

김원봉이 중경에 잔류한 이유를 그의 인간적 정서로만 규정하기엔 어떤 면에서 한계성을 가지고 있다. 하지만 후일 그의 월북 배경이 조선의용대 동지였던 연안파와 관련이 있음을 상정해 볼 때, 김원봉의 중경 잔류 결정은 인간적인 고뇌로 선택한 것임을 알 수 있다.[22]

화북으로 간 조선의용대는 태행산맥 일대의 팔로군 구역으로 들어가서 그들과 연합해 활동했다.

1939년경부터 연안에서는 한인韓人으로서 대장정기에 홍군의 작전과장과 그후 팔로군 포병사령관을 역임했던 무정을 중심으로 최창익을 포함한 소수의 한인 그룹이 화북일대의 조선인들을 규합하여 조직화했고, 팔로군과 공

21 김오성, 〈김원봉론〉,《지도자 군상 1》, 1946, 68쪽.
22 한상도, 앞의 책, 170~171쪽.

동으로 항일전을 전개해나갈 계획을 추진하고 있었다. 아울러 연안의 이 그룹으로부터 의용대의 제1구대원으로서 국민당 지구에 있던 한빈韓斌에게 연락원이 파견되었다. 이들은 조선의용대의 북상과 그의 흡수를 목적으로 화북 조선청년연합회를 조직할 것에 합의를 보았다.[23]

화북에 간 조선의용대는 일본군과 직접 전투를 하는 등 치열하게 싸웠다. 희생자도 적지 않았다. 김학철과 정율성도 태항산과 연안에서 일본군과 싸웠다. 김학철은 어느 날 일본군과 싸우다 전사한 전우들을 추모하는 〈추도가〉를 지으라는 명령을 받고 가사를 지었다.

〈추도가〉
사나운 비바람이 치는 길가에
다 못 가고 쓰러지는 너의 뜻을
이어서 이룰 것을 맹세하노니
진리의 그늘 밑에 길이길이 잠들어라
불멸의 영령[24]

---

23 김영범, 앞의 글, 503쪽.
24 김학철, 《최후의 분대장》, 250쪽.

〈연안송〉을 지은 정율성은 조선의용대원

    비슷한 시기에 정율성은 연안에서 〈연안송〉을 지었다. 〈연안송〉이 널리 불려지게 된 데는 곡절이 있다. 연안의 중심지에 있는 중앙대례당에서 군인과 민간인들을 위한 음악회가 열렸는데 이 자리에는 모택동도 함께 했다. 〈연안송〉은 연안의 명물 보탑산에 걸린 노을을 노래하는 서정적인 노랫말로 시작된다. 이날 이 곡을 발표할 때의 노래 제목은 〈연안의 노래〉였다. 그런데 〈연안의 노래〉가 항일과 혁명으로 상징되는 연안정신을 잘 표현한 노래라고 중국공산당 지도부가 평가하면서 〈연안송〉으로 제목이 바뀐 것이다.

    〈연안송〉
    보탑산 봉우리에 노을 불타오르고
    연하강 물결 위에 달빛 흐르네
    봄바람 들판으로 솔솔 불어치고

산과 산 철벽을 이뤘네
아, 연안!
장엄하고 웅대한 도시!
항전의 노래 곳곳에 울린다
아, 연안!
......[25]

〈연안송〉은 조국을 침략한 일본군을 물리치기 위해 천리만리 먼 길을 찾아온 중국의 청년들과 처지가 비슷한 조선 청년들에게 "혁명에 대한 열정과 적에 대한 증오를 잘 그려낸 작품으로 음악적으로도 높이 평가받았다."[26] 중국공산당 지도부의 높은 평가를 받은 것은 물론이다. 뒷날 정율성은 〈연안송〉을 만든 동기를 다음과 같이 밝혔다.

누가 뭐라 해도 당시 연안은 항일과 혁명의 성지였다. 하지만 아쉽게도 그런 연안을 수많은 중국인들에게 알리는 노래가 없었다. 그래서 나는 연안과 연안정신을 중국인들에게 알리는 노래를 만들고 싶었다.[27]

■■ **25** 이종한, 앞의 책, 192쪽.
■■ **26** 같은 책, 192쪽.
■■ **27** 앞의 책, 132쪽.

〈연안송〉은 지금도 중국인민 13억이 즐겨 부르는 노래다. 조선의용대원이 중국혁명의 정신적·사상적인 혼을 불어 넣어준 것이다.

많은 세월이 흐른 1994년, 한 원로 사학자는 김원봉과 조선의용대원들의 투혼이 남아있는 계림을 방문했다. 그리고 조선의용대의 행로와 젊은 투사들이 머물렀던 흔적을 찾았다.

필자가 계림에 간 것은 지난 해 11월 23일이었다. 조선의용대가 집결해 있던 수문 밖의 동령가東靈街 1호를 찾으니 수문에는 '화교花橋'라는 이름이 새겨져 있고 동령가는 1959년 공산혁명 10주년을 기념하여 칠성공원七星公園이 조성되어 있었다.

계림은 낙타등 같이 생긴 산들이 병풍처럼 여기저기 굽이쳐 있고 그 사이로 이강漓江의 맑은 물과 바위 동굴이 잘 어우러져 있는 절경의 도시다. 그래서 누구나 그 자연의 조화에 심취하게 마련이다. 이 강에 배를 띄우고 얼마 동안은 관광객의 물결 속에서 시간을 잃고 말았다. 그러다가 문득 서울을 떠날 때 조선의용대에서 활약했던 김승곤金勝坤씨가 창고 같은 막사가 있던 곳이라고 가르쳐 준 언덕으로 갔다. 막사 뒤에 있던 옛 호수는 칠성공원의 잔디밭으로 변했지만 옆에 있었다고 한 청진사淸眞寺는 그대로 있었다. 몇 개의 동굴을 미친 듯이 돌다가 허기진 몸을 풀

밭에 던져 하늘을 우러러 생각했다. 님들도 나처럼 누워
하늘의 별을 세다 말고 울기도 했으리라. 그러다가 말고
풀포기를 움켜쥐고 조국의 독립을 외쳤으리라.[28]

━━ 28   조동걸, 《독립군의 길따라 대륙을 가다》, 지식산업사, 1995, 254~256쪽,

제 13 장

임시정부 군무부장에 취임

우리 두 사람은 개인의 의견으로서 뿐 아니라,
용감히 분투하고 있는 다수 동지의 일치된 의견 위에
해외에 있는 다수 동지·동포와 함께
먼저 관내운동조직의 계획적 변혁과 광명을 가진
새로운 국면의 창조를 향하여
절대적인 자신과 용기를 갖고 나아가려 한다.

– 김구·김원봉 〈공동성명〉

국권침탈기 무력항전의 전통

1941년 4월 조선의용대의 주력이 화북으로 진출하고, 김원봉은 민족혁명당 제5기 제4차 당중앙회의를 열어 대한민국임시정부에 참여하기로 결정했다.

김원봉이 대한민국임시정부에 참여하면서 조선의용대 일부는 광복군 제1지대로 편입되었고 김원봉은 군무부장에 취임했다. 이와 같은 변화가 있기까지의 독립운동 진영의 항일투쟁 과정을 정리하는 것이 이해에 편리할 것이다.

국권침탈기의 민족해방 투쟁에는 여러 가지 방법론이 제기되고 실천되었다. 각기 명분과 실효성 그리고 실천성에 차이가 있었고 시대상황에 따라 변화했다. 대체적으로 해방투쟁의 광의적 방법론은 무장투쟁론, 의열투쟁론, 실력양성론, 외교방법론, 위임통치론, 자치론 등으로 분류된다.

가장 적극적이고 치열하게 전개한 항일투쟁이 무장투쟁론과 의열투쟁론이라면 실력양성론과 외교방법론은 비교적

온건한 방식이다. 위임통치론이나 자치론 따위는 엄격한 의미에서 민족해방투쟁의 카테고리에 포함시키기 어렵다.

무장투쟁의 본류는 한말 의병투쟁을 시작으로 의열단의 의열투쟁, 한인애국단의 의결투쟁, 조선의용대의 활동, 만주 독립군과 동북항일연군의 무장투쟁, 한국광복군의 항전으로 이어지는 투쟁사가 대표적이다. 앞장에서 소개한 의열단 등의 의열투쟁을 제외한 항일무장투쟁의 사력史歷을 좀더 구체적으로 체계화하면 다음과 같이 정리할 수 있다.

첫 번째 단계는 1894~1896년에 걸쳐 춘천, 제천, 강릉, 안동, 진주, 광주 등지에서 거의擧義한 의병봉기를 출발점으로 한다. 1896년에는 의병장 유인석이 충주성을 점령할 만큼 막강했다.

두 번째 단계는 1904~1907년에 걸쳐 태인, 홍성, 영해 등지에서의 거의다. 1906년 의병장 민종식이 홍주성을 점령하는 큰 성과를 거둔 의병투쟁이다.

세 번째 단계는 1907~1914년의 거의다. 1907년 대한제국 군대가 강제 해산되고 해산된 군인들이 의병에 합류하면서 의병의 전력과 사기가 충만했다. 1908년에는 13도창의군이 서울탈환 작전에 나섰는데 비록 성공하지는 못했지만 막강한 위력을 보여주었다. 그러나 1909년 8~9월에 벌어진 일본군의 이른바 '남한의병대학살' 작전으로 수많은 의병이 희생되었다. 그후 13도의군이 편성되면서 연해주·간도지방으로 이동했다. 이로써 국내의 의병투쟁은 사실상 막을 내렸다.

네 번째 단계는 1910년 국치를 전후하여 1911년 이상룡, 이회영 등이 서북간도와 연해주지역에서 독립운동기지를 건설하고 신흥무관학교를 설립해 본격적인 무력을 통한 민족해방운동을 전개한 것이다. 서일徐— 등의 중광단, 이상설 등의 권업회, 허혁 등의 부민단 등도 모두 무력항쟁의 모태가 되었다.

다섯 번째 단계는 1912·~1914년의 대한독립의군부의 조직이다. 의병장 출신 임병찬의 주도로 결성되었고 전국 340개 군에 달하는 전국민적인 봉기계획이 수립되었다.

여섯 번째 단계는 1914년 이상설 정통령과 이동휘 부통령을 중심으로 한 대한광복군정부의 설립이다.

일곱 번째 단계는 1919~1923년의 대한독립군(홍범도)을 비롯한 북로군정서(서일, 김좌진 등), 서로군정서(이상용 등), 광복단(이범윤 등), 통의부(채상덕 등), 광복군총영(임시정부 직할), 천마산대(1919) 등의 항일무장투쟁이다. 봉오동승첩(1920.6), 선천서 폭탄투척(1920), 평남도청 폭탄투척(1920) 등이 대표적인 투쟁 사례다.

여덟 번째 단계는 1930~1934년의 한국독립군이다. 중국 호로군護路軍과 연합하여 항일전에 나서기도 했고 1932년에는 한중연합으로 토일군討日軍을 편성한 적도 있다. 대표적으로 쌍성보전투(1932), 동경성전투(1933), 대전자전투(1933), 영만현전투(1933) 등을 꼽을 수 있다.

아홉 번째 단계는 1929~1938년의 3부三府의 독립군이다. 백광운 등의 참의부, 김동삼 등의 정의부, 김좌진 등의 신민부가 각기 무력항쟁을 통해 독립운동의 최전선에서 싸웠다.

열 번째 단계는 1938년 조직된 조선의용대다. 조선의용대는 김원봉의 지휘로 1938년 10월에 창설되어 중국군사위원회와 합작하여 항일전을 전개하다가 1942년 5월에 한국광복군에 편입되었다.

이와는 별도로 동북항일연군東北抗日聯軍이 있다. 1933년 6월 중국공산당 만주성위원회의 무장부대로 조직된 동북인민혁명군이 동북항일연군으로 확대 개편되면서 이 부대의 남만주지역 제1군과 동만주지역의 제2군은 조선인이 주력을 이루었다. 1935년 2월 제1군 제1사 이홍관李紅光이 주도한 평북 동흥 공격과, 1937년 6월 제2군 김일성부대의 보천보 공격이 대표적인 국내진공 작전이었다.

이밖에도 1909년 박용만이 하와이 네브라스카의 커니 Kearney 농장에서 독립운동 인재양성을 목적으로 설립된 한인 소년병학교, 1914년 역시 하와이에서 설립된 항일무장독립운동 단체인 대한조선국민군단이라는 사관학교 등은 모두 상무주의尚武主義를 기치로 하는 항일무장단체들이다.

이와 같은 국내외 대부분의 항일무장투쟁 단체들이 이념과 역량을 총결합해 조직한 것이 1940년 9월 중국 사천성 중경에서 대한민국임시정부의 국군으로 설립된 한국광복군이다.

한국광복군의 결성과 성격

한국광복군이 창설된 것은 1940년 9월 중국 사천성 중경에서다. 처음에는 30여 명의 요원으로 총사령부를 구성하고 창립 1년 후 최소한 3개 사단을 편성한다는 계획이었다. 임시정부가 광복군을 창설하고자 한 것은 충분한 정보에 근거한 것이었다. 당시 만주지역에 120만 명으로 추산되는 한국인과 중국대륙 각지에 살고 있는 동포 청년들이 있었다. 그리고 당시 중국 관내에 주둔한 일본 육군 26개 보병사단, 1개 기병여단, 20개 독립혼성여단의 병력 중에는 강제 징집된 한인청년이 20만여 명에 이르렀다. 임시정부는 이들을 모아 국토수복 작전을 펴 빼앗긴 조국을 무력으로 탈환하자는, '광복완성'과 '최후의 일전'을 겨루겠다는 목적에서 임시정부의 국군으로 광복군을 창설한 것이다.

이 무렵 국제상황도 크게 변하고 있었다. 1941년 12월 8일 일본군의 진주만 공격으로 태평양전쟁이 발발하자 선전포고

없이 4년 반 동안 일본군의 침략을 받고 있던 중국은 미국이 대일 선전포고를 한 다음 날인 12월 9일 대일선전포고를 하기에 이르렀다. 임시정부도 12월 10일 즉각 5개항의 대일선전성명을 발표하여 결전의 태세를 천명했다.

당시 임시정부는 재정적으로 대단히 어려웠지만 김구 주석의 노력으로 광복군이 성립된 지 1년 2개월 만인 1941년 11월에 중국 정부로부터 군사원조를 받을 수 있게 되었다. 그러나 여기에는 조건부 원조라는 이른바 '한국광복군 행동준승 9개항'이 전제되었다. 내용은 한국광복군이 중국군의 일부로 편입되어 중국군 참모총장의 명령과 지휘감독을 받는, 즉 임시정부는 명의상으로만 통수권을 갖는다는 것이었다. 망명정부의 광복군으로서는 어쩔 수 없는 한계이고 비애였다.

당시의 상황에서는 '찬밥' '더운밥'을 가릴 처지가 아니었다. 비록 중국군의 명령과 지휘감독을 받을지언정 일본군을 격멸하고 조국의 자주독립을 쟁취하기 위해서는 연합군의 일원으로서 일본에 선전포고를 하고 항일전에 나서는 것만이 민족적 대의大義였던 것이다.

한국광복군의 '행동준승'에 대해 임시정부는 포고문을 통해 다음과 같은 입장을 밝혔다.

광복군 총사령부가 성립된 이후로 불행히 여러 가지 사정으로 인해 우방(중국) 군사당국은 과도한 고려로써 그

국경 내에서 아군이 무장활동하는 것을 인준하기를 많이 주저했다. 그러나 과거 11년간 우리 인민이 본 정부 옹호가 더욱 강렬하였으며, 전방 장사의 전투정신이 더욱 충족하였으며, 본 정부 동인의 지성이 더욱 철저하여, 우방 당국도 우리의 애국열성에 감동됨이 있어 11월 15일에 이르러 아방의 요구를 석연히 존중한다는 뜻을 공문으로 아방에 통지하였다.

본래 일개 국경 내에서 양개 국가의 군대가 연합작전하는 것은 비상사태에 한하여만 있는 일로써 이것이 우호적으로 표현되는 경우에는 객군은 주재국의 주권은 침해치 못함은 물론이려니와 양국 일개 군령에 복종치 아니하면 아니 된다. 아군도 중화민국 경내에서 대일 연합작전을 계속하는 기간에 한하여 중화민국 최고 통수의 절제를 받게 되었다.

이와 같은 내용에서도 알 수 있듯이 망명신세의 임시정부와 광복군의 존재로서는 어쩔 수 없는 상황이었다. 하지만 이러한 여건 속에서도 중국 정부가 광복군에 대한 조건부 원조를 해준 것은 중국 자체의 이익과도 부합되기 때문이었다. 한국광복군과 함께 일제 침략세력을 물리치고자 했던 것이다.

광복군은 1940년 9월 17일 중경의 가릉빈관嘉陵賓館에서 새벽 6시에 공식명칭 '한국광복군 총사령부 성립전례成立典

禮', 곧 광복군 창군식을 거행했다. 이 자리에는 임시정부 국무위원을 비롯한 내외귀빈 200여 명이 참석해 성황을 이루었다. 하지만 총사령부 장교는 불과 12명에 불과한 초라한 모습이었다. 조소앙趙素昻의 〈광복군 총사령부 성립전례 기록〉은 이날의 창군식 실황을 이렇게 전한다.

대한민국 22년 9월 17일 상오 여섯시에 가릉빈관에서 한국광복군총사령부 성립전례를 개開하다. 식장 문전에는 큰 국기를 교차하였고 식장에 들어가 대臺 중앙에 우리 국기를 달고 그 양좌에는 "초나라는 비록 세 집만으로도 진나라를 망칠 수 있었다. 나무가 베이고 뿌리가 말리우는 각오라면 끝내 우리는 고국에 돌아갈 날이 있을 것이다" "하夏나라는 군신이 함께 덕으로서 나라를 흥하게 하였다. 어려운 일을 무릅쓰고 거듭 만성萬城을 따라 완고한 왜놈들을 몰아내자"라는 표어를 장식하여 자못 숭엄하다.

근 여섯시가 되니 각급 내빈과 우리 총사령부장관·직원과 임시정부 국무위원들이 모두 참석하여 근 200명에 달하다. 여섯시 정각이 되니 사회가 개최를 선포하다.

이날 중국 측에서는 중국군 위수사령부의 유치劉峙가 참석해 한·중 양국의 공동투쟁을 통한 세계평화의 성취와 광복군의 성공적 투쟁을 축원한다는 축사를 낭독했다. 임시정부 김구 주석은 행사 이틀 전 〈광복군선언문〉을 발표했다. 이 선언문에서 김구는 "광복군은 1919년의 임시정부 군사조직법에 의거하여 중국총통 장개석의 특별허락을 받아 조직되었으며, 중화민국과 합작하여 우리 두 나라의 독립을 회복하고 저 공동의 적인 일본 제국주의자들을 타도하기 위해 연합국의 일원으로 항전을 계속한다"는 목표를 천명했다.

창군 당시 광복군 총사령관은 이정천李靑天이었고 참모장은 이범석, 총무처장은 최용덕, 참모처장은 채형세, 부관처장은 황학수, 경리처장은 조경한, 훈련처장은 송호섭, 군무처장은 유진동이었다.

한국광복군의 역할과 사명

한국광복군은 비록 규모는 작았지만 전과는 대단했다. 이를 요약하면 첫째, 영국군의 요청에 따라 인도·버마전선에 광복군 공작대를 파견해 영국군과 함께 대일전쟁을 전개했다. 영국군은 일본군과 전쟁을 수행하면서 일본어를 구사할 수 있는 요원을 필요로 했는데 그 요원을 민족혁명당 총서기 김원봉金元鳳에게 요청했고 결국 성사되었다. 한국광복군 요원들은 인도·버마전선에 파견되어 일어방송·문서번역·전단작성 등의 선전과 심리전으로 대일작전을 수행했다.

둘째, 미국의 OSS(Office of Strategic Services)와 합작으로 대일전에 참전했다. OSS는 미국의 정보수집·유격대활동·적후방교란 등의 임무로 창설된 전략첩보기구로서 운남성 곤명昆明에 본부를 두고 있었다. 1944년 8월 중국군사위원회가 한국광복군의 군사활동을 규제하고 있던 '9개준승'을 취소했는데 이에 따라 대한민국임시정부가 광복군의 통수권을 회복하게 되어 OSS와 합동전략을 준비한 것이다. 이들은 미국 본토 및 하와이에 거주하고 있는 미주교포들과 맥코이 수용소에 있는 한국인 포로들을 선발하여 한반도와 일본에 투입해 정보수집과 게릴라활동을 벌이는 것, 중국 관내의 한인들을 광복군으로 선발하여 한반도에 투입, 파괴·정보활동을 전개하는 것, 중국 연안의 공산주의자들을 이용하여 만주·한반도·일본 등지에 대한 첩보활동을 추진하는 것 등 세 가지 목석을 가지고 있었다.

이미 알려진 대로 서안西安에서는 국내진공작전을 위한 광복군의 OSS훈련이 실시되고 있었다. 제1기생에 대한 3개월의 훈련이 완료되면서 1945년 8월 5일 김구 주석과 이청천李靑天 총사령관, 엄항섭 선전부장 등이 미국 측과 광복군 대원들의 국내 진공문제를 협의했다. OSS 미국책임자 도노반 소장은 "금일 금시로부터 아메리카 합중국과 대한민국 임시정부의 적 일본에 항거하는 비밀공작은 시작되었다"(《백범일지》)며 한미 간에 합동작전이 실행된다는 사실을 선언했다. 그러나 OSS진공대의 국내 진공작전은 일제의 갑작스런 항복으로 실행되지 못했다. 이에 임시정부 수뇌부는 "광복군을 국내에 진입시켜 미군의 협력을 얻어 일본군의 무장을 해제하고 치안을 유지하여 건국의 기틀을 다지도록 하기 위한 조치"로서 '국내정진대國內挺進隊'를 선발해 국내에 투입시켰다. 하지만 이 또 신임장이 없고 동경으로부터 아무런 지시를 받지 못했다는 등의 이유로 일본군에 의해 활동이 제지되고 말았다.

한국광복군의 국내 진공작전은 아쉽게도 실행되지 못했지만 이 무렵 주목할 만한 것이 있다. 바로 우파계열의 한국광복군과 좌파계열의 조선의용대가 통합을 이루었다는 사실이다. 여기서는 통합이란 용어를 썼지만 〈대한민국임시정부 공보 제75호〉(1942. 8. 20)에 따르면 임시정부 국무회의에서는 1942년 4월 20일, 조선의용대를 한국광복군으로 '합편合編'할 것이라고 했다. 이어서 임시정부는 5월 13일 '한국광복군에 부사령직의 증설'을 결의해 조선의용대 대장 김원봉을 부사령관으로 맞아들이기로 결정했다.

이렇게 해서 1942년 5월 18일 조선의용대는 광복군에 편입하여 제1지대로 개편되었고 김원봉은 광복군 부사령 겸 제1지대장으로 임명되었다. 이로써 한국광복군은 항일무장 세력의 대부분을 흡수·통합(합편)해 명실상부한 대한민국임시정부의 국군으로 출발하게 된 것이다.

다음과 같은 〈한국광복군공약〉과 〈한국광복군서약문〉에서 나타나듯이 한국광복군은 명실상부한 항일무장단체의 통합군대로서 조국해방에 대한 확고한 정신과 일제타도를 위한 엄격한 군율을 갖추었다.

한국광복군공약

제1조 : 무장적 행동으로써 적의 침탈세력을 박멸하려는 한국남녀는 그 주의사상의 여하를 막론하고 한국 광복군의 군인될 의무와 권리를 유有함.

제2조 : 한국광복군의 군인된 자는 대한민국 건국강령과 한국광복군 지휘정신에 위반되는 주의를 군내외에 선전하고 조직함을 부득함.

제3조 : 대한민국 건국강령과 한국광복군 지휘정신에 부합되는 당의黨義, 당강黨綱, 당책黨策을 가진 당은 군내외에 선전하고 조직함을 득得함.

제4조 : 한국광복군의 정신과 행동을 통일하기 위하여 군내 1종 이상의 정치조직의 치置함을 불허함.

한국광복군서약문

본인은 적성赤誠으로써 좌열각항左列各項을 준수하옵고 만일 배신하는 행위가 유有하면 군軍의 엄중한 처분을 감수할 것을 자에 선서하나이다.

一. 조국광복을 위하여 헌신하고 일체를 희생하겠음.

二. 대한민국 건국강령을 절실히 추행推行하겠음.

三. 임시정부를 적극 옹호하고 법령을 절대 준수하겠음.

四. 광복군공약과 기율을 엄수하고 상관명령에 절대 복종하겠음.

五. 건국강령과 지도정신에 위배되는 선전이나 정치조직
을 군내외에서 행치 않겠음.

이상의 문건을 분석하면 한국광복군을 임시정부의 군대
로서 발전시키고, 대한민국 건국강령을 이념으로한 독립군
을 편성하며, 한국독립당의 조직을 군 내에 심어 민족주의
독립군으로 발전시키려는 임시정부의 확고한 결의를 확인할
수 있다. 또 한국광복군의 정통성에 대한 사회적 인식을 제고
하기 위해서는 광복군 창군에 대한 역사적 의의를 살펴볼 필
요가 있다.(둘째 부문부터는 신용하 교수의 〈한국광복군의 창군과 그
역사적 의의〉에서 발췌)

첫째, 이념적으로는 좌우·중도파를 막론하고 대부분의 무장
항일 세력이 임시정부의 국군인 한국광복군으로 흡
수·통합 또는 합편되어 정통성을 확보하게 되었다.
둘째, 광복군의 창군은 완전히 자주적으로 이루어졌다. 그것
은 창군 비용이 미주와 하와이 동포들이 보낸 애국헌금
4만 원으로 충당되었다는 점에서 입증된다. 이것은 임
정의 광복군 창군의 독립성과 자주성을 잘 나타낸다.
셋째, 임시정부 외교부장 조소앙이 〈한국광복군 총사령부 성
립보고〉에서 "한국광복군은 일찍이 1907년 8월 1일 군

대 해산 시에 이어 성립한 것이다. 바꾸어 말하면 적인 敵人이 우리 국군을 해산하던 날이 곧 우리 광복군 창설의 때인 것이다"라고 밝혔듯이 한국광복군은 역사적으로 구한국군과 의병을 계승한 정통한국 군대다.

넷째, 한국광복군은 창군 이전까지의 만주와 노령 등지의 한국독립군을 계승했다. 즉, 한국광복군은 창군 당시 총사령관에 서로군정서西路軍政署 독립군 사령관 이청천을 임명하고, 참모장에는 북로군정서北路軍政署 독립군의 연성대장研成隊長이었던 이범석을 임명했다. 최고 참모와 지대장에는 만주독립군부대들인 한국독립군(황학수·이복원)과 조선혁명군(김학규·이준식) 간부 출신 장교들을 배치했다.

다섯째, 한국광복군은 〈한국광복군서약문〉에서 나타나듯이 독립혁명군으로서 이념적 실천적 목적의식을 갖고 출범했다. 즉, 한국광복군은 일제와 싸워 조국광복을 달성해서 독립국가를 건설하기 위해 임정의 건국강령과 삼균주의三均主義를 이념으로 하는 독립군의 혁명군이었다.

여섯째, 한국독립군은 징병제나 징모제 등 강제성이 전혀 작용하지 않는, 순수하게 자발적으로 지원하여 성립된 결사대의 특성을 가진 군대조직이었다. 조국독립에 생명을 바치고자 자발적으로 지원한 애국청년들로 구성

된 지원결사대의 성격을 가진 한국독립군의 이념과 정
신은 한말의 의병과 병탄 전후의 독립군의 맥을 이은
것이다.

제 14 장

좌절과 민족해방의 중경 시절

약산은 자기 세력을 양성하려는 생각을 차츰
버렸으며, 자파가 아닌 사람이 지대장으로 부임하게
되더라도 찬동하였다. 임정 국무위원으로 군무부장을
겸임한 그는 대국적인 견지에서 일을 처리했으며
광복군 내의 분열을 해소하려고
노력했던 것으로 알고 있다.

– 정정화, 《장강일기》

잔류대원을 이끌고 중경으로 이동

　김원봉은 1941년 3월 조선의용대 본부대원 10여 명을 이끌고 계림을 떠나 중경으로 갔다. 그동안 여러 차례 중경을 오가기는 했지만 이제는 계림시대를 청산하고 중경으로 본거지를 완전히 옮기게 된 것이다. 그리고 앞에서 밝힌 대로 이해 5월 민족혁명당 제5기 제4차 회의에서 임시정부 참여를 결정했다. 지난 수십 년간 김구 중심의 우파 민족운동세력과 상당한 수준의 각角을 세워왔던 김원봉으로서는 큰 결단이고 변신이었다.

　임시정부는 1942년 4월 20일 제28차 국무회의에서 조선의용대의 광복군 합류를 결정했다. 그런데 조선의용대가 광복군에 합류하기까지는 국민당 정부의 입김이 어느 정도 작용했다. 조선의용대 주력이 공산당 세력의 연안 쪽으로 넘어간 데 대한 적지 않은 충격을 받은 것이다.

　그러나 김원봉과 조선의용대가 임시정부에 참여하기까지

는 어려움들이 많았다. 임시정부 측은 오래전부터 김원봉과 그의 추종세력을 공산주의자 또는 공산주의에 경도된 사람들이라는 이유로 배척해왔다. 이 때문에 김원봉이 주도한 민족혁명당을 비롯해 조선민족전선연맹, 조선의용대 등에 임시정부는 거의 참여하지 않았다. 참여는커녕 배타적이거나 때로는 적대적이기까지 했다.

그때까지 중국 관내에서는 김구 중심의 한국국민당과 한국독립당 등 우파 민족주의 세력이 한국광복운동단체연합회를 결성해 통합운동을 추진해왔고, 김원봉 중심의 좌파 민족주의 세력은 민족혁명당, 조선민족해방동맹, 조선혁명자연맹 등으로 변모하면서 통합을 추진해왔다. 그런데 마침내 이 두 세력이 이념과 노선을 초월해 좌우연합을 이루어낸 것이다. 독립운동 진영에는 큰 경사이고 대단한 발전이 아닐 수 없었다. 때로는 라이벌 관계이기도 했지만 김구는 김원봉이 늘 외경해온 지도자였다. 임시정부를 이끌고 있는 최고의 민족지도자 김구와 나란히 서서 공동성명을 발표하고 정강을 채택한 것은 김원봉의 위상이 그만큼 높아졌다는 것을 보여준다.

이에 앞서 1939년 5월 10일 김구와 김원봉은 중경에서 전국연합진선협회를 결성했다. 김구가 이끈 우파연합체인 한국광복운동단체 연합회와 김원봉이 이끈 좌파연합체인 조선민족전선연맹을 합쳐 단일전선인 전국연합진선협회를 결성한 것이다. 두 사람은 〈동지 동포에게 드리는 공개통신〉이라는 이름의 성명을 발표하고 항일전선의 단일화뿐 아니라 광복 뒤에 수립할 민족국가의 성격과 주요 정책을 제시하는 정강政綱도 채택했다. 두 사람이 채택한 공동성명과 정강이 민족혁명당의 당강黨綱과 비슷한 내용이 많은 점으로 미루어볼 때, 협의 과정에서 김원봉의 주장이 크게 반영되었음을 알 수 있다.

이들은 공동선언문을 통해 먼저 자신들의 민족적 경각심이 부족해 민족혁명의 임무를 정확히 파악하지 못한 점을 자책했다. 그리고 앞으로 전 민족적 역량을 집중한 통일조직을 건설해서 모든 항일세력을 포용하고, 전국적인 무장대오를 지휘할 수 있는 민족적 총기관으로써 역할을 다할 것임을 밝혔다.[1] 두 사람이 채택한 동지 동포에게 보내는 공개통신의 요지는 다음과 같다.

동지 동포에게 보내는 공개통신

우리 민족은 현재 생사의 관두에 몰려 있다. 우리들은 일치단결하여 통일된 운명에서 통일된 목표를 향해 분투해야 하는 동지고 동포다.

때문에 우리들은 이미 각 소단체의 분립투쟁으로 인한 민족적 손해를 경험하고 통일단체에 의한 광명을 발견한

---

1 한상도, 앞의 책, 176~177쪽.

이상, 한시 바삐 완전하게 일체가 되어 단결하지 못할 어떠한 조건도 있을 수 없음을 확신한다.

우리 두 사람은 개인의 의견으로써 뿐 아니라 용감히 분투하고 있는 다수 동지의 일치된 의견 위에 해외에 있는 다수 동지·동포와 함께 먼저 관내운동 조직의 계획적 변혁과 광명을 가진 새로운 국면의 창조를 향하여, 절대적인 자산과 용기를 갖고 나아가려 한다.[2]

정강

1. 일본제국주의의 통치를 전복하여 조선민족의 자주독립 국가를 건설한다.
2. 봉건세력 및 일체의 반혁명세력을 숙정하여 민주공화제를 건설한다.
3. 국내에 있는 일본제국주의자의 공·사 재산 및 매국적 친일파의 일체 재산을 몰수한다.
4. 공업·운수·은행 및 기타 산업부문에 있어서 국가적 위기가 있을 경우는 각 기업을 국유로 한다.
5. 토지는 농민에게 분배해주며 토지의 일체 매매를 금지한다.
6. 노동시간을 감소하고 노동에 관한 각 종업원의 보험사

---

2 조선총독부 고등법원 검사국사상부,《사상휘보 20》, 1939. 9, 251쪽.

업을 실시한다.

7. 부녀의 정치·경제·사회상의 권리 및 지위를 남녀 같
   이 한다.

8. 국민은 언론·출판·집회·결사·신앙의 자유를 향유
   한다.

9. 국민의 의무교육과 직업교육을 국가의 경비로써 실시
   한다.

10. 자유·평등·상호부조의 원칙에 기초하여 인류의 평
    화와 행복을 촉진한다.[3]

---

3 김정명 편, 《조선독립운동 2》, 639쪽.

장개석 정부의 통합 압력

　　임시정부가 김원봉과 조선의용대를 받아들이고 김원봉을 광복군 부사령관에 임명한 것은 중국 정부의 역할이 컸다는 사실은 앞에서 말한 대로다. 또 민족세력 대동단결의 필요성을 절감해온 김구의 대인다운 리더십도 크게 작용했다. 김구는 조선의용대와 민족혁명당 본부를 직접 찾아가 대원들을 설득하기도 했다. 그리고 우파 진영은 물론 멀리 미국과 하와이 교민들의 줄기찬 반대에도 불구하고 마침내 통합을 성취해냈다.

　　나는 중경에서 강 건너 아궁보鴉宮保에 있는 조선의용대와 민족혁명당 본부를 찾았다. 그 당시 김약산은 계림에 있었으나 윤기섭, 성주식, 김홍서, 석정(윤세주), 김두봉, 최석순, 김상덕 등 간부가 나를 위해 환영회를 열었다.
　　그 자리에서 내가 모든 단체를 통일하여 민족주의의

단일정당을 만들 것을 제의했더니, 그 자리에 있던 이는 일치하여 찬성하였다. 한 걸음 더 나아가 미국과 하와이에 있는 여러 단체에도 참가를 권유하기로 결의했다.

　미국과 하와이에서는 곧 회답이 왔다. 통일에는 찬성이나 김약산은 공산주의자인즉, 만일 내가 그와 같은 일을 같이 한다면 그들은 나와의 관계까지도 끊어버린다는 것이었다. 그래서 나는 김약산과 상의한 결과 그와 나와 연명으로 민족운동이야말로 조국광복에 필요하다는 뜻으로 성명서를 발표했다.[4]

　김구의 대인다운 풍모와 포용력이 드러나는 대목이다. 김구와 합류한 김원봉은 1942년 12월 1일 광복군부사령관 자격으로 중경의 라디오방송에 나가 소견의 일단을 밝혔다. "한국민에게 권고한다. 마땅히 독립군에 가입하여 한국해방을 위해 분투해야 한다. 일본이 한국의 정권을 침탈한 지 벌써 32년이 경과하였으나 한국민이 쉬지 않고 무력으로 대항하였으니 이는 한국의 광영적 역사이다. 우리가 자유 행복을 누리려면 반드시 오랜 시기의 간고분투를 지내야 바야흐로 목적에 도달할 것"[5]이라는 내용이었다.

　김원봉이 광복군부사령관에 취임한 것은 이해 12월 5일이

■■■ **4**　김구, 《백범일지》, 1971, 339쪽.
■■■ **5**　국사편찬위원회 편, 《한국독립운동사》 자료 3, 296쪽.

다. 임시정부 청사에서 가진 취임식에는 김구 주석을 비롯해 임시정부 요인들과 한국광복군 간부들이 배석하여 부사령관 취임을 축하했다. 김원봉은 1945년 6월 1일 광복군부사령관 직을 사임할 때까지 약 2년 반 동안 광복군부사령관을 맡아 한국광복군의 발전과 항일투쟁에 기여했다.

후에 김원봉의 임시정부 참여에 대해 여러 가지 분석이 시도되었다. 민족주의 세력의 좌우파 진영을 대표하는 김구와 김원봉의 연합이 그만큼 획기적이고 충격적이었기 때문이다. 물론 연합이 이루어진 후에도 김원봉과 임시정부 보수세력 사이에는 타협하기 어려운 이념적 차이가 지속되고 있었다. 다음의 증언을 보면 두 진영 간의 관계가 어땠는지 알 수 있다.

김원봉은 임시정부를 유명무실한 조직으로 인식하고 있었으며, 그 책임자들은 공연히 허위虛位에 앉아 있고 실제 활동이 없으므로 이끌어 갈 수 없다고 보는 반면, 임시정부측 인사들은 김원봉 등을 나이가 젊고 충동적이며 환상에 차 있고 또 언행도 너무 편격하다고 보아 그들을 중요시하지 않았던 것입니다.[6]

김원봉은 자신이 임시정부와 광복군에 합류하게 된 정황

■■■ 6 등걸勝傑 증언, 〈삼민주의역행사의 한국독립운동에 대한 원조〉, 《한국독립운동사자료집 : 중국 인사증언》, 74쪽.

을 다음과 같이 피력한 바 있다.

　동지들이 화북으로 떠난 후, 비교적 안전지대인 후방 중경에 있는 동지들의 노력과 활동 성공은 화북에 있는 동지들의 노력과 활동성과에 비할 때 참으로 부끄러울 만큼 적다. 그러나 이곳의 동지들도 역시 여전히 분투노력하고 있음을 동지들이 다 잘 알고 있을 줄 믿는다. …… 우리 민족의 혁명전투 깃발인 조선의용대는 금년 가을에 한국광복군 제1지대로 개편하게 되었으며, 또 이는 군사통일을 위한 성의에서 우리의 최대의 양보인 것이다. ……
　물론 우리 의용대의 발전을 위해 다년간 분투노력해온 동지들과 더욱 자기의 생명까지 희생한 동지들로서는 어느 정도 서운한 생각이 들지도 모른다. 그러나 우리의 무장 역량을 집중 통일하기 위한 조선의용대의 한국광복군 합병은 우리 운동의 진보와 발전을 의미하는 것이라고 함께 인식할 것이며 또 함께 기뻐하고 치하할 바라고 믿는다.[7]

조선의용대가 한국광복군 제1지대에 편입되고 김원봉이 광복군부사령관 및 제1지대장을 맡게 되자 광복군의 전력은 크게 향상되었고 사기도 높아졌다. 조선의용대 출신들은 대

------

7 《독립》(신문), 1943년 10월 27일자.

부분 중국의 정규군관학교 출신이기 때문에 그만큼 전술전략에 유능했다.

조선의용대가 한국의 광복군 산하에 들어간 것은, 다시 말해 한국광복군과 조선의용대 일부가 합병한 것은 특정인이나 세력의 손익과는 상관없이 독립운동진영으로서는 특기할 만한 일이었다.

다행스러운 것은 바로 이러한 때(임시정부가 내부의 불화로 대단히 어려울 때—지은이) 중국 정부의 지지 아래 한인들이 조직한 조선의용대와 한국광복군이 차례로 일어났다. 그리고 그들이 중국의 각 전장에서 이루어 놓은 항일의 성과는 "육탄이 아니면 독립을 이룰 수 없고, 붉은 피가 아니면 민족을 구할 수 없다."는 독립의 결심을 명확히 나타냈다. 이민족의 통치에 힘 있게 굴복하지 않는 한민족에 대해 말한다면, 조선의용대와 한국광복군의 존재는 바로 복국운동 중·후기에 있어야 할 투쟁을 하도록 했다.[8]

그러나 김원봉에게는 여러 가지 불리해진 면도 있었다. 중국 국민당 정부가 그동안 계속해서 지원해준 자금이 이제는 임시정부 측으로 일괄적으로 지급된 것이다.

---

8 《광복光復》, 제1권 제1기, 중경.

조선의용대가 광복군으로 합병된 후 국민당 정부는 한국의 각 당파에 대한 경비원조를 대한민국임시정부 산하로 통일시켜 지급하고 중국국민당 중앙당조직부에서 수령하게 했다. 그리고 임시정부는 이를 다시 각 당에게 분배했다. 이로 인해 분란도 없지 않았다.

확실한 다소多少의 표준을 세울 수가 없었기 때문에 조선민족혁명당 등 재야 인사들은 경비의 분배 문제로 한국독립당 인사들에게 공격을 전개했다.[9]

김원봉은 지금까지 자신의 세력을 형성하는 데 큰 도움을 주었던 국민당 정부의 지원이 끊어지면서 대단히 어려운 처지에 놓이게 되었다. 임시정부를 통해 지급받은 경비로 부대 운영과 생활비 일체를 감당해야 했던 것이다.

9 호춘혜胡春惠 지음, 신승하 역, 《중국 안의 한국독립운동》, 단국대학출판부, 1978, 238쪽.

임시정부에 참여하기까지의 좌우 갈등

김원봉은 임시정부에 참여한 데 이어 임시의정원 경상도 대표의원이 되었다. 1942년 10월 25일 개최된 제34회 임시의정원 회의에서 김원봉은 유자명, 김상덕, 손두환 등 조선민족혁명당원 6명과 함께 의정원 의원으로 선출된 것이다.

이때 선출된 의정원 의원은 한국독립당원 6명과 조선혁명자연맹·조선민족해방동맹·통일동지회 소속 5명이었다. 과거 한국독립당원 일색이던 의정원에 재야 각 정당과 무소속 인사들이 참여하게 된 것이다. 이로써 임시의정원은 중국 관내에서 활약하는 다수의 인사들이 참여한 민족적인 의정원으로 어느 정도 면모를 갖추게 되었다. 뒷날 김원봉은 자신이 임시의정원에 참여하게 된 것과 관련해 다음과 같이 그 의미를 부여했다.

우리들이 평소에 공동히 노력하는 관내 혁명운동의 통

일은 금차 한국임시의정원 제34회 회의로 인하여 형성되었다. 전 세계 민주전선의 승리가 점차 가까워오는 이때에 오랫동안 분열 고립하여 오던 우리의 각 혁명단체 및 각 개인들이 모두 한 방에 모여 앉아 일찍이 보지 못하던 대단결을 형성하는 동시에 화중공제하는 정신으로 우리 민족의 혁명단계를 토의 결정하게 된 것은 심히 중대한 것이다.

그러므로 금차 회의를 계기로 우리 관내 혁명운동은 한 역사적 발전을 가망할 수 있으며, 또 따라서 우리의 민족적 지위와 임시정부의 권위가 더욱 높아질 것이다. 이것은 우리가 역시 공동히 기뻐하고 치하할 바라고 믿는다.[10]

김원봉은 자신의 임시의정원 참여로 인해 오랫동안 분열되었던 혁명단체가 대단결을 이루었다고 평가했고 민족적 지위와 임시정부의 권위가 더욱 높아질 것이라고 만족해했다. 사실 김원봉 세력의 임시정부 참여는 독립운동 세력 대통합의 일환이었다.

임시정부는 1944년 4월 20일 개최된 제36차 회의에서 임시약헌을 임시헌장으로 개정하고 국무위원 수도 6~10명에서 8~14명으로 늘렸다. 이에 따라 김원봉은 임시정부의 국무위원에 선임되고 군무부장에 임명되었다. 김원봉이 임시정

■■■ 10 《독립》(신문), 1946년 9월 18일자, 김혜란의 〈중일전쟁 이후 재미동포해방운동의 회고(1)〉, 재인용.

부 군사방면의 최고 책임자 자리에 오른 것이다. 이때의 정부 구조는 김원봉, 장건상, 김봉준, 성주식 등 민족혁명당 계열 4명을 비롯해 조선혁명자연맹의 유림, 조선민족해방동맹의 김성숙 등이 참여하는 통일전선 내각이었다. 한국독립당의 김구가 주석을 맡고 민족혁명당의 김규식이 부주석으로 선출되었다. 이시영, 조성환, 황학수, 조완구, 차리석, 박찬익, 안훈, 조소앙 등 8명의 한국독립당 요인들도 정부에 참여했다.

이로써 임시정부 수립 26년 만에 처음으로 통일전선 내각이 수립된 셈이다. 정부각료는 내무부장 신익희, 외무부장 조소앙, 군무부장 김원봉, 재정부장 조완구, 법무부장 최동오, 문화부장 김상덕, 선진부장 엄항섭 등이었다.

그러나 이러한 통합은 이전에도 시도된 적이 있었다. 한인 세력의 통합을 바라는 중국 정부의 강력한 요청으로 1939년 7월 7개 단체가 전국연합진선협회를 결성했고 8월 27일에는 기강基江에서 한국혁명운동통일7단체회의를 개최했다. 이른바 '7당통일회의'라고 불리는 이 회의에는 한국국민당(조완구, 엄항섭), 한국독립당(홍진, 조소앙), 조선혁명당(이청천, 최동오), 민족혁명당(성주식, 윤세주), 조선혁명자연맹(유자명, 이하유), 조선민족해방동맹(김성숙, 박건웅), 조선청년전위동맹(신익희, 김해악) 등의 단체 대표 2명씩(괄호 안은 각 당의 대표)이 참여했다.

그러나 공산계열인 조선민족해방동맹과 조선청년전위동맹이 '조직방식'에 대한 이견으로 탈퇴하고, 5당만이 통일조직을 완성하자는 데 합의했다. 하지만 5당의 통일도 쉽지 않았다. 며칠 뒤에는 민족혁명당마저 탈퇴하고 말았다. 통합전선의 일각이 쉽게 무너진 것이다. 민족혁명당의 탈퇴는 적지 않은 파장을 불러왔다. 임시정부 내의 우파 세력이 여전히 김원봉과 민족혁명당 계열을 공산주의 신봉자로 인식하면서 이들과의 통합을 반대해온 것이다. 그러면서 "김원봉이 공산주의 사상을 신봉하지 않는다는 선언을 하면, 통합문제를 다시 협상할 용의가 있다"고 제안했다. 김원봉의 처지에서는 여간 난감한 일이 아니었다. 김원봉은 "민족혁명당은 지금까지 좌경사상이 없었으므로, 특별히 공산주의를 신봉하지 않는다는 성명을 발표하기란 곤란하다. 광복진선이 통일의 성의가 결여되어 있고 합작을 이루려하지 않는다"[11]며 반박했고 결국 김원봉의 민족혁명당은 전국연합진선협회를 이탈했다.

그렇지만 김원봉과 민족혁명당은 몇 년 뒤 임시정부에 참여함으로써 임시정부가 최초로 좌우연합정부의 모습을 갖출 수 있게 된다.

한인 세력의 대동단결을 통해 효과적인 항일전을 추진해온 중국 정부는 7당통일회의의 분열에 이어 전국연합진선협회에서 민족혁명당이 이탈한 것을 두고 한국독립운동가들을 거센 어조로 비판했다.

---

11 한상도, 앞의 책, 186쪽.

요지는 ① 민족성에 단결정신이 결여되어 있다. ② 위대한 영수인재가 결여되어 있다. ③ 중심사상이 부족하다. ④ 각 당파끼리 시기심이 너무 심하다는 내용이었다. 여기서는 김구·김원봉과 관련한 ②항을 구체적으로 소개하고자 한다.

한당韓黨 영수 인물로 그 성망이 여러 사람을 불러 모을 수 있는 사람은 김구와 김원봉 두 사람이다. 전자는 도덕성망과 고간정신이 족히 혁명을 영도할 수 있으나, 재간이 약간 부족하다. 후자는 재간은 조금 낮지만 도덕성망이 전체 당인을 영도하기에는 못 미친다. 이 두 사람은 각기 결점을 갖고 있어 당인의 절대 복종을 이끌어내기는 어렵다. 이번 통일회의에서도 각 측의 태도는 번복이 무상하였다. 회담이 결렬된 것 역시 김구와 김원봉 두 사람이 전체 당인들을 설득하지 못했기 때문이다.[12]

민족혁명당의 이탈에 가장 당황한 것은 김구였다. 김원봉과 함께 공동성명을 발표하고 하와이·미주지역 교민들의 끈질긴 비판에도 불구하고 이들을 설득하면서 좌우세력 연합의 상징으로 김원봉 세력을 끌어들였는데 이들이 이탈했기 때문이다.

━ 12 중앙연구원 근대사연구소 편, 〈7당통일회의 보고서〉, 《국민정부 여한독립운동 사료》, 대북, 1989, 25~28쪽.

나는 병을 무릅쓰고 기강으로 가서 국민당의 전체 회의를 열고 노력한 지 12개월 만에 비로소 단일당으로 모든 당들을 통일하자는 의견에 국민당의 합의를 얻었다. 그래서 민족운동진영인 한국국민당, 한국독립당, 조선혁명당과 공산주의전선인 조선민족혁명당, 조선민족해방동맹, 조선민족전위동맹, 조선혁명자연맹의 일곱으로 된 7당통일 회익를 열게 되었다.

......

회의가 진행함을 따라 민족운동 편으로 대세가 기울어지는 것을 보고 해방동맹과 전위동맹은 민족운동을 위해 공산주의 조직을 해산할 수 없다고 말하고 퇴석하였다. 이렇게 되니 7당이 5당으로 줄어서 순전한 민족주의적인 새 당을 조직하고 8개조의 협정에 5당의 당수들이 서명하였다.

......

이에 좌우 5당이 성공하였으므로 며칠을 쉬고 있던 사이 이미 해산하였을 민족혁명당 대표 김약산이 돌연히 탈퇴를 선언하였으니, 그 이유는 당의 간부들과 협정을 수정하지 아니하면 그들이 다 달아나겠다는 것이었다.

......

이리하여 5당 통일도 실패되어서 나는 민족진영 3당의 동지들과 미주·하와이 여러 단체에 대하여 나의 분명한

허물을 사과하고 이어서 원동에 있는 3당 만을 통일하여 새로 한국독립당이 생기게 되었다.[13]

중국에서의 한국독립운동가들의 분파 활동에 대해 직접 독립운동에 참여하고 독립운동사를 연구한 한 학자는 다음과 같이 이를 반박했다.

한국독립운동 진영 내의 분파 싸움을 너무 강조한 흠이 없지 않다. 원래 해외에서의 독립운동의 경우 한국인뿐 아니라 어떤 나라의 경우도 대동소이한 보편적 현상이다. 소련혁명 시기에 볼셰비키와 멘셰비키 사이에 벌어진 혈투나 중국혁명 시기에, 특히 동경에서 '중국혁명동맹회'가 성립되기까지 홍중회, 광복회, 화흥회, 보황당 등의 갈등, 그후 신해혁명, 제2혁명, 제3혁명에서의 분파싸움은 한국독립운동자들의 파쟁과 크게 다를 바가 없다.[14]

---

13   김구,《백범일지》, 343~344쪽.

14   호춘혜 지음, 김준엽의 《한국독립운동 재중국》, 서평,《사총史叢 7》, 제20집, 1976.

"배운 것 적어도 도량 큰 인물"

　　중국 측의 일방적인 지적을 두고 너무 확대 해석할 필요는 없을 것이다. 하지만 이 보고서가 김구와 김원봉의 인성, 리더십과 관련해 상당히 의미 있는 분석을 하고 있음을 알 수 있다. 일면의 타당성도 있어 보인다는 뜻이다. 중국인 사마로司馬璐의 견해를 들어보자.

　　총대장 김약산, 나는 시종 그가 존경할 만한 친구라고 생각했다. 비록 그가 나중에는 중국공산당에 이용당했지만 나는 지금까지 줄곧 이국의 고인을 그리워하고 있다. 그는 열정적이고 진실하여 도의를 중히 여기며 도량도 커서 자주 스스로도 이해할 수 없는 손해를 보는 일을 했다.
　　단지 아까운 것은 배운 것이 좀 적다는 것이다. 나는 그와 동거한 지 얼마 되지 않아서 마치 형제처럼 막역한 사이가 되었고 그는 모든 면에서 나를 매우 신임해 주었다.[15]

사마로는 조선의용대 대장 김원봉의 중국인 개인비서로서 조선의용대의 당보와 기타 중국어 간행물의 번역 책임을 맡았던 인물이다. 그래서 김원봉을 상당기간 곁에서 지켜 볼 수 있었다.

"배운 것이 좀 적다"는 평가는 '덕성'과도 연계되는 부분이다. 일반적으로 혁명가에게 학식과 도덕률의 상관성은 애매하다. 세계적인 혁명가들에게 학식과 도덕성이 어느 정도 갖춰져 있는지, 굳이 그럴 까닭이 있는 것인지, 일정한 등식을 만들기란 쉽지 않을 것이다. 헤겔은 지식인을 '미네르바의 부엉이'에 비유했다. 부엉이들은 낮에는 숲속에 있다가 어둠이 깔리면 행동에 나서는데, 이것이 지식인들과 닮았다는 것이다. 그래서 '미네르바의 부엉이'는 행동성이 없는 지식인을 일컫는다. 혁명가는 다르다. 그들은 사색이나 이론보다 행동을 택한다. 당연히 학식이나 도덕성에서 취약할 수밖에 없다. 두 가지를 겸비한 혁명가도 없지는 않다. 전봉준, 신채호 등이 그렇다. 김원봉이 이들의 반열에 이르기는 어려울지 몰라도 적어도 그는 정의감과 정도에 충실한 혁명가였다.

다음은 조선의용대 주력부대가 화북으로 건너간 뒤에 쓴 사마로의 평이다.

---

15 사마로司馬璐, 〈조선의용군 및 독립동맹투쟁사〉, 심지연 지음, 《조선신민당 연구》, 동녘, 1988, 218쪽, 재인용.

김약산은 당시 조선혁명운동을 하는 중에서도 가장 위엄과 인망을 지닌 지도자였다. 그는 과거 조선인민 중에서 영웅적이고 전설적인 인물의 하나여서, 우리 당(중국공산당―지은이)에서는 처음에 반드시 그를 이용해야만 많은 청년들을 속여 화북으로 보낼 수 있다고 생각했다. 그러나 이들 청년들은 화북에 도착한 후에 여전히 김약산이 계속 그들과 함께 한다고 여겼다. 만약 김약산이 화북에 도착하기만 했다면 지도자의 권한은 자연히 김약산에게 떨어졌을 것이고, 중국공산당은 직접 통제하기가 쉽지 않았을 것이다.

김약산은 이때 매우 고민했고 "벙어리 냉가슴 앓듯 괴로워도 말 못한다"는 심정이었다. 단지 나 혼자만이 진정으로 그를 이해해 주었고, 감정적으로도 나는 이 친구를 매우 좋아하고 사랑하며, 또 그의 입장을 동정했다.[16]

김원봉이 '재간'은 있지만 '도덕성망'이 모자랐다는 평가다. 당시 김구는 70대 초반이었고 김원봉은 40대 후반이었다. 김구에 비해 김원봉은 나이가 젊고 의열단 등 결사대와 같은 단체를 이끌어왔다. 이러한 두 사람의 각기 다른 삶의 족적이 성품과 리더십의 차이를 만들었을 수도 있다. 그럼에도 불구

━━━ **16** 앞의 책, 223쪽.

하고 김원봉의 활동 곳곳에서 '덕성'이 모자라지 않았는가 하
는 흔적이 나타난다.

　　그러나 김원봉이 중경시절에 보수파 임시정부 측 인사들
과 끊임없이 불화를 일으키고 위계질서도 무시했다는 평판과
는 다른 견해도 있다. 당시 임시정부 안살림을 도맡았던 정정
화는 자서전에서 이를 생생하게 기록했다.

　　광복군 제1지대는 창립 당시 민혁당의 전위조직이라고
　　할 수 있었다. 약산이 초대 지대장을 겸했으며, 그후 약산
　　과 가까운 사이며 황포군관학교 제4기 동기생인 이집중이
　　약산에 이어 지대장에 취임했다. 약산은 자기 세력을 양성
　　하려는 생각을 차츰 버렸으며, 자파가 아닌 사람이 지대장
　　에 부임하게 되더라도 찬동했다. 임정 국무위원을 겸임한
　　그는 대국적인 견지에서 일을 처리했으며, 광복군 내의 분
　　열을 해소시키려고 노력했던 것으로 알고 있다.[17]

■■■ **17**　정정화,《장강일기長江日記》, 학민사, 1998, 230~231쪽.

소절에 구애받지 않는 혁명가의 풍모

우여곡절의 과정을 거쳐 김원봉은 의정원 의원에 선출되었고 한국광복군 부사령관에 취임했다. 이로써 김원봉은 그에 대한 임시정부 일각의 배척과 사상적 의혹을 씻고, 중국 정부에도 대의를 위해서는 소절小節에 구애받지 않는다는 혁명가의 풍모를 보여주게 되었다.

통일전선 내각이 수립되면서 임시정부는 〈국내외 동포에게 고함〉이라는 성명을 발표했다. 이 성명서에는 임시정부는 임시정부를 중심으로 만주지방과 조선의용대가 있는 화북지방을 포함하는 모든 민족해방운동전선의 통합을 통해 일제와 싸울 것을 천명했다.

국내외 동포에게 고함

우리들은 각 혁명단체, 각 무장대오, 전체 전사 및 국내외 동포로 더불어 전민족적 통일전선을 더욱 공고 확대하

면서 일본제국주의자에 대한 전면적 무장투쟁을 적극 전
개하기 위하여 최대의 노력을 결심했다. 전체 전사 전체
동포제군! 일체의 준비와 행동은 다 이 반일투쟁의 조직발
동을 중심으로 하기 바란다.

국내와 만주 및 화북·화중·화남 각지에 있는 동포들
은 이 중심 임무수행상 필요한 방법 및 보조로써 우선 각
무장대오의 조직과 지휘를 즉시로 통일하고 각종 방식으
로 무장대오의 확대 강화와 적진에 핍박 참전된 한인 사병
의 반란 반정의 조직과 징병반대 및 철로·공창·파괴 등
공작에 특별히 노력하고⋯⋯.

우선 중·영·소 등 각 중요 동맹국과 유력한 합작관계
를 빨리 건립하고 대일작전의 공동승리를 하루 바삐 쟁취
하기 위해서 진력하려고 결심한다.[18]

앞에서 기술한 대로 김원봉과 민족혁명당 핵심 인사들은
1944년 4월 제36회 임시의회에서 임시정부 국무위원으로 선
출되었고, 민족혁명당은 임시정부의 통일전선정부 수립에 참
여하게 되었다. 김원봉은 민족혁명당이 임시정부 통일전선에
참여하게 된 목적과 의의를 다음과 같이 밝혔다.

━━ **18** 《독립》(신문), 1944년 8월 9일자.

이 36차 의회는 적어도 조선민족해방운동에 있어서 가장 기록적 회의라고 할 수 있다. 이 의회는 적어도 각 당 각 파 대표들의 출석과 피차 양보와 포용에서 진정한 민족애와 아울러 완전한 성적을 나타내었다고 생각한다. 혁명운동자로서는 보통 생각에 할 수 없다고 생각하는 일이나 인물을 용서하고 전 민족적 통일을 이루는 일을 하는 것이 혁명가의 일이다.

금번에 실행된 연합정부는 우방 인사들에게 호감을 얻고 있는 중 앞으로 임시정부에서 적극적으로 실행하려고 하는 것은 군사운동이며 불원한 참모본부도 실현될 것이다. 따라서 광복군에 장애되는 9개 조건도 취소될 가능성이 있으며 임시정부 승인문제에서도 정부와 정부 사이에 긴절한 조약을 성립하려면 반드시 승인이 없어가지고는 어려울 것이므로 물론 승인문제에 대하여 노력하며, 임시정부는 우리 민족 성원과 우방의 환영을 많이 받는 중 점점 사업이 확대될 것이다.[19]

민족혁명당은 제5기 제7차 중앙회의에서 한국독립당과 합작을 결의하고 임시정부의 확장을 주장했다. 이 회의에서 채택한 〈정식선언正式宣言〉의 요지는 다음과 같다.

---

19 앞의 신문, 1944년 8월 9일자.

최근 본당은 내외 정세에 비추어 지금까지 불관심주의를 포기하여 금년 5월 제5기 제7차 중앙회의에서 임시정부에 참가할 것을 결정하고 지지를 보냈다.

그 이유는 오늘날 국제정세를 보면 여러 민주국가가 파시즘집단을 반대하여 이미 피어린 전투를 벌이고 있으며 유럽에서 이미 폴란드, 네덜란드, 프랑스 등 반파시즘 망명정부가 차례로 민주국가의 승인과 원조를 받은 사실이 있기 때문이다.

그러므로 동방에서 일본에 대항하는 조선 정부도 이와 같이 여러 민족국가들의 승인을 받을 수 있는 희망을 가지고 있다. 특히 항일하고 있는 중국 정부의 공헌이 클 것이다. 때문에 본 당은 임시정부에 참가할 것을 결정하며 지지를 보내는 동시에 조선민족 전체 기구를 훌륭히 대표할 수 있도록 하기 위하여 임시정부를 확대할 것을 주장한다.[20]

━━ **20** 추헌수, 《한국독립운동 2》, 211쪽.

임시정부에서 소외당해

김원봉이 맡았던 임시정부 군무부장, 광복군부사령관, 제
1지대 대장 등의 위상은 내실이 별로 없는 직위에 불과했다.
임시정부와 한국광복군을 김구 중심의 민족주의 우파 계열에
서 장악하고 있었고, 중국 정부가 1943년 3월 "정부는 마땅히
임시정부를, 당은 한국독립당을, 군은 이청천의 광복군을 원
조한다."는 방침을 정하면서 임시정부 본류 세력에만 지원을
하게 되었다.

김원봉은 대단히 어려운 국면에 처하고 말았다. 대의명분
에 좇아 임시정부에 참여했지만 그가 설 땅은 그리 넓지 않았
다. 김원봉은 임시정부에서 협소한 행동반경을 대외관계, 연
합국과의 관계 강화를 통해 극복하고자 노력했다. 오랜 기간
유대를 맺어온 중국국민당은 물론 중경에 머물고 있던 주은
래를 통해 중국공산당도 우호관계를 지속하고 있었다. 김
원봉이 특별히 눈을 돌린 곳은 미국과 영국이었다. 그는 연합

국의 주축을 이루고 있는 두 나라와 관계를 갖고자 했다.

특히 태평양전쟁의 발발로 일본과 전투를 치르고 있던 미국과 영국과의 관계 강화에 대단히 노력했다. 당시 동남 아시아 각 전장에서 일본군에 맞서 전투를 치르고 있던 연합국에게는 일본군에 대한 선전과 포로심문을 위해 일본인의 풍습을 잘 알고 일본말을 잘하는 조선인이 필요했다. 43년 이후부터 일제가 조선인에게도 징병제를 실시함으로써 조선인청년들의 도움은 더욱 필요했다. 오랜 심리전 등 전투경험을 가진 청년들을 다수 포괄하고 있던 민혁당은 이 일에 가장 적격이었다.[21]

김원봉은 여러 방면으로 미국, 영국군과의 연합을 모색했다. 그렇지만 임시정부 측에서는 이를 탐탁하게 여기지 않았다.

한번은 영국군의 요청으로 일본어를 유창하게 구사하는 광복군의 추가 파병을 추진했으나, 국내진공을 위한 병력 부족을 내세운 광복군총사령부의 반대로 무산되었는데, 이는 김원봉과 영국 측과의 밀착을 견제하려는 의도였

---

21 염인호, 앞의 책, 59쪽.

음이 드러났다. 한국독립당과 광복군사령부 보수지도자들은 군무부장인 김원봉을 배제한 채 한·미 연합작전을 추진했다.

분개한 그가 김구에게 중국 전구 미군사령관 웨드마이어 장군과 접견을 요구했지만 김구는 김원봉이 웨드마이어 장군을 만나는 데 반대했다. 김구는 "김원봉과 민족혁명당 같은 공산주의자들을 끌어들여 중요한 계획이 부산되는 것을 원하지 않았다"고 한다.[22]

김원봉의 특징 중 하나는 어떤 시련에도 결코 좌절하지 않는다는 점이다. 김원봉은 여러 가지 제약을 뚫고 결국 영국군과 접촉했다. 김원봉이 임시정부에 참여해 활동한 것 중에 대표적인 것은 인도 주재 영국군과 협정을 맺고 대일전을 벌인 일이다. 김원봉은 인도에 주재한 영국군 총사령부의 요청에 따라 1942년 두 명의 대원을 인도에 파견하여 조선과 영국의 합작문제를 논의했다. 이에 따라 김원봉과 영국군대표 맨킨시는 1943년 5월, 영국군은 조선민족혁명당을 원조하여 조선의 독립을 완성하고 조선민족혁명당은 영국의 대일작전을 원조한다는 것을 총칙으로 한 12개조의 협정을 맺는 데 성공했다. 협정의 내용은 다음과 같다.

───── **22** 한상도, 앞의 책, 200쪽.

12개조 협정

1. 조선민족혁명당은 조선민족혁명당 인도 연락단을 조직 파견하여 영군을 원조하고 또 함께 대일전에 참가한다.

2. 계획 중의 연락단은 지휘관 1인, 10~12인의 조원으로 구성한다. 이들 인원은 모두 영군과 같은 제복을 입고 또 조선민족혁명당 휘장을 단다.

3. 인도 연락단의 주요 활동은 대적 선전을 담당하여 영군의 작전에 편리를 가져오며 한국 독립의 유리한 선전과 전쟁 포로의 문서와 문건들을 번역하는 임무를 맡는다.

4. 인도 연락단의 복무 기간은 제1기를 6개월로 한다. 기간이 끝나면 쌍방의 동의를 얻어 기간을 연장할 수 있다.

5. 위의 기간 만료 전에 조선민족혁명당이 필요하다거나 혹은 영국의 요구가 있다면 동 단의 일부 혹은 전부는 원직에 유임할 수 있다.

6. 동 부대의 지휘관은 대우와 등급에서 주인 영군의 대위직과 같으며 그 밖의 인원은 주인 영군의 중위 대우와 같다. 그리고 개인으로 성적이 좋은 자는 특수 장려를 받을 수 있다.

7. 연락부대의 활동을 강화시키기 위하여 조선민족혁명당은 인도에 대표를 주재시켜 영국 측과 밀접한 관계

를 맺고 전체적인 일을 편리하게 하도록 한다.

8. 영군에 억류되어 있는 한인 포로는 조선 연락단에 넘기고 적당한 훈련을 하여 이용 가능하다면 그들의 활동에 참가시킨다.

9. 파견 보충 및 연락단 인원 철수와 인도 대표 경비는 모두 영국 측이 책임진다.

10. 언락딘 인원은 영국 장교와 똑같은 대우와 여행의 편리를 향수한다.

11. 뉴델리에서 활동하고 있는 단원은 시설의 공급을 자유롭게 받으며 그들은 막사가 있으며 공작에 필요하면 호텔에 투숙하되 투숙식 비용은 100루피를 초과할 수 없다.

12. 조선민족혁명당의 주인 대표는 항상 뉴델리에 주재하고 그 수행원의 숙식 · 교통비용은 모두 영국 측이 상당한 보조를 해준다.[23]

김원봉의 영국군 공작대 파견에 대해 임시정부의 여당격인 한독당은 못마땅하게 여겼다. 임시정부가 외국에 대한 외교 전권을 가져야 한다는 주장이었다. 이 같은 주장은 일면 타당성이 있어 보인다. 아무리 망명한 임시정부라 해도 외교

■■■ **23** 호춘혜, 앞의 책, 155~156쪽.

문제에 당파성이 개입되는 것은 바람직하지 않기 때문이다. 그러나 이에 대한 김원봉의 생각은 달랐다.

　　외교통일이란 것은 원 정부가 있는 데도 타종정부가 존재 시에 필요한 것인데 현재 우리 내부에는 그런 현상이 무한 것이요, 우리 각 당이 중국국민당에 래왕됨은 그 역시 일개 인민 단체와의 관계이지 그것이 외교가 아닌 것이요, 만일 우리 각 당이 대외 관계를 통일하려면 당적 즉 인민단체 대외관계 통일안이 제출되어야 할 것이요, 우리 민혁당이 인도 영군부와 교섭이 되는 것은 임시정부가 승인되지 않은 만큼 곤란이 있으니 정부로서 불가능한 것이고 중국 인민단체도 역시 대외 관계를 갖는 사실이 있는 것이다.[24]

　　전황은 하루가 다르게 변하고 있었다. 연합군의 승리가 눈에 보이는 듯했다. 1943년 9월에 이탈리아가 항복을 선언했고 독일의 항복도 시간문제로 다가왔다. 연합군은 1944년 사이판섬과 필리핀을 탈환하여 전세를 완전히 역전시켰다. 그런가 하면 1943년 12월 1일 카이로선언이 발표되어 '한국독립' 문제가 처음으로 연합국 수뇌회담에서 언급되었다. 그런 속에서도 임시정부 안에서는 크고 작은 갈등이 그치지 않았다.

━━ **24**　국회도서관, 《대한민국임시정부 의정원 문서》, 376쪽.

1944년 4월에 김약산이 광복군부사령관에서 임시정부의 군무부장이 된 이후 이 협화協和의 국면이 점차 변화를 가져왔다. 원래 군무부는 명의상으로 볼 때 마땅히 임시정부 중의 군사무력을 통할하는 기관이나 광복군이 중국군 측에 예속된 관계로 인해 지금의 군무부는 하급기관이 없는 이름 뿐인 부서가 되었다. 더욱이 김약산은 민혁당의 총서기였으며 이청천 등 광복군 책임자는 중국군사위원회에 예속하였다는 구실로 군무부장의 의견을 거들떠보지도 않았다. 가장 명백한 예로써 1944년 3월 광복군 제1지대와 관련한 인사권 문제의 분규와 같은 것이 있었다. 이렇게 한국광복군총사령관의 지위가 크게 향상되었다는 사실은 군무부로 하여금 유명무실한 상황에 처하도록 만들어 버렸다.[25]

여기서 말하는 '인사권문제의 분규'란 약간의 설명이 필요하다. 김원봉이 임시정부의 군무부장에 선임된 뒤 광복군 제1지대의 지대장직 겸임을 사임하고, 민혁당의 송수창에게 후임을 맡도록 했다. 그러나 이청천은 이를 군무부에 알리지도 않고 광복군사령관의 명의로 한국독립당의 김시원을 제1지대의 정치위원으로 발표해 김원봉의 불만을 사게 되었다.[26]

25 호춘혜胡春惠, 앞의 책, 176쪽.
26 앞의 책, 주 125.

3.1 소년단장 최동선과 재혼

　　김원봉의 중경생활은 시련과 투혼, 좌절과 환희가 겹치는 시기였다. 1943년 초에는 연안으로 진출해 일제와 치열하게 싸우던 윤세주 등 7명의 조선의용대 대원이 태행산太行山에서 장렬하게 전사했다는 소식이 전해졌다. 김원봉과는 피만 나누지 않았을 뿐 함께 수많은 사선을 넘던 동지들이었다. 이들의 전사소식을 들은 김원봉은 단장의 아픔을 추슬러야 했다.

　　이해 10월에는 부인 박차정이 세상을 떠났다. 15년 동안 조국해방전쟁을 함께해 온 박차정의 죽음은 비통함 그 자체였다. 박차정은 한 점 혈육도 남기지 않은 채 남편과 동지들을 남겨두고 눈을 감았다. 차리석, 손일민 등의 독립운동가들과 김구의 큰 아들 김인도 이곳에서 사망했다.

　　중경으로 본거지를 옮긴 김원봉과 박차정은 시내에서 남쪽인 남안南岸에서 살고 있었는데 민족혁명당과 조선의용대 계열에 속한 독립운동가와 그 가족 대부분도 여기에 집거하고 있었다. 박차정은 이곳에서 총상의 후유증과 관절염의 악화로 불꽃같은 짧은 삶을 마감했다.

김원봉이 김구의 주례로 최동선과 재혼한 것은 해방되던 해 1월이다. 최동선은 3.1소년단장과 조선의용대 소년단장 등을 지낸 독립운동가다. 아버지 우강은 민족혁명당 중앙감찰위원으로 부녀가 함께 독립운동에 투신하여 김원봉과는 막역한 사이였다. 최동선은 김원봉의 비서 역할을 하고 있어서 두 사람은 박차정이 사망한 뒤에 가까워졌다. 박차정이 운명할 때 최동선에게 남편을 보살펴 달라는 유언을 했다는 이야기도 전한다.

우강에게는 동선東仙이란 맏딸이 있었다. 동선은 어머니를 닮아 말쑥하고 예뻤으며 아주 총명했다. 우강의 가족들이 중경에 있을 때, 민족혁명당의 서기장이며 임시정부의 군무부장인 약산 김원봉이 상처를 당했는데, 그후 동선이가 그와 결혼하겠다고 해 큰 소동이 일어났다.

우강은 딸보다 이십년이나 연상인 약산과의 결혼을 극구 반대했으나 동선이의 결심도 만만치가 않아 결국 동선은 약산에게로 시집가게 되었다. 그후 귀국할 때 동선이가 약산과의 사이에서 난 갓난아기를 데리고 우리와 함께 선창에서 며칠인가 같이 지냈던 일이 생각난다.[27]

김원봉의 재혼은 당시 중경 교포 사회에서 큰 화제가 되었다. 의열단장 출신의 국무위원과 20대 처녀의 결혼은 화제와 시빗거리가 되기에 충분했다. 평소 김원봉을 못마땅하게 여긴 사람들은 도덕성을 들어 비난했을 것이다. 하지만 임시정부의 김구 주석이 주례를 선 것으로 보아 임시정부 지도부에서는 이들의 결혼을 축하해 주었던 것 같다.

이듬해 최동선은 아이를 낳았다. 마흔일곱 살에 첫 아들을 본 김원봉은 아이의 이름을 망명지 중경의 한자를 따서 중근 重根이라 지었다. 환국 뒤 서울의 감옥에 있을 때는 둘째아들이 태어났다. 철창에서 득남소식을 들었다 해서 아이 이름을 철근鐵根이라 지었다.

전쟁과 혁명의 소용돌이, 그 포연탄우 속에서도 인간은 사랑을 나누고 자식을 낳아 기른다. 그래서 인류가 유지되는 것이다. 김원봉은 조국광복을 눈앞에 두고 일제와 마지막 결전을 치루면서 20세 연하의 신부와 가정을 꾸려 아들을 낳았다. 그리고 이해 여름 일제의 패망소식을 듣는다.

---

27 정정화, 앞의 책, 73쪽.

제 **15** 장

광복의 깃발 들고 27년만에 환국

일본 제국주의에 대해서는 굴복을 모르는 이 비타협의 장군은 조선의 인민 앞에서는 한없이 겸허했다. 장군은 민족의 총역량을 대일항쟁에 총집중하기 위해 해외 조선 민족의 역량 결집에 온갖 노력을 경주했다. …… 김 장군의 오늘까지의 빛나는 혁명적 투쟁기록은 장군의 그 강력한 의지에서 나온 것이다. 장군은 어디까지나 의지의 사람이며 담력의 사람이며 결단의 사람이다. 구적 일본과의 30여 년에 걸친 불요불굴의 투쟁은 장군이 가진 강철 같은 의지에 의해서 된 것이다.

– 이현상, 〈혈투의 30여 성상 항일전에 일념〉

●일제 패망의 날, 중경

일제의 패망 소식은 당일 오후 임시정부가 있던 중경에도
전해졌다. 그 감격의 순간을 들어보자.

1945년 8월 15일, 날씨는 맑았다. 저녁 무렵 호외가 중
경 시가에 날렸다. 마침내 일본이 항복한 것이다. 중국 사
람들은 너나 할 것 없이 항전승리를 외쳐댔다. 환호하는
소리와 콩 볶는 듯한 소리로 시내는 들끓었다. 군인들은
폭죽을 살 수가 없어, 하늘에 대고 기관총을 마구 쏘아댔
다. 약 8년간 중국의 대일항전은, 또 처참했던 제2차 세계
대전은 일제의 항복으로 끝이 난 것이었다.

그러나 우리 한국 사람들은 두 가지 다른 표정을 보여
주었다. 그 하나는 연합군의 승리로 일제로부터 해방되었
다는 기쁜 감정과, 자신의 힘에 의한 쟁취가 아니라 연합
국 힘에 의해 일제로부터 해방된 것이라는 서운함이었다.

보다 일찍 단결하여 임시정부와 광복군을 잘 이끌어 나갔더라면 광복군이 연합군의 일원이 될 수도 있었을 것이고, 따라서 발언권도 떳떳했을 것이 아니었겠나 하는 회한과 앞으로의 상황전개에 대한 우려가 교감하였을 것이다.[1]

또 다른 현장의 증언이다.

일본의 무조건 항복은 중경시내를 광란에 가까운 축제의 분위기로 몰아갔다. 그날 밤 중경은 온통 총소리로 범벅이 되었다. 경축의 딱총소리였다. 기쁜 일이 있을 때면 으레 딱총을 쏴대는 중국인들의 풍습은 그날 밤새 유감없이 발휘되었고, 몇 날 며칠이고 그 축제의 딱총소리는 중경시내에서 떠나지 않고 계속되었다.[2]

중국 정부는 10월 24일 중경의 상청화원上清花園 대예식장에서 대한민국임시정부 요인들을 초청해 환송만찬을 베풀었다.

김구 주석을 비롯하여 김규식 부주석 등 17명의 요인이 초청되었다. 김원봉도 물론 초청되었다. 다음은 오철성 중국 국민당 중앙당 비서장의 환송 인사말이다.

━━ 1 안병무,《칠불사의 따오기》, 범우사, 1988, 155쪽.
━━ 2 정정화, 앞의 책, 233쪽.

복의復義의 유래가 큰 것은

오직 땅 덩어리가 선전旋轉하던 태초부터

천년 내려온 정의情誼는 욕치辱齒 같으며

30년 수난과 고생의 활동 끝에

밝은 새 나라는 이룩되니

옛 도읍은 기쁘게 바라볼 수 있도다

술잔 들고 사축私祝을 표하나니

오래 염려하던 만민은 소생되기 바라네[3]

    중국 국민당 정부는 대한민국임시정부 요인들의 조속한 환국을 위해 전용기 두 대를 배치했다. 특히 장개석 총통은 오 비서장에게 비행기에 탑승해 직접 상해까지 호송토록 했다. 상해에서는 상해 시장의 주선으로 환영 만찬이 열리고 교민들의 열렬한 환영대회가 윤봉길 의사의 의거 장소인 홍구 공원에서 거행되었다.

---

3 장수현張壽賢,〈해방 후 상해임시정부요원 귀국 경위〉,《한국독립운동 자료집》, 박영사, 1983, 251쪽.

제2진으로 12월 초 환국

임시정부 요인들은 미국으로부터 개인자격으로 귀국할 것을 요구받았고 군용기를 보내주겠다는 제의를 해와 상해에서 대기했다. 그로부터 3개월이 지난 11월 23일 김구 등 임시정부 요인 15명 제1진이 개인자격으로 환국했다.

김원봉은 12월 2일 제2진으로 환국 길에 올랐다. 제2진은 12월 1일 오전 상해를 떠나 김포공항에 이르렀으나 기상 불량으로 착륙하지 못하고 전북 옥구비행장에 착륙했다. 이날 함께 환국한 인사는 의정원 의장 홍진, 국무위원 조성환, 황학수, 장건상, 김경준, 성주식, 유림, 김성숙, 조경한과 각 부장 조완구(재무), 조소앙(외무), 최동오(법무), 신익희(내무) 그리고 수행원 안무생, 김준엽 등 도합 23명이었다.

김원봉 일행은 고국에서 첫 밤을 논산의 초라한 여관에서 보내고 다음날 상경했다. 여관집 주인도 일행의 신분을 알아보지 못했다고 한다. 일행은 이튿날 오후 김구 주석이 거처하

525

는 경교장에 도착해 제1진으로 환국한 요인들의 환대를 받으며 휴식을 취한 후 충무로 소재 한미호텔에 여장을 풀었다. 임시정부 요인 환국환영준비위원회에서 마련한 숙소였다.

　　약산은 근 30년 만에 귀국하는 고국산천을 대하니 감개무량하여 가슴이 미어지는 것 같았다. 이 강산, 이 국토를 되찾기 위해 얼마나 많은 동지들이 피를 토했으며 끝내 광복을 보지 못한 채 눈을 감아야 했던가.

　　1918년 9월 고국을 떠나 지금 돌아오는 것이니 꼭 27년 만의 귀국이다. 얼마나 그리웠던 조국강산이었던가.

　　비행기 머리가 황해를 지나 서서히 조국 강산이 보이자 약산은 가슴이 벅차 한 없이 흐르는 눈물을 닦으려고도 하지 않고 이제 점점 시계에 선명히 보이는 강산을 내려다보았다. 그리고 오늘의 기쁨과 감격을 같이 나누지 못하고 누워 있는 옛 동지들에게 머리를 숙여 빌었다.

　　"아! 동지들이여! 비록 눈을 감았어도 오늘의 이 감격을 같이 나누자." [4]

　　해외 망명객들이 속속 귀국하고 있었다. 이승만은 미군정의 환대를 받으며 요란스럽게 귀국했고 만주와 중국 관내, 일

━━ **4** 송건호, 《의열단》, 창작과비평사, 1985, 247쪽.

본 등지에서 유명, 무명의 수많은 사람들이 해방의 소식을 듣고 고국으로 돌아왔다.

조국해방을 위해 해외에서 풍찬노숙하며 싸워온 지사들 중 누구인들 감회가 새롭지 않을까마는 김원봉의 경우처럼 만감이 교차하고 조국광복의 의미가 값진 경우도 흔치 않았을 것이다. 수많은 동지들과 사선을 넘으며 일제와 싸웠고 그 과정에서 많은 동지를 잃었기 때문이다.

서울에 도착한 김원봉은 임시정부 군무부장 자격으로 국내동포들에게 귀국인사를 했다.

금후 정치는 인민을 행복스럽고 자유스럽게 하기에 힘쓸 것은 물론입니다. 오는 도중에 발을 벗고 남루한 의복을 입은 동포를 보니 잔혹한 일본 침략정치 하에서 얼마나 신음하였는가를 알 수 있었으며, 해외에서 자유스럽게 지내온 우리들은 오히려 편안하였다고 할 수 있습니다. 해외에서 27년간 풍상을 다 겪으며 투쟁해오던 동지가 많이 세상을 떠났고, 우리들이 환국하게 된 것은 여러 가지 감회가 착종하여 목을 메이게 합니다.[5]

지극히 겸손한 귀국 인사말이었다. 수많은 사선을 넘으며

■■■ 5 《동아일보》, 1945년 12월 3일자.

항일전선에서 싸운 사람으로서, 국내에서 신음해온 동포들에게 자신은 '오히려 편안'했다고 위로한 것이다. 귀국인사라는 의례성을 감안하더라도 그의 겸손한 품성의 일단을 엿보게 하는 대목이다.

김원봉은 환국 1년 뒤에 해방의 날을 맞았을 때의 소회를 다음과 같이 밝힌 바 있다.

나는 작년 8월 15일 그날 중경 남안에 있었다. 남안이란 곳은 중경 성 밖 강 하나를 사이에 둔 조그마한 거리로 우리 조선민족혁명당원들과 동포들이 모여 사는 곳이다.

내가 그날 오후 7시경 강을 건너 성안에 들어가니 중국인들은 항전승리 만세를 부르면서 거리거리 인산인해를 이루어 폭죽을 터뜨리고 야단들이었다. 나는 비로소 일제가 투항한 것을 알고 곧 돌아와 우리 당원과 거주 동포들을 한 자리에 모이게 하여 동맹군의 승리로 조국이 해방된 자축회를 열고 기쁨과 광복 속에 철야로 피차의 감상을 토로했다.[6]

■■■ 6 《독립신보》, 1946년 8월 11일자.

일제 패망과 조국독립의 의미

　　중국 관내의 독립운동가 대부분이 그렇듯이 김원봉도 8월 15일 일제의 패망 소식을 들었다. '일제의 패망'과 '조국의 독립'은 동전의 양면과 같은 말이지만 독립운동가들에게 일제의 패망소식은 불교 용어로 '지옥에서 부처님을 만난' 격이었다. 소수 친일파를 제외하고 조선민족 3000만 누구인들 이날 해방의 소식에 감격하지 않은 사람이 없었겠지만 해외에서 평생 동안 일제와 싸웠던 독립운동가들의 심경는 남달랐을 것이다. 조국의 독립도 독립이지만 구적 일제의 패망소식은 꿈에도 그리던 일이었다.

　　〈신채호론〉을 쓴 수주樹州 변영로卞榮魯는 단재가 애국심보다 일인에 대한 증오심이 앞섰을 것이라고 주장한 바 있다. "단재의 철천徹天하는 애국심마저 걷잡지 못하고 억누를 수 없는 감정의 발로임은 틀림없는 바, 어폐를 무릅쓰고 말하면 애국심보다 일인에 대한 증오심이 앞서는 것이었다."[7]

중경의 독립운동가들과 교민들은 며칠 동안 감격과 환희에 휩싸였다. 그것은 중국 인민들도 마찬가지였다.

그러나 김구는 일제가 항복했다는 소식을 듣고 "이 소식은 내게 회소식이라기보다는 하늘이 무너지고 땅이 꺼지는 일이었다"고 토로했다. 두 가지 이유 때문이었다. 수년 동안 애써 국내진공 준비를 해온 것이 허사로 돌아가고 말았다는 것과 연합국의 힘으로 해방이 되어 조국의 앞날이 순탄하지 않을 것이라는 점이었다. 김원봉도 같은 생각이었다.

일제를 우리의 힘으로 굴복시키지 못하고 결국 연합국의 힘으로 해방되었으며 임정의 영도 아래 무장혁명군을 조직했으나 남의 힘을 입어 조국이 해방되었다는 사실 때문에 약산의 가슴에는 견디기 어려운 감회가 덮쳐왔다. 더구나 이역만리에서 해방된 조국을 생각하며 하루 빨리 귀국하려 해도 그 자유조차 없었으니 기쁨의 감격도 순간이며 오히려 해방된 조국의 장래가 그때부터 걱정이 되었던 것이다.[8]

■■■ **7** 《수주 변영로 문집》, 한진출판사, 1981, 250쪽.
■■■ **8** 《독립》(신문), 1946년 8월 11일자, 염인호, 앞의 책, 279쪽.

김원봉은 8월 17일 중경에서 중국국민당 비서장 오철성과 만나 귀국 후 자신이 구상하는 정부수립 방안을 밝혔다. 그것은 첫째 임시정부가 주도하는 민선정부수립. 둘째 모든 독립운동단체가 공동으로 조직한 임시정부 관장 하의 선거를 통한 민선정부 조직. 셋째 과도정부 성격의 군정부 조직 등이었다.

이때까지만 해도 김원봉은 귀국 후 한국의 정치구조는 임시정부가 주도하는, 선거를 통한 민선정부의 수립을 구상하고 있었다. 그리고 환국하여 상당 기간 임시정부의 군무부장으로, 의정원 의원의 자격으로 활동했다.

이역에서 해방을 맞은 임시정부 요인들은 하루바삐 귀국을 서둘렀지만 혼란기라 항공편 마련이 쉽지 않았다. 또 임시정부의 위상과 자격문제 등으로 정파 간 논란이 일었다. 한독당 계열에서는 임시정부의 조직을 그대로 갖고 귀국하자는 의견을 내세웠고, 김원봉의 민족혁명당 측에서는 임시 정권을 인민에게 봉환하는, 이른바 '간수내각안'을 제시했다.

나는 당시 중경에 있는 임정이란 기구가 국내에 들어가 인민의 지지를 받는 혁명정권이 되지 못할 것을 예측하고 임정 국무위원회를 열어 간수내각看守內閣을 조각해 주권을 전국 인민대표 양해 하에 처리하자고 주장했다.

그것은 임정이 해외에 있어 국내 인민과 하등 연계가 없고 또 국내 인민들은 적의 압박 밑에서 혁명정권을 수립

할 수 없다고 생각했던 까닭이다.[9]

김원봉은 뒷날 회고한 대로 임시정부가 모든 기득권을 포기하고 국민의 뜻을 따를 것을 주장했다. 두 세력의 합치점을 찾지 못한 채 임시정부는 9월 3일 김구 주석의 명의로 〈국내외 동포에게 고함〉이라는 선언과 당면 정책 14개항을 발표했다.

이에 맞서 민족혁명당은 10월 10일 제9차 전당대표대회를 열어 향후 민족혁명당의 노선을 결정했다.

민족혁명당은 대회 선언문에서 ① 조국이 사실상 남의 힘에 의해 해방되었고 ② 중경 임정이 전쟁 기간 동안 민족해방운동의 영도 기구로 역할을 못했을 뿐 아니라 연합국의 승인을 받지도 못했으므로 ③ 얄타회담의 원칙에 따라 국내의 민주 당파 영수 대표회의를 소집하여 전국 통일임시연합정부를 건립해야 한다고 밝혔다.[10]

■■■ **9** 앞의 신문, 앞의 날자, 염인호, 앞의 책, 281~282쪽, 재인용.
■■■ **10** 고려대학교 아시아문제연구소 편, 《'남로당' 연구자료집 1》, 1974, 158~159쪽.

환국 순위 양보

장개석의 주선으로 임시정부 요인들은 비행기를 이용해 상해까지 올 수 있었다. 그러나 고국으로 환국하기까지는 여러 날이 소요되었고 어려움도 많았다. 1945년 11월 23일에 미군 수송기 한 대가 상해에 도착했다. 임정 요인들이 상해에 머문 지 18일 만이었다. 그런데 수송기 한 대에 탑승할 수 있는 인원은 15명 정도였기 때문에 탑승자 선정을 둘러싸고 심한 언쟁과 갈등이 일어났다.

상식적으로는 정부의 국무위원이 먼저 타야 했다. 국무위원이 전부 있어야 시급한 시기에 국내에 가서도 국무회의를 즉각 열 수 있기 때문이다. 그러나 한독당 측은 이 상식론을 부정하고 주석 김구, 부주석 김규식과 일부 국무위원 그리고 다수의 수행원이 먼저 가야한다고 고집했다. 이에 대해 다른 당파들은 즉각 반발하고 나섰다.[11]

탑승자 선정을 둘러싸고 난장판이 벌어졌다고 한다. 일부 국무위원이 김구 주석에게까지 폭언을 퍼붓자 김원봉이 나서 만류하여 간신히 수습되었다. 제1진에는 김구 주석과 김규식 부주석, 국무위원 이시영, 엄항섭 등이 탑승하고 김원봉은 제2진으로 양보했다. 이를 두고 일각에서는 먼저 귀국한 이승만과 미군정이 진보적인 김원봉과 민족혁명당 인사들이 부담스러워 의도적으로 제2진으로 배치했다고 주장한다.[12]

제2진으로 귀국한 것은 사소한 일 같지만 당시 분초를 다투던 해방정국의 회오리 속에서는 권력구조와 서열에서 치명적이었다.

1945년 11월 23일 귀국하여 경교장에 여장을 푼 김구는 기자회견(23일), 동포에 대한 귀국인사 육성방송(24일), 정당 대표자들과의 단독 개별 회견(27일), 오세창, 권동진 등 원로와의 면담(28일), 기행열(12월 1일: 임정 환국봉영회가 개최한 것으로 서울운동장에서 경교장까지 3만 명이 벌인 시위) 참가 등으로 '임정=김구' 등식을 구축하는 데 성공했다.

당시 국내 대중들은 중경 임시정부 내부 사정을 잘 알지 못했기 때문에 민혁당과 약산은 자연스럽게 가려졌다. 약산

━━ 11 염인호, 앞의 책, 294쪽.
━━ 12 로버트 T.올리버, 《이승만 비록》, 한국문화출판사, 1982, 46쪽.

은 임정 내에서 제2인자였음에도 불구하고 환국 후 국내에서
는 김구, 이승만, 김규식에 이어 제4인자로 소개되었다. 이점
에서 김구 일행의 선발을 용인한 민혁당, 특히 약산은 큰 실
수를 한 것이다. 약산을 잘 아는 사마로는 약산이 가끔 손해
보는 일을 잘 한다고 평했는데 이 일은 가장 적합한 예가 될
것이다.[13]

---

13 염인호, 앞의 책, 295쪽.

●소용돌이치는 정국의 한복판에서

　김원봉이 환국했을 때 국내 정국은 소용돌이치고 있었다. 미군정이 주도권을 행사하고 있는 가운데 국내파와 해외파, 좌파와 우파, 민족주의와 공산주의 세력이 대립 상쟁하고 있었다. 친일파들도 생존을 위해 몸부림치면서 주로 이승만과 한민당 세력에 정보와 자금을 제공했다.

　김원봉이 환국해 처음으로 대중 앞에서 자신의 포부를 알릴 수 있었던 자리는 이해 12월 8일에 열린 전국농민조합총연맹(전농)의 결성 대회장이었다. 이 자리에는 조소앙 등도 초청되었다. 다음은 김원봉의 연설 내용이다.

　　오랫동안 압박 받은 여러분에게 경의를 표한다. 인구의 절대다수인 농민을 위하여 모인 여러분에게 경의를 표한다. 여러분의 토지문제에 대해 나는 동의한다. 지금 우리의 투쟁 대상은 일제가 아니라 일제의 대리인이다. 그들을 철저히 물리치지 않으면 안 된다. 나는 군인이다. 그리고 우리의 군대는 농민의 군대다. 여러분과 같이 오줌통도 지고 김도 매고 씨도 뿌리겠다. 나는 일개의 군인으로 농민운동을 지지한다. 대표 여러분이 굳게 싸우기를 바란다.[14]

중국대륙을 누비며 일제의 간담을 서늘하게 했던 '의열단 단장'의 '사자후'로 보기에는 너무 소박한 내용의 연설이었다. 그런데 이것이 오히려 농민 대표들의 심금을 울렸다. 김원봉은 어느 연사보다 열렬한 박수를 받았다.

김원봉에게 해방정국에서는 처음으로 조선인민공화국의 군사부장이란 자리가 주어졌다. 조선건국준비위원회는 미군 진주를 이틀 앞둔 1945년 9월 6일 "미군 당국과 절충할 인민 총의의 집결체"를 세워야 한다는 이유로 1000여 명의 민중대표들을 서울 경기여고에 모아놓고 전국인민대표자대회를 열었다. 그리고 이 자리에서 '조선인민공화국'을 선포했다. 14일에는 국내외 독립운동가와 좌우익을 총망라한 중앙정부 각료 명단을 발표하고, 일본제국주의 법률의 완전폐지, 친일협력자 및 민족반역자의 토지몰수, 철도·통신·금융기관의 국유화 등을 내용으로 하는 정강과 27개조의 시정방침을 발표했다.

그러나 미군정은 조선인민공화국을 인정하지 않았으며

---

14 고려대학교 아세아문제연구소, 《'남로당' 연구자료집》 2, 138쪽.

조선총독부를 그대로 이어받아 미군정만이 38도선 이남의 유일한 정부라고 선언했다. 그리고 남한 내의 모든 정당에게 강령과 간부명단을 등록하도록 했으며 인민공화국도 하나의 정당으로 등록하도록 명령했다. 그러나 인민공화국은 이를 거부해 미군정에 의해 해체되기에 이르렀다. 인민공화국이 발표한 내각의 명단은 다음과 같다.

주석 이승만, 부주석 여운형, 국무총리 허헌, 내무부장 김구, 외무부장 김규식, 재무부장 조만식, 군사부장 김원봉, 경제부장 하필원, 농림부장 강기덕, 보건부장 이만규, 교통부장 홍남표, 보안부장 최용달, 사법부장 김병로, 문교부장 김성수, 선정부장 이관술, 체신부장 신익희, 노동부장 이위상, 서기장 이강국, 국제부장 최익한, 기획국장 정백.

이 같은 결정은 본인들의 의지와는 상관없이 여운형, 허헌, 이강국, 이관술, 최용달 등이 간여해 조직한 것으로 알려졌다. 대체로 민족진영 독립투사들의 이름을 도용한 것이다. 김원봉의 경우만 하더라도 아직 중국에 머물러 있을 때라 본인의 동의 절차도 밟지 않았다. 과정이야 어쨌든 해방 후 국내에서 처음으로 공개된 정치집단의 조각명단에 김원봉이 군부부장으로 선임된 것은 그의 위상이 어땠는지를 보여주는 대목이다.

이에 앞서 1945년 9월 8일, 인천에 상륙한 미 제24군 하지 중장 휘하의 진주군 본진은 서울역에 도착해 총독부를 비롯한 요소에 배치되었다. 다음날인 9일 하오 4시 진주연합군과 일본 측 간에 항복문서 조인식이 총독부 제1회의실에서 열렸다. 미국 측은 재조선 미군사령관 하지 중장과 미해군 대표 킹케트 대장이, 일본 측은 조선군관구사령관 카미츠키 요시오 중장, 진해만 경비사령관 야마쿠치기 사브로 중장과 조선총독 아베 대장이 열석했다.

25분간 긴장된 분위기 속에서 영문과 일문으로 된 항복문서에 일본 측이 서명함으로써 조인식은 끝났다. 이로써 만 35년 동안 한국을 강점해온 일제는 패망하고, 그 자리에 미군정이 자리 잡게 되었다. 일제는 패망했지만 조국이 해방된 것은 아니었다. 조인식 자리에서서 하지 중장은 한국민에 대해 대단히 강한 내용의 담화를 발표했다.

조선인민 제군, 본인은 여기에서 법률과 질서의 유지, 제군의 경제적 향상과 생명 재산의 보호 및 국제법에 의한 점령군의 의무를 수행할 것이다. 본인 및 본인 휘하의 관리의 명령에 절대복종하라.[15]

▬▬ **15** 최영희, 《격동의 해방 3년》, 한림대학교 아시아문화연구소, 1996, 26쪽.

이어서 맥아더 사령부는 포고 제1호로 남한에 미군정을 실시한다고 공표했다. 포고문은 38선 이남에 미군정 실시, 당분간 종래의 행정체제 유지, 점령군에 반항 행위 엄벌, 군정 기간 중 영어의 공용화 등을 천명했다.

미군정이 남한의 통치권을 행사하는 가운데 여러 갈래로 정치운동이 전개되었다. 여운형의 건국동맹이 재빨리 조직을 확대했고, 일제강점기에 모진 탄압을 받아 지하에 잠직했던 박헌영 등 조선공산당 인사들도 활기차게 부상했다. 일제에 협력했던 한민당 계열은 자신들의 취약한 명분을 '임시정부 봉대론'으로 위장하고 나섰고, 해외망명가 중에 가장 먼저 귀국한 이승만은 친일파, 악질 지주를 가리지 않는 세몰이에 분주했다. 김구 중심의 임시정부 요인들은 가장 유리한 위치에서 '임시정부'의 역할을 감당하고자 노력했다.

중국 연안에 있던 조선독립동맹(주석 김두봉, 부주석 한빈, 최창익)은 아직 귀국하지 못한 채, 현지에서 기본적 민권이 보장된 조선민주공화국을 수립하고 계급과 정파를 초월한 전민족의 총단결 등의 당면 정치주장을 천명했다.

12월 19일 임시정부 개선환영대회가 서울운동장에서 열렸다. 김구와 이승만, 임정요인들이 참석하고 김원봉도 임정요인석에 자리를 잡았다. 서울운동장에는 각 정당·단체·시민·학생 등 15만여 명의 군중이 운집했다. 해방 이후 가장 많은 군중이 모인 대회였다.

또 12월 26일에는 전국군사준비위원회 전국대회가 서울 중앙중학교 강당에서 열렸다. 김원봉은 김구, 안재홍 등과 이 대회에 참석했다. 그리고 김일성, 무정 등과 함께 명예의장으로 추대되었고 다음과 같은 요지의 연설을 했다. "국군은 친일파 민족반역자의 군대가 되지 말고 이들을 배제한 군대가 되어야 한다."[16]

━━ **16**　김남식,《남로당 연구》, 돌베개, 1984, 108쪽.

비상국민회의 탈퇴 선언

해가 바뀐 1946년 1월 9일 김원봉은 자신이 교장으로 있던 조선국군학교를 중앙육군학교로 개칭하고 사상적으로 엄정 중립을 표방했다. 연초부터 신탁통치 문제를 둘러싸고 찬·반탁 투쟁이 격렬하게 전개되고 있는 상황이었다. 5당회담이 결렬되고 1월 21일부터 열린 비상국민회의주비회도 이념적 편향성 때문에 비틀거렸다. 김원봉의 민족혁명당과 김성숙의 조선민족해방동맹은 이 회의가 우익진영으로만 형성되어 기대하는 민주통일전선을 이룰 수 없고, 오히려 민족의 분열을 격화시키고 있다는 내용의 공동성명을 발표하고 비상국민회의주비회를 탈퇴했다. 탈퇴 성명의 요지는 다음과 같다.

탈퇴선언문

좌우 양 진영의 어느 일방에 편향 혹은 가담하지 않고

엄정 중립의 태도를 취하여 양 진영의 편향을 극복하면서 단결을 실현하는 것이 가장 정확한 노선임에도 불구하고 우익으로 편향하고 있는 국세局勢에 처하게 되었다. 이번 비상회의를 소집할 때에 좌익과 하등 양해 혹은 타협이 없었다.

오직 우익 각 당파와의 양해만으로 대회를 소집하게 된 것은 임정이 우익편향화하는 가장 뚜렷한 사실이다. 이로부터 임정이 전 민족의 영도적 입장, 특히 좌우 양익에 대한 지도적 지위를 포기하게 된 것은 유감이나마 부인할 수 없는 사실이다. 우리는 먼저 임정 편향화를 지적하며 반대한다.

이번 소집된 비상정치회의주비회는 좌익 각 당파의 불참가로 우익일미右翼一味의 진영을 형성하고 있다. 이러한 회합으로서는 결코 전 민족통일전선의 결성을 목적으로 한 비상정치회의를 준비할 자격이 없을 뿐 아니라 도리어 민족의 분열을 더욱 뚜렷이 표시하는 것이기에 우리는 이 회합에서 단연 탈퇴하는 것이다.

동시에 우리 두 단체는 최근 조선공산당과 인민당에서 소집한 '민주주의민족전선' 결성주비회에 대해서 그것이 좌익의 회합이며 우익과의 하등 양해 또는 타협 없이 소집된 것이므로 이러한 좌익 일미의 진영화한 회합으로서는 결코 명실상부한 '민주주의민족전선'을 결성할 수 없다는

것을 지적한다. 이것 역시 비상정치회의와 같이 우리 민족
의 분열형태를 더욱 뚜렷이 표시하는 데 불과한 것이므로
우리 두 단체는 단연히 반대태도를 표시한다.[17]

1월 23일
조선혁명당 김원봉, 성주식
조선민족해방농맹 김성숙

━━ **17** 송건호, 《한국현대사》, 두레, 1986, 530~531쪽, 재인용.

임시정부와 결별, 민전의장 맡아

　김원봉이 해방 정국에서 보인 가장 특별한 행보는 임시정부에서 탈퇴한 일이다. 김구 중심의 임시정부 측은 모스크바 3상회의에서 신탁통치안이 결정되자 즉시 반탁의 깃발을 들고 행동을 전개했고 2월 1일에 비상국민회의를 열었다. 좌익 측이 민주주의민족전선 결성을 추진하자 미군정은 비상국민회의의 최고정무위원회를 남조선대한민국대표 민주의원으로 개편, 미군정 사령관의 자문기관으로 삼고자 했다.

　민주의원은 의장 이승만, 부의장 김구, 김규식을 선출하고 좌익계를 제외한 인사들로 조직되었다. 임시정부의 핵심 인사들이 참여한 민주의원은 사실상 미군정의 자문기구에 불과했다. 이를 둘러싸고 임시정부 안에서는 격렬한 언쟁이 벌어졌다. 김원봉 등 진보파들은 임시정부의 변질에 분노하면서 결국 임시정부를 떠났다. 김원봉은 임시정부에 참여한 지 4년여 만에 임시정부와 결별한 것이다. 이로 인해 김원봉과 그 세력은 입지가 크게 축소되었고 임시정부의 역량도 그만큼 축소, 변질되었다.

비상국민회의와 임시정부를 이탈한 김원봉은 민주주의민족전선(민전)에 참여했다. 민전은 이해 2월 15일 기독교청년회관에서 서울조선공산당, 조선인민당, 독립동맹 등의 정당과 농민, 노동단체, 부녀총동맹, 문화단체 소속 대의원 등 400여 명이 참가하여 창립되었다.

1945년 12월 모스크바 3상회의에서 한반도 신탁통치안이 결정되자 각 정당과 사회 단체들은 신탁통치 문제를 둘러싸고 찬탁과 반탁으로 대립했다. 민전은 인민당 등 좌익계 정당 및 조선공산당의 외곽단체를 총망라한 좌익통일전선체로 '모스크바 3상회의 총체적 지지'를 주장하며 친일파·민족반역자·파시스트·민족분열자 등을 배제한 민주주의민족통일체임을 선언했다. 그리고 조선의 완전 자주독립, 민주주의 공화제 실시, 파시즘 근절, 부녀해방과 남녀평등, 8시간 노동제, 토지문제의 해결 등을 행동 슬로건으로 제시했다.

민전 창립대회에서는 김원봉에게 모든 시선이 집중되었다. 비상국민회의에서 탈퇴하고 중립노선을 지키고 있다가 임시정부의 국무위원인 김성숙, 장건상, 성주식과 함께 민전에 참여함으로써 민전의 위상을 크게 높여주었기 때문이다. 임정요인 4인은 대의원들의 우뢰와 같은 박수를 받으며 입장했고 김원봉이 대표로 다음과 같은 연설을 했다.

남부 조선의 씩씩한 민중의 전사가 1당에 모여 조선 장래의 행복을 위해 토론함을 볼 때 만강의 기쁨을 금치 못하겠습니다. 우리의 지나간 2차대전에 있어서 무수한 인류의 전사가 흘린 피를 헛되이 돌려보내서는 아니 되겠습니다. 인류의 참화를 가져온 파쇼와 군국주의로 인하여 전 인류가 얼마나 희생되었습니까. 우리는 반민주주의 정치가 다시 대두하지 못하게 함으로써만 그 귀중한 피의 대가에 보답함이 되는 것입니다.

이 새 조선을 건설할 의무는 우리의 우군인 미·소뿐 아니라 우리들의 혁명전사와 이 만좌 중에 모인 우리 민중에게 있습니다. 우리는 강철과 같이 민주주의가 무엇이라는 것을 철저히 알려주도록 합시다. 지방 대표자는 많이 이 정신을 띠고 가서 지방에 널리 알려주도록 하시고 민주주의민족전선은 이것으로 만족할 것이 아니라 모든 민중단체와 전조선 3000만을 이 민주주의민족전선의 기치 하에 집합시켜야 할 것입니다. 이 회의 임무는 민주주의 정권을 수립하는 과도적 의회를 수립하는 것입니다. 민주주의는 독선적이 아닙니다. 언제든지 엄격한 자기비판을 하여 과오를 범치 말고 남북 일절을 규합하여 속히 임시 국회를 열어 강력한 우리의 통일 정부를 수립하도록 하여야 할 것입니다.[18]

    김원봉은 이날 창립대회에서 여운형, 박헌영, 허헌, 홍남표, 이강국, 백남운, 한빈, 장건상, 성주식, 김성숙 등과 15명의 의장단에 선출되었고 이어서 의장단 의장으로 선임되었다.

    김원봉은 민전의 성격을 "민주주의 정권을 수립하는 과도기적 임시의회"로 규정하고, 좌우 합작을 통한 통일정부 수립을 지향해야 한다는 소견을 밝혔다. 김원봉은 1947년 1월 민전 의장에 재선임되었다.

---

18 고려대학교 아세아문제연구소, 《'남로당' 연구자료집 2》, 238~239쪽.

28년 만의 귀향, 대대적인 환영받아

　　김원봉은 1946년 2월 하순에 꿈에도 그리던 고향을 방문했다. 2월 25일 대구에서 열린 환영식에 참석하고 다음날 고향 밀양에 도착했다. 1916년 고향을 떠났다가 이듬해 일시 귀국하고, 1918년 다시 망명한 이래 28년 만의 귀향이었다. 젊은 시절 자신을 이끌어 준 황상규의 묘소를 참배하고 밀양제일초등학교에서 열린 주민들의 환영대회에 참석, 귀향보고 연설을 했다.

　　고향주민들은 김원봉을 열렬히 환영했다. 주민들은 자기네 고향에서 대표적인 항일투사가 나온 것을 자랑스러워 했고 곧 세워질 새 나라에서 중요한 역할을 맡을 것으로 크게 기대하고 있었다. 김원봉은 부산에서 3월 1일 열린 3.1절 기념행사에 참석하는 등 바쁜 일정을 마치고 다시 귀경했다.

　　부인 최동선이 돌도 안 된 아기를 앉고 선편으로 귀국한 것은 1946년 5월이었다. 그때까지 환국하여 마땅한 거처가 없었던 김원봉은 소년시절 중국으로 떠날 때 여비를 마련해 주었던 한봉인의 후손으로부터 지원을 받았다. 한봉인의 후손은 해방 뒤 적산이었던 회사를 인수하여 경영하면서 서울 필동에 김원봉의 거처를 마련해주었다. 김원봉은 뒤늦게 귀국한 부인, 아기와 함께 한동안 이곳에서 지낼 수 있었다.

이해 10월 1일에는 대구에서 대규모 소요사태가 발생했다. '대구항쟁' '10.1항쟁' '10.1폭동' 등으로 불린 이 소요사태에서 많은 사상자가 발생했고, 이 여파는 경남·경북과 일부 호남지역으로 파급되었다. 이에 김원봉은 민전의 '10월 항쟁 조사단장'을 맡아 경상남북도 일원을 방문하여 조사활동을 벌였다. 그러나 이로 인해 10월 21일 성주식과 함께 성북경찰서에 연행·구금되었다. 그리고 이 과정에서 경찰관으로부터 폭행을 당하기도 했다.

이 무렵 김원봉을 노리는 세력도 나타났다. 해방공간의 무질서 속에서 이념과 이해관계에 따라 정적을 마구잡이로 테러하고 납치·구금하는 경우가 속출하기 시작한 것이다. 송진우가 암살되었고 곧 이어 여운형, 장덕수가 테러에 쓰러졌다.

김원봉도 공공연한 협박은 물론 암암리에 테러의 위협을 받곤 했다. 그래서 몇 곳에 거처를 마련하고 잠행하다시피 활동을 해나갔다. 1946년 봄에 미군 엘에스티LST를 타고 중국에서 입국한 민족혁명당의 젊은 당원들이 속속 김원봉의 휘하로 모여들었는데 김원봉은 그들의 경호와 경비를 받으며 테러위협에서 살아남을 수 있었다.

김원봉은 민족혁명당의 강화에 심혈을 기울였다. 임시정부도 해체되다시피 했고 좌파세력의 통합세력으로 민전이 결성되긴 했지만 오합지졸·백화제방 격이었기 때문이다. 이제까지의 꿈을 실현하기 위해서는 튼실한 자파의 정치세력을 갖는 것이 필요했다.

다행이 경남·경북지역에서는 지방의 명망가들이 속속 민족혁명당에 참여했다. 의열단원과 민족혁명당 간부·당원들 중에 이 지역 출신이 많았기 때문에 그 영향이 컸던 것이다. 민족혁명당은 부산지부와 경상남도지부를 결성한 데 이어 중앙당의 집행위원과 상무위원 그리고 중앙 각 부서의 책임자를 새로 임명했다.

서울시지부 결성대회는 12월 3일 서울 천도교 강당에서 열렸고 성주식을 위원장으로 선출했다. 이어 동래를 비롯해 군 지부들을 속속 결성했다. 당세는 점점 확장되었다.

친일경찰에 붙잡혀 수모 당해

김원봉이 구속된 것은 1947년 3월 22일경이다. 이 무렵 전국노동조합평의회의 주도로 24시간 총파업이 단행되었는데 이를 빌미로 미군정과 우익 청년단체들은 민전과 그 산하단체들을 일제히 습격했고 각 단체의 사무실은 경찰과 우익 청년단체들이 점거했다. 이 사건으로 2000여 명이 검거되었다. 김원봉도 이때 검거되어 4월 2일 군사법정에 서게 되었다.

군사법정에 선 김원봉에 대한 혐의는 포고령 위반이었다. 김원봉은 수도경찰청장 장택상의 지시로 총독부 악질 경찰 출신인 노덕술에게 피체되었다. 장택상의 부친 장승원은 경북 칠곡의 대지주였는데 군자금을 모집하던 광복회원에게 불응하다가 처단되었다. 이러한 이유로 장택상은 김원봉과 그 세력을 증오하고 있었다.

김원봉은 귀국한 후 임정계에서 이탈해 민주주의민족

전선에 가담했다가 1947년 8월에 월북했다. 그의 월북은 수도청장 장택상이, 일정 때 독립자금 모금차 국내에 들어왔던 애국단 단원 박상진에 의해 부친 장승원이 갹출 불응으로 피살된 데 대해 불만을 가지고 그를 비롯한 진보적 해외지도자들인 장건상, 김성숙 등을 수도청에 구금한 것이 직접 원인이었던 것 같다. 이에 신변의 위험을 느끼고 월북한 것 같다.[19]

중부경찰서에 구금되어 갖은 수모를 당한 뒤 집에 돌아온 김원봉은 "전 의열단원 유석현에게 가서 꼬박 3일간을 울었다"[20]고 한다.

노덕술은 일제의 대표적인 악질 경찰관이었다. 동래경찰서 고등계 형사를 거쳐 평남 소속보안과장, 통영시 사법주임, 경기도 경찰서 고등계 형사주임 등을 역임하면서 수많은 독립운동가를 붙잡아 심한 고문을 가했다. 해방이 되자 재빨리 수도청장 장택상에 빌붙어 미군정 경찰로 복직하고 수도청 수사과장으로 변신했다. 미군정 경찰이 된 노덕술은 일경 출신 경찰간부들과 항일 테러리스트 백민태를 시켜 반민특위 요원들의 암살을 준비하기도 했다.

김원봉은 일제 군경이 엄청난 현상금을 걸고 붙잡으려 했

19 송남헌, 《해방 3년사 1》, 까치, 1985, 202~203쪽.
20 송건호, 앞의 책, 252쪽.

던 항일독립운동가다. 그런 그가 해방된 조국에서 일제 고등계형사 출신 경찰과 친일파들에게 붙잡혀 철창에 갇히고, 온갖 수모와 고문을 당하게 되었으니 3일 낮과 밤을 울지 않을 수 없었을 것이다. 김원봉은 "내가 조국 해방을 위해 중국에서 일본놈과 싸울 때도 이런 수모를 당하지 않았는데 해방된 조국에서 악질 친일파 경찰 손에 수갑을 차다니, 이럴 수가 있소"[21]라며 분노를 터뜨렸다고 한다.

---

21 한상도, 앞의 글, 223쪽.

3일간 통곡, 그 눈물의 사연

　김원봉이 구속되고 수모를 당하게 된 정치적 배경에 관해
언론인 송건호는 다음과 같이 썼다.

　　중국에서의 혁혁한 항일투쟁 경력에 빛나는 김약산을
　포섭하고자 이승만은 윤치영을 시켜 수차 접촉을 시도했
　다. 그러나 일제시대의 항일노선이 전혀 달랐던 김약산으
　로서는 이승만의 포섭 공작에 응할 수 없었다. 그러자 이
　승만은 김약산을 미워하게 되었고 어느 날 김원봉은 집에
　서 일제시대의 악질 경찰간부 노덕술에 의해 수갑을 채이
　고 수도청으로 끌려가게 되었다.
　　약산은 그때 화장실에 있었는데 일을 다 끝마치지도 못
　한 채 친일역적 노덕술에게 수갑을 채여 애국광복단원에
　살해된 장모의 아들인 장택상 앞으로 끌려간 것이다. 그곳
　에서 약산은 수일간 온갖 수모를 당한 후 석방되었다.[22]

자신의 야망을 채우기 위해서가 아니라

진정으로 대중을 섬기기 위해서

울

사람들은

도대체 어디에

있단 말인가!

　　　　　　　　　　　　　　　　　　－ 표드르 크로포토킨

　김원봉은 자신의 불우보다 조국의 슬픈 현실이 더욱 가슴
아팠을 것이다. 친일파들이 독립운동가들을 잡다다 고문하는
역설이 '해방조국'의 현실이었다. 이런 기막힌 '현실'에서 아
무리 대장부라도 통곡하지 않을 수 없었을 것이다.

　조선시대의 대표적인 지식인이자 저항적인 지식인으로
불우한 삶을 산 허균은, 먼 훗날 김원봉의 통곡에 대비한 듯
선인들의 통곡에 대한 글을 남겼다.

　　대저 곡哭에도 또 도道가 있는 법이다. 대개 사람들의
　　칠정七情 가운데 쉬 움직여 감발感發하는 것으로는 슬픔만
　　한 것이 없다. 슬픔이 지극하면 반드시 곡을 하게 되어 있
　　는데, 슬픔이 있는 데에도 또 그 꼬투리가 여러 가지다. 그
　　래서 시사時事의 어찌할 수 없음에 상심하여, 통곡을 한 것

■■■ **22**　송건호, 앞의 책, 253쪽.

은 가태부賈太傅이고, 희디흰 실이 물들여져 그 본바탕을 상실해 버림을 슬퍼하여 곡을 한 것은 묵적墨翟이다. 갈림길에 다다라 그것이 동쪽으로 갈 수도 있고 서쪽으로 갈 수도 있게 되어 있음을 싫어하여 곡을 한 것은 양주楊朱이고, 가다가 길이 막다르면 곡을 한 것은 완보병阮步兵이다.

그리고 운명의 불우함을 슬퍼하여 스스로를 인간 밖에 방기하여 곡哭에다 정情을 맡긴 자는 당구唐衢이다. 이들 몇 사람은 모두 마음에 품은 바가 있어 곡을 한 것이지 이별을 서러워하고 억울함을 가져서 데데하게 아녀자의 곡을 본떠 한 것이 아니다.[23]

조선후기의 올곧은 문인 이옥李鈺(1760~1813)은 〈두 의사 차예량, 최효일〉이라는 시를 썼다. 병자호란을 겪은 차예량, 최효일 두 의사가 청나라를 쳐서 복수하자는, 칼을 치며 노래한 고사를 두고 쓴 내용이다.

장한 기개는 하늘에 연하여 쌓이고 壯氣連千苑
정수精粹한 충의는 해를 꿰뚫어 밝았었네 精忠貫日明
남아가 한 움큼 눈물을 흘림은 男兒一匊淚
오늘의 행보 때문만이 아니라네.[24] 不獨爲今行

■■■ 23 허균, 〈통곡헌기慟哭軒記〉.
■■■ 24 《이옥전집》 1.

친일파들이 활개치는 기막힌 '해방조국'

  김원봉이 구속되어 심한 모욕과 고문을 당하고 통곡을 하게 된 과정을 다소 길게 쓴 것은 이유가 있다. 일제 강점기 무장투쟁의 선구적 역할을 한 김원봉이 대표적인 악질 일제 고등계형사 출신으로 미군정경찰관으로 변신한 사람과 그들을 비호하는 세력에 의해 탄압받은 '민족모순'의 상징성 때문이다. 이 사건의 '잠재력'은 곧이어 닥칠 임시정부 주석 김구의 암살로 나타난다.

  언젠가 약산이 중부경찰서에 잡혀 들어가 왜정 때부터 악명이 높았던 노덕술盧德述로부터 모욕적인 처우를 받았다는 말을 듣고 몹시 분개했던 일이 기억난다. 평생을 조국광복에 헌신했으며 의열단의 의백義伯이었고, 민혁당의 서기장을 거쳐 임시정부의 국무위원 겸 군무부장을 지낸 사람이 악질 왜경 출신자로부터 조사를 받고 모욕을 당했다는 소리를 듣고는 세상이 아무래도 잘못되고 있다는 것을 느끼지 않을 수 없었다.

약산은 얼마 후 월북했으며, 그곳에서 민족보위상民族保衛相이 되었다는 말을 들었다. 이제 나이가 거의 구십이니 살아 있을 것 같지 않다. 사실 사상이야 어떻든지 간에 왜놈의 앞잡이가 임정의 요인을 모욕적으로 다루었다는 말을 들었을 때, 민족운동에 참여했던 사람들 모두가 분개했던 것은 어찌 할 수 없는 일이다.[25]

김원봉보다 더 기막힌 사연도 있었다. 여성 독립운동가 정정화鄭靖和(1900~1991)는 상해 대한민국임시정부에서 독립자금을 모집하기 위해 국내에 들어왔다가 일경에 피체되어 옥고를 치렀다. 6.25전쟁 때 피난가지 않고 서울에 남았다가 부역죄 혐의로 종로경찰서에 끌려가 조사를 받고 구타를 당했는데 자기를 구타한 사람이 일제 때 자기를 구속했던 바로 그 사람이었다고 한다.

1943년 합천독서회 사건으로 구속되어 1년여 동안 옥고를 치렀던 노촌老村 이구영李九榮(1920~2006)은 한국전쟁 때인 1950년 9월 북한으로 넘어갔다가 1958년 7월 남파공작을 위해 남으로 내려왔다. 그러나 접선에 실패하고 그해 9월 부산

■■■ **25** 정정화, 앞의 책, 74쪽.

에서 체포되었다. 그런데 이때 그를 체포한 형사 역시 일제시대 그를 고문했던 형사였다.

이구영은 북한에서는 김일성에게 연암 박지원 등 실학사상을 강의하기도 하고, 남쪽 감옥에서는 신영복, 심지연 등에게 한학과 서예 등을 가르치기도 했다. 그는 또 감옥에서 가전家傳되던 의병 문헌을 번역해 출소 뒤에 《호서의병사적湖西義兵事蹟》이란 책을 출간했다.

노촌 선생님의 삶은 어느 것 하나 당대의 절절한 애환이 깃들어 있지 않은 것이 없지만 그 중의 한 가지를 예로 들자면 노촌 선생님을 검거한 형사가 일제 때 노촌 선생님을 검거했던 바로 그 형사였다는 사실이지요. 참으로 역설적인 일이 아닐 수 없습니다. 친일파들이 오히려 반민특위를 역습해 해체시켰던 해방정국의 실상을 이보다 더 선명하게 보여주는 예도 없지요.[26]

일찍이 사마천은 이와 같은 천리天理와 상식을 뒤엎는 경우를 두고 〈회사부懷沙賦〉에서 이렇게 읊었다.

백이 흑으로 변하고　　變白而爲黑
　　　　　　　　　　　변 백 이 위 흑

━━ **26** 신영복, 《강의》, 돌베개, 2004, 19쪽,

상이 하로 둔갑한다　　　혜 례 상 이 위 하
兮例上而爲下

봉황은 조롱에 갇히고　　봉 황 재 노 혜
鳳凰在笯兮

계치만 하늘을 난다.　　계 치 상 무
鷄稚翔舞

또 이백李白은 〈만분사萬憤詞〉에서 다음과 같이 썼다.

가시나무를 심고 계수나무를 뽑는다　　수 주 발 주
樹楱拔柱

봉황새를 가두고 닭 따위를 귀히 여긴다　　수 봉 총 계
囚鳳寵鷄

　김원봉은 민족혁명가로서 견디기 어려운 수모를 겪으면
서도 통일정부수립을 위한 꿈을 안고 험난한 해방정국을 터
벅터벅 걷고 있었다.

● 이현상의 글, 〈혈투의 30여 성상〉

일제강점기에는 국내에서 치열하게 항일운동을 전개했고
해방 뒤에는 지리산에서 남부군을 이끌었던 이현상은 1947
년 6월 김원봉에 관해 한 편의 글을 썼다. 평소 연설은 많이
했어도 좀처럼 글을 남기지 않았던 이현상의 인물평은 이례
적이다. 당시 이현상은 43세의 나이로 해방 뒤에만 네 차례
구속되었다가 풀려난 직후였다.

인민공화당의 당수이며 민전 의장단의 의장인 김원봉
장군은 생애를 항일 구국의 혁명투쟁으로 장식해온 열혈
의 애국자요, 인민의 충실한 지도자이다. 김 장군은 적 앞
에서 타협이나 굴욕을 모르는 완강한 전사였다. 기미년 전
후 해외에 산재하던 망명 정객들이 상해에 모여 조선 독립
을 파리강화회의 등에 청원운동을 통해서 실현해 보려고
할 때 장군은 단호히 이런 타협적 운동에 반대하여 강화회

의에 출석한 일본 대표를 베어 죽여 일본 제국주의에 대한 조선 민족의 항쟁하는 태도를 널리 보여주려 했다.

그뒤 만주로 가서 의열단을 조직하여 무장단으로써 일본 제국주의의 수괴를 도살하고 일본의 통치를 혼란에 빠뜨리려 하였으니 이것이 초기에 있어 그의 비타협적 혁명적 투쟁정신을 유감없이 발휘한 것이다. 일본 제국주의를 타도함에 있어서 김 장군의 구상과 투쟁은 더욱 웅대하게 발전하였으니 강대한 군대를 조직하여 원수 일본과의 당당한 결전으로부터의 해방을 촉진하려 하였다. 이에 일본 제국주의를 공동의 주적으로 하는 조선과 중국 양 민족은 항일 연합전선을 가져야 한다는 지론과 신념 밑에서 조선 의용대를 조직하여 그를 따르는 동지와 종횡무진한 전략 전술로서 여러 전쟁터에서 창연한 전공을 세워 일제에 대한 조선 민족의 원한을 마음껏 설욕하였을 뿐 아니라 일제로 하여금 패전의 원인을 가져오는 커다란 타격을 주었던 것이다. 일본 제국주의에 대해서는 굴복을 모르는 이 비타협의 장군은 조선의 인민 앞에서는 한없이 겸허하였다. 장군은 민족의 총역량을 대일항쟁에 총집중하기 위해 해외 조선민족의 역량 결집에 온갖 노력을 경주하였다.

그리하여 항일전선통일연맹, 민족전선통일연맹 등을 형성하는 데 성공하였으며 김 장군의 혁명사업을 방해하기에만 열중하던 완고한 반동 정객들의 집단인 임정에까지 참가하여 그들을 옳은 정치적 방향으로 끌어가려고 노력하였던 것이다. 김 장군의 비타협적인 투쟁정신은 언제나 무원칙적, 무조건적인 것은 용인할 수 없었다. 특히 임정 완고파들의 소위 법통 고집과 반민주적 경향만은 도저히 그대로 묵과할 수 없었다. 여기서 김 장군은 이들 완고파와 단호히 손을 끊고 인민의 편에 참가한 뒤 싸우는 인민을 독려하여 장군의 그 비타협적인 투쟁정신을 더욱 빛나게 하고 있는 것이다.

김 장군의 오늘까지의 빛나는 혁명적 투쟁 기록은 장군의 그 강력한 의지에서 나온 것이다. 장군은 어디까지나 의지의 사람이며 담력의 사람이며 결단의 사람이다. 구적 일본과의 삼십여 년에 걸친 불요불굴의 투쟁은 장군이 가진 강철 같은 의지에 의해서 된 것이다. 장군의 의지는 이러한 항일구국의 투쟁 속에서 더욱 굳어지고 다져졌으니 이제 이러한 투쟁의 역사를 가지고 있는 장군의 앞날은 어떤 난국이 있더라도 그것을 막아낼 힘은 없는 것이다.

오늘 장군은 조선 인민의 충실한 지도자로서, 민주 진영의 중요한 전사로서 꾸준히 싸우고 있다. 오늘 조선 인민은 장군에 대해 크나큰 기대를 가지고 있다. 이 기대와 아울러 장군의 앞날은 더욱 찬란할 것이다.[27]

▬ 27 남로당 기관지, 《노력인민》, 1947년 6월 25자, 안재성, 《이현상 평전》, 실천문학사, 2007, 210~213쪽, 재인용.

제 **16** 장

단정 반대와 월북 그리고 의문의 죽음

선생은 언제나 시대와 함께 민중과 더불어
있어 왔다. 앞으로도 그러할 것이다. 그는 결코 한층 높은
곳에 서서 민중을 지휘하고 명령하고 질타하는
세소위世所謂 '지도자' 가 아니다. 선생은 민중 속에
파고들어 항시 민중과 함께 생각하고 또 행동하는 사람이다.
그는 결코 남의 위에 서려 하지 않는다. 다만 민중이
선생에게 그러기를 원하므로 한 걸음 앞설 뿐이다.

– 박태원, 《약산과 의열단》

일관된 통일정부수립 노선

해방공간에서 수많은 인물과 정파가 이념과 인맥, 노선에 따라 대립하고 암투·상쟁을 벌였다. 각자 내세운 정견과 정책이 상치되는 부분도 있었지만 유사한 부분도 많았다. 그러나 확연하게 다른 부분이 있었다. 바로 신탁통치에 대한 노선이다.

김원봉은 통일정부수립이라는 일관된 노선을 이어가며 반탁을 주장했는데 독립운동가의 입장에서 외세의 신탁통치 주장을 수용할 수는 없었을 것이다. 어떻게 해서 얻은 독립인데 또 다시 외세에게 국가의 통치권을 맡길 수 있었겠는가.

그러나 김원봉은 반탁에서 찬탁으로 노선을 수정한다. 이는 당시 정세의 변화에 기인한다. 미군정이 통치권을 행사하는 가운데 이승만은 1946년 6월 3일 정읍에서 남한만의 단독정부 수립을 공식적으로 제기하고 나섰다. 미국과 이승만 세력이 분단정부 수립 쪽으로 정책방향을 정한 것이다. 상황이 이렇게 되자 지금까지 반탁노선이었던 일부 정파가 찬탁 쪽으로 선회했다.

이승만의 '정읍발언'은 해방정국의 갈림길에서 하나의 분수령이었다. 이를 계기로 좌우합작운동이 거세게 제기되었다. 일부 우파와 중도좌파 세력은 이승만을 중심으로 하는 일부 우익 세력의 단독정부 수립계획을 저지하기 위해 좌우합작운동을 전개했다. 미군정은 초기에 모스크바 3상회의의 결정에 따라 반탁을 주장하는 극우세력을 배제하고 중간파를 중심으로 미국에 우호적인 정부를 세우려는 구상 하에 좌우합작운동을 지원했다. 그러나 미국의 한반도 정책은 남한만의 단독정부 수립 쪽으로 전환되었고 좌우합작운동은 시련에 부딪히게 되었다. 김원봉은 이승만의 정읍발언을 비판하면서 좌우합작·통일정부수립의 의지를 분명히 했다. 특히 합작운동에 앞장서고 있는 김규식과 자주 만나 이를 지원했다.

민족혁명당은 1947년 6월에 열린 제10차 전당대회에서 당명을 인민공화당으로 고치고 신탁통치 지지라는 정치노선을 확정했다. 김원봉은 당대표직을 맡았다. 인민공화당의 주요 정치노선은 각지 인민조직위원회 조직을 통한 임시정부 수립, 토지의 무상몰수·무상분배, 노동자·농민에 대한 선전활동 강화, 민전에 대한 지지 등이었다.

이해 7월 19일 해방정국의 주역 중의 한 사람인 여운형이 암살되는 사건이 일어났다. 이에 민전의장인 김원봉은 추도사를 신문에 게재하고 그를 추모했다. 김원봉은 "정치적 주장이

다르다 하여 그것을 구실삼아 자기 민족의 지도자를 학살하는 이런 죄악은 천추에 용서받지 못할 것이다. 그의 죽음은 민족국가의 부흥발전에 큰 상처를 남기는 일"[1]이라고 애통해 했다.

김원봉은 8월 3일 거행된 여운형의 인민장 장례위원장을 맡아 장례식을 주관했다. 여운형의 장례식 행사는 김원봉이 남한에서 활동한 마지막 공개행사가 되었다. 8월 26일 미국 대통령 트루먼의 특사로 서울에 온 웨드마이어 중장 일행이 남한 정치지도자들을 면담하면서 김원봉에게도 면담을 제의했지만 신변의 위협과 더 이상 미국에 기대할 것이 없다는 이유로 김원봉은 면담을 거부했다.

이 무렵 미군정 경찰은 김원봉을 붙잡기 위해 혈안이 되어 있었고 8월 12일 새벽 4시에 김원봉의 집에 들이닥쳤다. 그러나 김원봉은 이미 피신하고 없었다.[2] 경찰은 김원봉을 비롯한 좌파계열 인사들에게 8월 15일 기념대회를 가장해 폭동을 일으켜 공산당정권을 수립하려 한다는 혐의를 씌웠다. 그러나 "쇠퇴 일로에 있던 남로당이 일시에 공산당 정권을 세우려 했는지에 대해서는 의문이며 실제 이 음모와 관련하여 체포된 좌익 거물급 인물들은 대부분 석방되었다"[3]는 기록으로 보아 '공산당정권 수립' 주장은 별로 신빙성이 없어 보인다.

---

1 《광명일보》, 1947년 7월 25일자.
2 앞의 신문, 1947년 8월 13일자.
3 오제도, 《사상검사의 수기》, 1957, 창신문화사, 96~97쪽. 염인호, 앞의 책, 365쪽.

●테러위협으로 인한 긴장된 생활

이 무렵 김원봉은 대단히 긴장된 상태에서 활동했다.

약산의 긴장된 나날을 시사해주는 기록이 있다. 앞에서 말한 《시카고선》지의 마크게인이 1946년 10월 "먼지 투성이의 도로와 불결한 골목을 지나 한 이층 건물(민혁당 건물인 듯−인용자)"을 찾아갔을 때 약산은 "얼룩이 져 있는 흰 벽에 어떤 장식도 없는 넓은 이층 방"에서 허헌 등과 함께 회의 중이었다. 기자의 첫눈에도 "준엄한 얼굴 그리고 놀랍도록 튼튼한 목과 어깨를 가진" 모습의 약산은 자신을 '직업혁명가'로 소개했다. 이날 면담에서 약산은 "자기의 은신처를 떠난 사람은 누구나 발각되는 대로 체포"하는 미군정의 좌파진영에 대한 탄압정책을 지적했다.[4]

━━ 4 한상도, 앞의 글, 223쪽.

김원봉은 남쪽에서 거의 설 땅이 없었다. 해가 바뀌어 1948년이 되면서 정국은 더욱 급물살을 탔다. 해방 3년차를 맞은 정국의 주요 흐름을 살펴보자.

　1월 7일, 유엔한국임시위원단이 입국했고 한 달 뒤에는 단정 반대와 유엔한국임시위원단을 거부하는 총파업과 시위가 발생했다. 2월 10일에는 김구가 단정수립에 반대하여 〈삼천만 동포에게 읍고함〉이라는 성명을 발표했고 남북협상을 제기했다. 이에 따라 김구와 김규식이 북측의 김일성, 김두봉에게 남북요인 회담을 제의하는 한편, 유엔한국위원단에 남북협상방안을 제시했다. 김구의 〈삼천만 동포에게 읍고함〉이란 성명은 남한 단독정부 수립을 반대하는 내용을 담고 있었다.

　남한 인사들의 요인회담 제의에 북한 측은 남북 정당사회단체 대표자 연석회의 개최를 제의했다. 그러나 미군정청과 남한 일부 우익단체들은 김구 일행의 북행을 반대하는 시위를 벌였다.

　2월 19일 유엔한국위원회 제2분과위원회는 하지 중장에게 허헌, 김원봉, 백용희 등이 자유롭게 회견할 수 있도록 이들의 신변보장을 요구했다. 그러자 하지는 공보 제31호를 통해 남한폭동 선동죄로 수배 중인 허헌에 대해 28일까지 체포를 보류했고 김원봉 등은 체포령을 내릴 의도가 없다고 밝혔다.

　그러나 하지의 이와 같은 공개 성명에도 불구하고 좌익계열 지도자들은 여전히 위협을 느껴야 했고 공개장소에 쉽게 나서지 못했다. 이러한 상황에서 이승만과 한민당 등 분단세력은 단독정부 수립을 기정사실화하고 총선거 준비를 서두르고 있었다. 제주에서는 이에 반대하는 대대적인 제주 4.3항쟁이 발발했는데, 이후 계속된 4.3항쟁 과정에서 무고한 도민 3~5만 명이 희생되었다.

●4월 9일 북한으로 가다

김원봉은 남한의 단독정부 수립이 기정사실화되고 신변에 대한 위협이 가중되면서 월북을 결심한다. 그리고 1948년 4월 9일 가족과 함께 38선을 넘었다. 이때까지만 해도 38선을 넘나드는 것이 비교적 자유스러웠기 때문에 월북에 별다른 장애는 없었던 것 같다. 미군정 경찰의 감시만 피하면 됐다. 그의 월북에는 가족 외에도 인민공화당 간부 몇 명이 따랐다.

김원봉의 조카 김태조의 증언에 따르면 경찰의 감시망을 피해 머리를 삭발한 상태에서 운전사를 대동하고 월북한 것으로 알려진다. 김원봉이 월북하게 되기까지 주요 국내 정세 변화를 살펴보자.

북측에서는 3월 25일 북조선민주주의통일전선 중앙위원회 이름으로 유엔의 결정과 남조선의 단독정부 수립을 반대하고, 조선의 통일적 자주독립을 위해 전조선정당사회단체 대표자 연석회의를 4월 14일부터 평양에서 열자고 방송을 통해 제안해왔다. 이 방송이 나온 이틀 뒤에는 김일성과 김두봉이 연서로 김구와 김규식에게 서한을 보냈다. 평양에서 미·소양군 철수, 분단정부수립 반대 등을 거국적으로 논의하자는 내용이었다.

또 연석회의에 참가할 사람으로 남조선에서는 김구, 김규식, 조소앙, 홍명희, 백남운, 김봉준, 김일청, 이극로, 박헌영, 허헌, 김원봉, 허성택, 유영준, 송을수, 김창준을 북조선에서는 김일성, 김두봉, 최용건, 김달현, 박정애 외 5명을 거명했다.[5]

이 제의를 둘러싸고 우여곡절을 거친 끝에 4월 19일부터 23일까지 평양 모란봉 극장에서 남북한 제정당사회단체 대표자연석회의가 열렸다. 이 자리에는 16개 정당과 40개의 사회단체 대표 545명이 참가했다. 인민공화당에서도 김원봉을 비롯해 16명의 대표가 참가했다. 첫날 회의에서는 김원봉을 포함한 김구, 조소앙, 조완구, 김일성, 김두봉, 허헌, 박헌영 등 28명이 주석단으로 선출되었다. 그리고 남북 6개의 주요 정당 대표가 축사를 했다. 김원봉도 인민공화당을 대표해서 축사를 했고, 그의 연설은 장내 이목을 집중시켰다. 김원봉은 해방 2년이 지나도록 남북정치지도자들이 한자리에 모여 조국의 운명을 토론하지 못한 것을 자책하면서 연석회의의 중요성을 강조했다. 이어서 "금일 조국이 미증유의 난국에 직

---

5 《새한민보》, 1948년 4월 하순호.

면하게 된 것은 미제국주의자들의 침략적 정책에 기인된 것이다. 그들은 모스크바 삼상회의 결정을 파탄시켰으며 양군 동시 철퇴에 관한 소련의 제안까지 거부하고 조선문제를 불법적으로 유엔총회에 상정시켜 조선인 대표도 초청하지 않고 조선에 관한 부당한 결정을 채택했으며 유엔위원단이라는 것을 파견하여 남조선을 미국의 식민지로 만들려 한다"[6]고 미국의 성책을 신랄하게 비판했다.

마지막 날 김원봉은 직접 사회를 맡아 회의를 진행했다. 이날 회의에서는 북한 전 여성의 이름으로 여성대표가 축사를 했고 이어 홍명희가 남조선 정치정세에 관한 결정서를 낭독했다. 그리고 〈조선 정치정세에 관한 결정서〉 〈전조선 동포에 격함〉 〈미·소 양국 정부에 보내는 요청서〉 등을 만장일치로 채택, 이극로가 낭독하고 참석한 정당, 사회단체 대표들이 서명했다. 김원봉의 솜씨 있는 사회가 만장일치를 이끌어 내는 데 일역을 했다.

연석회의는 앞서 소개한 대로 16개의 정당과 40개의 사회단체 대표 545명이 참가한 큰 대회였다. 일종의 군중대회와 비슷한 집회인 것이다. 이와 같은 집회이다 보니 그 후의 사태에 대한 대비책과 실행방안 등을 세우지 못한 채 폐회함으로써 민족의 진로를 결정하는 역량을 모으지 못하고 말았다.

---

6 국사편찬위원회 편, 《북한관계 자료집》 6, 1988, 66쪽.

또다른 측면에서 북조선 당국이 남조선의 단독정부 수립을 반대한다는 명분 아래 북한정권 수립을 위한 정통성을 만들려는 정치적 술수에서 남북연석회의를 이용했다는 주장도 설득력이 있다.

대회가 끝난 뒤 김원봉은 인민공화당의 주요 간부들과 북한에 그대로 체류하게 되었다. 김구, 김규식 등 우파계열 인사들은 남한으로 귀환했고 홍명희, 이극로 등 중간파와 좌파계열 인사 대부분은 북한에 남았다.

월북 동기와 배경

김원봉의 월북 또는 북한체류와 관련해 몇 가지 이유가 제시된다.

첫째, 신변의 위협이다. 거듭되는 백색테러의 위협에 불안을 느끼게 된 것이다. 이미 몇 곳에 비밀 은신처를 마련하고 수시로 옮겨다니면서 활동했지만 경찰의 감시망과 테러에 대한 위협은 날로 가중되었다.

둘째, 정치상황의 변화다. 미국이 단독선거를 통해 남한에 친미정권을 세우려는 정책이 확고해지면서 중간·좌파 세력의 정치적 입지가 없어졌다. 김원봉은 더 이상 남한에서 정치적 활동공간을 확보하기가 어려웠을 것이다.

셋째, 1947년 8월 12일 새벽 미군정 경찰이 서울 수표동 소재 김원봉의 자택을 수색하는 등, 우익 백색테러와 함께 군정경찰에 의한 검거 위협이 가해지고 있었다. 이때 체포령도 내려졌다.

넷째, 비슷한 시기에 남로당과 민전 산하단체에 대한 폐쇄 조치와 대대적인 검거 선풍이 일어났다. 허헌을 비롯하여 좌파인물 10인에 대한 검거령이 내려졌다.

다섯째, 당시 북한에는 김원봉의 예전 동지들인 연안파 인물들이 정치적 기반을 잡고 있었다. 이들과는 비록 중국공산당 측의 분리정책으로 연안과 중경으로 갈라지기는 했지만 동지적 유대감은 바뀌지 않았다. 남한에서 정치적 공간을 잃어가던 상황에서 연안파 인물들이 건재한 북한을 택했을 가능성이다.

여섯째, 북한정권에서 실세로 활동 중인 최용건과의 관련설이다. 최용건은 운남강무학교를 졸업하고 황포군관학교 교관을 거쳐 광주봉기에 참여했다. 황포군관학교 시절에 김원봉과 교류가 있었을 것이다. 이후 최용건은 동북항일연군의 지휘관으로 일제와 싸웠다. 최용건은 북한 정권이 수립되면서 부수상 겸 민족보위상을 맡는 등 2인자의 위치에 있었다. 이런 최용건과의 관계가 김원봉이 북한을 택하게 되는 데 일정한 영향을 미쳤을 수 있다.

학병으로 끌려갔다가 해방을 맞아 상해에서 약산과 첫 대면한 뒤 귀국하여 약 6개월 동안 약산을 가까이에서 지켜보았던 황용주(전MBC 사장)는 김원봉의 북행 원인을 다음과 같이 추측했다. "약산은 결코 마르크스주의자가 아니었다. 또 그는 김일성의 항일투쟁을 전혀 인정하지 않는다는 말을 하곤 했다. 그러나 이 같은 성향의 약산이 북행한 것은 민전이 흐지부지되고 좌우합작이 실패한 데 대한 실망에다 자기를 따르던 단원들이 거의 북쪽으로 돌아서버린 점에 따른 동요 등이 복합적으로 작용했던 것으로 보인다. 여러 가지 어려운 국내 정황 속에서 취할 수 있었던 불가피한 선택이었던 것 같다."[7]

김원봉의 월북은 이상에서 열거한 여러 가지 이유가 복합직으로 작용했을 것이다. 중경시절 김원봉의 비서였던 사마로는 자서전에서 "북한으로 가지 마라"고 자신이 상해에서 보낸 서한에 대해 김원봉은 "북한은 그리 가고 싶지 않은 곳이지만 남한의 정세가 매우 나쁘고 심지어 나를 위협하여 살 수가 없어 시골로 거처를 옮겼다"고 답신했다고 밝혔다. 그리고 이러한 정황으로 볼 때 '신변위협'이 북행의 가장 큰 이유였던 것 같다고 기록했다.

유석현, 김승곤 등 의열단 출신과 독립운동가 이강훈 등도 한결 같이 미군정 경찰에 의한 신변위협을 김원봉의 월북동기로 꼽았다. 김규식의 비서로 북한에서 열린 연석회의에도 참가한 송남헌 역시 "(장택상이 그의 부친 문제로) 불만을 가지고 그를 비롯한 진보적 해외지도자들인 장건상, 김성숙 등을 수도청에 구금한 것이 직접 원인이었던 것 같다. 이에 신변의 위험을 느끼고 월북한 것 같다"[8]고 했는데 이러한 사실

▬ 7   김종구, 《발굴 한국현대사 인물 3》, 한겨레신문사, 1992, 168쪽.
▬ 8   염인호, 앞의 책, 412쪽.

은 김원봉이 신변의 위협으로 월북했다는 주장에 설득력을
더한다. 그러나 이와 달리 약산 개인의 동기가 아니라 민전의
입장에서 살펴야 한다는 주장도 있다.

그는 민전 의장이라는 좌익 최고위급 간부의 한사람으
로서 적어도 1947년 8.15까지는 공위 재개 및 성사를 위
한 대중투쟁을 가장 앞장서서 이끌었던 사람이다. 미소공
위 결렬 후 민전은 남한단독정부 수립 반대투쟁에 온 힘
을 기울이게 되고 이때 민전은 남한의 좌익, 나아가 중간
파 세력과 북한의 좌익을 엮는 일에 매진하게 되었으며
그 성과가 남북협상회의였던 것이다. 그러나 민전은 남한
에 단독정부가 수립되면 북한정부에 참여한다는 방침도
아울러 갖고 있었던 것으로 보이며 약산은 이 같은 민전
의 노선을 충실히 따랐고 북한잔류도 그 같은 관점에서
봐야 할 것이다.[9]

여러 가지 상황을 종합하고 증언을 취합해볼 때 김원봉은
결코 공산주의자가 아니었다. 그는 모든 이데올로기의 장점
을 가미하는, 민주사회주의를 추구했다. 이것은 북한에서도
일관되게 추구한 이념체계였다.

━━ **9** 앞의 책, 414쪽.

건국에 참여하는 문제가 나왔을 때 김원봉이 분명히 얘기했습니다. 자기는 김규식과 같이 민족혁명당을 그대로 고집하여, 아니 고집하는 것이 아니라 그대로 밀고 나갈 것인데 민족혁명당은 하나의 부르주아 민주주의 노선과 마찬가지기 때문에 사회민주주의랄까 공산당하고는 선을 긋는다고 했습니다. 또 지금 공산당식, 공산당이념과 이 대민관계를 가지고 우리를 다 포섭할 수 없으니까 민주주의를 가미한 사회민주주의, 또 민족주의와 민주주의, 마르크시즘의 모든 장점을 조금씩 딴 것이 되어야 하며 우리 민족혁명당은 앞으로 그렇게 나갈 것이고, 한국에 나가면 물론 박헌영과도 손을 잡지만 이쪽 한민당은 빼고 여운형, 안재홍 정도로 해서 연계할 것이라고 분명히 얘기했습니다.[10]

10 황용주 증언록, 〈비판적 지식인에서 현실 참여자로〉,《격동기 지식인의 세 가지 삶의 모습》, 정신문화연구원 현대사 연구소, 1998, 107쪽.

북한정권 수립에 기여, 국가검열상 취임

월북한 김원봉은 앞에서 살펴본 대로 남북연석회의에 참석한 뒤 그대로 북한에 주저앉았다. 인민공화당의 주요 간부들 상당수도 북한에 체류했다. 예정대로 남한에서는 5.10총선거를 통해 제헌의회가 구성되었고 8월 15일 대한민국정부가 수립되었다. 북한에서도 9월 9일 조선민주주의인민공화국을 수립하여 내외에 선포했다.

북한에서는 8월 21일부터 3일 동안 해주에서 이른바 남조선인민대표자 회의를 열어 최고인민회의 남한측 대의원 360명을 선출했다. 김원봉은 남조선인민대표자회의에서 박헌영, 홍명희, 허헌, 이영과 함께 주석단의 1인으로 선임되어 회의를 주제했다. 인민공화당 출신으로 한지성, 성주식, 윤장우 등 20명도 대의원에 선출되어 김원봉과 인민공화당은 북한정권에서 일정한 지분을 갖게 되었다.

조선민주주의인민공화국은 수상 김일성, 부수상 박헌영,

김책, 홍명희, 내무상 박일우, 외상 박헌영, 민족보위상 최용건, 국가계획위원장 정준택 등을 선임하고 김원봉은 국가검열상에 임명되었다. 국가검열상은 군사행정을 전문적으로 관할하는 직책이었다. 임시정부 군무부장과 광복군부사령관 등을 역임한 전력이 배려된 듯하다. 망명 시절의 옛 부하들이 북한 인민군에서 실세로 자리 잡고 있었던 것도 국가검열상 선임에 작용했을 것이다.

남한에서는 대한민국정부가 수립되어 유엔과 미국·영국 등 자본주의 국가들의 승인을 받았고, 북한에서는 조선민주주의인민공화국이 수립되어 소련을 비롯한 공산권국가들의 승인을 받았다. 이로써 남과 북에 각각 적대적인 정부가 들어섬으로써 한반도는 분단되었고 6.25 한국전쟁의 불씨가 잉태되었다.

남한의 단정수립을 반대하며 월북한 김원봉이 북쪽에서 북한정권수립에 참여하고 국가검열상의 요직에 선임되어 각료의 일원이 된 것은 '자기모순'처럼 보일수도 있다. 비록 남한에서 테러의 위협을 받고 정치적 입지가 축소되는 상황이기는 했지만 여타 통일정부수립론자들이나 중도파 지도자들의 행위와는 다른 처신이었다. 여기에는 어느 정도의 이념적 지향성 그리고 조선의용대 출신들과 연결된 옛 인맥관계가 상당히 작용했던 것 같다.

합동통신 편집부장으로 남북협상회의를 취재했던 설국환

은 평양 김원봉의 집을 방문해 "공산당 선전도구가 되어서는 안 된다. 차라리 은퇴하라"는 충고를 했다고 한다. 그러자 김원봉은 이 충고를 긍정적으로 받아들이면서도 "그러나 정치한다는 사람은 때로는 자기의 뜻대로 못할 때가 있는 것"이라고 심경을 피력했다고 한다. 그리고 이 점은 남북노동당과 인민공화당의 입장 차이가 있음을 시사하는 것으로 볼 수 있다고[10] 증언했다.

조국의 독립과 통일정부 수립에 평생을 바쳐온 김원봉은 연고지이자 항일투쟁을 함께해온 많은 동지들이 있는 남한을 떠나 북쪽으로 가는 과정에서 인간적 고뇌와 갈등이 적지 않았을 것이다. 또 남한에서 정치적 실권을 행사한 미국과, 여기에 부화뇌동하는 이승만 세력에 대한 실망과 증오도 무척 컸을 것이다. 김원봉은 독립운동과정에서 이승만의 노선에 대해 줄곧 비판적 입장이었기 때문에 이승만이 주도하는 남한의 단독정부 수립에 반대할 수밖에 없는 상황이었다.

월북한 김원봉은 초기 북한정권 수립 과정에서 상당한 역할을 했다. 그 가운데 하나는 남북으로 갈라진 민전을 조국통일민주주의전선(조국전선)이라는 단일기구로 통합한 것이다. 조국전선 통합대회에서 김원봉은 김일성, 김두봉, 허헌 등과 함께 중앙상무위원으로 선출되었다.

---

10 조규하 외,《남북의 대화》, 동아일보사, 1974, 408쪽.

반면 남한에 잔류한 인민공화당 세력은 김원봉과 일부 간부들의 월북으로 당세가 약해진 데다 이승만 정부의 심한 탄압으로 어려운 상황에 처해 있었다. 이러한 어려움 속에서도 김원봉은 1948년 2월 초 핵심당원들을 북한에 있는 강동정치학원에 입교시켰다. 그리고 이념교육과 향후 활동지침을 하달했다. 김원봉은 이 자리에서 당재건운동을 전개할 것 등을 지시했고 이에 따라 인민공화당 활동이 활빌했던 경남 일부 지역에서는 당원들이 무장유격투쟁을 벌이기도 했다.

하지만 남한에서 인민공화당의 활동은 6.25 한국전쟁으로 종료되었고 당원들 상당수가 투옥되거나 희생되었다. 김원봉의 가족도 이때 참혹한 희생을 치렀다. 9남 2녀의 형제 중 친동생 4명과 사촌동생 5명이 보도연맹 사건으로 죽음을 당했고[11] 아버지 김주익은 외딴 곳에 유폐되었다가 굶어 죽었다. 사촌들도 체포되어 오랫동안 수용소 생활을 했다.[12]

___

11 김종구, 앞의 책, 169쪽.
12 염인호, 앞의 책, 387쪽.

월북, 남북 독립운동가들과 만나

6.25 한국전쟁은 김원봉의 신상에도 많은 변화를 가져왔다. 우선 박헌영, 이승엽, 조일명, 임화, 이강국 등 남로당계열 핵심인사들이 1952년 12월 미제국주의 간첩행위 혐의로 처형되었다. 이들은 북한정권 수립에 크게 기여했지만 6.25전쟁 때 이른바 '남한혁명'이 예상보다 훨씬 미치지 못했다는 이유로 숙청된 것이다. 죄목이 엉뚱하게 '미제의 간첩'이었다. 김원봉은 박헌영 계열이 숙청되기 전인 1952년 5월 국가검열상에서 해임되었기 때문에 남로당 출신의 숙청과는 무관한 것으로 보인다.

6.25전쟁 전후로 많은 독립운동가 출신들이 월북하거나 또는 납북되어 평양으로 갔다. 북한정부는 암호명 '모시기작전'으로 독립운동가들과 명망 있는 인사, 친일파 거두들까지 북한으로 '모서'갔다. 남북 또는 월북한 인사는 김규식, 조소앙, 엄항섭, 김약수, 조완구, 최동오, 윤기섭, 박건웅, 유동열

등의 해외 독립운동가와 국내에서 민족운동을 전개한 홍명희, 안재홍, 이극로, 정인보, 백남훈 그리고 이승만 정권의 요인 김효식, 백관수, 명제세, 국회의원 노일환, 김장열, 조헌영, 친일거두 이광수, 최린 등이었다.

북한정부는 전쟁이 끝난 뒤 주요 납북자들에게 어느 정도의 배려를 했던 것 같다. 정권의 정통성을 유지하는 데 그리고 통일전선운동과 대남평화공세를 전개하는 데 이들이 활용가치가 있다고 인식했기 때문이다. 그래서 북한정부는 김일성 수상과의 면담을 주선했다.

납북 독립운동가들이 김일성과 면담할 때는 반드시 김원봉이 배석했는데 그가 북한노동당과 독립운동가들을 가장 쉽게 매개할 수 있는 존재였기 때문이다. 김원봉은 김일성이나 재북 독립운동가 누구라도 함부로 대할 수 없는 항일투쟁의 혁혁한 위광을 갖고 있었다.

김원봉은 1952년 5월 국가검열상에서 해임되고 그해 7월 노동상에 임명되었다. 이해 12월 북한당국은 '종파분자들에 대한 투쟁'을 선언하고 박헌영, 이승엽, 조일명, 임화, 이강국, 배철, 백형복, 조용복, 맹종호, 설정식 등 남로당계열 핵심인사들을 '미제국주의자들을 위한 간첩행위'를 했다는 이유로 처형했다.

이때까지만 해도 김원봉은 북한에서 건재한 모습을 보였다. 국가검열상에서 다소 한직인 노동상으로 바뀌긴 했지만 여전히 국무위원의 자리에 있었고, 김일성이 납북독립운동 요인들과 만날 때는 배석해 매개역할을 했다.

김원봉이 평양에서 처음으로 남북 독립운동가들을 만나게 된 정황을 신경환(가명, 북한 전 조국전선 부국장)의 증언을 통해 정리하면 다음과 같다.

1953년 11월 어느 날, 강계에서 집단생활을 하고 있던 납북 요인들은 평양으로 초대되었다. 이들은 최고인민회의 상임위원회 청사접견실에서 김일성이 나오기를 기다리고 있었다.

"아이고, 오래간만입니다."

문을 열고 들어오면서 인사하는 사람은 김일성이 아니라 최고인민회의 상임위원장 김두봉이었다. 그 뒤로 내각 부수상 홍명희, 박금철도 따라 들어오면서 인사했다.

"얼마나 고생이 많으셨습니까. 한 번 만나뵌다는 것이 이렇게 늦어 미안하게 되었소."

홍명희는 일행의 손을 오래도록 잡고 사과했다.

"1948년 4월 남북협상 때 만나보고 이번이 처음이 아닌가요? 반갑습니다."

김두봉도 지난날을 돌이키며 이제야 보게 된 것을 사과했다.

그들은 안재홍을 비롯한 요인 일행의 이름을 일일이

거명해가면서 안부를 묻고 "다 같이 만나봤으면 좋겠습니다."라면서 위로의 말까지 곁들였다.

서로 인사말을 주고받는데 김두봉의 비서가 들어와서 그의 귀에 대고 무엇인가를 전했다. 김두봉은 "어서 들어오시라고 해."라고 지시했다. 들어온 사람은 국가검열상 김원봉이었다. 그는 조소앙, 엄항섭, 류동열 등을 보자마자 다가서서 부둥켜안았다.

"오래간만입니다. 얼마나 고생이 많으셨습니까? 진작에 찾아뵈었어야 했는데, 여기서 이렇게 만나뵙게 되어 대단히 미안합니다."

양쪽은 오랜만에 만난 친구, 동지들처럼 기쁜 낯으로 중국에서의 독립운동시절, 1948년 4월 남북협상 때와 전쟁 전 남한에서 있었던 자기들과 관련된 일련의 사건들을 회고하면서 환담을 나눴다.[13]

납북요인들은 김일성과 만나기를 기대했지만 김두봉과 김원봉 등이 나타나자 반갑기도 하고 실망하기도했던 것 같다. 이들은 이 자리에서 자신들의 정치활동 보장과 가족들의 생사확인 문제를 거론하고 북한정권의 협조를 요청했다.

다시 신경완의 증언이다.

___

13 이태호 지음, 신경완 증언, 《압록강변의 겨울》, 다섯수레, 1991, 190쪽,

김원봉은 납북인사 가족들의 생사확인 문제를 확인하기 위해 이승만과 미국 측의 태도와 반응을 여러 갈래로 알아보고 있다고 전하고 박금철에게,

"언제쯤이면 알 수 있겠소?"라고 물었다.

"백방으로 노력하고 있으니 오래지 않아 알 수 있을 것 같습니다. 선생님들의 거처를 평양 근교로 옮기는 문제도 새해가 되면 가능하도록 준비 중입니다"라고 박금철은 설명했다.[14]

김두봉과 홍명희는 헤어지는 순간 조소앙의 손을 오랫동안 잡고 건강한 몸으로 오래오래 통일을 위해 같이 싸울 수 있게 되기를 바란다고 말했다. 김원봉은 류동열과 부둥켜안고 부디 건강하라면서 친형제 같은 정분을 나누었다. 그들은 1930년대 조선의용군 시절부터 막역한 친우였다.[15]

김원봉은 1954년 10월 27일 조완구가 병사했을 때 장례위원장을 맡았다. 장례위원회는 납북인사 중 조소앙, 안재홍, 원세훈, 오하영, 윤기섭, 최동오, 조헌영, 김효석, 김용무, 명제세 등과 북한 정권의 김원봉, 홍명희, 백남운, 이극로, 이만규, 이훈구, 유해봉, 홍증식 등으로 구성되었다. 유해는 용성 동남쪽 야산에 안장되었다.

■■ **14** 앞의 책, 193쪽.
■■ **15** 앞의 책, 195쪽.

재북 독립운동가들과 평화통일기구 만들어

신경완은 1958년 9월 9일 조소앙이 사망했을 때 김원봉이 장례식에 참석한 것이 그의 마지막 공식행사였다고 증언한다. 그동안 김원봉은 남북 독립운동가들이 꾸준히 요구해온 정치결사와 관련한 문제를 김일성 등에게 전달하고 실현을 위해 노력했던 것 같다. 그러나 북한 정권은 이들에게 자유로운 정당조직이나 정치활동을 허용하려 하지 않았다.

겨우 허용된 것이 재북 평화통일촉진협의회였다. 협의회 창립대회는 1956년 7월 2일 평양 모란봉극장에서 열렸다. 400여 남북 및 월북 인사들과 300여 평양시내 각 기관·업체 인사들이 참석한 이날 대회 집행부 주석단에는 김원봉을 비롯해 강양욱, 박금철, 홍명희, 이극로, 백남운 등 북한 정권 요인들과 조소앙, 안재홍, 오하영, 윤기섭, 원세운, 엄항섭, 김약수, 조헌영, 박열, 노일환, 류기수 등 남북인사들이 참석했다.

안재홍은 이날 대회의 개회사를 통해,

"평양에서 이런 조직체를 결성하게 되어 감개가 무량합니다. 우리가 어디에 있든 조직체의 목적이 평화통일을 앞당기는 데 있으므로 이 목적을 달성하기 위해 합심 노력합시다."

라는 요지로 참석자들에게 호소했다.

이어 조소앙은 협의회 결성에 대한 보고에서

"우리는 독자적인 민족세력의 결합체로서 우리 '재북평화통일촉진협의회'를 자신들이 설 자리, 활동무대로 삼고 민족세력의 목소리로 나라와 민족의 통일을 하루라도 빨리 앞당기는 데 혼신분투하여 남은 생애를 평화통일의 제단아래 바칩시다"라고 역설했다. 조소앙은 그 많은 참석자들의 눈시울을 뜨겁게 하면서 큰 박수를 받았다. 홍명희, 김원봉, 최원택, 박신덕, 강양욱 등도 축하연설을 통해 이 협의회의 장도를 빌었다.[16]

협의회에서 채택한 행동강령은 다음과 같다.

행동강령 7개항

1. 남북의 전 조선 땅에서 모든 외국군대는 무조건 즉시

■■ **16** 앞의 책, 374~375쪽.

철수하도록 할 것.

2. 외국군대가 완전히 철수한 후 미·소 등 유관 강대국들이 한반도에서 항구적 평화를 보장하며 불간섭하고 자주권 보장을 선언하고 약속하도록 할 것.

3. 남북이 군대를 10만 명 선으로 축소하고 모든 군사장비의 반입을 반대하며 외국과 맺은 군사동맹을 폐기하도록 힐 깃.

4. 남북의 모든 정당·사회단체 대표자들의 정치협상회의 또는 연석회의를 소집하고 나라의 평화적 통일문제를 협의하며, 남북 정당·사회단체 대표로 남북의 통일적 임시정부를 구성하고 나라의 완전 통일을 앞당기게 할 것.

5. 남북협상에서 통일헌법의 초안을 토의·합의하고 전조선적 직접·비밀·평등에 입각한 총선거를 실시하며 입법기관을 설치, 통일헌법을 채택하고 합법적 통일정부를 구성하며 국제적 중립화를 선언하도록 할 것.

6. 남북 간의 자유로운 내왕과 인적·물적·문화적 교류를 실현하고 남북에서 모든 정당·단체들의 집회·결사 등 자유로운 활동을 보장하는 민주주의를 실시하도록 할 것.

7. 통일된 후 중립국으로서 국제적 자유를 확보하고 사회주의도 자본주의도 아닌 모든 균등에 기초한 진보적

민주주의 사회를 건설하도록 할 것.[17]

재북 독립운동가들이 힘을 모아 결성한 이 협의회는 여러 차례의 토론을 거쳐 행동강령을 마련했다. 핵심은 '통일 후 중립국' 실현과 "사회주의도 자본주의도 아닌 균등에 기초한 진보적 민주주의사회의 건설"이었다. 이들은 비록 북한에서 정치활동의 자유를 보장받지 못한 상태였지만 조국사랑과 민족통일에 대한 염원으로 이 같은 행동강령을 마련했다.

대부분의 납북인사들은(노동당에 가입한 극소수 좌익인사를 제외하고) 이와 같이 한편으로 편입되기를 거부했다. 그들은 북한 당국의 강력한 흡인·회유·설득에도 불구하고 쉽사리 공산주의 사상을 받아들이지 않았다. 오히려 그들이 '사회주의도 자본주의도 아닌' 제3의 체제를 창설하려 한 점은 독자적 사상, 독자적 행동노선을 견지하려는 그들의 눈물겨운 노력의 소산임을 엿보게 해 준다.[18]

납북 독립운동가들의 이와 같은 지향은 바로 김원봉의 꿈이기도 했다. 김원봉은 북한정권의 창구로써 자신의 이상 실현을 꿈꾸면서 그들과 접촉하고 동지적 우애로 뜻을 모아나

17 앞의 책, 374~375쪽.
18 앞의 책, 437쪽.

갔다. 북한정권도 6·25전란의 참화가 어느 정도 복구되자 대남 평화공세를 강화하면서 김원봉을 앞세우기도 했다. 김원봉만큼 남한과 납북요인들에 대한 영향력이 큰 사람을 찾기도 쉽지 않았을 것이다.

김원봉은 1955년 1월 조국전선 상무위원의 자격으로 《로동신문》에 한 편의 글을 썼다. 〈남북조선 간에 경제 및 문화교류는 평화적 조국통일의 첫걸음〉이라는 세목의 글이다.

우리 인민은 자기 위업을 달성하기 위한 길에서 무한한 희망과 신심을 가지고 새해에 들어섰다. 우리 인민은 북반부의 민주기지를 더 한층 든든히 다질 것이며 조국을 평화적으로 통일시키기 위하여 더욱 정력적으로 투쟁할 결의에 차 있다. …… 남북 조선 간의 경제 및 문화교류의 길을 여는 것은 우리의 통일적 민족경제·문화발전을 보장하며 평화적 조국통일을 촉진하는 첫걸음이 된다. ……
조국통일민주주의전선 중앙위원회는 이미 남조선 각 정당·사회단체 당원들과 맹원들, 기타 사회 정치 활동 인사들에게 보내는 서한에서 남조선의 정당 및 사회단체 대표의 자격 혹은 개인의 자격으로 조국의 통일과 남북 조선 간의 경제 및 문화교류와 관련된 실적문제 혹은 개인 생활에 관련된 일련의 문제들을 토의하기 위해 남조선으로부터 북조선지역으로 들어오는 인사들을 맞이할 만반의 준비를 갖추고 있다. 또 그들의 편리를 도모하기 위해 우선 판문점과 개성에 정당·사회단체 및 정권 당국 대표들로 구성된 위원회의 대표들이 주재하고 있다는 것을 밝혔다.[19]

이때까지만 해도 북한에서 김원봉의 위치는 비교적 안정적이었던 것 같다. 북한은 해방 10주년이 되는 1955년 8월 15일을 전후하여 대대적인 대남 평화통일을 선전했고, 김원봉은 그런 주장을 담은 글을 노동당 기관지에 실을 수 있었다.

---

19 북한《로동신문》, 1955년 1월 10일자.

풀리지 않는 '퇴장'의 진실

　　김원봉에게 이런 일들이 화근이 되었던 것일까, 아니면 김일성 유일체제로 가는 길목에서 필연적으로 잠재적 라이벌이었던 김원봉이 겪게 되는 운명이었을까. 김일성정권은 1956년 8월 김두봉, 최창익 등 노동당의 연안파 인물들을 반당 반혁명분자로 지목하여 대대적으로 숙청했다. 이들은 이념적으로나 북한정권 수립에 대한 공로로 봤을 때 김일성의 동지들이었다. 그럼에도 숙청된 것이다. 이제 서서히 김원봉의 차례가 다가오고 있었던 것일까.

　　김원봉이 노동상에서 해임된 것은 1957년 9월이다. 그렇지만 조국통일민주주의 민족전선중앙위원회 상무위원과 최고인민회의 2기 대의원 그리고 1958년 10월경까지 최고인민회의 2기 상임위원회 부위원장을 역임한 것으로 북한의 자료에는 나와 있다. 이해 3월에는 북한정부에서 노력훈장을 받기도 했다.

그러나 이후 북한의 공식 문건(신문 포함)에서 김원봉의 이름은 사라졌다. 월북 또는 남북 인사들의 소식을 전하는 신경완의 증언에서도 1958년 9월 9일 조소앙의 장례식에 조문을 갔다는 것을 끝으로 그의 이름이 사라졌다.

김원봉이 숙청된 것은 1958년 12월에서 이듬해 1월 사이다. 이 시기에 30여 명의 저명한 남한출신들이 제거되었다. 자료에 의하면 이들은 적들과 직·간접으로 접촉하면서 제국주의 수정주의자들과 손잡았고, 통일에 대한 대가로 한국의 중립화를 받아들이려 계획한 다수의 반혁명 종파분자들로 몰려서 숙청당한 듯하다. 그의 퇴장은 정치적 사형을 의미하며 이는 통일전선의 상징적 존재였던 그가 권력의 소모품으로 전락했음을 뜻한다.[20]

김원봉의 '퇴장'과 관련해서는 확인되지 않은 몇 가지 설이 제기된다.

첫째는 숙청설이다. 스칼로피노와 이정식은 정확한 출처를 밝히지 않은 채 숙청설을 제기한다.

상임위원(최고인민회의─지은이) 21명 중 4명(김원봉, 강양

---

20 한상도, 앞의 책, 240~241쪽.

욱, 성주식, 이만규)은 군사정당의 대표자였는데 인민공화당의 김원봉과 성주식은 1958년 12월 '국제간첩'이란 죄목으로 숙청되었다. 조선민주당 대표인 강양욱은 김일성의 외척으로 영화를 누렸고 근로인민당 출신인 이만규도 계속 살아남을 수 있었다. 따라서 이 부류에서는 절반이 희생되었다.[21]

두 번째는 은퇴설이다. 1958년 9월 최고인민회의 상임위원회 부위원장에서 해임되어 공직에서 물러나게 되었다는 주장이다.

58년 3월 탄생 60주년을 맞이해서는 노력훈장을 수여받았다는 말이 있고, 김원봉 자신이 분파투쟁에 직접 관여한 형적은 별로 없어 일응 명예로운 퇴진의 모양은 갖추어졌을 것으로 볼 수도 있다. 단지 은퇴 후의 김원봉의 소식은 전혀 전해지고 있지 않다.[22]

세 번째는 자살설이다. 조선의용대 출신 연변의 작가 김학철은 옥중에서 자살했다고 증언한다.

■ **21** 스칼라피노·이정식 지음, 한홍구 옮김, 《한국공산주의 운동사》, 돌베개, 1987, 648쪽.
■ **22** 가지무라梶村秀樹, 《조선사의 구조와 사상(日文)》, 동경, 1982, 237~238쪽.

독립동지회장 김승곤 씨는 지난 9월(1989년–지은이) 한민족체육대회 때 중국동포선수단의 한 사람으로 연변으로부터 잠시 고국에 돌아왔던 독립운동가 출신의 작가 김학철 씨로부터 들은 그의 최후를 전해줬다. 약산은 그때 장개석의 스파이로 몰려 수감됐다가 옥중에서 스스로 목숨을 끊었다는 것이다.[23]

23 김종구, 《발굴 한국현대사 인물 3》, 한겨레신문사, 1992, 168~169쪽.

그림자는 사라져도 존재는 남아

김원봉은 어떻게 죽었을까. "기미년 이후 친일파·지주·자본가·관공리·일본제국주의자들에게 최대 공겁恐怯의 표적이었으며, 필자와 같은 20세 안팎의 젊은이들에게는 민족해방의 상징적 존재"[24]였던 독립운동의 성좌 김원봉의 진정한 사인은 무엇이었을까.

저자는 2007년 7월 4일 평양을 방문해 잘 조성된 신미리의 애국열사능을 찾았다. 행여나 해서였다. 이미 다녀온 사람들에게서 애국열사능에 김원봉의 묘소는 없다는 말을 들었고 자료에도 그랬지만 혹시 최근에라도 이장이라도 하지 않았을까 하는 기대 때문이었다.

그러나 월북 또는 납북 독립운동가 상당수가 그곳에 묻혀 있었지만 김원봉의 이름은 끝내 찾을 수 없었다. 홍명희, 김

---

24 김오성, 〈김원봉〉, 《지도자 군상》, 1946. 9.

규식, 조소앙, 조완구, 윤기섭, 유동열, 오동진, 양세봉 등의 묘비가 보일 뿐이었다. 또 북한정권에 비판적이었던 남북인사들, 심지어 친일파로 낙인된 이광수의 가묘까지 있었다. 1947년 작가 박태원은 환국한 김원봉과 인터뷰한 내용을 정리해 《약산과 의열단》을 썼다. 그리고 월북하여 한때 숙청을 당하기도 했으나 작품활동을 재개하여 《갑오농민전쟁》을 발표하는 등 활발하게 작가활동을 했다. 정작 이런 박태원은 애국열사능에 있었지만 김원봉은 없었다. 그래서 김원봉의 은퇴설은 신빙성이 적어 보인다. 북한체제에서 고위직을 지내다가 은퇴했다면 그의 전력이나 북한정권 참여의 공로로 보아 당연히 애국열사능에 묻혔어야 한다.

그렇다면 숙청 설에 비중이 실리게 된다. 김일성의 입장에서는 김원봉의 존재가 대단히 부담스러웠을 것이다. "김원봉은 김일성의 항일투쟁을 전혀 인정하지 않는다는 말을 하곤 했다"는 황용주(전 MBC 사장)의 증언 등을 종합할 때 두 사람의 사이, 그 내면의 관계는 '빙탄불상용氷炭不相容'과 같았을 것이다. 김일성은 이미 남로당계 인사들과 연안파 독립운동가들을 숙청한 바 있다. 이제 김일성의 절대권력에 도전할 수 있는 인물은 연부역강한 김원봉뿐이었다. 그래서 그는 숙청되었을지 모른다.

숙청과정에서 자결이냐 살해냐는 별로 중요하지 않다. 은밀하게 살해됐을 수도 있고 옥중에서 도저히 견딜 수 없어서 자살을 택했을 수도 있기 때문이다. 혹은 살해한 뒤 자살로 위장되었을 수도 있다. 때문에 자살이나 살해(암살)냐의 문제는 중요하지 않다는 얘기다.

김원봉이 자살을 택했다면, 나치에 쫓겨 영국에 이주한 슈테판 츠바이크Stephan Zweig가 자살할 때 남긴 다음과 같은 헌사가 적격일 것이다.

"나의 모든 친구들이 길고 긴 밤 뒤에 찾아오는 붉은 해를 볼 수 있기를, 그러나 무엇보다 참을성 없는 나는 그들보다 먼저 떠난다네."

또 김원봉이 암살자의 총탄에 쓰러졌다면, 볼리비아 육군 특별파견대에 체포되어 한 하사관에게 처형되기 전 체 게바라가 했다는 말이 제격일 것이다.

"당신이 날 죽이러 왔다는 것을 알고 있소. 떨지 말고 그냥 방아쇠를 당기시오. 당신은 단지 사람 한 명을 죽이는 것뿐이오."

사인이 무엇인지 전혀 밝혀지지 않은 채 김원봉은 북한에서 사라졌다. 중국 땅에서 일본 제국주의 세력과 치열하게 싸운 그는 해방 후 통일정부수립을 위해 노력했지만 남과 북 어디에도 그가 설 자리는 없었다. 통일조국의 미래를 외세의 간섭이 없는 영세중립국가로 건설하기 위해 납북독립운동가들과 뜻을 모으다가 처형(자결)당한 것일까. 동양 3국에 굵은 발자욱과 길고 짙은 그림자를 남겼던 그는 이렇게 홀연히 지상에서 사라졌다.

비록 그림자는 사라졌지만 그의 존재는 역사에 더욱 크고 짙게 나타나기 시작했다. 역사의 모든 혁명가들이 그렇듯이.

혁명시인 마야꼽스끼처럼

나는 원한다.

조국이 날 이해하게 되길

조국이 원치 않는다면

그땐…

그냥 조국을 지나가는 수밖에

비스듬히 내리는 비처럼![25]

러시아 시인 마야꼽스끼Mayakobsky(1893~1930)는 10월 혁
명을 주저 없이 '나의 혁명'이라 부르며 혁명전선에 뛰어들었
던 용감한 전사였다. 그리고 혁명이념과 그 실현에 삶 전부를
바쳤던 혁명가였다. 그는 "열정적이고 애국적이며 낭만적이
고 혁명적인, 섬세하면서도 폭풍처럼 사나운 시인의 전형으

---

25 후고 후퍼트 지음, 김희숙 역, 《나의 혁명 나의 노래》, 역사비평사, 1993,
201쪽.

로"[26] 살았던 사람이다. 그리고 "1930년 4월 14일 그의 권총 자살은 심장 한 복판에다 쏜 혁명의 마침표나 러시아혁명 종말 이상의 의미를 갖는다. 마야꼽스끼에게 혁명은 일시적인 역사적 사건이 아니었다. 그에게 혁명은 초시간적이고 항시적인 것이었다."[27] 마야꼽스끼의 장례식에서 동지 시인 루나챠르스키Lunatscharski는 슬픈 조사 대신 우렁찬 한마디를 남겼다. "그는 정복되지 않은 채 쓰러졌습니다."

마야꼽스키가 죽고 긴 세월이 지난 뒤 러시아혁명을 지도했던 레닌이 죽었다. 그때 하인리히 만Heinrich Mann은 "모두가 한 사람의 영웅을 함께 가질 수 있기에 러시아혁명은 그토록 행복하다"고 읊었다. 조사에 붙이는 하인리히의 이 말의 정당성 여부는 제쳐두고라도 우리는 남북한과 일본·중국에서 "정복되지 않은 채" 쓰러진 "한 사람의 영웅을 함께 가질 수 있기에" 행복할 수 있고, 우리 독립운동사는 그만큼 빛나는 것이 아닐까. 인용문의 "함께"가 남북한을 의미하는 것이라면, 월북 이후 북한에서 김원봉의 활동과 죽음의 과정이 소상히 밝혀져야 한다는 전제가 따른다.

---

26 앞의 책, 〈역자 서문〉.
27 앞의 책, 〈역자 서문〉.

● 조국은 그에게 너무 많은 빚을 졌다

일제강점기에 누구보다도 치열하게 일제와 싸웠지만 해방된 조국, 남쪽과 북쪽에서 모두 홀대받았던 김원봉. "조국이 날 이해하기를" 바랐던 그가 저승에서라도 "조국을 외면하지 않도록", 조국은 그에게 무엇을 해야 할 것인가. 조국은 그에게 너무 많은 빚을 지고 있다.

> 몸짓도 없고 꽃도 없고
> 종소리도 없이
> 눈물도 없고 한숨도 없이
> 사나이답게
> 너의 옛 동지들
> 너의 친척이
> 너를 흙에 묻었다
> 순난자殉難者여!

흙은 너의 영구대
꽃도 십자가도 없는 무덤
오직 하나의 기도는
동지여
복수다. 복수다
너를 위해…….

　프랑스가 나치 점령 하에 있을 때 끌로드 모르강Claude
Morgan은 독일군이 점령한 파리 한 복판에서 국민저작가위원
회의 기관지인《프랑스 문학》을 발간해 침략군과 싸웠다.《프
랑스 문학》은 "쓰는 자도, 엮는 자도, 찍는 자도, 돌리는 자도,
읽는 자도, 생명의 위험을 각오하고 영위되는 문학"[28]이었다.
　끌로드 모르강과 함께 레지스탕스에 참가했다가 죽어간
잭이라는 동지가 "어디서 들었는지 잊었지만, 내가 가장 좋
아하는 오래된 혁명가의 노래"라면서 전해준 것이 〈꽃도 십
자가도 없는 무덤〉이다. 이 시를 우리는 김원봉의 영전에 바
쳐도 무방할 것 같다. 진정으로 "너의 옛 동지들 / 너의 친척
이 / 너를 흙에 묻었"는지를 알지 못한 채, 조국은 그에게 너
무 많은 빚을 지고 있다.

▬▬ **28**　끌로드 모르강 지음, 문희영 옮김.《꽃도 십자가도 없는 무덤》, 형성사, 1983,
　　231쪽.

부록

- 민족혁명당 당의 · 당강 · 정책 · 당장
- 우리 운동의 새 출발과 민족혁명당의 창립

민족혁명당 당의·당강·정책·당장

당의黨義

본당은 혁명적 수단으로써 구적仇敵 일본의 침탈 세력을 박멸하여 5천년 독립 자주해온 국토와 주권을 회복하고 정치, 경제, 교육의 평등에 기초를 둔 진정한 민주공화국을 건설하여 국민전체의 생활평등을 확보하고 나아가서 세계인류의 평등과 행복을 촉진한다.

당강黨綱

(1) 구적 일본의 침략 세력을 박멸하여 우리 민족의 자주독립을 완성한다.
(2) 봉건 세력 및 일체 반혁명 세력을 숙청하여 민주집권民主

集權의 정권을 수립한다.

(3) 소수인이 다수인을 박삭剝削하는 경제제도를 소멸하여 국민생활상 평등의 제도를 확립한다.

(4) 1군郡을 단위로 하는 지방자치제를 실시한다.

(5) 민중무장을 실시한다.

(6) 국민은 일체의 선거권 및 피선거권을 가진다.

(7) 국민은 언론·집회·출판·결사·신앙의 자유가 있다.

(8) 여자는 남자의 권리와 일체 동등으로 한다.

(9) 토지는 국유로 하여 농민에게 분급한다.

(10) 대규모의 생산기관 및 독점적 기업을 국영으로 한다.

(11) 국민 일체의 경제적 활동은 국가의 계획하에 통제한다.

(12) 노농운동勞農運動의 자유를 보장한다.

(13) 누진율累進率의 세칙을 실시한다.

(14) 의무교육과 직업교육은 국가의 경비로써 실시한다.

(15) 양로養老·육영育英·구제救濟 등 공공기관을 설립한다.

(16) 국적國賊의 일체 재산과 국내에 있는 적 일본의 공·사유 재산은 몰수한다.

(17) 자유·평등·호조互助의 원칙에 기초한 전세계 피압박민족 해방운동과 연결 협조한다.

정책政策

(1) 국내의 혁명대중을 중심으로 하여 내외의 전민족적 혁명
　　전선을 결성한다.

(2) 국내의 무장부대를 조직하여 총동원을 준비한다.

(3) 적의 세력에 아부하는 반동 세력을 박멸한다.

(4) 국외의 무장부대를 확대 강화한다.

(5) 해외 우리 민족의 총단결을 촉성한다.

(6) 우리 혁명운동에 동정 원조하는 민족 및 국가에 대해서는
　　이와의 연결을 도모한다.

당장黨章

1. 명칭 위치

(1) 본당의 명칭은 '민족혁명당民族革命黨'이라 한다.

(2) 본당의 위치는 ○○에 권정權定한다.

2. 당원

(3) 본당 당원 : 본당의 당의·당강 및 당장을 승인하고 당의
　　일체 결의안을 실천할 것을 약속하는 18세 이상의 본국
　　남녀가 본당 당원이 될 수 있다.

(4) 본당의 입당은 당원 2명 이상의 소개로 구당부회區黨部會의 통과를 거쳐 상급 당부의 인가를 받아 후보당원이 된다. 후보기간은 3개월로 하되 단 상급 기관의 사정에 의해 이를 신축할 수 있다. 특수한 사정 아래서는 상급당부는 직접 당원의 징구懲求를 통과하는 권한을 가진다. 현존하는 단체가 해체하고 그 전체가 본당에 가입할 때는 반드시 중앙기관의 결의를 요한다.

조직

(5) 조직원칙 : 조직원칙은 민주주의 중앙집권제로 한다.

(6) 각급기관의 집행권 : 당의 각 기관은 당의 결정범위 내에서 각자 지방문제에 대해 자유채결自由採決한 후 상급 기관에 즉시 보고할 것을 요한다.

(7) 당의 최고기관은 전당대표대회로 한다.

(8) 각급 집행위원회 : 각급 당대표대회에서 선거, 조직된 각급 당부집행위원회는 각 해당대회 전후 기간 내의 지도기관으로 한다.

(9) 본당 조직계─① 구부당원대회 혹은 대표대회 : 서기 혹은 구부집행위원회, ② 지부대표대회 : 지부집행위원회, ③ 전당대표대회 : 중앙집행위원회, ④ 중앙집행위원회 혹은 상무위원회는 공작상 필요하다고 인정될 때는 특별조직을 둔다.

(10) 당무기관 : 각급 당부위원회에는 서기, 조직, 선전의 각 부를 둔다. 각부의 조직은 중앙기관에서 결정한다.

구부區部

(11) 당의 기본조직 : 당의 기본조직은 구부로 한다. 당원 3명 이상을 가진 지방에는 상급기관의 허가를 얻어 구부를 설치한다. 구부는 서기 1명을 선거하여 구부회區部會의 결의와 상급기관의 지시를 집행한다. 단 구부의 인원수 가 과다할 때는 소조小組를 분설하여 조장 1명을 둔다. 3명 미만의 지방에는 통신원을 둔다.

(12) 구부의 임무―① 본당의 당의·당강·정책을 일반민중에 게 선전하여 그들을 당원으로 포섭한다. ② 민중의 일상 투쟁에 적극적으로 참가하고 그들을 조직 훈련하여 혁 명운동에 참가시킨다. ③ 당원을 징구徵求하고 그들을 훈련시켜 혁명의식을 향상시킨다.

(13) 구부집행위원회 : 구부 당원이 많을 때는 집행위원 약간 명을 선거하고 구부집행위원회를 조직하여 일상 당무를 처리케 한다.

지부支部

(14) 지부대표대회 : 지부대표대회를 지부의 최고기관으로 한 다. 지부대표대회의 정기대회는 매년 1회 소집하고, 임시 대표대회는 해당지부 반수 이상 기관의 요구 또는 중앙 기관의 지령에 의해 지부집행위원회가 이를 소집한다. 지부대표대회는 지부집행위원회 및 지부검사휘원회의 보고를 청취하고, 그 지부의 당무공작을 토론 결정하며 지부집행위원회의 지부검사위원 및 전당대표대회에 출 석하는 대표를 선거한다.

(15) 지부집행위원회 : 지부집행위원회는 지부대표대회에서 선출되는 집행위원으로써 조직한다. 지부집행위원회는 지부대표대회의 폐회기간 중 지부의 최고기관이 된다. 지부집행위원회는 최소한도 2개월에 1회 정기회를 개최 하고 지부집행위원회 폐회기간의 공작진행의 편리를 위 해 상무위원을 호선하여 상무위원회를 조직한다. 지부집 행위원회 또는 지부상무위원회는 서기 1명을 선거한다.

(16) 지부집행위원회의 직권 : 지부집행위원회는 지부대표대 회 및 중앙집행위원회의 결의를 집행하여 지부의 경비 처리 후 중앙기관에 보고하고, 그 공작상황을 중앙기관 에 보고한다. 지부집행위원회는 상무常務를 처리하기 위 해 각부를 조직하고 각부의 주임을 가급적 그 지부집행 위원 중에서 충임한다.

전당대표대회

(17) 전당대표대회는 당의 최고기관이다. 전당대표대회는 2년에 1회 정기대회를 소집하고 임시전당대표대회는 중앙집행위원회가 필요하다고 인정할 때 또는 당원 반수 이상의 조직적 요구가 있을 때 중앙집행위원회가 이를 소집한다.

(18) 전당대표대회는 중앙집행위원 및 중앙검사위원회의 보고를 접수 심사하고, 당의·당강·당장을 수정하고 일체의 정책 및 조직문제를 토의 결정하고 중앙집행위원 및 중앙검사위원을 선거한다. 단 당의 수정은 그 근본정신을 변경할 수 없다.

(19) 전당대표는 당의 각 지부대표대회에서 선거한다. 단 특수 부득이한 경우에 처한 지부는 중앙의 허가를 거쳐 해당 지부집행위원회에서 선거 파견할 수 있다.

중앙집행위원회

(20) 중앙집행위원회의 인수는 전당대표대회에서 결정한다.

(21) 중앙집행위원회는 전당대표대회 폐회기간 중 당의 최고기관으로 한다. 중앙집행위원회는 당을 대표하여 대외관계의 사무를 처리하고 당의 각종 기관을 설치하며, 당의 일체 공작을 지도한다. 중앙집행위원회는 적어도 반

년에 1회 정기회의를 소집한다.

(22) 중앙집행위원회는 상무위원을 호선하여 상무위원회를 조직한다. 상무위원회는 중앙집행위원회의 폐회기간 중 이를 대리한다. 상무위원에 결원이 발생했을 때는 중앙집 행위원회에서 이를 보선한다. 단 부득이한 경우에는 상무 위원회에서 임시보선하며, 차기 중앙집행위원회의 추인 을 요한다.

(23) 중앙집행위원회에는 서기부·조직부·선전부·조사부· 훈련부·군사부·국민부의 각부를 둔다. 중앙집행위원회 에는 서기장 1명과 각부 부장 1명을 중앙집행위원 중에 서 선임한다. 상무위원회의 폐회기간 중에는 서기장이 중앙집행위원회의 결의 범위 안에서 일상당무를 처리 집행한다.

감사위원회

(24) 각급 당부의 검사위원회는 전당대표대회 또는 지부대표 대회에서 선거한 검사위원으로써 조직한다. 검사위원회 는 각급 당무의 일체 공작 및 재정회계를 검사한다.

기율

(25) 당원 및 각급 당부는 기율을 엄수하기 위한 최고 책임이다. 당원 및 각급 당부는 전당대표대회, 중앙집행위원회 및 기타 상급기관의 결의를 신속 정확히 집행하고, 당일 일체의 문제에 대해서는 그 결의범위 내에서 자유로이 토의하는 권리를 가진다.

(26) 하급 당부가 상급 당부의 결의에 복종하지 않을 때, 또는 중대한 착오 과실이 있을 때는 중앙기관은 이를 취소하고 그 당원을 다시 등기시킨다. 당원이 기율을 범했을 때는 각급 당부는 그 범행의 경중에 의해 지시 경고, 감시, 정권, 제명한다.

(27) 전체 당에 대해 중대한 영향을 주는 문제에 대해서는 중앙집행위원회 또는 상무위원회가 그 의견을 발표하기 전에는 하급 기관 및 당원은 단독으로 대외적 의견을 발표할 수 없다.

(28) 당원이 이주할 때는 반드시 소속당부의 허가를 거쳐 도착과 동시에 그 지역 당부에 보고해야 한다.

(29) 당원 처벌에 대해서는 당원대회 혹은 각급 당부에서 심판 집행한 후 감시, 정권 및 제명 처벌에 대해서는 반드시 상급 당부가 있은 후 그 효력이 발생한다.

(30) 제명 처분을 받은 당원에 대해서는 상급기관의 허가가 있을 때까지 당원 일체의 권리를 정지한다. 각급 당부는

반당행동이 있은 당원에 대해서는 직접 제명 처분에 붙이고, 즉시 상급기관에 보고하고 그 소속 하급기관에 통지한다. 제명 처분에 불복하는 자는 중앙기관에 상소할 수 있다. 당원이 다음 각 항의 하나를 범했을 때는 각급 당부는 중앙기관의 허가를 거쳐 이를 제명한다.

① 언론행동이 본당의 당의, 당강 및 전당대표대회 중앙 집행위원회의 결의에 위반되는 자.
② 회의에 이유 없이 4회 연속 결석한 자.
③ 이유 없이 당비를 4회 연속 체납한 자.
④ 감시를 받는 자로써 만기 후에도 개과改過하지 않는 자.
⑤ 본당의 비밀을 누설한 자.
⑥ 본당의 허가 없이 다른 정치결사에 가입한자.
⑦ 언론 및 행동이 당 전체의 위신을 오손한 자.

재정

(31) 당비는 중앙집행위원회에서 규정한다.
(32) 당원의 당내 의연義捐은 자유의사에 의한다.
(33) 당 경비의 수입 지출은 중앙기관에서 지배한다.

부칙

(34) 본당 당의의 수정은 제18조에 의해 중앙집행위원회의
제의 또는 전당대표 5분의 1 이상의 제의와 전당대표
3분의 2 출석, 출석인원 4분의 3의 결의를 요한다. 당강
및 당장黨章의 수정은 중앙집행위원회의 제의 혹은 전당
대표 3분의 2의 출석, 출석인원 과반수의 결의를 요한다.

(35) 본 당정의 해석권은 중앙집행위원회가 이를 보유한다.

(36) 본 당장은 공포일로부터 시행한다.

우리 운동의 새 출발과 민족혁명당의 창립*

우리 운동의 새 출발과 그 이론적 기초

오랫동안 침울해 있던 우리 운동의 실천적 경험과 주위에서 전개된 세계적 사정은 지금 우리 운동으로 하여금 새 길로 나아가게 하고 있다. 이에 따라 우리의 이론적 기초도 종래의 공허한 관념적 수금囚禁에서 과학적·실천적 평원平原으로 해방되기에 이르렀다.

우리 운동이 이와 같은 새 출발의 이론적 기초를 정확히 인식하기 위해 먼저 과거의 오류를 인정하는 일이 필요하다. 환경의 변화와 자체의 무중심無中心은 그동안 우리들의 혁명사상에 잡다한 파문을 불러일으켰으나 이것은 대체로 두 개

---

* 이 글은 민족혁명당 기관지 《민족혁명》 창간호(1936년 1월 20일 간행)에 실렸던 것으로 윤세주가 썼다. 일본 정보기관이 입수하여 《사상정세 시찰 보고집(3)》에 번역 게재한 것을 다시 번역한 것이다. (강만길, 앞의 책)

의 부류, 즉 좌우 양 조류로 개괄될 수 있다. 다음에 이 양조류의 이론적 근거를 비판하고 그 오류를 지적하려 한다. 민족적 개별성에 신비적으로 유착하여 이것이 내포한 세계적 법칙의 공통성을 거부함으로써 영구한 민족적 진로를 과학적 법칙에서 수립하지 못하고, 다만 운명적 투기投機 방법으로 당면의 본능전本能戰을 일삼은 것은 좌익사조(左翼思潮의 잘못—옮긴이)의 공동적 오류였다.

물론 우리 민족은 역사적 전통에서, 또 현재의 환경에서 다른 제민족과는 차별적 특수성을 가지고 있다. 그러나 이 차별적 특수성은 그 본질에서 다른 제민족의 역사적 발전법칙과 구별되지만, 그렇다고 해서 이것이 신비적인 것도 아니고 독자적인 것도 아니다. 이것은 인류사회발전의 일원적 법칙에 제약되어 있는 제민족과 같은 궤도상의 발전을 하지 않을 수 없는 것이다. 이것은 차별적, 특수성을 가지는 개인이 인류 일반의 생존법칙에서 구별될 수 없는 점과 같은 것이다.

그러므로 우리들은 우리 민족의 현실적 차별성을 정확히 인식함과 동시에, 다만 이것을 세계적 법칙의 척도로써 검측檢測하여 그것이 내포한 본질을 파악하지 않으면 안 된다. 이와 같은 인식의 기초 위에서만 비로소 우리 민족의 영원한 평화와 합리적 생존을 위한 정치적 방향의 의식적 지도가 가능하게 될 것이다. 만일 이에 반하여 차별적 현상에 신비적으로 유착하여 세계적 법칙에 대한 격리주의隔離主義로서 독자적

맹진盲進을 하려 할 때 우리 민족은 세계적 진화에서 영원한 낙오자가 될 뿐 아니라, 현재의 선진 제 민족이 가지는 그 자연적 진화과정에서 나타나는 죄악의 모순을 반복하지 않을 수 없을 것이다. 그러므로 이러한 우익 일류一流의 신비적 차별주의 사상은 그 집요한 신앙적 정열이 과거 우리 운동의 당면적 운명전運命戰에서 비장한 공적을 남겼음이 적지 않음에도 불구하고 그 실천적 의지가 영원한 진리의 법칙에 과학적으로 관철되지 못하고 있는 점에서 그 이론은 혁명의 본의本義에 부합하지 못하게 되었다.

다음으로 우익의 이와 같은 신비적 차별사조에 대한 반발로 발생한 좌익일류의 사조는 공식적 법칙의 기계적 모습에 의해 구체적 차별성을 도말塗抹함으로써 민족적 발전에 대한 현실적 임무를 몰각하려 했다. 그러나 보편법칙의 과학성은 개별적 구상성具象性의 총괄적 내용에서 추상抽象되는 점에 있다. 만일 이에 반하여 개별적 구상성을 무시한 보편적 법칙이 있다고 한다면 이것은 실재성과 격절隔絶된 주관적 환상에 지나지 않는다. 그러므로 우리들은 조선민족의 차별적 특수성이 세계적 보편법칙에 제약되어있음을 인식하지 않으면 안 됨과 동시에, 또 그 세계적 보편법칙은 조선민족의 차별적 특수성의 긍정적 내포에 의해 추상되어있지 않으면 안 됨을 인식해야 한다. 이것은 개인의 생리적 특징이 인류 일반의 생리적 법칙에 제약되어 있음과 동시에 인류 일반의 생리적 법칙이 개인적 생리와 차별적 특징을 긍정, 내포하고 있음과 같은 것이다.

이러한 원칙이 있기 때문에 세계의 제민족은 그 발전의 본질에서 공통적인 일원적 법칙에 제약되어있음과 동시에 그 발전형태에서는 각기 상이한 차별적 불균등 현상을 하고 있다. 공식주의 사상은 이러한 보편법칙의 차별적 내포성을 몰각하고 비실재적인 주관적 관념형식에 칩서하여 사실의 구체성을 기계적으로 제율制律하려 한 점에서 그 근본적 오류를 범하고 있는 것이다. 이러한 오류의 기초 위에서 민족적 발전의 구체적 단계를 세계적 척도로써 검칙하여 그 실제적 임무에 충실하지 않고, 다만 성급한 주관에서 공허한 환상을 반복하는 데 지나지 않았던 것이다. 이리하여 이 사상은 아직 원시적 상태였던 우리 혁명사상계에 다대한 진보적 계몽의 역할을 남긴 공적은 있었다 하더라도, 그것이 다만 형식적 관념에 수폐囚閉되어 현실적 사정을 몰각한 점에서 실천적 이론이 되지는 못했다.

이상과 같이 우리 운동이 천착淺窄한 이론적 조류는 우리 운동의 실천을 침울과 혼란 속에서 오래 방황하게 하기에 충분했다. 그러나 우리들은 이러한 오랜 침울과 오뇌로 인해, 또 인류의 부단한 과학적 노력에 기초한 인류사회 발전법칙의 정밀한 발명적 교훈에 의해 지금 우리 운동의 이론을 과거의 이러한 정도 낮은 관념적 기초로부터 정확한 과학적 기초로 정정할 수 있다. 그렇다면 지금 우리가 도달한 우리 운동의 이론적 기초는 무엇인가? 이것은 신비적이 아닌 조선민족의 차별적 변동과정을 명확히 파악하고, 공식적이 아닌 인류사회 발전의 일반법칙의 척도로 이를 검칙하는 일에 의해 그 적절한 현실적 정치임무를 규명하는 것이 아니면 안 된다. 이러한 기초에 입각함으로써 우리 혁명운동은 세계의 발전과정에 정립正立할 수 있으며, 또 그 과정에 대한 적절한 자기 임무를 충실하게 할 수 있는 것이다. 그러나 우리들의 이론적 기초가 여기까지 정정되었다 해도 우리들은 다시 다음의 문제도 규정하지 않으면 안 된다. 이것은 곧 인류사회 발전과정이 현단계와 이 단계에서 본 현재의 우리 민족적 특수지위에 대한 규정 그것임은 현재 우리 운동의 실천에 대한 직접적 지표문제이며, 이 문제에 대한 규정은 동시에 우리 혁명의 성질과 그 방법을 의미하는 것이다. 이것은 곧 인류사회 발전과정의 현단계와 이 단계에서 본 현재의 우리 민족적 특수지위에 대한 규정 그것임은 현재 우리 운동의 실천에 대한 직접적 지표문제이며, 이 문제에 대한 규정은 동시에 우리 혁명의 성질과 그 방법을 의미하는 것이다.

세계발전의 현과정과 조선민족의 특수지위

과거 인류사회의 발전은 복잡한 형태의 변동을 거쳐 왔다. 그리하여 이 같은 복잡한 변동과정은 아무런 근거 없는 우연적 신비의 산물이 아니라 반드시 그럴 수밖에 없는 인과가 내재하고 있다. 이러한 인과는 실로 무한적으로 얼마든지 있는 것이기 때문에 이것은 한마디로 계산하고 분석할 수는 없다. 그러나 인류사회 발전에 내재한 인과가 가령 이 같이 무한하게 많다 하더라도 그 모든 인과 중 가장 주동적인 인과, 즉 인류사회의 발전을 원동적으로 제약해온 중심적 인과가 있고, 그 밖의 많은 인과는 모두 이를 중심으로 하여 작용하지 않을 수 없었다. 그렇다면 이 중심적 인과란 무엇인가? 인류의 현실적 생활욕망을 충족시키기 위한 경제적 행동의 인과가 곧 그것이다. 이 같은 인류의 경제적 인과관계의 원동原動에 의해 인류사회의 복잡다단한 집체적 조직양식이 변동해왔고 일체의 문화형태가 발전해왔음은 우리들이 인류사회 발전의 과거 족적에서 발견할 수 있는 것이다.

또 현재 세계는 몇 개 제민족 국가로 분립하여 복잡한 갈등이 발전하고 있지만, 이러한 갈등의 내재적 인과를 분석해 보면 이것은 제민족의 경제적 욕망이 주인主因이 되어있음을 발견할 수 있다. 그러므로 우리가 세계인류의 발전법칙을 규정할 때는 아무래도 그 내재하는 몇 개의 인과법칙 중 가장 보편적이며 가장 중심적인 경제적 인과관계를 본질적 원동의 일원적 법칙으로 규정하고, 그 본질적 원동의 법칙 즉 경제적 인과관계가 중심에 작용하고 있음과 기타 무한정한 복잡한 인과관계로써 그 발전형태의 현실적 구체상의 다각적 법칙을 규정하지 않으면 안 된다.

그렇다면 이러한 일원적 본질과 다각적 형태로부터 발전하고 있는 인류사회는 현재 어떠한 과정을 과도하고 있는가? 세계적 발전의 현재적 과정은 고도로 발달된 경제생산 방법의 개인적 독립에 의해 형성된 소수 민족의 제국주의 국가가 자민족의 생산군중을 가혹하게 착취할 뿐 아니라 수억만이 넘는 전 세계 식민지 민족을 참혹하게 착취하고 있는 점에 그 본질이 부여되어 있다. 그리하여 이러한 소수 제국주의 국가의 착취에 대한 전 세계 식민지 민족의 해방운동은 그 과정에서 가장 중요한 발전방향의 변동적 추동력이 되어 있다. 세계의 식민지 민족이 제국주의국가로부터 해방되지 않는 한 세계적 발전의 현과정의 본질은 변동될 수 없으며, 따라서 그 발전방향은 변동, 추동될 수 없다. 왜냐하면 세계적 발전의 새 추진을 위한 현과정에서 본질적 양기揚棄는 제국주의의 청산이지만, 이 제국주의는 식민지 민족에 대한 착취에 의존하고 있기 때문이다.

물론 우리들은 이러한 경우 제국주의 국가의 내부모순에 의해, 또는 제국주의 국가 상호 간의 충돌에 의해 그 자체의 몰락과 그것으로 인한 현과정의 발전에 변동이 가능함을 몰각해서는 안 된다.

그러나 이것은 적어도 식민지 민족의 세계적 현과정의 발전에 있는 자동적 추동의 의의를 거부할 수는 없다.

그러나 그렇다고 하여 식민지 민족의 해방운동이 무조건적으로 현과정의 발전에 추동력이 되지는 않는다. 식민지 민족의 해방운동이 현과정의 발전에서 가장 중요하고 가장 정확한 추동력이 되기 위해서는 현과정의 발전방향을 올바르게 파악하고 그 방향에 대해 영구적으로 보조를 같이하지 않으면 안 된다. 만일 식민지의 해방운동이 세계적 발전방향의 목표를 정확하게 측정하지 못하고 그것에 대해 영구적으로 보조를 같이할 수 없는 경우 그 시간적 역할에서 현과정의 변동에 충격을 주기에 충분하다 하더라도 그 종말적 결과에서는 세계적 발전방향의 새로운 대차물對遮物이 됨을 면할 수 없다. 왜냐하면 이것은 그 대상적 특정 제국주의 국가를 타도했다 하더라도 그 자체가 내포하고 있는 제국주의적 요소의 발전으로 인해 다시 그 자신이 제국주의로 전환할 수 있기 때문이다.

그렇다면 세계적 발전의 현과정의 발전방향은 무엇이며, 식민지 민족이 현재 내포하고 있는 제국주의 요소는 무엇인가?

경제생산의 최고도의 집체적 발전과 경제분배의 최고도의 개인적 독점으로 인해, 또 경제시장의 세계적 발달은 국민경제의 배타성으로 인해 극한도로 발전한 현과정에서 세계의 모순은 개인적 평등과 민족적 협조를 원칙으로 하는 경제적 해결점으로 추진되고 있다. 이것은 단순한 인류의 의식적 욕망에 의해서가 아니고 이상의 모순이 내포한 그 자연적 경로이다.

그러나 이러한 세계적 발전의 방향변동이 불균등한 제민족적 현상에 의한 자연적 지만遲晩과 혼돈을 피하기 위해서는 경제적으로 몰락한 식민지 제민족의 세계적 발전방향에 대해 합목적 운동이 필요한 것이다. 현과정의 세계적 발전의 방향지도는 극대점에 달하고 있는 제국주의가 내포하는 모순 그것이다. 그러나 이와 같이 극대점에 도달한 제국주의 모순은 국민경제의 빈부에 차등이 있는 모순을 가지고 발전한 것이므로 민족경제에서 차별적 모순을 내포하고 있는 식민지 제민족은 현재 제국주의 국가의 질곡에 의해 그것이 발전 확대되지 않고 있지만, 그 질곡이 제거될 때 그 자연적 발전은 다시 새로운 제국주의 단계까지 도달할 수 있는 것이다. 이리하여 이것은 세계의 신방향에 대한 후진적 지장이 되는 것이다. 그러므로 우리는 제국주의에 대한 식민지 제민족의 해방운동은 세계발전의 현과정에서 가장 중요한 추동력의 지위가 부여되어 있음과 동시에 그 발전과정의 방향적 완성에서는 다시 낙오의 가능성을 가진다는 사실을 알고 있지 않으면 안 된다.

다음 이러한 세계발전의 현과정에서 조선민족의 현실적 사정을 검측해보자. 그러나 이 문제는 우리에게 너무 간단명

료하다. 왜냐하면 조선민족이 동방의 유일하게 제국주의 국가인 일본 식민지가 되었다는 사실만으로도 이미 이 문제에 대해 원칙적으로 대답하고 있는 것이 된다. 조선민족의 일본 제국주의에 대한 식민지적 가치의 구체적 질량質量을 정확히 개선하기 위해서는 통계적 숫자가 필요하다. 그러나 우리는 통계숫자를 요구하지 않고도 현재 조선민족이 일본제국주의의 최대 예비군이며 가장 중요한 경제력의 원천이며 유일한 구사가교의 지위에 계박繫縛되어 있는 사실을 명백히 인식하고 있다.

그러나 세계적 발전의 각도에서 본 조선민족 사정의 검칙은 그것이 일본제국주의에 대한 식민지적 지위의 규정에만 그쳐서는 안 된다. 이것은 다시 그 민족경제의 구체성을 분석하고 그 발전방향을 예시하지 않으면 안 된다. 그러나 이렇게 하기에는 다시 많은 지면을 요하게 되므로 여기서는 다만 그 추상적 결론만을 말하려 한다.

조선의 민족경제는 그것이 아직 근대 자본주의의 단계에 들어서기 전에 일본제국주의의 침략으로 인해 이식자본지移植資本地가 되어버렸다. 그리하여 그것은 그 외래자본의 질곡으로 인해 정상적 발전을 하지 못하고 다만 원유형태原有形態의 파멸에만 빠지게 되었다. 그러나 민족경제의 이러한 전체적 파멸은 원유형태의 빈부적 모순의 부분적 발전을 거부한 것은 아니었다. 그리하여 민족경제 내부의 지주 대 농민 또는 자본가 대 노동자의 경제적 모순 발전현상을 성공시키지 못했던 이러한 민족경제 내부모순의 발전은 이것이 일본제국주의의 독점적 질곡의 계박 아래에서 발전해가고 있는 한 전체적 민족경제의 파멸적 발전방향에 의한 소극적 발전과정을 경과하지 않으면 안 되는 것이기는 하지만, 그 질곡이 제거될 때는 민족경제의 정상적 발전과 함께 적극적 발전의 방향으로 나아갈 수 있다.

조선민족의 실천적 혁명임무와 민족혁명당

세계발전의 현과정에 대한 친명과 이런 각도에서 본 조선민족의 현실적 특수사정에 대한 분석은 그 필연적 결론으로써 조선민족의 실천적 정치임무를 명백히 규정한다. 그것은 즉,

① 조선민족은 인류사회 발전의 법칙에 의한 발전을 급속히 추진시키기 위해, 몇 억만이 넘는 세계의 식민지 민족을 죄악의 착취로부터 해방시키기 위해, 민족 자신을 영원한 멸망으로부터 구출하기 위해 먼저 동방 유일의 제국주의 국가로서 세계제국주의의 거대한 고리의 한부분인 일본제국주의로부터 해방되어 민족적 독립국가를 가지는 일은 일본제국주의를 몰락시키고 또 세계제국주의를 붕괴시켜 인류사회의 발전을 새로운 방향으로 추진시키는 유일한 방법이다.

② 그러나 조선민족의 발전을 세계적 발전과 구원久遠의
보조로써 하기 위해서는, 또 만인평등과 만국평화를 지표로
하고 있는 세계적 신발전의 방향에 명예로운 추동력이 되기
위해서는, 또 그 민족 내부의 죄악적 모순을 영원히 방지하기
위해서는 민족경제의 모순제거를 전제로 하는 국가를 건설하
지 않으면 안 된다. 그렇다면 조선민족의 이러한 정치임무는
이떠한 방법으로 실천되지 않으면 안 되는가?

일본제국주의로부터 조선을 해방시키기 위해서는 먼저
조선민족은 최대 강도의 민족적 역량을 주출鑄出하지 않으면
안 된다. 어떻게 해서 최대 강도의 민족적 역량을 주출할 것
인가? 조선민족 전체는 환경여하를 불문하고, 또 지역적 분포
여하를 불문하고 하나의 고리로 조직되지 않으면 안 된다. 그
리고 이러한 총역량이 일본제국주의의 가장 취약한 고리를
충파衝破할 때 일본제국주의는 붕락崩落하지 않을 수 없다.

다음 조선민족이 민족경제의 평등을 원칙으로 하는 진정
한 민족주의국가를 건설하기 위해서는 조선민족의 혁명역량
이 경제평등의 구체적 설계를 위한 정치적 강령으로 훈련 통
일되어 실천하지 않으면 안 된다.

우리는 이상의 논술 전부에 의해 우리 운동의 이론적 기초
및 그 실천방법까지를 대체적으로 비판 규명했다고 본다. 그
러나 우리의 이러한 이론적 인식은 다만 관념적 자각에서 뿐
만 아니라 이미 우리 운동의 구체적 출발에서 실천되고 있는

것이다. 즉 민족혁명당의 창립이 극서이다. 민족혁명당은 종래 분립되어있던 제혁명단체의 총합적 단결에서 창립된 것이므로 이 창립은 동시에 우리 운동의 획기적 출발을 의미하지 않을 수 없게 했다. 종래 분립되어있던 제단체의 이 같은 총합적 단결은 민족적 총단결의 역량집중과 또 그 역량의 우군友軍과의 긴밀한 합작에 의해 일본제국주의 타도와 민족독립 국가의 건설을 목표로 이루어진 것이므로 그것의 본질적 의의는 조선민족 당면 임무의 가장 정확한 실천에 입각하고 있는 것이다.

그러나 이같은 당면 실천은 결코 세계적 발전척도에서 본 합목적에서 탈리脫離되어 있는 것도 아니고, 또 낙오되어 있는 것도 아니다. 이것은 민족혁명의 정치적 강령 및 만국평등의 구체적 계획원칙을 정확히 보지保持하고 있기 때문이다.

민족혁명당의 창립은 이러한 조선민족의 영구한 발전 방칙方則과 현실적 실천방법에 정확히 입각하여 우리 운동의 새 출발을 이루고 있음과 동시에 민족혁명당에 내포되어 있는 과거 혁명 제단체의 혁명정신 및 현재 민족혁명당에 주어진 환경적 중요성은 이러한 새 출발의 결정적 승리를 한층 보장하고 있다.

김원봉 연보

연도(나이)	관계사항	국내외 사건
1898년(1세)	8월 경남 밀양구 부북면 감천 리 57번지에서 출생	
1905년(8세)	서당입학	
1908년(11세)	보통학교 2학년 편입 (마산 창신학교인듯)	
1910년(13세)	밀양 사립 동화학교 입학, 곧 중퇴	8월 한일합병
1916년(19세)	연초 서울 사립 중앙학교 입학, 곧 중퇴	
1917년(20세)	10월 중국 천진 덕화학당 입학 여름 방학 때 귀국	
1918년(21세)	9월 중국 남경 금릉대학 입학	
1919년(22세)	2월 말, 3월 초 남경에서 봉천 으로 감 6월 서간도 신흥무관학교 입학	

연도(나이)	관계사항	국내외 사건
	9월 신흥무관학교 퇴교, 길림으로 감	
	11월 의열단 창단(길림)	
	의열단원들 상해에서 폭발탄과 총기를 구함	
1920년(23세)	5월 안창호 면담	
	6월 곽재기, 이성우 등 의열단원 국내에서 대거 피검	
	9월 의열단원 박재혁 부산경찰서 폭탄 투척	
1921년(24세)	5월 상해에서 반이승만 운동 참여	
	9월 의열단원 김익상 조선총독부 폭탄 투척	
1922년(25세)	3월 의열단원 김익상, 오성륜, 이종암 다나카 저격(상해)	
	5월 의열단원 오성륜 상해 일본 영사경찰관 유치장 파옥, 탈출	
	6월 의열단 제2차 암살·파괴 활동 계획 착수	
1923년(26세)	1월 의열단 〈조선혁명선언(일명 의열단 선언)〉 작성, 의열단원 김상옥 서울에서 일경과 총격 끝에 일주일 만에 사망, 제2차 암살·파괴 지휘 책임자 김한 서울에서 피검	1월 국민대표회 개최(상해)
	3월 국내 잠입 의열단원 대거 피검(제2차 암살·파괴계획 실패)	5월 하순 국민대표회 결렬
	6월 의열단 총회 개최(상해)	

연도(나이)	관계사항	국내외 사건
1924년(27세)	1월 의열단원 김지섭 동경 이중 교에 투탄	1월 중국 제1차 국공합작
	4월 무기, 자금 마련 위해 광동행	
	9월 무기, 자금 마련 위해 홍 콩행	
	10월 천진행, 상해로 귀환, 의 열단 상해청년동맹회와 싸움	
1925년(28세)	2월 20일 《동아일보》에 〈민족 운동과 사회운동〉 투고	
	가을 의열단 광동으로 이동	
1926년(29세)	1월 황포군관학교 제4기 입학 (광동)	
	늦봄 한국혁명청년회(유오한국 혁명동지회) 조직, 중앙위원에 피선	
	6월 여운형과 조선공산당 광동 지부 설립문제로 격론	
	12월 의열단원 나석주 동양척 식주식회사에 폭탄 투척	
1927년(30세)	4월 한국혁명청년회 제2차 임 시대회 개최, 광주 탈출, 상해 를 거쳐 무한으로 감	4월 12일 장개석 쿠데타, 국민 당 내 사회주의자 숙청
	5월 의열단 〈독립당촉성회운동 선언〉 발표	7월 13일 제1차 국공합작 종언
	8월 1일 중국공산당의 남창봉 기에 참여	
	11월 의열단 중국본부 한인청 년동맹 창립에 참여(상해)	

연도(나이)	관계사항	국내외 사건
1928년(31세)	3월 의열단 회의 개최(상해) 10월 의열단 제3차 대회 개최, 강령 슬로건 발표(상해), 의열단원 이해명이 박용만 암살(북경) 11월 의열단 창립 9주년 선언 발표	
1929년(32세)	3월 1일 의열단 3·1운동 10주년 선언문 발표 봄 의열단 본부를 상해에서 북경으로 옮김 5월 《레닌주의》 창간호 발간 8월 29일 의열단 중앙집행위원회 〈국치기념선언〉 발표 12월 2일 의열단 상해지부 해체 선언	
1930년(33세)	4월 레닌주의정치학교 개교 8월 의열단원들 조선공산당재건동맹(조선무산자전위동맹) 북경지부 결성 9월 레닌주의정치학교 제1기 졸업 10월 《레닌주의》 2호 발간, 레닌주의정치학교 제2기 입학 연말 의열단원들 조공재건동맹 만주지부 결성	
1931년(34세)	2월 레닌주의정치학교 제2기 졸업 4월 의열단원들 조공재건동맹 조선지부 간부국 결성	

연도(나이)	관계사항	국내외 사건
	6월 의열단원들 국내에서 조선 공산당재건동맹 조선지부 설치	9월 18일 만주사변 발발
	10월 의열단원 제5차 임시대표 회의 개최(북경)	
1932년(35세)	1월 의열단원 권인갑 강릉지방 청년·농민운동에 참여	
	4월 의열단원 권인갑 강릉공작 위원회 결성을 주도	
	봄 의열단원 남경으로 이동, 국 민정부와 제휴 혁명간부학교 개설키로 합의	
	여름 의열단 혁명간부학교 학 생모임 시작	
	9월 말 의열단 남경에서 제6차 정기 대표대회 개최(약산은 중 앙집행위원장에 피선)	
	10월 12일 의열단 등 5개 독립 운동 단체가 단체연합주비회를 결성(상해)	
	20일 남경교외에서 혁명간부 학교 개교(약산은 교장에 취임)	
	11월 10일 의열단 한국독립당 등 5개 단체가 한국대일전선통 일동맹 결성(상해)	
	12월 20일 의열단 '공작보고 서'를 국민정부에 제출	
1933년(36세)	4월 23일 군관학교 제1기생 졸업	
	6월 말 의열단 대표회의 개최 (남경)	

연도(나이)	관계사항	국내외 사건
	7월 혁명간부학교 졸업생들 국내, 만주 등 공작지에 파견	
	9월 말 레닌주의정치학교 출신 공작원 대부분 피검, 강릉공작위원회 와해	
	16일 혁명간부학교 제2기생 입학식	
	12월 의열단원 노석성 평남적색농민조합 조직	
1934년(37세)	3월 1일 대일전선통일동맹 제2차 대표회의	
	22일 혁명간부학교 출신 국내 공작원 대부분 피검	
	4월 초 김구 혁명간부학교 방문	
	20일 제2기 혁명간부학교 졸업	
	5월 21일 강릉공작위원회 관계자 21명 예심에 회부	
1935년(38세)	9월 9일 강릉공작위원회 일심 선고(?)	
	4월 2일 혁명간부학교 제3기 입학식	
	7월 5일 의열단, 한국독립당 등 5당이 통합하여 남경에서 민족혁명당 결성(중앙집행위원 겸 서기부장 피임)	7월 코민테른 제7차 대회 민족통일전선노선 채택
	9월 조소앙·박창세 등 구한독당계민족혁명당 탈당	
	10월 5일 혁명간부학교 제3기 졸업	

연도(나이)	관계사항	국내외 사건
1936년(39세)	1월 민족혁명당 기관지 《민족혁명》 창간호 발간 7월 3일 《민족혁명》 3호 발간, 여기에 실린 당기 문제로 이청천파와 갈등 심화 7월 민혁당 남경조선부녀회 결성(책임자 박차정)	12월 12일 서안사변
1937년(40세)	1월 민족혁명당 제2차 전당대표대회 개최(남경) 4월 민족혁명당 이청천 제명 8월 한국국민당 한국독립당 등 우파 민족주의 단체가 한국광복단체연합회 결성 9월 민족혁명당 산하 조선 청년들 중앙군관학교 성자분교 입학 12월 초 민혁당·해방동맹·혁명자연맹 한구에서 조선민족전선연맹 결성(약산은 이사장으로 취임)	9월 중국 제2차 국공합작 성립
1938년(41세)	4월 25일 국내의 혁명동지들에게 궐기 호소문 발표 5월 17~19일 민족혁명당 제3차 전당대표대회 개최(강릉) 5월 24일 성자분교 조선학생들 6개월 훈련 마치고 졸업 6월 성자분교 졸업생들 무한으로 이동 10일 최창익 일파 49명 집단으	

연도(나이)	관계사항	국내외 사건
	로 민족혁명당 탈당, 전위동맹 결성 7월 7일 조선무장부대(의용대) 건설 계획안은 중국 군사위원회에 제출 10월 10일 조선의용대 창립, 약산은 총대장에 피임 10월 중 하순 조선의용대 무한 방위전에 참전 12월 3일 조선의용대 총대 계림에 안착	
1939년(42세)	4월 뉴욕에서 조선의용대후원회 결성(이후 시카고 · 로스앤젤레스 등 미국 각지에서 결성) 5월 김구와 합작시도 동지 동포에게 고함 발표 8월 27일 민족혁명당 · 한독당 · 조선혁명당 · 전위동맹 · 해방동맹 등 7당회의 개최(綦江) 9월 전위동맹 · 해방동맹 이탈로 5당회의 속개, 전국연합전선 합의 결성(綦江), 민족혁명당 5당회의에서 이탈	
1940년(43세)	연초 조선의용대 3지대 신설 10월 1 · 3혼성지대는 화중 화남전선에서 중경으로 철수, 조선의용대 창립 2주년 기념대회 11월 4일 조선의용대 확대간부회의 개최(의용대의 북상을 결정)	1월 환남사변 발발 1월 10일 태항산에서 화북조선청년연합회 결성

연도(나이)	관계사항	국내외 사건
1941년(44세)	연초 조선의용대 각 지대 낙양으로 이동 4월 조선의용대 황하를 건너 화북에 진입, 적후방 공작 시도 5월 민족혁명당, 제5기 제4차 당중앙회의에서 임정 참여 선언 10월 민혁당, 임정 의정원 참여 시도 12월 민혁당 제5차 전당대표대회, 임정 참여를 선언(중경)	11월 28일 대한민국 임시정부 건국강령 발표 12월 8일 태평양전쟁 발발
1942년(45세)	5월 조선의용대 광복군 제1지대로 편입 28일 화북의 조선의용대 참변, 진광화 · 윤세주 등 사망(호가장) 7월 화북 조선의용대 조선의용군으로 개편 10월 민족혁명당, 임시의정원에 참여, 약산은 경상도 대표 의원으로 피선 12월 약산 광복군 부사령 겸 제1지대장 취임	
1943년(46세)	2월 민혁당 제7차 전당대표대회(중경) 5월 주인도 영국군 대표 맥킨시와 민혁당 인도연락단 파견에 관한 협정 체결 10월 민혁당 의정원 제35차 회의에서 광복군권 회수를 주장 (?) 부인 박차정 사망	

연도(나이)	관계사항	국내외 사건
1944년(47세)	5월 8일 임정군부장에 취임	
1945년(48세)	1월 최동선과 재혼	
	4월 민혁당 임정 의정원회의에서 독립운동가대표대회안 제출	
	5월 7일 독립운동가대표대회안 임시 의정원에서 통과, 광복군 군권이 임정 측으로 넘어옴	
	6월 11일 한독당 측에 재정 공개, 비밀외교 중지, 광복군 인사는 민혁당과 상의 외 2개항 요구	
	8월 민혁당 간수내각안 제안	
	9월 조선인민공화국 군사부장에 추대	
	10월 10일 민혁당 제9차 전당대표대회(중경)	
	11월 임정요인 상해로 이동	
	12월 2일 귀국	
	3일 서울도착, 한미호텔에 투숙	
	8일 전국농민조합총연맹 결성식장에 참석	
	(?) 맏아들 중근(重根) 출생	
1946년(49세)	1월 2일 김성숙과 함께 국내 좌익과 회담	
	9일 5당회의 임정 측 대표로 방청	
	23일 비상국민회의에서 탈퇴	
	2월 8일 태고사에서 이극로와 함께 5당회의 주선	

연도(나이)	관계사항	국내외 사건
	15일 민주주의민족전선 참여, 공동의장에 추대됨	
	25일 대구도착, 환영식 참여, 기자회견	
	26일 밀양 도착	
	27일 황상규 묘소 참배, 밀양제일국교서 수만 명 운집한 가운데 연설	
	28일 부산도착, 부산민전 주최의 환영회에 참석	
	3월 1일 부산 3·1절 기념식에 참석 연설	
	5일 부산 도착	
	14일 진주도착, 환영식에 참석	
	6월 27일 김규식과 좌우합작 문제로 회담	
	7월 중순 민혁당 좌우합작에 관한 4원칙 제시	
	29일 민혁당 좌우합작 5원칙 지지	
	8월 10일 민혁당 부산시당 결성	
	13일 민혁당 경남도지부 결성	
	9월 14~19일 민전의장단 회의	
	10월 영남 10월 항쟁 조사단장	
	21일 성북서 경찰관으로부터 폭행당함	
	11월 14일 이주하 구명 위해 대법원장·검사총장 면담	
	30일 민혁당 서울시당부 결성	

연도(나이)	관계사항	국내외 사건
1947년(50세)	12월 기록 필름 〈조선의용대〉가 부산시내 각 극장에서 상연 1월 민전 의장재선 3월 하순 군정경찰에 피검 4월 9일 무혐의로 석방(구속되어 있는 동안 둘째아들 철근鐵根탄생) 6월 1~2일 민혁당 제10차 전당대표대회 개최(서울), 인민공화당으로 개칭 20일 인민공화당 미소공위 대책회의 개최, 약산을 미소공위에 참가할 인민공화당 대표로 선정 26일 반탁시위대의 투석에 대한 유감 표명을 위해 공위 대표 방문(덕수궁) 7월 김규식, 여운형, 허헌과 함께 4거두 회담, 서재필과 면담 17일 '공위 경축 임정 수립촉진 인민대회' 남산공원에서 60만 참여 개최(대회주관) 8월 3일 여운형 인민장(장례위원) 12일 약산 집 피습, 이때부터 민전 인공당 사무실 폐쇄 21일 인공당 부산지부 피습 8월(?) 트루먼 특사 웨드마이어 약산 등 면담 희망	25일 제2차 미소공동위원회 개최(서울) 7월 19일 여운형 피격 사망 8월 중순 미군정 8·15 폭동음모설 유포하면서 좌익진영 전면 공격

연도(나이)	관계사항	국내외 사건
1948년(51세)	9월 인민공화당 · 한독당 등 12개 정당 '각 정당협의회' 개회 3월 유엔한국임시위원단 약산 등과 면담 희망 19일 민전 산하 단체 대표회의 개최(서울) 25일 평양방송이 정당사회단체연석회의 제안 4월 9일 민전대표 월북 완료 19일 연석회의 주석단의 1인, 인민공화당을 대표하여 축사 4월 23일 연석회의 사회자 6월 29일~7월 5일 남북정당사회단체 협의회 참여 8월 21~25일 남조선 인민대표자회의가 해주에서 개최, 약산은 여기서 최고인민회의 대의원으로 피선 9월 9일 약산 북한정부의 국가검열상에 취임	1월 유엔한국임시위원단 내한 2월 7일 남로당 구국투쟁 16일 김구 · 김규식 · 남북지도자회의 소집 제안 8월 15일 대한민국 정부수립
1952년(55세)	5월 국가검열상 해임 7월 노동상에 취임	
1953년(56세)	11월 남북 임정 인사들과 재회	
1954년(57세)	10월 말 조완구 장례위원회 위원장	
1955년(58세)	1월 10일 《로동신문》에 〈남북조선 간의 경제 및 문화교류는 평화적 조국통일의 첫걸음〉 기고	
1956년(59세)	7월 2일 재북평화통일촉진협	

연도(나이)	관계사항	국내외 사건
1957년(60세)	의회 결성식에 참여 9월 최고인민회의 상임위원회 부위원장에 선임	8월 연안파 종파 사건
1958년(61세)	3월 노력훈장 받음(?) 9월 최고인민회의 상임위원회 부위원장 해임 11월 숙청설	

━━ ＊염인호, 앞의 책 인용.

찾아보기

인 물

가

내 용

차

카

하

기타